조선초기 중앙군 운용 연구

조선초기 중앙군 운용 연구

김웅호 지음

경인문화사

서문

1392년 태조 이성계는 개경 수창궁에서 왕위에 올랐다. 1394년 8월에 한양을 최종적인 천도 후보지로 결정하고 10월에 전격적으로 한양 천도를 단행했다. 천도에 앞서 태조는 권중화·정도전 등을 한양으로 파견하여 종묘·사직·궁궐·관청·시장·도로의 터를 정하게 했다. 이들은 10여 일간 한양을 돌아다니며 종묘와 궁궐 등의 위치와 방향을 정하고 이를 도면으로 작성해 바쳤다. 태조 때의 新都 한양은 이 도면을 바탕으로 건설된 것이다. 이에 따라 종묘와 사직, 경복궁이 세워지고, 광화문 앞쪽에 핵심 관청들이 자리하게 되었다.

그런데 당시 국왕을 비롯한 집권세력은 이렇게 건설한 수도 한양을 외침으로부터 지키기 위해 어떠한 방안을 강구했을까? 서울학연구소에 재직하던 2002년에 '조선전기 서울과 한강'이라는 주제로 열린 연구소 심포지엄에서 하나의 소주제를 발표하면서 가지기 시작했던 의문이었다. 당시 필자는 조선중기 그중에서도 17세기 제도사를 염두에 두고 있던 상태여서 조선전기가 낯선 시기였지만 연구소 사정상 발표자로 나서게 되었다. 기존의 연구성과를 검토하고 초기 실록을 빠르게 읽으며 발표문을 작성했는데, 집권세력들이 구상했을 것으로 예상했던 수도방위 방식이 눈에 보이지는 않았다. 할 수 없이 따옴표를 친 '수도방위'를 제목에 넣은 〈조선초기 京軍 재편과 '수도방위'〉를 발표하는 데 만족할 수밖에 없었다. 이듬해인 2003년에도 연구소 심포지엄에서 발표를 하고 이를 정리해 〈조선후기 도성중심 방위전략의 정착과 한강변 관리〉라는 제목으로 《서울학연구》에 실었다. 조선시대 국토방위전략이 시간의 흐름에 따라 국경중심 방위전략에서 수도권중심 방위전략으로 바뀌어갔

고, 수도권중심 방위전략도 영조 전반을 경유하면서 지켜야 할 곳이 보
장처에서 도성으로 변동했음을 확인할 수 있었다. 그렇지만 여전히 조
선 초 집권세력의 수도방위 구상에 대해서는 손에 잡히는 것이 없었다.

2006년부터 박사학위논문 제출을 준비했다. 우선《고려사》와《고려사
절요》를 읽고 기존 연구성과를 검토하면서 고려 때의 중앙군과 공민왕
이후 정국 변동에 대해 대략적인 이해를 얻을 수 있었다. 이후 선조 때
까지의 실록을 정독하면서 중앙군, 番上制, 五衛制, 군사훈련 등 4개 범
주로 기사들을 정리하는 한편 원고도 작성하기 시작했다. 중앙군은 군
사기관과 지휘체계, 병종(금군·위병·특수군), 역할(국왕시위·궁궐숙위·
순작·노역)로, 번상제는 軍營·군적·대립·번상 관련으로, 오위제는 五衛
職과 전국 분속으로, 군사훈련은 개인훈련(습사·관사)·집단훈련(습진·
열무·대열)·실전훈련(사냥·강무)·비상대비훈련(취각령·첩종·첩고)으로
구분해 정리했다. 정리와 집필을 병행하던 도중《선조실록》에 실린 비
변사 계문을 통해 조선 초의 집권세력들이 전국 군사를 오위에 분속시
킨 이유를 사료상으로도 확인하는 기쁨을 누리기도 했다. 이후 1장을
중앙군·번상제, 2장을 오위제, 3장을 군사훈련으로 하는 가원고를〈조
선초기 중앙군과 수도방위 연구〉라는 제목으로 제출했다. 심사 과정에
서 논문을 시기별로 작성하는 것이 좋겠다는 의견을 수용해 각 장을 태
조~태종대, 세종~세조대, 예종~성종대로 나누고 중앙군·번상제·오위
제·군사훈련 4가지 주제를 재배치했다. 제목도 '수도방위'를 삭제하고
〈조선초기 중앙군 운용 연구〉로 변경했다.

이 책은 이상과 같은 과정을 거쳐 통과된 박사학위논문을 단행본으

로 발간한 것이다. 수정·보완할 생각으로 여러 해를 묵혔는데, 윤문만 한 채 수정·보완된 내용은 없어 민망하다. 그렇지만 더 늦기 전에 공간하는 게 그래도 나을 듯싶어 발간할 용기를 내게 되었다. 독자 여러분의 많은 질정을 바란다.

부족한 책이지만 이 정도라도 내용을 갖출 때까지 많은 가르침과 지지·도움을 주신 분들께 감사 인사를 드리는 게 도리일 것이다. 먼저 학부와 대학원 시절 지도교수셨던 정옥자·최승희·김인걸 선생님께 감사를 드린다. 특히 최승희 선생님은 정년 하실 때까지 논문을 제출하지 못해 뵐 때마다 죄스러운 마음이 들곤 했다. 김인걸 선생님은 필자를 지도학생으로 받아주시고, 학위논문 심사위원의 선정과 진행을 주관해주셨다. 한영우·이태진 선생님도 수업과 글을 통해 필자가 조선시대를 이해하는 데 많은 가르침을 주셨다. 논문 심사를 맡아 좋은 지적을 해주신 오수창·문중양·오종록·노영구 선생님께도 감사드린다. 한국역사연구회 중세2분과 법전연구반에서 10년 넘게 조선시대 법전을 함께 읽으며 많은 가르침을 주신 홍순민·구덕회·김세봉 선생님, 서울학연구소에 함께 근무하며 대도시 서울 연구의 중요성을 알려주신 전우용 선생님, 서울역사편찬원에 함께 근무하며 필자가 논문을 쓸 수 있도록 격려를 보내주신 나각순·이상배 선생님과 여러 연구원 선생님들께도 감사 인사를 드린다. 서울시사편찬위원회 위원장이셨던 조광 선생님은 한없이 게으르기만 필자의 논문 작성을 독려하기 위해 논문 통과 후 마시자며 양주한 병을 필자의 책상 위에 놓아두고 틈날 때마다 논문에 대해 질문하시곤 하셨다. 선생님의 독려가 없었더라면 아직도 사료만 만지작거리고 있을 것 같다. 다시 한번 조광 선생님께 심심한 감사를 드린다.

가족의 존재와 지지는 항상 필자에게 힘이 된다. 한평생 자식만 바라보고 살아오신 어머니께 부족한 이 책을 바친다. 젊은 나이에 혼자 되셔서 우리 3남매를 키우느라 험한 일 마다하지 않고 고생만 하셨다. 잘 모셔야 하는데, 생각할 때마다 죄스럽고 미안한 마음뿐이다. 인생의 동반자 연희도 아이들 키우느라 학업을 접게 만들어 늘 미안하다. 그렇지만 우리 부부에게 기쁨을 주는 희진, 지환, 유진이가 잘 자라고 있어 조금 위안이 되지 않을까 한다. 우리 아이들이 자신은 소중한 존재이며 늘 엄마·아빠의 격려와 지지가 함께 한다는 걸 알았으면 좋겠다.

2022년 12월
김웅호 씀

목 차

서문

序論
1. 연구 동향과 문제 제기 ·· 3
2. 연구 내용과 책의 구성 ··· 10

Ⅰ. 태조~태종 때의 중앙군 정책 전환과 군사훈련에서 국왕 주도권 확립

1. 중앙군 정책의 전환과 사병 혁파 ··· 17
   1) 상주병 중심에서 번상군 중심으로 중앙군 정책의 전환 ·········· 17
   2) 사병 혁파와 후속 조치의 추진 ··································· 52
2. 번상제 운영방식의 형성 ··· 62
   1) 번상제 운영의 기본방식 형성 ··································· 62
   2) 侍衛牌의 빈번한 번상 중지와 위상 저하 ······················ 73
   3) 甲士·別侍衛에 대한 번상제 적용 ······························· 87
   4) 番上軍과 營鎭軍·水軍의 통합과 분리 ·························· 91
3. 전국의 중앙 분속 제기와 중앙군 지휘기관의 변천 ··············· 98
   1) 전국의 중앙 분속 제기와 그 실현 ····························· 98
   2) 중앙군 지휘기관의 변천 ··· 109

4. 군사훈련에서 국왕 주도권 확립과 강무의 본격적 거행 ··············· 120

　　1) 군사훈련에서 국왕 주도권 확립 ··································· 120

　　2) 태조 때의 陣法훈련과 講武 개시 ······························ 128

　　3) 태종 때의 吹角令 제정과 본격적인 강무 거행 ····················· 136

II. 세종~세조 때의 五衛制 확립과 군사훈련 규정 정비

1. 중앙군 분화와 갑사·별시위의 衛兵化 ·························· 155

　　1) 중앙군 군액 증가와 禁軍·衛兵의 분화 ························· 155

　　2) 갑사·별시위의 衛兵化와 正兵 등장 ························· 171

2. 兩界 군사의 번상 중지와 番上軍 군액 조정 ····················· 176

　　1) 양계 군사의 번상 중지 ··································· 176

　　2) 保法 실시와 번상군 군액 조정 ····························· 185

3. 중앙 분속 추진과 五衛制 확립 ····························· 192

　　1) 세종~세조 때의 중앙 분속 추진 ···························· 192

　　2) 五衛都摠府 설치와 五衛制 확립 ···························· 198

　　3) 衛領職 규모와 운영방식의 변화 ···························· 203

4. 군사훈련 거행과 규정 정비 ······························· 213

　　1) 세종 때의 군사훈련 거행과 규정 정비 ························· 213

　　2) 문종~단종 때의 觀射·親閱 거행 ··························· 236

　　3) 세조 때의 疊鐘·疊鼓 실시와 군사훈련 거행 ······················ 240

III. 예종~성종 때의 禁軍 확대와 중앙군 중심 군사훈련 거행

1. 禁軍 확대와 代立 확산 ································· 253

  1) 금군 확대와 預差제도 적용 ················· 253

  2) 대립 확산과 정부 대응 ······················ 264

2. 오위도총부 역할과 五衛職 운영 ··············· 275

  1) 오위도총부의 구성원과 역할 ············· 275

  2) 衛將·部將의 역할과 五衛職 변질 ······· 289

3. 중앙군 중심의 군사훈련 거행 ··················· 299

  1) 習射 장려와 觀射의 세분화 ················ 299

  2) 習陣 강조와 閱武의 典型化 ················ 307

  3) 大閱·講武 거행과 규모의 확대 ··········· 313

結論

부표 ·· 336

참고문헌 ··· 355

찾아보기 ··· 362

표 목차

[표 1-1] 태조~태종 때의 중앙군 구성 병종 ·· 49

[표 1-2] 조선전기의 군적 작성 내역 ·· 65

[표 1-3] 15세기 전반의 도별 시위군 수 ··· 83

[표 1-4] 1409년(태종 9)의 11개 道의 명칭과 도절제사 직위 및 이름 ·· 85

[표 1-5] 공민왕~공양왕 때의 왜구 침탈 현황 ··· 101

[표 1-6] 10衛의 10司로의 재편과 3軍 분속 ·· 113

[표 1-7] 태종 때의 강무 거행 내역 ·· 147

[표 2-1] 세종~세조 때의 중앙군 구성 병종 ··· 167

[표 2-2] 1459년(세조 5) 諸道 軍士의 散官職 除授에 필요한 연한 ······· 175

[표 2-3] 1470년(성종 1)의 병종별 정원 축소 ··· 189

[표 2-4] 『병정』의 전국 군사 5위 분속 내역 ··· 194

[표 2-5] 15세기 후반의 5司·5衛와 예하 병종 ······································· 201

[표 2-6] 『경국대전』의 전국 군사 5위 분속 내역 ································· 202

[표 2-7] 五衛制 성립 이전의 衛領職 규모 변화 ···································· 206

[표 2-8] 『경국대전』五衛職의 품계별 職名과 정원 ······························ 208

[표 2-9] 세종 때의 대열 거행과 중지 내역 ··· 221

[표 2-10] 세종 때의 강무 거행 내역 ·· 226

[표 2-11] 세종 때의 강무장 혁파와 완화 조치 ······································ 228

[표 2-12] 1430년(세종 12)에 결정한 강무 때의 章標와 肖旗 ·············· 231

[표 2-13] 문종~단종 때의 親閱(習陣) 거행 내역 ·································· 239

[표 2-14] 세조 때의 習陣(親閱) 거행 내역 ··· 245

[표 2-15] 세조 때의 대열 거행 내역 ·· 246

[표 2-16] 세조 때의 강무 거행 내역 ·· 246

[표 3-1] 예종~성종 때의 중앙군 구성 병종 ··· 262

[표 3-2] 1466년(세조 12)의 하위 五衛職名 변화 ··································· 295

[표 3-3] 조선초기 왕대별 陣圖·習陣·閱武·親閱의 빈도수 ················· 308

[표 3-4] 예종 때의 閱武 거행 내역 ……………………………………… 312

[표 3-5] 성종 때의 閱武 거행 내역 ……………………………………… 312

[표 3-6] 성종 때의 대열 거행 내역 ……………………………………… 314

[표 3-7] 성종 때의 강무 거행과 취소 내역 …………………………… 317

그림 목차

[그림 1] 『北關遺蹟圖帖』의 「夜戰賦詩圖」 …………………………… 72

부표 목차

[부표 1] 태종 때의 試射·觀射 거행 내역 ……………………………… 336

[부표 2] 세종 때의 試射·觀射 거행 내역 ……………………………… 337

[부표 3] 문종~단종 때의 試射·觀射 거행 내역 ……………………… 340

[부표 4] 세조 때의 試射·觀射 거행 내역 ……………………………… 342

[부표 5] 예종~성종 때의 試射·觀射 거행 내역 ……………………… 348

序論

1. 연구 동향과 문제 제기

전근대 사회에서 수도는 지배층이 집단적으로 거주하고 경제적 부가 집중되기 때문에 정치·경제·사회·문화 등 제반 분야에서 중심지 역할을 수행했다. 京師根本之地·京師四方之儀表[1]라는 인식이나 上京·下鄕[2]이라는 관행적인 표현에서 알 수 있는 것처럼 조선의 수도 역시 예외가 아니었다. 그러므로 국왕과 집권세력[3]은 수도의 안전과 지속을 무력으로 보장하는 중앙군에 많은 관심을 기울였다.

조선 건국세력은 고려 말에 홍건적 침입으로 수도 開京이 함락당하고, 1350년(忠定王 2)부터 재개된 왜구 침탈로 수도가 여러 차례 위협 받던 상황[4]을 직접 경험했다. 이 시기에는 고려에서 조선으로 왕조가 바뀌고 개경에서 한양으로 도읍을 옮겨 국내적으로도 안정되지 못한 만큼 신생왕조 수도의 안전을 뒷받침하는 중앙군에 대한 그들의 관심은 높을 수밖에 없었다. 더욱이 건국 초에는 요동의 野人을 둘러싸고 명나라와

---

1) 『세종실록』 권127, 세종 32년 1월 15일(신묘); 『성종실록』 권164, 성종 15년 3월 1일(무자).
2) 『태조실록』 권1, 태조 1년 7월 28일(정미); 『세종실록』 권19, 세종 5년 3월 29일 (경술).
3) 『조선 정치사 1800~1863』 상(한국역사연구회 19세기 정치사 연구반, 청년사, 1990) 에서는 정치세력을 권력집단, 정치집단, 정치세력, 정치참여가능층 등으로 구분 했다. 권력집단은 권력을 장악하여 정국을 주도적으로 운영하는 부류, 정치집 단은 중앙의 고위 관직을 띠고 있어 권력집단의 모집단을 이루면서 중앙정치의 중요 사안 결정에 참여할 수 있는 부류를 가리킨다(위의 책, 15~16쪽). 이 책에 서 사용하는 집권세력은 권력집단을 중심으로 하되 정치집단까지 포함한다.
4) 『고려사』 권39, 世家39, 공민왕2, 공민왕 6년 5월 무자; 『고려사』 권39, 세가39, 공민왕2, 공민왕 10년 11월 신미; 『고려사』 권43, 세가43, 공민왕6, 공민왕 21년 10월 신사.

의 관계가 원만치 못해 그들은 국경 방위와 함께 새로 자신들의 근거지
가 된 한양의 안전 확보에도 유의했다. 이에 禁軍을 비롯한 중앙군 병
종, 중앙군 대부분에게 적용된 番上制 운영방식, 중앙군 지휘기관과 편
성을 규정한 五衛制, 중앙군의 군사적 능력 향상을 위한 군사훈련 등이
그들의 주된 관심사로 떠올랐다.

그동안 조선시대 수도를 대상으로 한 연구는 일일이 거론하기 어려
울 정도로 많고 그 성과도 깊이를 더해 왔다. 그런데 많은 연구가 조선
후기를 대상으로 하고 있어 연구대상 시기의 편중이 상당히 심한 편이
다. 조선왕조실록을 제외하면 사료가 많지 않은 조선전기에 비해 조선
후기는 조선왕조실록·『承政院日記』·『備邊司謄錄』·『日省錄』 등의 연대
기 자료 외에도 官署志·謄錄類·儀軌·그림·지도 등 이용할 수 있는 사료
가 풍부할 뿐 아니라, 조선후기 수도 서울의 발전상을 규명함으로써 한
국 사회의 내재적 발전 가능성을 타진하고자 했던 문제의식이 크게 작
용했기 때문으로 보인다.5) 이 때문에 조선전기의 수도는 조선후기 수도
발전의 前史로서 검토되는 경우가 많았다. 다만 조선초기인 15세기는
왕조 교체가 단행되고 새로운 사회질서가 형성되는 시기로 인식되어 16
세기에 비해서 상대적으로 많은 성과가 있었다. 특히 15세기의 軍事 분
야는 사회질서가 재편되는 이 시기의 토지·신분·國役 등 제반 분야의
변화와 연결돼 있어 일찍부터 연구자들의 주목을 받았다.

일제 말 金錫亨의 軍役制 연구6)에서 실질적으로 출발한 15세기 군사
분야, 특히 중앙군을 대상으로 한 연구는 1960년대에 들어와 본격화했
다. 車文燮은 중앙군의 기간 병종인 甲士를 시작으로 禁軍인 內禁衛, 지

---

5) 한국사, 특히 조선후기에 적용된 내재적 발전론의 개념과 내용에 대해서는 김
   인걸, 1997 「1960, 70년대 '내재적 발전론'과 한국사학」, 『한국사 인식과 역사이
   론』(김용섭교수 정년기념 한국사학논총 1), 지식산업사; 김인걸, 2000 「현대 한
   국사학의 과제」, 『20세기 역사학, 21세기 역사학』, 역사비평사 참고.
6) 김석형, 1941 「조선초기 국역편성의 기저」, 『진단학보』 14.

배층 자제를 우대하기 위한 忠義衛·忠贊衛·忠順衛, 외방 토착세력을 회유하기 위한 定虜衛 등의 試取·鍊才·職任·軍額·敍用·待遇 등을 검토해 조선초기 중앙군의 이해 수준을 크게 높였다.[7] 千寬宇는 閑良의 성격 규명을 시작으로 5위의 형성과정, 5위에 분속된 병종, 5위에 분속되지 않은 병종, 조선초기 국방체제를 연구해『경국대전』편찬 당시 중앙군의 윤곽을 조망할 수 있게 했다.[8] 閔賢九는 체제정비라는 정치적 관점에서 기존의 연구성과를 바탕으로 조선초기의 중앙군제와 지방군제, 軍令·軍政체계를 실증적·종합적으로 연구해 이후 중앙군 연구의 토대를 마련했다.[9] 李載龒은 奉足制를 도입하고 운영하는 과정을 검토했으며,[10] 南都泳은 司僕寺 연구의 연장선상에서 兼司僕을 검토하여, 禁軍의 한 축을 형성했던 겸사복이 內司僕寺와 관련해 설치됐음을 밝혔다.[11]

이후의 조선초기 중앙군을 대상으로 한 연구는 이상의 연구성과를 토대로 해서 진행되었다. 특히 1990년대 들어서면서부터 연구자 수도 늘고 연구 분야도 다양해진 것이 특징적이다. 羽林衛·銃筒衛·甲士·別侍衛·正

---

7) 차문섭의 일련의 연구성과인「鮮初의 甲士」(1959·1960,『사총』4·5),「선초의 內禁衛」(1964,『사학연구』18),「선초의 忠義衛·忠贊衛·忠順衛」(1966,『사학연구』19),「중종조의 定虜衛」(1967,『사학지』1)는『조선시대 군제연구』(1973, 단대출판부)에 재수록되었다.

8) 천관우의 일련의 연구성과인「여말선초의 한량」(1956,『이병도박사 화갑기념논총』, 일조각),「조선초기 오위의 형성」(1962,『역사학보』17·18),「조선초기 오위의 병종」(1964,『사학연구』18),「오위와 조선초기의 국방체제」(1964,『이상백박사 회갑기념논집』, 을유문화사)는『근세조선사연구』(1979, 일조각)에 재수록되었다.

9) 민현구, 1968「제1장 근세조선전기 군사제도의 성립」『한국군제사』(근세조선전기편), 육군본부. 이후 이를 수정·보완하여『조선초기의 군사제도와 정치』(1983, 한국연구원)라는 제목으로 출판했다.

10) 이재룡, 1964「봉족에 대하여」『역사학연구』2. 이 논문은「조선초기의 봉족제」로 제목을 바꾸어『조선초기 사회구조연구』(1984, 일조각)에 재수록되었다.

11) 남도영, 1969「조선초기의 겸사복에 대하여」『김재원박사 회갑기념논총』, 을유문화사.

兵·軍器監別軍·受田牌·無受田牌·京侍衛牌·壯勇隊·族親衛[12] 등의 개별 병종과 宣傳官·訓鍊院[13] 같은 군사기관에 대해 심화된 이해를 도모하는 한편 중앙군 지휘체계와 軍役制의 변천,[14] 軍制 변화와 사회변동의 연관성[15]에 대해서도 연구가 진행되었다. 이상의 연구를 통해 중앙군을 구성

12) 최효식, 1981「조선시대 우림위의 성립과 그 편제」,『동국사학』15·16; 김태진, 1984「선초 총통위의 양상」,『소헌 남도영박사 화갑기념 사학논총』, 태학사; 유창규, 1985「조선초 親軍衛의 갑사」,『역사학보』106; 김종수, 1992「16세기 갑사의 소멸과 正兵入役의 변화」,『국사관논총』32(『조선후기 중앙군제연구』(2003, 혜안)의 '제2장 훈련도감 설립이전 중앙군제의 실태'로 제목을 바꾸어 재수록); 김종수, 1996「조선초기 갑사의 성립과 발전」,『전농사론』2; 윤훈표, 2000「조선초기 갑사의 통솔체계」,『실학사상연구』17·18; 정청주, 1983「조선초기의 별시위」, 전남대 석사학위논문; 윤훈표, 1995「조선초기 별시위 연구」,『국사관논총』43; 오종록, 1996「조선초기 정병의 군역」,『한국사학보』1; 김일환, 1999「조선초기 軍器監別軍考」,『실학사상연구』12; 강은경, 1993「조선초 無受田牌의 성격」,『동방학지』77·78·79; 유승원, 1999「조선 건국기 前衛官의 군역」,『한국사론』41·42; 유승원, 2001「조선 태종대 前衛官의 군역 -수전패·무수전패의 설치경위와 경시위패의 실체-」,『한국사연구』115; 정다함, 2006「조선초기 장용대 설치 배경과 운영 실태」,『한국사학보』24; 박진, 2007「족친위의 설치와 성격」,『사총』65; 윤훈표, 2012「제3장 제3절 1. 중앙군의 종류와 특성」,『한국군사사』5(조선전기 Ⅰ), 육군본부.
13) 박홍갑, 1990「조선초기의 선전관」,『사학연구』41; 박홍갑, 2001「조선시대 군사훈련기구 훈련원의 성립과정과 역할」,『군사』43; 박홍갑, 2002「조선초기 훈련원의 위상과 기능 -습독관과 권지를 중심으로-」,『사학연구』47.
14) 유창규, 1992「태종대 군 지휘체계의 변화와 집권층의 갈등」,『수촌 박영석교수 화갑기념 한국사학논총』상, 탐구당; 이재훈, 2000「五衛都摠府의 성립과 그 기능」, 고려대 석사학위논문; 이재훈, 2003「태종·세종대의 三軍都摠制府」,『사학연구』69; 이재훈, 2005「조선 태종대 三軍鎭撫所의 성립과 국왕의 병권 장악」,『사총』61; 이재훈, 2010「태종대 節制使·牌頭와 중앙군의 지휘」,『한국사학보』39; 이성무, 1980「양반과 군역」,『조선초기 양반연구』, 일조각; 이지우, 1991a「조선초기 奉足制의 추이와 실제」,『경남사학』5; 이지우, 1991b「조선초기 保法의 추이와 실제」,『경대사론』6; 이현수, 1997「조선초기 군역제도 연구」, 한국정신문화연구원 박사학위논문.
15) 윤훈표, 1994「조선초기 京軍의 편성에 관한 연구」,『서울학연구』2; 윤훈표, 2000『조선초기 군제개혁연구』, 혜안.

하는 병종과 중앙군의 지휘체계 및 군역제, 그리고 軍制 변화와 사회변동과의 관계에 대해 좀 더 심화된 인식이 가능하게 되었다. 軍資·무기·화약병기 등 軍需에 관한 연구[16]도 진행돼 중앙군의 물적 토대에 대해서도 어느 정도 이해할 수 있게 되었다. 한편 육군본부에서 기존의 연구성과를 종합해 총 16권에 달하는 『한국군사사』(2012년)를 발간했다. 제5권의 2·3장과 제6권의 7장 및 9장 일부에서 조선초기 중앙군을 다뤘는데[17] 필자 자신들의 연구성과를 바탕으로 앞에서 인용한 논문들과 사료를 활용해 논지를 전개했다. 이처럼 1960년대에 조선초기 중앙군에 대해 종합적으로 검토한 이래로 다방면으로 연구가 진행돼 왔으며, 2012년에 다시 한번 종합화·체계화를 시도해 조선초기의 중앙군에 대해 깊이 있는 인식을 가질 수 있게 되었다.

그렇지만 중앙군을 구성하는 병종 중에서도 검토되지 못한 병종이

---

16) 김용곤, 1980 「조선전기 군량미의 확보와 운송」『한국사론』7(조선전기 국방체제의 제문제), 국사편찬위원회; 민승기, 2004 『조선의 무기와 갑옷』, 가람기획; 박재광, 2007 「부국강병의 토대, 조선전기의 무기와 무예」『나라를 지켜낸 우리 무기와 무예』, 두산동아; 유승주, 1980 「조선전기의 군수철광업연구」『한국사론』7(조선전기 국방체제의 제문제), 국사편찬위원회; 윤훈표, 1993 「고려말 조선초기 병기의 제조 및 관리체계에 관한 연구」『동방학지』77·78·79; 윤훈표, 1997 「조선초기 무기점고체계의 개편과 그 운영」『인문과학연구논총』16; 윤훈표, 1999 「고려말 국방재원 조달체계의 개편」『실학사상연구』13; 허선도, 1994 『조선시대 화약병기사 연구』, 일조각.

17) 윤훈표, 2012 「제2장 중앙집권적 군사체제의 확립」·「제3장 5위체제의 성립과 중앙군」『한국군사사』5(조선전기 I), 육군본부; 윤훈표, 2012 「제7장 병력관리와 군수·통신 체제」『한국군사사』6(조선전기 II), 육군본부; 임용한, 2012 「제9장 제2절 금군의 증설과 군사력 보강 시도」『한국군사사』6(조선전기 II), 육군본부. 특히 윤훈표는 중앙군의 역할을 궁궐숙위와 시위, 도성의 순찰과 치안 확보, 행차시의 호위와 비상대비 훈련, 변방 전력의 강화를 위한 파견 근무로 구분하고 각각의 변화양상을 시기별로 고찰하여 중앙군 역할에 대한 이해를 크게 높였다(2012, 「제3장 제2절 중앙군의 임무와 기능」, 『한국군사사』5(조선전기 I), 육군본부). 이현수는 조선전기를 다룬 제5권과 제6권을 요약해 개설 편에 실었다(2012, 「제3장 조선전기의 국방과 군대」『한국군사사』(개설), 육군본부).

여럿 있을 뿐 아니라 조선 초의 중앙군 정책 전환, 禁軍과 衛兵의 분화 현상, 五衛制에 포함된 '전국 군사 5衛 분속'의 기원과 전개 과정에 대해서는 거의 주목하지 못했다.

조선 초에 중앙군 확보의 주된 통로가 된 番上制에 대해서도 번상제 적용 병종을 다룬 논문에서 해당 병종의 정원이나 番次 등을 언급하고 있을 뿐, 시간의 흐름에 따라 변화해 갔던 번상제 운영방식에 대한 실증적 검토는 매우 부족하다. 다만 軍役制 관점에서 15세기의 奉足과 保法, 軍籍 작성과 軍額 문제를 검토한 연구, 15세기 후반부터 큰 사회문제로 떠오른 代立에 대한 연구[18)는 조선초기의 번상제 운영방식을 이해하는 데 큰 도움을 준다.

조선초기 五衛制에 대해서는 첫째, 5위에 지방 군사를 분속한 것은 大閱에 대처하기 위한 것으로 조선초기 5위 체제는 10衛·10司·12司·5司 계통을 잇는 部隊組織과 5軍·5陣·5衛 계열의 陣法體制의 이중성을 지녔다는 연구[19)와 둘째, 5위 구성에 기록된 '各道軍士'란 적어도 番上軍士를 말하는 것은 아니며 그럼에도 지방군을 京軍과 함께 형식상으로 동일편제 속에 넣은 것은 고려 이래의 관습이었다는 연구가 있다.[20) 전자는 조선초기에 완성된 오위제를 부대조직과 진법체제의 이중성을 지닌 것으로 파악하는 탁견을 제시했다. 그렇지만 5軍·5陣·5衛 계열의 陣法體制가 유사시를 대비한 전투 편제라는 점에서 '전국 군사의 5위 분속'을 대열에 국한해 이해한 것은 아쉬움으로 남는다. 후자는 漢城府와 兩界 군사가 번상하지 않는다는 점이 그 외 다른 지방의 군사로서 5위에 분속된 자들이 번상 군사가 아니라고 단정할 수 있는 근거로는 부족하

18) 이지우, 1991a, 앞의 논문; 이지우, 1991b, 앞의 논문; 이현수, 1997, 앞의 논문; 이태진, 1968 「제2장 제1절 군역의 변질과 납포제 실시」 『한국군제사』(근세조선전기편), 육군본부.

19) 민현구, 1983 「5위체제의 확립」, 앞의 책, 153~155쪽.

20) 천관우, 1979 「조선초기 오위의 형성」, 앞의 책, 85~87쪽.

며, 지방군과 중앙군을 동일한 편제 속에서 파악하는 방식은 고려 초부터 그랬던 것이 아니라 고려 말의 시대상황 속에서 나타난 것이었다는 점에서 문제가 있다. 그러므로 조선초기 오위제에 대해서는 공민왕 때부터의 軍事 상황을 염두에 두면서 조선초기에 왜 이러한 군사편제 방식을 취하게 됐는지에 대한 좀 더 폭넓은 고려가 필요할 것으로 보인다.

조선초기 군사훈련 역시 講武에 대한 고찰을 제외하면 그 중요성에 비해 연구성과가 많지 않다. 1960년대 후반과 1970년대 중반에 각각 大閱과 태조 때의 陣法훈련을 다룬 연구가 있었지만,[21] 대열이나 진법훈련 자체를 연구의 주목적으로 한 것은 아니었다. 5軍(3軍)·5陣·5衛의 관계 규명과 태조 때 遼東攻伐의 현실성 분석을 주로 다루면서 대열과 진법훈련을 아울러 검토했던 것이다. 이후 군사훈련 연구는 1980년대 말에 조선초기 講武制를 다룬 논문이 발표되기도 했지만,[22] 2000년대에 들어선 이후에야 강무·習陣(진법훈련)·大閱 같은 개별 군사훈련과 군사훈련체계, 군사훈련의 바탕이 되는 陣法과 陣法書를 다룬 연구도 진행되고 여러 군사훈련을 정리한 개설서 성격의 글도 나오는 등 이전에 비해 점차 활기를 띠고 있다.[23] 그렇지만 개별 군사훈련에 초점을 맞춰

---

21) 민현구, 1968 「제1장 제2절 三. 2. (一) 五軍·五陣·五衛」, 앞의 책, 82~84쪽; 박원호, 1976 「조선초기의 요동공벌논쟁」 『한국사연구』 14(2002 『명초 조선관계사 연구』, 일조각에 재수록).

22) 박도식, 1987 「조선초기 강무제에 관한 일고찰」 『경희사학』 13. 그는 "강무의 실시는 평시에도 뜻하지 않는 變故에 대비하여 대규모의 군사작전이 가능하도록 전국의 군사를 단일조직체로 편성하여 사냥을 통하여 군사들에게 무예를 연마시킴으로써 유사시에도 용이하게 대처하기 위해 실시한 군사동원훈련이었다."(위의 논문, 409쪽)라고 하여, 필자와 동일하게 조선초기 강무가 군사적 능력 함양에 그치는 것이 아니라 유사시를 대비한 군사훈련의 성격도 지녔음을 밝혔다.

23) 이현수, 2002 「조선초기 講武 시행사례와 군사적 기능」 『군사』 45; 김동진, 2007 「조선전기 講武의 시행과 捕虎정책」 『조선시대사학보』 40; 정재훈, 2009 「조선시대 국왕의례에 관한 연구 -講武를 중심으로-」 『한국사상과 문화』 50; 윤훈표, 2004 「여말선초 군사훈련체계의 개편」 『군사』 53; 곽낙현, 2009 「조선

연구가 진행되다보니 조선초기 각 국왕대별로 특색 있게 전개됐던 군사 훈련의 다양한 양상들이 포착되지 못한 한계가 존재한다.

2. 연구 내용과 책의 구성

중앙군은 수도에 머물면서 國王侍衛, 宮闕宿衛, 都城巡綽, 그리고 勞役을 수행하며, 필요시 변방에 파견돼 국경 방위에도 종사하는 軍士이다. 중앙군에 대해서는 조선 초의 중앙군 정책이 常住兵 중심에서 番上軍 중심으로 전환하는 과정, 사병 혁파와 그 후속 조치, 禁軍 구성의 시기별 변화 등에 초점을 맞춰 논지를 전개하고자 한다.

번상제는 '軍役 자원 파악과 軍籍 작성 → 上京 → 點考 → 근무 → (點考) → 下鄕'의 다섯 단계로 이뤄졌다. 근무는 중앙군 활동에 해당하므로 번상제는 이를 제외한 네 단계를 대상으로 한다. 번상제 연구는 각 단계별 분석과 함께 번상제와 중앙군 운용의 상호관계에 주목할 필요가 있다. 시간 흐름에 따른 번상제 운영방식의 내적인 변화와 더불어 중앙군 운용과 연관관계를 가지며 변해 가는 양상에 대해서도 규명할 필요가 있는 것이다. 이 책에서는 번상의 정의와 범주, 군적 작성, 번상에 필요한 물품 마련, 점고 등을 '번상제 운영의 기본방식 형성'에서 개략적으로 검토한 바탕 위에 조선초기 번상제 운영을 이해하기 위해 중요하

전기 習陣과 군사훈련」『동양고전연구』35; 김동경, 2010「조선초기의 군사전통의 변화와 陣法훈련」『군사』74; 소순규, 2012「조선초 大閱儀의 의례 구조와 정치적 의미」『史叢』75; 김동경, 2012「이시애의 난에 나타난 전법과 오위진법의 영향」『역사와 실학』49; 김동경, 2013「고대진법과 오위진법의 구조적 특징」『군사』87; 2013 곽성훈, 2015「조선초기 진법서의 편찬 배경과 활용」『역사와 현실』97; 박재광, 2007「부국강병의 토대, 조선전기의 무기와 무예」『나라를 지켜낸 우리 무기와 무예』, 두산동아, 118~126쪽; 윤훈표, 2012「제7장 제2절 군사훈련」『한국군사사』6(조선전기 Ⅱ), 육군본부.

다고 판단된 侍衛牌의 빈번한 번상 중지와 그 위상의 저하, 甲士·別侍衛에 대한 번상제 적용, 番上軍과 營鎭軍·水軍과의 통합과 분리, 양계 군사의 번상 중지, 保法 실시와 군액 조정, 代立 확산과 정부 대응 등에 대해 검토하고자 한다.

五衛制와 관련해서는 『경국대전』에서 규정한 '전국 군사의 5위 분속'이 어디에서 기원했으며 『경국대전』에 수록되기까지 어떤 과정을 거쳤는지, 그리고 그것이 지니는 의미는 무엇인지에 대해 초점을 맞춰 정리하고자 한다. 더불어 오위제의 또 다른 축인 五衛都摠府와 5衛의 정립 과정을 기존의 연구성과를 참고해 정리하고, 『경국대전』에서 3,248자리로 정해진 5위 관직의 규모와 운영방식 변화에 대해서도 15세기 전반(衛領職)과 후반(五衛職)으로 나눠 검토하겠다.

군사훈련은 手搏 같은 拳法훈련부터 弓矢·劍·槍·火器 등의 무기를 다루는 기술의 연마, 布陣·變陣·行軍 등을 익히는 陣法훈련뿐 아니라 武經·兵書를 習讀하는 것까지 포괄하는 범위가 매우 넓다. 이 책에서는 조선초기에 등장하는 다양한 군사훈련 중에서 개인훈련인 習射·觀射, 집단훈련인 習陣(閱武)·大閱, 실전훈련인 講武, 그리고 비상대비훈련인 吹角令·疊鐘·疊鼓에 중점을 두고 이러한 군사훈련이 각 국왕대별로 어떤 양상으로 전개됐는지를 검토하고자 한다.

태종 때는 사병 혁파의 후속 조치를 추진하는 한편 여러 차례 중앙군 지휘기관을 바꾸고, 새로운 병종을 창설했으며, 번상제가 중앙군 확보의 주된 통로로 자리 잡는 등 조선초기 중앙군 운용의 틀을 형성한 시기였다. 세조 때는 세종 말의 흐름을 계승해 중앙군 군액이 대폭 늘어나는 한편 오위도총부와 5위, '전국 군사의 5위 분속'을 내용으로 하는 五衛制가 확립되는 등 『경국대전』 「兵典」의 여러 規定이 실질적으로 형성되던 시기였다. 이에 중앙군 정책과 병종, 번상제, 오위제, 군사훈련의 네 측면을 태종과 세조 때를 기준으로 세 시기로 나눠 검토하도록 하겠다.

1장은 태조~태종 때를 대상으로 한다. 중앙군 정책의 전환, 번상제 운영방식의 형성, 전국의 중앙 분속 제기와 중앙군 지휘기관의 변천, 이 시기의 군사훈련 양상 등을 살펴본다. 1절에서는 중앙군 정책이 상주병 중심에서 번상군 중심으로 전환하는 과정, 사병 혁파와 그 후속 조치에 대해 검토하고, 2절에서는 번상제 운영과 관련한 기본 사항을 정리한 다음 시위패의 위상 저하, 갑사·별시위에 대한 번상제 적용, 번상군과 영진군·수군의 통합과 분리를 살펴본다. 3절에서는 '전국 군사 5위 분속'의 기원인 고려 말 전국의 중앙 분속 제기와 그것이 조선 초에 현실화하는 과정, 그리고 오위도총부로 귀결되는 중앙군 지휘기관의 변천에 대해 검토한다. 4절에서는 군사훈련 주도권이 宰相에게서 국왕으로 옮겨가 군사훈련에서 국왕 주도권이 확립되는 과정, 태조 때의 진법훈련과 태종 때의 吹角令 및 강무의 본격적 거행에 대해 살펴본다.

2장은 세종~세조 때를 대상으로 한다. 禁軍·衛兵의 분화와 갑사·별시위의 衛兵化, 양계 군사의 번상 중지와 번상군 군액의 조정, 五衛制의 법제화, 그리고 이 시기 군사훈련의 거행 양상과 관련 규정 정비에 대해 살펴본다. 1절에서는 세종 중후반 중앙군 군액의 증대와 이와 연결된 軍役 파악방식의 일원화 및 금군·위병의 분화, 갑사·별시위의 위병화에 대해 살펴본다. 2절에서는 야인과 인접한 양계의 국방력 강화를 위해 추진한 양계 군사의 번상 중지, 세조 때 保法 실시와 이로 인한 군액 폭증, 세조 때의 조치를 완화하기 위한 성종 초반의 보법 수정과 군액 조정을 살펴본다. 3절에서는 세종~세조 때 전국의 중앙 분속이 추진된 내역, 이것이 『경국대전』에 반영된 결과로 나타난 '전국 군사의 5위 분속'을 검토하고, 아울러 오위도총부 등장과 衛領職 규모 및 운영방식의 변화를 살펴본다. 4절에서는 세종~세조 때의 군사훈련 양상을 관사·습진·대열·강무 및 첩종·첩고로 구분해 검토하고 관련 규정의 변화도 살펴본다.

3장은 예종~성종 때를 대상으로 한다. 금군 확대와 預差제도의 적용, 대립 확산과 정부의 대응, 오위도총부의 역할과 五衛職 변질, 중앙군 중심의 군사훈련 거행에 대해 살펴본다. 1절에서는 새로운 금군·侍衛부대가 창설되고 예차제도를 활용해 금군이 확대되는 양상, 보법 실시 이후 본격화한 대립 확산과 이에 대한 정부 대응에 대해 살펴본다. 2절에서는 오위도총부 구성원을 관원·京衛前·徒隷로 나눠 검토하고 오위도총부 역할이 축소되고 그 위상이 저하되는 모습, 五衛職이 他 관직을 위해 녹봉을 지급하는 자리로 변질되면서 나타난 모습에 대해 살펴본다. 3절에서는 성종 때의 군사훈련을 검토한다. 觀射가 그 대상에 따라 세분화하고, 성종 초반 閱武가 월 1~2회 모화관에 거둥해 거행하는 것으로 典型化하며, 大閱·講武가 실제 참여 인원이 10만 명을 상회하는 대규모 훈련으로 변화한 것에 대해 살펴본다.

Ⅰ. 태조~태종 때의 중앙군 정책 전환과 군사훈련에서 국왕 주도권 확립

1. 중앙군 정책의 전환과 사병 혁파

1) 상주병 중심에서 번상군 중심으로 중앙군 정책의 전환

중앙군은 외침 또는 내란으로부터 중앙인 수도를 지키기 위해 배치된 군사이다. 그런데 외침이나 내란은 늘 일어나는 것이 아니기 때문에 중앙군의 일상 업무는 國體의 상징인 국왕을 호위하고, 국왕이 거주하는 궁궐을 지키며, 치안을 위해 야간에 도성 안팎을 巡行하는 것이었다. 즉 國王侍衛, 宮闕宿衛, 都城巡綽이 중앙군이 평상시에 수행하는 핵심 업무였다.

이런 역할을 수행하는 중앙군에 대해서 태조 때부터 태종 전반까지는 중앙군의 핵심이자 수도 常駐兵인 府兵을 내실화해 그들의 군사적 능력을 높이는 정책을 추구했다. 부병 중심 정책을 논하기에 앞서 먼저 조선이 계승한 고려 말의 부병 실상과 조선 초의 부병 규모를 살펴보자.

고려시대 府兵은 鷹揚軍과 龍虎軍, 左右衛·神虎衛·興威衛·金吾衛·千牛衛·監門衛로 구성된 2軍 6衛에 속해 있었다.[1] 부병은 2군 6위의 지휘부인 上將軍·大將軍, 그리고 各 領의 책임자인 將軍을 제외한 中郎將·郎將·別將·散員·校尉·隊正으로 구성되며 총 3,457자리가 있었다.[2] 武臣亂 이후 무신 執政들의 私兵 소유로 무너지기 시작한[3] 고려시대 부병은 원 간섭

---

1) 고려시대 2군 6위에 대해서는 이기백, 1968 「고려 京軍考」 『고려병제사연구』, 일조각; 정경현, 1992 「고려전기 二軍六衛制 연구」, 서울대 박사학위논문; 이혜옥, 1993 「고려전기의 군역제」 『국사관논총』 46; 김종수, 1999 「고려·조선초기의 府兵」 『역사교육』 69; 김종수, 2000 「조선초기 府兵制의 운영과 그 원칙」 『역사교육』 73; 김종수, 2001 「조선초기 府兵制의 개편」 『역사교육』 77 참고.

2) 김종수, 2001, 위의 논문, 33~34쪽.

3) 『고려사』 권129, 열전, 叛逆, 崔忠獻, "忠獻自知縱恣 恐其變生不測 凡文武官閑

기를 거치면서 청탁 등의 방법으로 충원됨으로써 府兵職이 녹봉을 주기 위한 자리로 전락하게 되었다. 反元정책을 추구하던 공민왕 이후에 부병의 회복을 추구했지만, 그동안의 사회경제적 변화와 더불어 외침의 빈발로 인해 국방력의 중심이 외방으로 이동하는 추세여서 소기의 성과를 거두기는 어려웠다.[4]

조선 초의 부병 규모는 1394년(태조 3)에 判義興三軍府事 鄭道傳 등이 올린 府衛合行事件을 통해 추정할 수 있다. 정도전 등은 먼저 상장군, 대장군, 都護諸衛將軍, 장군을 각각 都尉使, 都尉僉事, 中軍司馬·左軍司馬·右軍司馬, 司馬로 바꾸고, 또 중랑장·낭장·별장·산원·尉·正을 각각 司直·副司直·司正·副司正·隊長·隊副로 바꾸는 府衛 稱號의 개정을 건의했다. 그리고 매 司마다 도위사 1명과 도위첨사 2명을, 매 領마다 사마 1명, 사직 3명, 부사직 5명, 사정 5명, 부사정 7명, 대장 20명, 대부 40명을 배치할 것을 청했다.[5] 이에 따르면 領마다 81명씩 배치되고 이와 별도로 司마다 3명씩 배치되므로 10司 50領에는 총 4,080명[6]이 존재하게 되는데, 이것이 태조 때의 대체적인 부병 규모라 할 수 있다.[7]

태종 전반까지의 부병 중심 중앙군 정책은 원 간섭기 이래 군사적 능

良軍卒 强有力者 皆招致 分爲六番 更日直宿其家 號都房 其出入 合番擁衛 如 赴戰陣焉"

4) 고려 말 부병을 비롯한 중앙군 회복 시도에 대해서는 김웅호, 2004 「조선초기 京軍 재편과 '수도방위'」『서울학연구』23, 95~97쪽 참고.

5)『태조실록』권5, 태조 3년 2월 29일(기해).

6) 1395년(태조 4) 정도전이 撰進한『經濟文鑑』에서는 각 領에 낭장·별장·산원을 각각 6·6·8명씩 배정해 10위 50령의 총수는 4,230명이라 했다.

7) 고려 때처럼 조선 태조 때의 부병도 상장군·대장군·장군을 제외한 중랑장 이하를 가리키는 용어로 쓰였다(김종수, 1999, 앞의 논문, 117~119쪽). 그런데 조선 초의 경우 부병 외에 '衛領'이라는 용어도 빈도에 있어서 부병만큼은 아니지만 종종 등장하는데, 위령에는 상장군·대장군·장군도 포함되었다. 위 본문의 4,080명은 위령 수를 가리키는데, 상장군·대장군·장군 수가 80명 안팎으로 얼마 되지 않으므로 이를 부병 수로 이해해도 큰 차이는 없다.

력이 없는 자들이 청탁 등을 통해 府兵職을 차지해 온 것을 비판하면
서,8) 이들을 도태시키고 군사적 능력을 갖춘 자를 선발해 부병으로 삼
고 그들을 수도에 상주하는 병력으로 양성하려는 목적에서 추진되었다.
이것은 常駐兵인 부병을 중심으로 하고 番上軍인 侍衛牌 등을 보조 병력
으로 하는 '상주병 중심의 중앙군 정책'으로 볼 수 있다. 이 정책은 첫
째, 부병의 선발 조건을 강화하는 조치, 둘째, 부병의 군사적 능력을 유
지·향상시키기 위한 조치, 이 두 가지에 초점을 맞춰 전개되었다.

부병의 선발 조건을 강화하는 조치는 군사적 능력을 갖춘 자를 부병에
충당하고 부병에 적합하지 않은 자를 도태시키는 형식으로 나타났다. 이
조치는 외침이 빈번하던 고려 말에도 시도된 적이 있었다. 1389년(공양왕
1) 諫官은 상소해 고려 초의 경우 '풍채 좋고 무예를 완비한 자'[身彩武藝
備完者]를 부병으로 선발했음을 상기시키면서, '용맹과 지략을 겸비한
자'[勇略兼備者]를 정선해 당시 부병직을 차지하고 있던 '녹봉만 축내는
무리들'[尸祿之輩]을 대신하게 하는 한편 이들로 하여금 항상 무예를 연
습케 하고 그 能否를 考覈해 黜陟하는 방안을 제시했다.9) 그렇지만 간관
이 제시한 부병 선발 조건 강화책은 공양왕 때의 혼란한 정국과 맞물려
실천에 옮겨지지 못하고 조선이 건국된 후에야 비로소 본격적으로 추진
되었다.

태조 때 군사적 능력을 갖춘 자를 武班職에 배치하려는 조치는 즉위
교서에서부터 나타났다. 訓鍊觀에서 武經七書와 射御를 강습시키고 그
결과에 따라 擢用하게 한 것이 그것이다.10) 1393년(태조 2) 都評議使司
에서 이를 좀 더 구체화한 방안을 제시했다. 먼저 고려 말에 中軍軍候所
에서 陣圖之法를 가르치게 했지만 이를 餘事로 보아 文具가 돼버렸다고
현실을 진단한 위에, 앞으로는 훈련관이 주관해 兩班子弟와 成衆官, 各

---

8) 정도전, 『三峰集』 권10, 經濟文鑑 下, 衛兵.
9) 『고려사』 권81, 兵志1, 兵制, 공양왕 원년 2월.
10) 『태조실록』 권1, 태조 1년 7월 28일(정미).

領可敎者를 모아 병서와 陣圖를 강습하게 하고, 成才者는 試取해 탁용하며, 監察 1명이 날마다 훈련관에 가서 勤慢을 고찰할 것을 건의해 승낙을 받았다.[11]

府兵 자리인 衛領職[12]을 군사적 능력을 갖춘 자로 채우려는 노력도 시도했다. 1394년(태조 3) 2월 의흥삼군부에서 上書해 위령직의 전면적인 재편을 건의했다.[13] 정도전을 중심으로 한 의흥삼군부 구성원들이 보기에 당시 위령직은 본 업무로 인해 궁궐숙위와 국왕시위를 수행할 수 없거나 또는 이를 감당하지 못하는 부류들이 많이 차지하고 있었다. 司楯 등의 愛馬가 전자의 부류이고 乳臭子弟와 內僚·工商·雜隸들이 후자의 부류였다. 정도전 등은 이들을 위령직에서 배제하기 위해 두 가지 방안을 마련했다. 첫 번째는 애마의 경우 "각각 맡은 임무가 있고 … 그 임무가 한가하지 않기 때문에" 갑자기 없앨 수 없으므로, 아예 위령직 일부를 떼어내어 그들 몫으로 배정하는 방안이었다. 그 결과 愛馬 각 番 當 12자리씩 배정했다. 두 번째는 위령직을 감당하지 못한다고 간주된 유취자제와 내료·공상·잡예들은 의흥삼군부와 병조가 그들의 신체를 살피고 才藝를 시험해[監身試藝] 합당한 자는 복직시키고 幼弱者·老病者·無才者·托故不仕者는 위령직에서 삭제하는 방안이었다. 그리고 이 방안으로 확보한 위령직은 親軍衛에 소속된 자로서 원래부터 (태조를) 侍衛하던 자, 訓鍊觀에서 兵法을 익히는 자와 太乙算[14]을 익히는 자로 충

---

11) 『태조실록』 권4, 태조 2년 7월 13일(병진). 이듬해(1394) 1월에 중군군후소를 혁파하고 그 기능을 훈련관으로 옮긴 것으로 보아[『태조실록』 권5, 태조 3년 1월 12일(임자)], 이때의 조치는 이듬해 1월 이후에 현실화한 것으로 보인다.
12) '衛領職'이라는 용어는 다음의 기사에 근거했다[『태조실록』 권1, 태조 1년 7월 28일(정미), "前朝之季 乳臭子弟及內僚工商雜隸 充衛領之職"].
13) 『태조실록』 권5, 태조 3년 2월 29일(기해).
14) 太乙算[太一曆]은 군대의 기동과 관련하여 風雨陰晴과 길한 시각, 방위, 장소 등을 점치는 데 활용되었다(정다함, 2013 「정벌이라는 전쟁/정벌이라는 제사」 『한국사학보』 52, 289~290쪽).

당하게 했다. 물론 불공정하다거나 특혜라는 시비를 피하기 위해 이들에게도 監身試藝를 적용하도록 했다. 특히 친군위에 속한 자들은 본래부터 태조를 따르던 자들이므로 그들을 위해 위령직 구성원을 재편한다는 혐의를 피하기 위해서라도 더욱더 자신들의 군사적 능력을 입증할 필요가 있었을 것이다. 또한 이들의 군사적 능력을 유지·향상시키기 위해 府兵이 된 뒤에도 궁궐에서 숙위하거나 도성을 巡綽할 때 외에는 兵陣之法을 預習하게 하고 그 결과에 따라 상벌을 시행하게 했다.15)

그런데 같은 해 6월 侍中 趙浚·金士衡이 "侍衛 軍士는 밤낮으로 근무하면서 대부분 녹봉을 받아먹지 못하는데, 近侍衛와 忠勇衛 및 여러 衛의 受職者는 대부분 그 임무에 합당하지 않습니다. 원컨대 시위 군사로 하여금 그 직책을 遞受하게 하소서."라고 건의한 것으로 보아,16) 2월에 있었던 정도전 등의 건의가 왕의 허락을 받았음에도 6월까지도 실천에 옮겨지지 않았던 것으로 보인다. 이 때문에 같은 날 정도전은 歷代의 府兵侍衛之制를 撰述해 府兵沿革事宜를 논하면서 부병 재편의 필요성을 다시 한 번 강조하기도 했다.17)

부병 구성원의 재편이 어려움을 겪은 것은 개혁 조치 이전부터 위령직을 차지하고 있던 자들, 즉 앞에서 전자와 후자로 분류했던 자들의 저항이 그 원인으로 보이는데, 같은 해 7월 의흥삼군부가 올린 狀啓에서 그 일단을 엿볼 수 있다.18) 의흥삼군부에서는, 궁궐숙위는 위령직에 있는 자가 당연히 해야 하는 일인데도 "자기에게 불편"[不便於己]하기 때문에 이들이 비방하고 있다고 지적하며 앞으로도 이런 비방 행위를 계속하면 논죄할 뿐 아니라 "(仕版에서) 이름을 삭제하고 서용하지 않도록"[除名不敍] 하여 관원으로서의 지위까지 박탈할 것을 건의했다. 자신들의 자리

---

15) 『태조실록』 권5, 태조 3년 2월 29일(기해).
16) 『태조실록』 권6, 태조 3년 6월 24일(임진).
17) 위와 같음.
18) 『태조실록』 권6, 태조 3년 7월 21일(무오).

가 番當 12자리로 축소되는 전자의 부류도 비방에 합세했겠지만, 監身試藝를 통과하지 못할 가능성이 높은 후자의 부류들이 특히 비방을 많이 했을 것이다.

이처럼 강력한 조치를 강구했음에도 제대로 집행되지 않아서인지, 같은 해 8월 간관 全伯英 등이 "상주하며 숙위하는 군사는 3軍의 각 領과 각 愛馬 중에서 驍勇者를 뽑아 그 祿官에 충당해 서로 교대하면서 (녹봉을) 받게 하고, 외부 사람이 난잡하게 받는 것을 허락하지 말기를" 청했다.[19] 이듬해(1395) 1월에도 도평의사사에서 各 道와 各 衛의 時散武官을 대상으로 나이와 외모, 재예를 고찰하여[考其年貌才藝] 위령직에 대비하자고 건의했다.[20] 이를 보면 태조 초반의 부병 내실화 조치는 충분한 성과를 거두지 못한 것 같다.

그렇지만 監身試藝 방식을 통한 부병 교체 시도는 이후에도 계속 진행돼 부병을 군사적 능력을 갖춘 자로 채우는 데 큰 역할을 했던 것으로 보인다. 1401년(태종 1) 門下府 郎舍는 상소를 통해 고려 말의 부병은 職事를 수행하지 않고 녹봉만 소비할 뿐이었는데 "우리나라에서 그 폐단을 통렬하게 개혁해 거의 復古에 가깝게 되었다."[21]고 평가하고 있기 때문이다. 이러한 태조 때의 부병 내실화 조치는 태종 초반에도 지속되었다.[22]

부병 선발 조건의 강화책에는 위에서 살펴본 監身試藝, 또는 取才·都試 같은 시험을 매개로 한 방식 외에도 고위 관원들의 保擧에 의한 방식도 있었다. 1395년(태조 4) 2월 태조는 외방 군사를 관할하는 都統使[23]와

---

19) 『태조실록』 권6, 태조 3년 8월 2일(기사).

20) 『태조실록』 권7, 태조 4년 1월 10일(을사).

21) 『태종실록』 권1, 태종 1년 1월 14일(갑술).

22) 『태종실록』 권2, 태종 1년 11월 24일(무신);『태종실록』 권3, 태종 2년 2월 18일(신미).

23) 당시 조준은 交州·江陵·西海·京畿左右 5道 都摠制使, 정도전은 慶尙·全羅·楊廣 3道 도총제사였다[『태조실록』 권5, 태조 3년 3월 3일(임인)]. 정도전의 卒記

節制使로 하여금 담당하는 道의 거주자 중에 武略이 있는 자를 5명씩 천거하게 했다.24) 도통사와 절제사는 수도 한양에 거주하고 있지만 조선 건국 초부터 해당 도의 侍衛牌를 관장해 거주자 중에서 무략이 있는 자를 잘 파악하고 있었기 때문에 태조는 이러한 명령을 내릴 수 있었던 것이다.

부병을 천거하는 주체가 도통사·절제사 같은 고위 관원에 국한된 것은 아니었다. 1394년(태조 3) 兼尙書錄事 卞渾이 2명을 천거해 尉와 正의 관직을 받게 한 뒤 그들의 녹봉을 자신이 써버렸다가 탄로나 사헌부의 탄핵을 받은 적이 있었다.25) 얼마 뒤 변혼이 등장하는 기사26)에 그의 관직이 前 司僕主簿로 나오는 것을 보면 그가 이미 동반 6품의 관직을 역임한 자임을 알 수 있다. 고위 관원이 아니더라도 동반 6품 이상의 實職을 역임했으면 다른 사람을 관직에 추천할 수 있는 권한을 가지고 있었던 것이다. 西班의 경우에도 동반에 비해 제한적이지만 4품 이상의 실직을 역임했으면 관료 추천권을 행사할 수 있도록 1404년(태종 4)에 議政府에서 受敎한 바 있었다.27) 府兵 천거 규정은 이듬해 다음과 같이 법제화했다.

병조에서 청했다. "武官에 대한 保擧는 서울에서는 동반 6품과 서반 4품 이상이 각각 3품 이하의 武才가 있는 유능한 자를 다소에 구애받지 않고 천거하되, (그의) 나이·본관·아버지의 職名을 갖춰서 병조에 올립니다. 외방은 각 고을의 수령이 서울의 例와 같이 監司에게 보고하고 감사가 병조에 올립니다. (그러면) 병조와 삼군부는 이를 考驗하고 장부에 錄名했다가

에 그가 명나라에 다녀와서 3道 都統使가 되었다는 기록이 나오는 것을 보면, 본문의 도통사가 바로 조준·정도전 같은 都摠制使를 지칭함을 알 수 있다[『태조실록』 권14, 태조 7년 8월 26일(기사)].

24) 『태조실록』 권7, 태조 4년 2월 2일(병인).
25) 『태조실록』 권6, 태조 3년 6월 18일(병술).
26) 『태조실록』 권6, 태조 3년 7월 17일(갑인).
27) 『태종실록』 권23, 태종 12년 1월 26일(신해).

甲士 자리가 비게 되면 낙점을 받아 서용합니다. 만약 걸맞지 않는 자가 있
으면 擧主도 죄를 줍니다." 이를 따랐다.28)

6품 이상의 동반 관원과 4품 이상의 서반 관원이 武才 있는 자를 병조
에 추천하면 甲士의 빈자리에 敍用하도록 법제화한 것이다. 그런데 갑사
만을 위한 관직이 별도로 존재한 것은 아니었다. 갑사는 府兵이 받는 衛
領職을 제수 받았고, 그들의 역할도 국왕시위, 궁궐숙위, 도성순작 등으
로 부병과 다를 바 없었다. 그러므로 갑사 충원을 위한 위의 천거 방식은
부병 천거 방식으로 해석할 수 있다. 물론 갑사라면 다 부병이지만29) 부
병이라고 해서 다 갑사인 것은 아니었다. 즉, 부병은 갑사의 모집단인
셈이다. 이 때문에 1402년(태종 2) 부병을 대상으로 騎·步射를 시험해 갑
사로 삼았던 것이다.30)

부병의 군사적 능력을 향상시키기 위한 조치도 병행했다. 군사적 능
력은 武經七書 같은 兵書 講習, 軍陣을 베풀고 군대를 지휘하는 陣法 습
득, 射御 같은 무예 연마 등을 의미했다. 부병은 武官職이고 이를 발판으
로 고위 무신으로 승진할 수 있기 때문에, 부병의 군사적 능력 향상에서
병서 강습과 진법 습득은 무예 못지않게 중요한 것으로 인식되었다.31)
이 때문에 1394년(태조 3) 衛領職에 있는 자와 衛領에 分屬된 成衆愛馬는

---

28) 『태종실록』 권9, 태종 5년 3월 10일(을사).
29) 『태종실록』 권24, 태종 12년 7월 29일(임자), "下番甲士 稱爲府兵 傲視守令 凡
    自家田賦差役 悉皆違逆 守令欲均賦役 一有强之 則輒加凌辱"
30) 『태종실록』 권3, 태종 2년 4월 19일(신미), "上曰議武事 謂趙英茂曰 欲以府兵
    爲外甲士何如 英茂對曰善 內甲士五百 外甲士五百 幷一千 則兵勢稍足 又無府
    兵甲士之異 人心一矣 卽命上護軍朴淳 聚府兵於馬巖 試騎步射爲甲士"
31) 무신에게 무예뿐 아니라 經術도 중요하기 때문에 세종 때에는 武擧에서 활쏘
    기가 200步에 미치지 못하더라도 경술에 정통하면 선발하게 했고[『세종실록』
    권18, 세종 4년 12월 24일(정미)], 상호군·내금위 등이 騎射·步射에 입격하지
    못해도 무경칠서에 능통하면 加資의 특전을 베풀게 했다[『세종실록』 권29, 세
    종 7년 7월 13일(경진)].

侍衛·巡綽할 때 외에는 兵法·陣法을 預習하게 하고 그 결과에 따라 상벌을 시행했다.[32] 이듬해 8월에는 훈련관에 명해 여러 衛의 상장군과 대장군, 각 領의 장군, 여러 軍官들을 소집해 諸家의 兵書를 강습하도록 조치를 취했다.[33] 위로는 상장군으로부터 아래로는 隊長·隊副에 이르기까지 위령직 구성원 모두를 대상으로 병서를 강습하도록 한 것이다.

직접 부병을 겨냥한 것은 아니지만 義興府舍人所를 설치해서 大小兩班의 子壻弟姪을 모두 소속시키고, 經史·兵書·律文·算數·射御 등의 기예를 익혀 탁용에 대비하게 하는 조치도 취했다.[34] 의흥삼군부에 舍人所라는 별도 기구를 설치하고 양반 자제들을 소속시켜, 학문·軍事·행정실무 등을 익히게 했던 것이다. 교육 대상인 병서와 사어는 군사적 능력의 함양과 관계가 있으므로 이 조치를 실시한 목적에는 府兵의 질적 향상을 도모하기 위한 것도 포함돼 있다고 볼 수 있다. 즉, 양반의 자서제질에게 병서와 사어를 교육해 이들을 부병에 충당하고자 한 조치의 일환인 것이다. 그렇기 때문에 權近은 사인소의 역할에 대해 "道와 藝를 가르쳐서 宿衛에 보충하며 각각 그 재주를 논한 이후에 벼슬을 준다."라고 언급했던 것이다.[35]

이처럼 태조 때의 부병 강화책은 부병의 선발 조건 강화와 군사적 능력 향상 두 가지에 집중되었다. 전자를 위해 시험을 통해 당시 부병 중 부적합한 자를 도태시키는 한편 원래부터 태조를 따랐던 親軍衛를 중심으로 한 10衛, 훈련관에서 兵法과 太乙算을 익히는 자, 서울과 외방에서 무예를 연마하는 자 등을 대상으로 역시 시험을 거쳐 부병에 충당했다. 후자는 兵書 講習과 진법 습득, 무예 연마에 집중됐으며, 그 결과를 상벌이나 擢用, 黜陟 등과 연결해 군사적 능력 향상에 동기를 부여했다.

---

32) 『태조실록』 권5, 태조 3년 2월 29일(기해).
33) 『태조실록』 권8, 태조 4년 8월 8일(기사).
34) 『태조실록』 권11, 태조 6년 1월 24일(정축).
35) 權近, 「義興三軍府舍人所廳壁記略」『三峰集』, 권8.

다음으로 태조 때의 중앙군 구성에 대해 살펴보자. 이 시기 중앙군의 핵심은 10衛[36]였다. 10위는 고려 말의 8衛에 태조가 潛邸 시절 거느린 親軍을 개편한 義興親軍衛를 합쳐 이뤄졌다.[37] 의흥친군위는 고려 말에 이성계가 관장하던 都摠中外諸軍事府를 조선 건국 직후에 개편한 조직이었다. 즉, 10위는 고려 말의 도총중외제군사부를 의흥친군위로 개편하고 이를 左衛와 右衛로 나눈 다음 기존의 8위와 합침으로써 형성된 것이었다.[38] 그러므로 조선 초의 10위는 의흥친군좌위와 우위만이 실제로 동원 가능한 병력이었고, 나머지 8위는 武官을 비롯한 관원들에게 주어지는 관직 체계로 기능했다. 이 때문에 태조가 거둥하면 의흥친군위가 侍衛를 했고,[39] 왜구가 침입할 경우 장수들이 이들을 모집해 領率하기도 했다.[40] 의흥친군위는 '왕의 친위부대'라는 의미에서 親軍衛라는 약칭으로도 불렸다.[41]

10위 외에 成衆愛馬도 태조 때 중앙 상주병의 일부를 이루고 있었다.[42] 고려 忠烈王 때 衣冠子弟를 모아 宿衛를 담당하게 하고 이를 忽赤라 부른데서 비롯한 성중애마는 순수한 직업군인은 아니지만 內侍·茶房처럼 국왕의 측근기구로 활동하면서도 일정한 군사력을 소유하고 있었다. 그중에서 홀치는 고려후기에 왜구가 침입할 때 이들의 퇴치에 동원

---

36) 10위에 대해서는 민현구, 1983 『조선초기의 군사제도와 정치』, 한국연구원, 94~103쪽 참고.
37) 의흥친군위 지휘체계에 대해서는 이 책 1장 3절의 '2) 중앙군 지휘기관의 변천' 참고.
38) 윤훈표, 2000 『여말선초 군제개혁연구』, 혜안, 185쪽.
39) 『태조실록』 권1, 태조 1년 8월 21일(경오); 『태조실록』 권3, 태조 2년 4월 11일 (을유).
40) 『태조실록』 권3, 태조 2년 4월 26일(경자).
41) 『태조실록』 권3, 태조 2년 4월 11일(을유), "幸平州溫泉 親軍衛臺諫史官從之"
42) 성중애마에 대해서는 김창수, 1966 「成衆愛馬考 -여말선초 신분계층의 일단면-」 『동국사학』 9·10; 민현구, 1983, 앞의 책, 99~100쪽; 윤훈표, 앞의 책, 197~198쪽 참고.

될 정도로 군사력을 가진 존재였다.[43] 성중애마는 조선 건국 초에도 그 혁파 논의가 계속됐지만 忠勇4衛와 近侍4衛, 司楯·司衣·司幕·司彛·司饔 등 서로 계열을 달리하는 형태로 존속하며 宮中의 중요한 군사력을 형성하고 있었다.[44]

중앙 상주병은 아니지만 외방에 거주하며 番次에 따라 상경하는 侍衛牌도 당시 중앙군의 한 축을 담당했다.[45]

이처럼 태조 때부터 甲士에게 番上制를 적용하는 태종 중반까지는 상주병인 府兵(10衛)과 성중애마가 중앙군의 중심이고 番上軍인 侍衛牌 등의 역할은 제한적·보조적이었다. 사정이 이러했기 때문에 1397년(태조 6) 諫官들이 "각 도의 군사들이 번갈아가며 役戍하는 것이 1년에 한 차례 정도여서 편한 듯하지만, 먼 외방 사람들이 上番해 宿衛하고 下番해 禦侮하여 쉬는 날이 거의 없고 … 지금 숙위 임무는 다행히 甲士가 있으므로 각 도의 군사가 (상번해) 숙위하는 것을 중지해 軍馬를 휴양케 하기를" 청하자 태조가 이를 허락할 수 있었던 것이다.[46]

---

43) 『고려사』 권29, 世家29, 충렬왕2, 충렬왕 6년 5월 계묘;『고려사』 권38, 세가38, 공민왕1, 공민왕 1년 3월 기미. 홀치는 1378년(우왕 4)에 近侍衛로 개칭되었다 (『고려사』 권82, 志36, 兵2, 宿衛, "辛禑 … 四年十月 改忽赤四番 爲近侍左右前 後衛 置四品以下祿官"

44) 1391년(공양왕 3) 4월 吏曹의 건의에 따라 그동안 定額이 없던 司楯은 200명, 司衣는 160명, 司彛는 120명이 4번으로 나누어 근무하게 했다(『고려사』 권75, 志29, 選擧3, 銓注, 成衆官選補之法). 그런데 민현구에 따르면, 조선 초의 司楯· 司衣·司幕·司彛·司饔은 각각 200명씩 1,000명의 인원이 4번으로 나누어 근무했다고 한다(1983, 앞의 책, 99~100쪽). 또 1400년(태종 즉위년) 12월 사순과 사의를 혁파했는데 그 수가 1,300명이라고 했다[『정종실록』 권6, 태종 즉위년 12월 19일(기유)]. 이를 보면 조선 초의 성중애마는 그 규모가 매우 컸음을 알 수 있다.

45) 조선 초의 시위패에 대해서는 이 책 1장 2절의 '2) 侍衛牌의 빈번한 번상 중지와 위상 저하' 참고.

46) 『태조실록』 권11, 태조 6년 4월 25일(정미). 윤훈표는 이 조치에 대해 "종친·大臣들이 통솔하던 侍衛軍들의 宿衛 중지를 통해 그들의 軍權을 박탈하여 軍制

정변을 통해 집권한 태종은 태조 때와 다른 방식의 중앙군 정책을 채택했다. 태종은 즉위한 1400년 12월 갑사에게 번상제를 적용하고자 시도했다. 갑사 2,000명을 復立하되 그중 1,000명을 衛領職에 충당하고 1년마다 서로 교대하는 방식을 定式化한 것이 그것이다.[47] 그렇지만 이때의 시도는 현실화하지 못했다. 갑사를 복립한 며칠 후 司楯·司衣를 혁파하고 別侍衛를 창설했지만[48] 200명 이하 규모로는[49] 1,000명의 갑사를 대신하기에 역부족이었을 것이다.[50] 또 1410년(태종 10) 갑사에 대한 번상제 적용을 다시 시도할 때 호조판서 李膺이 "어찌 녹봉을 받는 자로 하여금 돌아가며 番上하고 下番하게 할 수 있겠습니까?"[51]라고 한 데서 알 수 있듯이, 정식 관원에게 번상제를 적용하는 것에 대한 거부감도 한 원인으로 작용했을 것이다.

태종 전반기에는 위에서 언급한 별시위 외에도 鷹揚衛, 內禁衛, 內侍衛, 親軍衛 등 금군 성격의 병종들이 창설되었다.[52] 응양위는 1404년(태종 4) 受田牌와 無受田牌, 혁파된 成衆愛馬 중에서 强壯하고 仕進할 만한

개편을 마무리하려는 의도가 포함되어 있었다."(1994 「조선초기 京軍의 편성에 관한 연구」, 『서울학연구』 2, 209~210쪽)라고 평가했다.

47) 『정종실록』 권6, 태종 즉위년 12월 1일(신묘), "復立甲士二千 一千充諸衛之職 一年相遞爲式"

48) 『정종실록』 권6, 태종 즉위년 12월 19일(기유).

49) 창설 때 별시위 정원은 분명하지 않다. 윤훈표는 별시위와 성격이 비슷한 內侍衛가 3번에 各 番 40명으로 총 120명이었고, 1419년(세종 1) 별시위 수가 4번 각 50명으로 총 200명인 점에 근거하여 창설 초기의 별시위 정원을 200명 이하로 추정했다(1995 「조선초기 별시위 연구」 『국사관논총』 43, 13쪽).

50) 윤훈표는 갑사 복립과 별시위 설치를 兵農一致적 성격이 강한 숙위체제가 후퇴하고 전문군사를 선발하는 방식으로 전환한 것으로 파악했다(1995, 위의 논문, 11쪽).

51) 『태종실록』 권19, 태종 10년 3월 2일(무진).

52) 태종 연간 금군 성격의 병종 창설에 대해서 민현구는 "병종의 증설에 의한 중앙군의 확장은 강력한 금군 기능의 강화로 이해될 수 있으며, 그 바탕에는 집권화 시책이 도사리고 있었던 것이다."(1983, 앞의 책, 133쪽)라고 이해했다.

자, 閑良子弟 중에서 入仕를 원하는 자를 대상으로 4번 규모로 설치됐다
가 1419년(세종 1)에 혁파돼 갑사·별시위에 흡수되었다.[53] 내금위는
1407년 그동안 궁중에서 입직·숙위를 담당하던 內上直을 정리·개편해
조직한 병종으로,[54] 長番으로 지근거리에서 왕을 侍衛하는 금군이었다.
1409년 창설된 내시위는 정원 120명이 3교대로 국왕시위를 담당하는 병
종이었다. 내금위·별시위처럼 양반 출신이 試取를 통해 선발·충원되다
가 1426년(세종 8) 내금위로 흡수되었다. 친군위는 태종 초에 태조 출신
지인 함경도 출신을 우대하기 위해 만든 병종으로 추정되는데,[55] 이 때
문인지 『경국대전』에서 永安道(함경도) 사람이 入屬한다고 규정했다.[56]
當番者 20명 모두 遞兒職을 받을 정도로 우대를 받았다.

　금군 성격의 병종들이 차례로 갖춰지면서 1408년(태종 8) 다시 한 번
갑사에 대한 번상제 적용을 시도했다. 그러나 이때도 결과는 여의치 않
았다. 갑사에 대한 번상제 적용은 1410년 또다시 추진돼 3월에 번상제
적용을 결정하고, 5월에 舊 甲士 2,000명과 새로 뽑은 1,000명을 10司 50
領에 분속시키는 한편 2,000명은 宿衛하고 1,000명은 下番하게 하되, 하
번한 갑사는 義興府에서 관장하게 함으로써 갑사에 대한 번상제 적용이
최종적으로 확립되었다.[57] 별시위에 대해서도 1441년(세종 23)에 1,600

---

53) 『태종실록』 권8, 태종 4년 8월 28일(정유); 『세종실록』 권3, 세종 1년 2월 24일
　　(기해); 『세종실록』 권4, 세종 1년 5월 23일(정묘).
54) 『태종실록』 권17, 태종 7년 10월 21일(신축); 『세종실록』 권121, 세종 30년 9월
　　22일(을사).
55) 민현구, 1983, 앞의 책, 157쪽.
56) 『경국대전』 권4, 병전, 番次都目, "親軍衛 四十員〈永安道人屬焉 南北道 各二
　　十〉"(〈 〉는 〈 〉 안의 글자가 작은 글자로 기재돼 있다는 의미로, 이하도 모두
　　같다.)
57) 『태종실록』 권16, 태종 8년 10월 27일(신축); 『태종실록』 권19, 태종 10년 3월
　　2일(무진); 『태종실록』 권19, 태종 10년 5월 12일(무인). 갑사 번상제 적용에 대
　　한 좀 더 자세한 설명은 이 책 1장 2절의 '3) 갑사·별시위에 대한 번상제 적용'
　　참고.

명으로 증원할 때 '分番上下'하게 함으로써 번상제를 적용하기 시작했
다.58) 이로써 이전부터 번상제로 운영되던 시위패 등과 함께 갑사·별시
위까지도 번상제 적용을 받게 됨에 따라 금군을 중심으로 한 소수의 상
주병 이외의 중앙군이 번상제를 통해 충원되는 방식이 확립되었다.

　태종은 수도 상주병 규모를 최소화하기 위해 禁軍 성격의 병종을 새
로 창설하는 한편 이들을 제외한 중앙군 전체에 番上制를 적용해 '소수
의 상주병과 다수의 번상군 형식'의 중앙군 정책을 추진했던 것이다.

　이처럼 태종 중반 이후가 되면 중앙군에서 번상제 적용을 받는 번상
군이 상주병보다 많아지게 되었다. 1424년(세종 6) 9월에 거행한 大閱에
서 이를 확인할 수 있다. 당시 중앙군만 동원해 東郊에서 대열을 거행했
는데 참여한 군사가 5,016명이었다.59) 대열에 참여한 병종은 성중애마,
當番인 갑사·防牌, 受田牌, 無受田牌, 당번인 侍衛牌·別牌였는데,60) 이
중 번상제 적용을 받는 병종은 갑사·방패61)·시위패·별패62)이고, 성중
애마·수전패·무수전패는 그 적용을 받지 않았다. 당시 별시위 정원은
200명이고, 몇 달 전에 內侍衛를 흡수한 내금위는 180명이었다.63) 수전
패와 무수전패는 科田法에 근거해 성립한 병종으로, 1404년 국왕 태종

---

58) 『세종실록』 권93, 세종 23년 9월 16일(기유).

59) 『세종실록』 권25, 세종 6년 9월 24일(병신), "上大閱于東郊 … 軍數五千一十六也"

60) 『세종실록』 권25, 세종 6년 9월 7일(기묘), "兵曹啓 安不忘危 軍國所急 大閱之
法 已曾詳定受敎 請擇今九月下旬吉日 聚東西各品及成衆愛馬當番甲士防牌受
田無受田牌當番侍衛別牌大閱 從之"

61) 『세종실록』 권5, 세종 1년 10월 11일(임오), "兵曹啓 各領防牌 當番則受祿 下番
則除雜役 待之甚優 而每當立番 托故窺避 待受祿之日乃見 乞推其所居 京中及
留後司 則屬軍器監別車 外方各官 則充軍 從之"

62) 별패에 대해서는 이 책 45~46쪽 참고.

63) 별시위는 別司禁·鷹揚衛와 더불어 초창기부터 성중애마로 분류되었다[『태종
실록』 권111, 태종 6년 2월 5일(병인)]. 반면 내금위가 성중애마라는 기록은 조
선초기에 보이지 않지만 후기 기록에 근거해 여기서는 일단 성중애마에 속하
는 것으로 간주했다. 이에 대해서는 김창수, 1966「成衆愛馬考 -여말선초 신분
계층의 일단면-」『동국사학』 9·10, 28~29쪽 참고.

이 『經濟六典』에 "閑良官이 부모의 喪葬이나 질병 외에 까닭 없이 三軍府 宿衛에 나오지 않은 것이 100일이 되면 그가 받은 田地는 다른 사람이 陳告해 科受하는 것을 허락한다."라는 조항을 언급한 데서 알 수 있듯이[64] '居京城衛王室'의 의무에 따라 長番으로 근무하는 병종이었다. 그런데 1415년(태종 15) 子弟衛 설치를 논의할 때 갑사·별패·外牌에 속한 자는 해당 병종에서 근무하게 했지만 수전패·무수전패에 속한 자는 子弟衛에서 시위하게 한 결정과 여러 차례 그들의 入直을 면제한 조치에서 알 수 있듯이[65] 태종 후반을 경유하면서 그들의 居京城衛王室의 의무는 형식화되었다. 이후 1425년(세종 7) 6월 "수전패에 속한 사람들이 100일 후에 한 차례 上直하고, 서울이나 외방에서 한가롭게 생업을 경영한다."[66]라는 평가가 내려질 만큼 그들의 居京侍衛는 더욱 형식화돼 갔고, 결국 세종 때를 지나면서 중단되었다.[67] 이처럼 성중애마는 400명 정도였고 수전패·무수전패는 군사적 기능이 의심스런 상황이었으므로[68] 1424년 9월의 대열은 갑사·방패·시위패·별패 등의 번상군 중심으로 거행됐던 것이다.

태종 중반 이후 소수의 상주병을 제외한 중앙군에게 번상제를 적용한 이유로는 상주병인 갑사가 동원된 정변을 두 차례나 겪은 것에 대한 반성을 들 수 있다. 신생 왕조의 안정을 위해 상주병인 府兵 강화책을

---

64) 『태종실록』 권8, 태종 4년 8월 28일(정유).
65) 『태종실록』 권29, 태종 15년 4월 13일(경진); 『태종실록』 권31, 태종 16년 6월 1일(신유); 『세종실록』 권20, 세종 5년 4월 29일(기묘).
66) 『세종실록』 권28, 세종 7년 6월 23일(신유).
67) 윤훈표, 앞의 책, 261~262쪽. 수전패와 무수전패는 1404년 일시적으로 혁파되기도 했다[『태종실록』 권8, 태종 4년 8월 28일(정유)]. 이들의 일시적 혁파 시기 추정에 대해서는 한영우, 1983 『조선전기 사회경제연구』, 을유문화사, 285쪽 참고.
68) 1406년(태종 6) 受田散官의 居京侍衛를 강행한 주체로 지목된 河崙에 대한 비난이 고조되자 受田人을 闕門 밖에 모이게 하고 知申事 黃喜를 보내 曉諭했는데 이때 모인 자가 500여 명이었다[『태종실록』 권12, 태종 6년 윤7월 16일(계해)]. 이 500여 명이 1406년 당시 수전패의 대략적인 수로 추정된다.

추진했는데, 府兵職(衛領職)을 많이 차지하던 갑사들이 정변에 동원됨으로써 오히려 정국 안정의 장애 요소가 된 것이다. 이 점은 당시 갑사가 私兵制의 영향 아래 놓였다는 것과 연결되기 때문에 사병 혁파와 그 후속 조치를 추진했다. 그럼에도 다수의 상주병이 수도에 머무는 것에 대한 두려움, 즉 혹 발생할지 모를 비상사태에 대한 우려는 상존했다. 태종이 左代言 金汝知에게 "예로부터 兵權의 연혁에 대해 과인만큼 마음을 쓴 자가 없을" 것이라고 말한 것도[69] 이와 무관하진 않을 것이다. 정변을 두 차례나 겪으며 집권한 만큼 정권 안정을 위해 만전을 기하려는 노력 속에서, 중앙군 규모는 일정 수준으로 유지하되 상주병은 최소화할 수 있는 조치로서 중앙군에 대한 번상제 적용이 나타난 것이다. 이점은 앞에서 본 바와 같이 태종이 즉위 직후에 2,000명의 갑사를 復立하면서 동시에 그들에게 번상제 적용을 시도한 것에서도 유추할 수 있다.

이상에서 살펴본 것처럼 조선 초의 중앙군 정책에는 서로 다른 두 가지 흐름이 존재했다. 부병의 내실화와 외방의 3군 분속을 통한 '다수의 상주병과 소수의 번상군 형식'이 그 하나이고, 금군 창설과 번상제 적용 병종의 확대를 통한 '소수의 상주병과 다수의 번상군 형식'이 또 다른 하나였다. 전자는 고려 말 외침에 따른 국가적 위기상황의 타개책으로 등장해 조선 태종 전반까지 중앙군 정책의 주된 흐름을 형성했다. 반면 후자는 태종 즉위와 함께 제기됐지만 현실화하지 못하다가 1410년(태종 10) 갑사에 대한 번상제 적용을 계기로 해 대세로 자리를 잡았다. 이 정책은 전자의 '외방의 3군 분속'을 '전국 군사의 5衛 분속'이라는 형식으로 수렴하면서 조선초기 중앙군 정책의 기조를 형성했다.[70]

---

69) 『태종실록』 권18, 태종 9년 8월 28일(정묘), "上謂左代言金汝知曰 自古兵權沿革 未有如寡人之用心者"

70) '외방의 3군 분속'과 '전국 군사의 5위 분속'에 대해서는 이 책 1장 3절의 '1) 전국의 중앙 분속 제기와 그 실현' 및 2장 3절의 '1) 세종~세조 때의 중앙 분속 추진' 참고.

마지막으로 태조~태종 때 중앙군을 구성했던 兵種에 대해 살펴보도
록 한다.[71] 지금까지 중앙군 병종은 시험으로 선발하는 것의 유무에 중
점을 두고 정리하거나 신분에 비중을 두되 기능도 아울러 고려해서 분
류했다.[72] 여기서는 후자의 분류에 근거하되 기능이 병종별 특성을 잘
보여준다고 판단돼 개별 병종을 그 기능에 따라 禁軍, 衛兵, 特殊軍 세
가지로 대분류한 다음 개별 병종에 대해 간략히 언급하도록 하겠다.[73]

먼저 조선초기의 금군·위병·특수군이 어떤 기능을 했는지에 대해 살
펴보자. 금군[74]의 가장 중요한 기능은 지근거리에서 국왕을 侍衛하는 것
이다. 이 때문에 금군은 正殿 일대에서 朝賀·宴享 등을 베풀 때 뜰에 도열
한 衛兵과 달리 月臺 위에서 정렬했으며,[75] 국왕이 궁궐 밖으로 거둥하거

---

71) 조선초기 중앙군 병종에 대해서는 천관우, 1979 「조선초기 오위의 병종」 『근세
조선사연구』, 일조각; 민현구, 1983 「Ⅲ. 三. 3. 오위의 병종과 병력」, 앞의 책;
윤훈표, 2012 「제3장 제3절 1. 중앙군의 종류와 특성」 『한국군사사』 5(조선전기
Ⅰ), 육군본부에서 5위에 속한 개별 병종을 중심으로 검토한 바 있다.
72) 윤훈표, 위의 논문, 251~252쪽. 윤훈표는 전자의 분류 사례로 천관우의 연구를,
후자의 분류 사례로 민현구의 연구를 들고, 후자의 견해에 따라 조선전기 중앙
군의 종류와 특성을 서술했다.
73) 조선초기 중앙군 실체를 규명하기 위해서는 당시 중앙에서 활동하던 모든 병종
을 검토해야 한다. 그렇지만 한정된 지면에 다 다룰 수는 없기 때문에 이 책에
서는 금군을 중심으로 살펴보되 위병과 특수군은 개략적으로 언급하는 것으로
마무리하고, 각 시기별 금군·위병·특수군의 운영방식과 그에 속한 개별 병종들
의 특성에 대한 상세한 검토는 後考를 기약하고자 한다.
74) 조선전기에 국왕을 지근거리에서 侍衛하는 군사를 禁軍 또는 禁兵, 親兵이라
불렀다. 그런데 선조 때까지 실록에서 세 용어의 등장 빈도는 금군이 271회, 금
병이 81회, 친병이 30회로 금군의 빈도가 월등하게 많고, 조선후기에 內禁衛·
兼司僕·羽林衛를 합쳐 禁軍廳으로 호칭한 점(『續大典』 권4, 병전, 軍營衙門,
禁軍廳, "大典後 以兼司僕內禁衛羽林衛 合七百爲一廳〈分七番 每番三正九領〉
掌陪扈入直 本曹判書統領")에 근거하여 이 책에서는 이들을 禁軍으로 표기하
고자 한다.
박홍갑은 內禁衛, 兼司僕, 鷹揚衛, 別司禁, 內侍衛, 獅子衛, 子弟衛를 15세기에
존재했던 금군으로 파악하고 그들의 창설과 운영에 대해 검토했다(2003 「조선
초기 禁軍과 숙위 체제」 『조선시대의 과거와 벼슬』, 집문당, 327~337쪽).

나 외방으로 行幸할 때 위병에 비해 더 국왕 가까이에서 陪從했다. 금군
은 국왕시위라는 막중한 임무를 담당했기 때문에 다음과 같은 특성을
지녔다. 첫째, 그들은 번상제 적용을 받는 번상군이 아닌 長番의 상주병
이었다. 둘째, 정원이 수십에서 많더라도 수백 정도의 소수였으며, 개별
병종들이 다시 몇 개의 소그룹으로 나뉘어 교대로 근무했다. 셋째, 국왕
시위라는 본연의 업무에 충실할 수 있도록 매일 밤 도성 안팎을 순행하
는 巡綽 임무를 면제받은 존재였다. 넷째, 중앙군의 조직 편제인 3軍이나
5衛에 분속되지 않고 별도로 임명된 절제사 또는 將의 지휘를 받았다.
마지막으로 금군은 단일 병종으로 존재하는 것이 아니라 최소 2개 이상
의 병종들로 구성됐으며, 그들을 지휘하는 절제사 또는 將도 복수로 임
명되었다.

　금군의 이런 특성이 조선 건국 때부터 모두 갖춰진 것은 아니었다. 첫
째와 둘째, 마지막 특성은 조선 초부터 나타나지만 셋째와 넷째 특성은
15세기 전반 몇 차례의 변동을 거쳐 12司의 5司로의 개편을 전후한 때부
터 금군의 특성이 된 것으로 추정된다.

　첫째와 둘째의 경우 태조~태종 때 금군 역할을 하던 갑사가 1410년부
터 번상제 적용을 받는 병종으로 바뀌어 예외적 존재로 나타난다. 그렇
지만 정원 3,000명에 실제 번상 數가 2,000명이던 갑사는 1414년(태종 14)
정원이 1,000명으로, 실제 번상 수도 500명으로 축소됐고 이런 경향은 세

---

75) 『경국대전』에서는 조하·연향 때 금군인 (兼)司僕과 內禁衛의 侍衛 위치가 서
　로 다른 것으로 나온다. (겸)사복은 병조·도총부 이하의 관직이 군무와 관계된
　자[職帶軍務者]와 함께 국왕 바로 옆[御側]에서 시위하는 반면, 내금위는 別侍
　衛와 함께 월대 위에서 정렬한다고 규정했다(권4, 병전, 侍衛). 『경국대전』 편
　찬을 시작한 세조 때와 이를 간행한 성종 중반 사이 겸사복이 여타 금군에 비
　해 우대받던 상황을 반영한 조치로 추정된다. 한편 문종 때부터 朝儀를 엄숙하
　게 하기 위해 朝會 때 월대 위에 도열하는 내금위 등에게 갑옷을 입고 검을 차
　게 했다[『문종실록』 권2, 문종 즉위년 7월 14일(병진); 『문종실록』 권3, 문종 즉
　위년 8월 2일(계유)].

종 초반까지 이어졌다.[76] 이와 더불어 1417년(태종 17) 도성 밖 行幸時
御駕를 扈從할 군사를 정할 때 갑사가 내금위·內侍衛와 함께 어가 앞뒤
에서 시위하는 군사로 나오는 것을 보면[77] 갑사는 정원이 크게 늘어나는
세종 중반 이전까지는 금군 역할을 수행한 것으로 판단된다.

마지막 특성은 금군이 단일 병종일 경우 그들이 역모 등에 동원되면
국왕시위가 일시에 무너지는 사태를 예방하는 한편 복수의 병종 체제를
유지해 상호간의 견제를 통해 국왕시위를 강화할 목적에서 취해진 조치
였다. 지휘관을 복수로 임명한 것은 금군이 교대로 근무하는 데서 비롯
된 불가피한 조치이지만, 이 역시 병종 내 소그룹 간의 견제를 유도하려
는 목적도 내포된 것으로 짐작된다. 의흥친군위가 금군의 주축을 이루던
태조 때에도 司楯 등의 성중애마와 車沙兀에서 개칭된 司禁 등이 의흥친
군위와 함께 금군 역할을 수행했다. 세종 초반의 경우 금군 통합으로 鷹
揚衛·內侍衛가 혁파되고 內禁衛만 남았지만, 그때도 (別)司禁과 더불어
아직 공식화되지는 않았지만 兼司僕이 금군으로 활동했고, 講武 때에는
獅子衛라는 임시 侍衛부대를 편성해 금군 임무를 부여하기도 했다.[78]

15세기 전반 금군을 구성한 모든 병종이 순작 임무에서 면제된 것은
아니었다. 태종 때 別侍衛·鷹揚衛는 금군인데도 1416년 3월에 番外 9일
중 5일은 習射하고 1일은 巡綽하고 3일은 휴식하도록 규정받았다.[79] 내
금위도 1436년(세종 18) 별시위·갑사와 함께 3運으로 나누어 行巡하게
했다.[80] 그렇지만 1446년(세종 28)에 내금위 給到 규정을 정할 때 入直

---

76) 『태종실록』 권19, 태종 10년 5월 20일(병술); 『태종실록』 권28, 태종 14년 8월
   21일(신유); 『세종실록』 권39, 세종 10년 2월 13일(을축).
77) 『태종실록』 권34, 태종 17년 8월 22일(을사), "定行幸扈駕軍士 命自今門外行幸
   內禁衛節制使一 內侍衛節制使一 都鎭撫一 司禁四 駕前駕後甲士內禁內侍衛
   前例外 其餘毋得隨駕"
78) 세종 초반의 금군 통합과 사자위에 대해서는 이 책의 162~164쪽 참고.
79) 『태종실록』 권31, 태종 16년 3월 10일(임인).
80) 『세종실록』 권71, 세종 18년 3월 2일(무진).

과 行幸侍衛만 나오는 것으로 보아[81] 1436년의 내금위 순작 참여는 일
시적 조치였던 것으로 판단된다. 1464년(세조 10) '仕'와 '到'를 '仕'로 통
일하고 給仕 규정을 정할 때 巡綽도 급사 대상의 하나로 나오기 때문이
다.[82] 그러므로 1446년의 내금위 給到 규정에 순작이 없는 것은 내금위
가 순작에 참여하지 않기 때문이었을 것이다.

금군의 넷째 특성 역시 15세기 전반의 조정을 거치며 확립되었다. 태
종 때 별시위·응양위는 1405년(태종 5) 육조 所屬을 詳定할 때 병조 소
속으로 나온다.[83] 내시위는 창설 때 3軍에 분속됐다가[84] 1414년 내금
위·별시위와 함께 中軍에 소속됐고,[85] 세종 즉위 즈음 이 세 병종은 중
군이 아닌 병조에 소속돼 있었다.[86] 그런데 1423년(세종 5)에 정한 禁火
條件에서는 이들로 하여금 中軍營에 모이도록 했다.[87] 소속처가 병조에
서 다시 중군으로 바뀐 것이다. 금군 병종의 소속처는 1432년(세종 14)
3軍의 各軍別 都摠制府가 혁파될 때 병조로 바뀌었다가[88] 1434년 다시
3군으로 변경되었다.[89] 이들의 소속처는 이처럼 兵曹, 3軍, 中軍, 병조,

---

81) 『세종실록』 권111, 세종 28년 2월 15일(계축), "入直每一日給到三 行幸侍衛日
加給二 出番人侍衛則亦給二 經宿行幸則給六"
82) 『세조실록』 권33, 세조 10년 4월 17일(기해).
83) 『태종실록』 권9, 태종 5년 3월 1일(병신).
84) 『태종실록』 권17, 태종 9년 6월 9일(경술), "初置內侍衛三番 每番四十人爲額
分屬三軍"
85) 『태종실록』 권27, 태종 14년 6월 27일(무진), "以內禁內侍別侍衛皆屬中軍 從兵
曹之啓也 先是 三衛分屬於三軍"
86) 『세종실록』 권1, 세종 즉위년 10월 19일(을미), "兵曹啓 … 自今出番三軍司直
以下軍士 及本曹所屬內禁內侍別侍衛 當番都城衛鷹揚衛等 主上殿入番外 別
牌侍衛牌軍器監義禁府大小貝吏 每月初一十六日朝會後 殿門一會 … 上王從之"
87) 『세종실록』 권20, 세종 5년 6월 27일(병자), "兵曹啓 火災不可不愼 其禁火條件
具列于後 … 一 出番甲士防牌 則各於本衛 內禁內侍衛忠義侍衛各軍五員近
仗 則中軍營 … 隨其聞鍾聲先後 聚會待令"
88) 『세종실록』 권55, 세종 14년 3월 16일(을해).
89) 『세종실록』 권66, 세종 16년 10월 27일(경오), "兵曹啓 革三軍衙門 而中軍所屬
內禁忠義別侍衛司禁 不議移屬之處 上項各衛之事 各其節制使直呈本曹 本曹

3군 등으로 여러 차례 변동했다.

그런데 1451년(문종 1) 12司를 5司로 개편할 때 내금위 등 금군은 5사에 분속하지 않은 반면 금군 성격을 탈각하고 衛兵으로 轉化한 별시위는 5사에 분속했으며,[90] 1457년(세조 3) 5司를 5衛로 변경할 때[91]도 동일했다. 이를 보면 금군은 세종 말엽~세조 초반을 경유하며 중앙군의 조직 편제인 3軍이나 5衛에 분속되지 않는 병종으로 확립된 것으로 추정된다. 이는 금군과 위병·특수군의 지휘체계를 별도로 구성한 것으로, 세종 중후반부터 나타난 금군과 위병의 분화 현상을 마무리하는 조치로 이해된다. 지근거리에서 국왕시위를 수행하는 금군을 중앙군 일반의 지휘체계에서 벗어나게 해 그 지휘관인 將을 매개로 국왕과 연결시켜 금군 기능을 강화·특화하는 조치인 것이다.

한편 조선초기 衛兵[92]은 궁궐에서 숙위할 때 4所에 배정돼 部將의 지휘를 받았고, 국왕이 殿座할 때 월대에 도열한 금군과 달리 殿庭에서 序立했으며, 도성巡綽을 전적으로 책임졌고, 御駕를 수행할 때에는 금군보다 외곽에서 侍衛를 담당하는 군사였다. 그리고 5衛와 별개로 존재하는 금군과 달리 중앙군 조직 편제인 5衛 25領에 분속돼 있었다. 위병의 이

亦直行文書"

90) 『문종실록』 권8, 문종 1년 6월 7일(갑술). 별시위의 衛兵化에 대해서는 이 책 2장 1절의 '2) 갑사·별시위의 衛兵化와 正兵 등장' 참고.

91) 『세조실록』 권7, 세조 3년 3월 6일(기사). 이때 그동안 10衛(司)·12司·5司의 상급 조직 편제로 기능하던 中軍·左軍·右軍의 3軍이 소멸했다.

92) 조선초기에 궁궐숙위와 도성순작을 담당하는 군사는 衛兵·衛士 등으로 표현했다. 실록에서의 등장 빈도는 위사가 위병보다 많지만, 위사는 禁軍을 가리키는 경우가 종종 있는 반면[『세조실록』 권18, 세조 5년 12월 23일(신미), "命禮曹判書洪允成與野人李哈兒帖哈耦射 謂衛士等曰 爾輩雖能射御 其如不識文字何 宜各自勉 須如允成"] 위병은 궁궐숙위와 도성순작을 담당하는 갑사·별시위·平虜衛·正兵 등을 지칭하는 경우가 일반적이기 때문에[『세조실록』 권27, 세조 8년 1월 8일(계묘), "京外平虜衛正兵等 常時專不操練 脫有緩急 終爲無用 有違設置衛兵之意";『세조실록』 권34, 세조 10년 8월 1일(임오), "親兵曰內禁衛兼司僕 衛兵曰甲士別侍衛"] 이 책에서는 위병으로 표기하기로 한다.

런 특성도 조선 건국 때부터 모두 그랬던 것은 아니며, 15세기 전반을 경유하며 확립된 것이었다.

조선초기 중앙군에는 앞에서 본 금군과 위병 외에 特殊軍으로 분류할 수 있는 다양한 병종들도 존재했다. 특수군은 신분·우대병종, 火器 전문부대, 勞役軍·使令軍, 기타로 세분할 수 있다. 신분·우대병종은 조선이 신분제를 근간으로 유지된 왕조라는 점에서 비롯했다. 관원의 婢妾所産을 위한 補充軍(補充隊), 천인으로 구성된 壯勇隊·彎强隊, 왕실과 관련된 完山子弟牌(衛)·親軍衛·族親衛, 공신 자제를 위한 忠義衛·忠贊衛, 고위 관원의 자제를 위한 忠順衛 등이 조선초기의 신분·우대병종으로 존재했다.

화기 전문부대는 고려 말 火器 발명으로 출현했다. 1378년(우왕 4) 4월 社寺奴婢를 구성원으로 하여 창설된 火㷁放射軍이 조선에 들어와 官寺奴婢로 구성된 火㷁軍이 되었다. 賤人인 이들이 각종 노역에 동원되다가 1410년(태종 10) '助役奴'로 개칭되면서 화통군은 소멸했다. 한편 태종 초반 軍器監別軍이 화기 전문부대로 등장했다가 이들 역시 勞役軍으로 동원되자 1445년(세종 27) 銃筒衛라는 별도의 화기 전문부대를 창설하기도 했다.[93] 1457년(세조 3) 총통위가 혁파된 후 1475년(성종 6) 4월 이전에 破陣軍이라는 화기 전문부대가 등장했다.[94]

노역은 국왕시위·궁궐숙위·도성순작 같은 중앙군의 본래 업무에는

---

93) 조선초기 화기 전문부대에 대해서는 김일환, 2000 「조선초기 군기감의 무기제조연구」, 홍익대 박사학위논문, 39~56쪽 참고.

94) 『세조실록』 권8, 세조 3년 7월 4일(을축); 『성종실록』 권54, 성종 8년 1월 29일(무진), "助戰將 擇破陣軍各一人 多賫銃筒火箭而去" 『경국대전』에는 別破陣이라는 병종이 나오는데(권4, 병전, 番次都目), 전기의 실록에는 보이지 않고 후기의 실록에 火器를 다루는 병종으로 나온다[『현종실록』 권12, 현종 7년 3월 29일(기유), "令別破陣 放砲三聲 吹天鵝聲 偃標旗三次 三軍一時解陣"]. 별파진은 파진군처럼 화기를 다루고 정원도 180명으로 같지만[『성종실록』 권75, 성종 8년 1월 29일(무진), "兵曹據軍器寺提調單子啓 … 藥匠所業無異軍卒 而號稱匠人 故人皆厭之 元額一百八十 而時屬者八十人 後無繼業 將爲可慮 請以破陣軍稱號 依提調所啓施行何如"] 양자가 동일한 존재인지는 분명하지 않다.

포함되지 않지만, 실제 평상시의 중앙군 기능에서 큰 비중을 차지했
다.[95) 노역군은 隊長·隊副(六十)처럼 府兵에서 전화한 경우, 防牌·隊卒·
彭排처럼 衛兵에서 전화한 경우, 攝隊長·攝隊副(攝六十)처럼 애초부터
노역군으로 편성된 병종 등 여러 경로로 출현했다.

마지막 기타에는 吹螺赤, 太平簫, 擲石軍 등이 이에 해당한다. 伴倘의
경우 특수군으로 분류할 수도 있지만 그들이 王子·功臣·고위 관원 등
개인에게 배정돼 부려지는 존재라는 점에서 중앙군의 독립 병종으로 보
기는 어렵다고 판단돼 여기서는 제외했다.[96)

다음으로 태조~태종 때 금군 역할을 수행했던 병종을 살펴보도록 한
다. 태조 때에는 義興親軍衛, (內)甲士, 成衆愛馬 등이 금군 역할을 수행
했다. 이 중에서 태조가 잠저 시절에 거느렸던 親兵을 제도화한 의흥친
군위[97)가 중심적인 역할을 수행했다. 의흥친군위는 1392년(태조 1) 7월
左衛와 右衛로 나뉘어 기존의 8위와 합쳐져 10위가 됐고, 1395년 2월 의
흥친군좌위가 義興侍衛司로, 우위는 忠佐侍衛司로 개칭되었다.[98) 이러
한 제도상의 변화나 명칭 변경에도 의흥친군위는 태조 재위 내내 '왕의
친위부대'라는 뜻의 '親軍衛'로 불리며 태조를 侍衛하고 경복궁 宿衛를
책임진 핵심병력으로 기능했다.[99) 이 친군위에 속한 군사가 바로 甲士

---

95) 군사들의 활동에 대한 給仕 규정을 싣고 있는『경국대전』을 보면 '赴役'이 급
   사 대상의 하나로 나와 있다(권4, 병전, 軍士給仕, 赴役, "別仕 二").『경국대전』
   의 軍士給仕條에 실린 급사 대상은 조선초기 중앙군을 포함한 군사들이 어떤
   역할을 했는지 압축적으로 잘 보여준다. 급사 대상으로는 赴役 외에도 入直,
   行巡, 侍衛, 習陣, 習射, 赴防, 捕盜, 畋獵, 越境迎送, 越境斥候, 赴戰, 捕虎, 都
   試, 內禁衛鍊才, 別侍衛鍊才, 甲士鍊才, 正兵鍊才, 吹螺赤大平簫鍊才, 水軍鍊
   才 등이 있었다.
96) 조선초기 반당에 대해서는 한희숙, 1986「조선초기의 반당」,『역사학보』112 참고.
97) 태조 때 의흥친군위에 대해서는 민현구, 1983, 앞의 책, 101~103쪽; 윤훈표, 앞의
   책, 185~188쪽 참고.
98)『태조실록』권1, 태조 1년 7월 28일(정미);『태조실록』권7, 태조 4년 2월 13일
   (정축).

였다.100) 그중에서도 태조 출신지인 東北面 출신이고101) 闕內 別寢에서
侍衛하는102) 內甲士가 外甲士에 비해 좀 더 금군의 핵심에 가까웠다.

원 간섭기에 등장해 궁중 숙위를 담당해 왔던 성중애마도 태조 때에
近侍衛·忠勇衛의 혁파 조치가 있기는 했지만 계속 존치되면서 궁궐숙위
의 일부를 담당했다.103) 侍衛軍은, 1393년(태조 2) 국왕의 허가 없이 시
위군을 囚禁했던 金城현령을 巡軍獄에 가둔 사례104)에서 볼 수 있듯이
금군에 준하는 대우를 받았다. 그러나 상경했을 때 節制使들의 私兵으
로 활동했으므로105) 실제로 금군 역할을 수행했다고 보기는 어렵다.

태종 때에는 갑사와 더불어 잇달아 창설된 병종들이 금군 역할을 수
행했다. 먼저 1400년(태종 즉위년) 12월 갑사 2,000명이 復立되었다. 別侍
衛(1400년), 鷹揚衛(1404년, 태종 4), 內禁衛(1407년, 태종 7), 內侍衛(1409
년, 태종 9) 등 금군 성격의 병종들도 잇달아 창설되었다.106) 태종은 갑
사를 복립하면서 번상제를 적용하고자 했는데, 사정이 여의치 않자 그
들에게 번상제를 적용해도 숙위에 문제가 없도록 하는 한편 이전부터

---

99) 『태조실록』 권3, 태조 2년 4월 11일(을유); 『태조실록』 권14, 태조 7년 8월 26
　　일(기사).
100) 친군위에 속한 군사가 갑사라는 점은 유창규가 이미 지적했다(1985 「조선초
　　친군위의 갑사」 『역사학보』 106, 136~138쪽).
101) 『정종실록』 권4, 정종 2년 5월 8일(임신).
102) 『태조실록』 권14, 태조 7년 8월 9일(임자), "上曰 節制使南誾李之蘭張思吉等
　　開國功臣 李天祐今爲內甲士提調"; 『세종실록』 권46, 세종 11년 10월 11일(갑
　　신), "時(태종 2년-인용자 주)選甲士毅勇者三百人 稱爲內甲士 命李叔蕃與延
　　嗣宗領其半 (趙)涓與韓珪領其半 分爲左右衛 侍闕內別寢"
103) 태조 때의 성중애마에 대해서는 민현구, 1983, 앞의 책, 99~100쪽; 윤훈표, 앞
　　의 책, 197~198쪽 참고.
104) 『태조실록』 권3, 태조 2년 3월 4일(기유).
105) 『세종실록』 권110, 세종 27년 10월 16일(정사), "議政府據兵曹呈啓 開國之初
　　諸臣典兵之時 諸道侍衛牌 勿論歲之豊凶 並皆番上 各屬其家 田獵土木之役
　　使之如奴"
106) 태종 때 창설된 금군 성격의 병종에 대해서는 이 책의 28~29쪽 참고.

冗官이라는 지적을 받아왔던 성중애마도 정리하려는 목적에서 새로운 병종들을 창설한 것이다.

태종 때 금군은 1416년(태종 16) 3월 갑사·별시위·응양위에게 순작 임무를 부여할 때 내금위·내시위에 대해서는 별도의 언급이 없는 점, 금군 병종을 나열할 때 내금위·내시위가 앞에 나온 후에 별시위나 응양 위가 나온다는 점, 行幸할 때 내금위·내시위가 별시위보다 御駕 가까운 곳에서 侍衛한다는 점, 1426년(세종 8) 내시위를 혁파해 내금위에 소속 시킬 때 내시위는 내금위의 예에 의거해 설치했다고 밝힌 점 등에 근거 할 때[107] 내금위와 내시위가 다른 병종들보다 더 핵심적인 역할을 수행 했던 것으로 보인다.

태조 때부터 司禁[108]이라는 병종도 금군 역할을 수행했다. 사금은 1394 년(태조 3) 車沙兀을 개칭하면서 등장했는데,[109] 그 정액은 분명하지 않 다. 그런데 1419년(세종 1) 시위 군사를 간략히 갖추고 平山으로 거둥할 때 내금위가 65명이고 내시위가 63명인데 비해 사금은 20명에 불과했 다.[110] 당시 내금위와 내시위의 정액이 각각 90명과 120명인 점을 고려하 면 사금의 정액은 30~40명으로 추정된다. 1411년(태종 11)의 실록 기사에

---

107) 『태종실록』 권31, 태종 16년 3월 10일(임인); 『태종실록』 권33, 태종 17년 5월 7일(임진); 『세종실록』 권2, 세종 즉위년 11월 23일(기사); 『세종실록』 권24, 세 종 6년 5월 6일(경진).

108) 실록에서는 司禁을 別司禁으로도 기재하고 있다. '別'이라는 관형사가 붙어 있고, 別司禁上護軍 車指南을 '司禁之長'으로 기재하기도 하여[『태종실록』 권16, 태종 8년 10월 11일(을유); 『태종실록』 권17, 태종 9년 5월 25일(병신)] 별사금이 사금보다 상위의 존재처럼 보이기도 한다. 그렇지만 大將軍에 임명 된 權希達이 동료 사금을 구타해 처벌을 받았고[『정종실록』 권6, 정종 2년 12 월 1일)(신묘)], 상장군 沈龜齡이 司禁의 역할을 수행하고 있는 것[『태종실록』 권1, 태종 1년 1월 15일 을해·20일(기유)]으로 볼 때 사금이 일반 군사가 아닌 군사 지휘관에 해당하므로 양자는 동일한 존재인 것으로 추정된다.

109) 『태조실록』 권6, 태조 3년 7월 11일(무신).

110) 『세종실록』 권3, 세종 1년 4월 20일(갑오).

보이는 司禁牌頭¹¹¹⁾가 바로 그들의 통솔자였다. 그런데 1412년 7월 別司禁提調를 설치하고 河久와 權希連을 別司禁 左邊提調로, 柳殷之와 黃祿을 右邊提調로 삼았다.¹¹²⁾ 얼마 전까지 황록의 지위가 사금패두로 나온 점을 감안하면¹¹³⁾ 이때 설치된 별사금제조는 사금패두를 사금의 지위에 걸맞게 고위급으로 개칭한 것으로 추정된다. 그리고 좌변과 우변으로 나누고 제조도 4명이나 배정한 만큼 사금 자체의 증액도 있었을 것으로 보인다. 1422년(세종 4) 5월에는 창덕궁 廣延樓의 남쪽과 북쪽 담장에 각각 左司禁과 右司禁으로 하여금 兵器를 갖추고 입직하게 했다.¹¹⁴⁾ 이를 통해 이 시기가 되면 사금은 규모가 작지만 좌사금과 우사금으로 나뉘어 있었고, 별사금 좌변과 우변이 각각 좌사금과 우사금으로 불렸음을 알 수 있다. 사금은 국왕이 거둥할 때 말을 타고 朱杖을 든 채로 御駕에 돌입하거나 함부로 申呈하는 행위를 막는 일을 담당했으며,¹¹⁵⁾ 광연루에 입직한 사례에서 알 수 있듯이 궁궐숙위도 수행했다.

태조~태종 때 위병으로는 侍衛牌, 受田牌, 無受田牌,¹¹⁶⁾ 都城衛,¹¹⁷⁾ 隊長·隊副(六十), 近仗, 防牌, 別牌 등의 병종이 있었다. 시위패는 이 시기의 대표적인 위병이자 番上軍이었다. 외방에 거주하기 때문에 '外牌'로도 불렸다.¹¹⁸⁾ 시위패는 사회경제적으로 여유 있는 계층이었으므로 일반 군사인 兵卒이 아니라 軍官 대접을 받았으며, 그 규모가 도별로 수천

---

111) 『태종실록』 권21, 태종 11년 2월 25일(병진).
112) 『태종실록』 권24, 태종 12년 7월 25일(무신).
113) 『태종실록』 권21, 태종 11년 2월 25일(병진).
114) 『세종실록』 권16, 세종 4년 5월 19일(을해).
115) 『태종실록』 권1, 태종 1년 6월 14일(신미); 『태종실록』 권17, 태종 9년 5월 25일(병신); 『태종실록』 권22, 태종 11년 12월 9일(을미).
116) 수전패·무수전패에 대해서는 이 책 30~31쪽 참고.
117) 도성위에 대해서는 이 책 233~234쪽 참고.
118) 『태종실록』 권12, 태종 6년 9월 3일(기미), "三軍甲士別侍衛外牌侍衛如常"; 『태종실록』 권13, 태종 7년 6월 1일(계미), "各道外牌軍官更番侍衛 其法謹密 不可分毫差改"

에 달하지만 실제로 번상하는 수는 1,000~2,000명 정도로 추정된다. 시
위패는 그 주된 구성원이 갑사를 비롯한 試取 병종으로 移屬하면서 사
회적 지위가 저하되다가 세조 때에 兩界의 正軍 및 외방의 留防軍인 營
鎭軍과 합쳐져 正兵으로 바뀌었다.119)

대장·대부는 10衛(司)에 배정된 최하위의 府兵으로 1394년(태조 3)
尉·正에서 대장·대부로 명칭이 변경되었다.120) 領에 배정된 이들의 수
가 60명이기 때문에 六十으로도 칭해졌다.121) 처음에는 3軍에 소속됐는
데 1409년 윤4월 이전에 병조로 소속처가 바뀌었다.122) 태조~태종 때 각
종 노역에 동원되던123) 이들을 府兵 본래의 모습으로 바꾸고자 시도했
지만 결과는 여의치 않았던 것 같다.124) 1394년(태조 3)경 정원 3,000명
에 長番으로 근무하던 이들은 1428년(세종 10) 정원이 4,500명으로 늘어
나면서 3번으로 나누어 번상하는 병종으로 바뀌었다.125) 또 1420년(세
종 2)에는 대장·대부를 各 領에 분속시키고 그 牌頭를 없애는 대신에 해
당 領의 護軍이 영솔하게 했다.126) 이러한 패두 혁파와 번상군으로의 전
환은 대장·대부의 독립 병종으로서의 존재 의미를 약화시키는 것이었
다. 이 조치는 당시의 衛領職 운영방식127)과 맞물리면서 세종 이후 隊

119) 조선 초 시위패의 상황과 시위패의 정병으로의 개칭에 대해서는 이 책 1장 2
절의 '2) 시위패의 빈번한 번상 중지와 위상 저하' 및 2장 1절의 '2) 갑사·별시
위의 衛兵化와 정병 등장' 참고.
120) 『태조실록』 권5, 태조 3년 2월 29일(기해).
121) 위와 같음.
122) 『태종실록』 권17, 태종 9년 윤4월 20일(임술).
123) 『태조실록』 권14, 태조 7년 8월 12일(무오), "令隊長隊副二千人 輸經板于支天
寺";『태종실록』 권15, 태종 8년 5월 19일(정묘), "慕華樓南池成 賜赴役隊長隊
副四百米各一石"
124) 『태종실록』 권3, 태종 2년 6월 1일(계축);『태종실록』 권29 태종 15년 6월 17일
(임오).
125) 『태조실록』 권5, 태조 3년 2월 29일(기해);『세종실록』 권41, 세종 10년 8월 5
일(갑신).
126) 『세종실록』 권18, 세종 4년 11월 10일(계해).

長·隊副職이 다른 관직자에게 녹봉을 지급하기 위한 것으로 바뀌는 계기가 된 것으로 보인다.

近仗[128] 역시 府兵이지만 10衛(司)가 아닌 3軍 자체에 배정된 隊長·隊副였다. 이 때문에 '三軍近仗'으로도 불렸다.[129] 1415년(태종 15)에는 140명이 장번으로 근무했는데, 1428년(세종 10) 정원을 600명으로 확대하고 3번으로 나눠 근무하게 하면서 상주병에서 번상군으로 전환되었다.[130] 이 조치가 계기가 돼 근장이 부병 성격을 탈각하고 독립 병종으로 자리잡게 된 것으로 추정된다. 1457년(세조 3) 諸色軍士를 5위에 분속할 때 갑사와 함께 中衛인 義興衛에 소속되었다.[131] 그런데 1469년(예종 1) 5위의 예하병종을 조정할 때에는 등장하지 않는 것으로 보아[132] 세조 초반을 지나면서 군사 기능은 약화되고 이전부터 수행해 왔던 儀仗兵으로 특화됐던 것으로 보인다.[133]

방패는 전투를 수행할 때 기병 외에 보병도 필요하기 때문에 태종 초반 방패를 제작하고[134] 手搏戲로 시험해 선발된 자로 구성된 병종이었다.[135] 그렇지만 이후 위병 역할을 수행하면서도[136] 자주 노역에 동원

---

127) 15세기 전반의 衛領職 운영방식에 대해서는 이 책 2장 3절의 '3) 衛領職 규모와 운영방식의 변화' 참고.

128) 근장은 고려시대 국왕의 侍衛軍인 2軍을 가리키는 용어였다고 한다(민현구, 1983, 앞의 책, 131쪽).

129) 『세종실록』권43, 세종 11년 1월 4일(신해). 10衛(司)가 아닌 3軍 자체에 배정된 司直·副司直·司正·副司正은 '三軍五員'으로 불렸다(위와 같음).

130) 『태종실록』권29, 태종 15년 3월 25일(계해);『세종실록』권41, 세종 10년 8월 5일(갑신).

131) 『세조실록』권7, 세조 3년 3월 6일(기사).

132) 『예종실록』권5, 예종 1년 5월 7일(경인).

133) 『태종실록』권30, 태종 15년 8월 5일(기사), "捧旗人用入番近仗";『단종실록』권10, 단종 2년 1월 22일(갑술), "滕氏受爵命儀 … 近仗二人前導";『세조실록』권27, 세조 8년 2월 25일(경인), "返虞班次 … 次旗二左右分立〈近仗奉持〉"

134) 『태종실록』권14, 태종 7년 9월 5일(을묘).

135) 『태종실록』권19, 태종 10년 1월 21일(무자). 『문종실록』에서는 을미년(태종

되면서137) 세종 때를 경유하며 사실상 勞役軍으로 바뀌었고,138) 이에 1464년(세조 10) 梁誠之는 방패를 '役軍'으로 분류했다.139)

별패는 1414년(태종 14) 8월에 창설된 병종이었다. 당시 "敵國의 外患이 없다."라는 이유로 甲士 정원을 3,000명에서 1,000명으로 대폭 축소했는데, 이때 除下된 갑사 2,000명과 임무를 감당할 만한 자[可當任者] 1,000명을 선발해 별패로 삼고 輪番으로 侍衛하게 했다.140) 같은 해 10월에 결정된 各 道의 別牌 정원은 경기 350, 충청도 700, 전라도·永吉道·강원도·尙州晋州道·慶州安東道·豐海道·평안도 각각 400으로 총 4,000명이었다.141) 漢城府와 開城府를 제외한 전국 8도에 모두 별패가 편성되었다. 그런데 1423년(세종 5) 1월 서울에 거주하는 無受田牌 448명과 別牌 74명 총 522명을 都城衛에 분속시킨142) 조치를 보면 1414년 이후 한성부에도 별패를 두었음을 알 수 있다. 별패는 갑사에서 분화된 군사적 능력이 우

---

15)에 방패를 창설한 것으로 나온다[권3, 문종 즉위년 9월(경신), "議政府據兵曹啓 防牌 禦敵先鋒 其用甚緊 國初倣古制 旣設馬兵甲士 歲乙未 用隊長隊副 爲防牌"]. 그렇지만 이 책에서는 수박희로 시험하여 선발된 자를 防牌軍에 보충한다는 위의 기록에 근거해 그 이전에 방패가 창설된 것으로 이해했다.

136) 『세종실록』 권18, 세종 4년 12월 1일(갑신), "闕門出入各人信符 各門分守護軍及甲士防牌考察";『세종실록』 권52, 세종 13년 4월 11일(을사), "漢城府啓 水口門外草幕 明火賊擊殺僧一名 又傷二名 盡取財物 … 令鎭撫三人 各率防牌十名捕之"

137) 『세종실록』 권3, 세종 1년 4월 29일(계묘);『세종실록』 권66, 세종 16년 11월 3일(병자), "兵曹判書崔士康啓曰 每當營繕 董役之官 爭先啓曰 役使防牌當用幾名 如數充定 營繕未畢 又興他役 其董役官亦曰 當用防牌幾名 防牌有限 營繕不已 難堪其役"

138) 『세종실록』 권72, 세종 18년 6월 23일(무오), "議政府啓 防牌及攝隊長隊副元數六千三百 … 防牌則專攻土木之役 其勞倍於近仗"

139) 『세조실록』 권34, 세조 10년 8월 1일(임오), "同知中樞院事梁誠之上書曰 … 役軍曰防牌"

140) 『태종실록』 권28, 태종 14년 8월 21일(신유).

141) 『태종실록』 권28, 태종 14년 11월 21일(경신).

142) 『세종실록』 권19, 세종 5년 1월 9일(신묘).

수한 병종이었으므로 1418년(태종 18)에 별패가 아닌 자는 갑사에 入屬할
수 없다는 규정을 만들기도 했다. 그렇지만 1427년(세종 9) 별패와 시위
패가 같은 侍衛軍士라는 이유로 별패를 시위패에 합속시키면서[143] 별패
는 사라지게 되었다.

태조~태종 때 특수군으로는 完山子弟牌(衛), 親軍衛, 補充軍, 火㷁軍·
軍器監別軍,[144] 攝六十, 吹螺赤, 太平簫(大平簫), 擲石軍 등이 존재했다.
완산자제패는 1392년(태조 1) 12월 대장군 吳蒙乙이 완산자제 26명을 데
려오자 태조가 庶弟인 義安伯 李和에게 이들을 관장하게 하면서 시작되
었다.[145] 完山子弟衛로도 불렸는데[146] 명칭에서 알 수 있듯이 태조 이성
계 성씨의 발원지인 全州 지역을 우대하기 위해 창설한 병종으로,[147] 몇
달 전에 전주를 完山府로 승격시킨 것과 짝을 이룬 조치였다.[148] 1404년
(태종 4) 각 병종에 지급할 奉足을 정할 때 완산자제패는 侍衛軍과 함께
소유한 田地가 1~2結 이하이면 2戶를, 3~4결 이하이면 1호를 지급하고,
5~6결 이상이면 지급하지 않도록 했다.[149] 1410년에는 3번으로 나누어
世子殿에서 宿衛하게 하고 左軍 都摠制 辛有定을 절제사로 삼았다.[150]
3번으로 나누고 절제사까지 둔 것을 보면 이때 완산자제위 정원이 어느
정도 늘어났을 것이다. 그러나 1412년에 혁파돼 시위군에 분속되었다.[151]
親軍衛는 태조의 고향인 咸吉道 출신을 우대하기 위해 만든 병종이었

---

143) 『세종실록』 권35, 세종 9년 6월 8일(을축). 이때 서울에 거주하던 별패의 명칭
　　이 '京侍衛牌'로 바뀌었다.
144) 화통군·군기감별군에 대해서는 이 책의 38쪽 참고.
145) 『태조실록』 권2, 태조 1년 12월 27일(계유).
146) 『태종실록』 권19, 태종 10년 5월 14일(경진).
147) 『태종실록』 권24, 태종 12년 8월 20일(임신), "革完山子弟牌 先是 以完山爲璿
　　源所自 特置子弟牌"
148) 『태조실록』 권1, 태조 1년 8월 7일(병진), "陞全州爲完山府 以柳玽爲府尹"
149) 『태조실록』 권7, 태종 4년 5월 23일(계해).
150) 『태조실록』 권19, 태종 10년 5월 14일(경진).
151) 『태종실록』 권24, 태종 12년 8월 20일(임신).

다. 태종이 즉위한 후 侍衛軍士로 있던 本道 子弟 중에서 見任에 있는 자를 '친군위'라 칭하며 녹봉을 지급토록 한 것이 그 출발이었다.[152] 세종 이후 북방 개척에 주력하게 되자 이들을 본도로 보내어 그 지역 방위를 맡게 했다. 1468년(세조 14) 다시 정비하여 서울에서 시위하는 병종으로 만들었다.[153] 1466년(세조 12) 정원을 300명에서 520명으로 확대하고 3번으로 나눴다가, 1468년 정원을 100명으로 축소하고 3번으로 나누어 1년씩 교대로 근무하게 했다.[154] 1470년(성종 1)에는 정원을 40명으로 더욱 줄이고 2번으로 나누어 1년씩 근무하게 했는데, 이때의 정원과 番次가 그대로 『경국대전』에 기재되었다.[155]

補充軍은 1415년 奴婢辨定都監을 폐지하고 그 대신으로 설치되었다. 여기에 稱干稱尺者와 관원의 賤妾 소생으로 贖身할 자를 소속시켜 立役 후에 從良시키고자 했다. 1465년(세조 11)에 일시 폐지됐다가 이듬해 다시 설치됐고 1467년에 補充隊로 개칭되었다. 『경국대전』에 의하면 보충대는 5위 가운데 義興衛에 속하고, 정원은 없으며, 4번으로 나누어 4개월마다 교대했다.[156] 군사적 기능보다 신분 관계에서 주목되는 병종이다.[157]

攝六十은 그동안 관원들의 根隨와 토목 공사에 동원되던 隊長·隊副를 府兵 본래의 모습으로 되돌리고 그들이 수행하던 역할을 대신하게 할 목적으로 1415년에 창설된 병종이었다. 40개의 領마다 攝隊長 3명과 攝

---

152) 『문종실록』권7, 문종 1년 5월 5일(임인), "典農少尹崔濡上言 咸吉道 我列聖 誕生之地 … 及太宗卽位 侍衛軍士 多本道子弟 見任則稱親軍衛給祿 前衛則 稱別軍給料"

153) 윤훈표, 2012, 앞의 논문, 256쪽.

154) 『세조실록』권38, 세조 12년 1월 3일(병오); 『세조실록』권46, 세조 14년 5월 23일(임오).

155) 『성종실록』권3, 성종 1년 2월 30일(기묘); 『경국대전』권4, 병전, 番次都目, 親軍衛.

156) 윤훈표, 2012, 앞의 논문, 269쪽.

157) 민현구, 1983, 앞의 책, 164~165쪽.

隊副 7명씩 총 400명이 長番으로 근무하며 녹봉을 받았다.[158] 1428년(세종 10) 정원이 1,800명으로 늘어나면서 번상제 적용을 받는 병종이 되었다.[159] 1457년(세조 3) 5司를 5衛로 개편할 때 左衛인 龍驤衛 소속으로 나오지만 1469년(예종 1) 5위의 예하병종을 조정할 때에는 나오지 않고[160] 실록에도 더 이상 나오지 않는 것으로 보아 세조 말엽 사라진 것으로 추정된다. 비슷한 시기에 만들어진 防牌와 가까운 관계에 있었다고 한다.[161]

吹螺赤는 螺角을 부는 일을 담당했다. 1410년 內吹螺赤가 궐문 밖에 있게 되면 취각령 실시를 사람들이 미리 알게 된다는 이유로 번을 나누어 內速古赤房에서 입직하게 했다.[162] 취라치는 나각을 불어 군사들에게 신호를 보내는 일을 담당하기 때문에 習陣·講武 등의 군사훈련에 필수적으로 참여했다.[163] 1428년(세종 10) 9월 정원을 50명에서 75명으로 늘릴 때 3번으로 나누게 함으로써 번상제 적용을 받았다.[164] 太平簫(大平簫)는 '날라리'라고도 부르는 태평소를 부는 일을 담당했다. 1450년(문종 즉위년) 8월 취라치가 5司 25領에 불균등하게 배치되어 未便하다는 이유로 元·加設 50명과 預差 50명을 領마다 각각 2명씩 差定하게 했다. 같은 날 太平簫도 원·가설 20명과 예차 20명을 司마다 각각 4명씩 차정하게 했다.[165] 1464년(세조 10)에는 그동안 각각 甲士職과 攝六十職에 差下되던 취라치와 태평소를 위해 별도로 체아직을 마련했다.[166] 이때부

---

158) 『태종실록』 권29, 태종 15년 6월 17일(임오).
159) 『세종실록』 권41, 세종 10년 8월 5일(갑신).
160) 『세조실록』 권7, 세조 3년 3월 6일(기사); 『예종실록』 권5, 예종 1년 5월 7일(경인).
161) 민현구, 1983, 앞의 책, 131쪽.
162) 『태종실록』 권19, 태종 10년 5월 7일(계유).
163) 『세종실록』 권48, 세종 12년 4월 22일(임진); 『세종실록』 권61, 세종 15년 7월 8일(기미).
164) 『세종실록』 권41, 세종 10년 9월 1일(경술).
165) 『문종실록』 권9, 문종 즉위년 8월 10일(을해).

터 취라치와 태평소가 독립된 병종이 된 것으로 추정되며, 그 결과 이들이 『경국대전』에도 기재되어 취라치는 640명이, 태평소는 60명이 5번으로 나누어 4개월씩 근무하는 것으로 규정되었다.[167]

擲石軍은 고려 때부터 존재하던 병종이었다.[168] 조선에서는 1394년(태조 3) 4월 擲石戲를 하는 자를 모아 척석군이라 이름하고 中樞 趙琦로 하여금 영솔하게 했다.[169] 척석군은 왜구를 追捕하는 데도 동원됐지만[170] 주로 태조~세종 초반에 국왕이 관람하는 척석희에 참여했다.[171]

이상에서 살펴본 태조~태종 때 중앙군으로 활동했던 병종의 창설, 정원, 番次, 혁파 등의 내역을 정리한 것이 [표 1-1]이다.

[표 1-1] 태조~태종 때의 중앙군 구성 병종 (단위: 명)

병종명	창설	정원		番次	기능	혁파	비고
義興 親軍衛	태조 010718			長番	禁軍		義興親軍左衛를 義興侍衛司로, 右衛를 忠佐侍衛司로 개칭 (태조030229)
(別) 司禁	태조 030711					禁軍		車沙兀에서 개칭
甲士	태종 001201	2000	태종001201	2番1年	禁軍		실제로는 長番
		1500	태종030104	長番			
		2000	태종081027	2番1年			실제로는 長番
		3000	태종100520	3番2年			番上制 적용
		3000	태종120725	2番1年			
		1000	태종140821	2番1年			除甲士二千 稱別牌 番上侍衛

---

166) 『문종실록』 권34, 세조 10년 9월 23일(계유).
167) 『경국대전』 권4, 병전, 番次都目, 吹螺赤·大平簫.
168) 『세종실록』 권12, 세종 3년 5월 4일(을축), "擲石軍 高麗所設 而近年罷之 今復收舊卒 且募人以充之"
169) 『태조실록』 권5, 태조 3년 4월 1일(경오)·3일(임신).
170) 『태조실록』 권12, 태조 6년 7월 11일(경신).
171) 『태조실록』 권14, 태조 7년 5월 5일(신해);『세종실록』 권12, 세종 3년 5월 5일(병인).

병종명	창설	정원	番次	기능	혁파	비고
別侍衛	태종 001219	200以下	長番	禁軍		
鷹揚衛	태종 040828	300(推) 태종110111	長番	禁軍	세종010224	
內禁衛	태종 071021	60(推) 태종071021	長番	禁軍		內上直 후신
內侍衛	태종 090609	120 태종090609	長番	禁軍	內禁衛에 통합 세종060506	
侍衛牌 (外牌)	태조 010924 以前			衛兵		侍衛軍 [표 1-3] 참고
受田牌 (京牌)	태종 011124 以前	500餘(推) 태종06윤0706		衛兵	세조3~10년 (推)	일시 혁파 태종040828
無受 田牌	태종 040828 以前			衛兵	京侍衛牌에 통합 세조030306	일시 혁파 태종040828
都城衛	태종 091225	24字 세종050109		衛兵	세조011020 以後	京中 無受田牌 448과 別牌 74 총 8字 도성위 편입
隊長· 隊副 (六十)	태조 030229 尉·正 에서 改稱	3000 태조030229 2100 태조030104 1500 태조081027 2150 태종09윤0420 1750 태종150325 以前 1080 태종150325 2100 태종180810	長番	府兵→ 勞役軍		隊長1000 隊副2000 갑사 500 증원 갑사 500 증원 革去한 650 복구 670 감원, 未實行? 350 증원(司當175) 10司, 12司로 확대
近仗		60 태종150325以前 140 태종150325	長番	府兵→ 使令軍		
防牌	태종 100121 以前	300 태종100121		衛兵→ 勞役軍		참고-세종220301, 문종000919
別牌	태종 140821	4000 태종141121		衛兵	侍衛牌에 合屬 세종090608	

병종명	창설	정원	番次	기능	혁파	비고
完山子弟牌(衛)	태조011227	26 태조011227	3番	特殊軍-優待	태종120820	世子殿 宿衛
		태종100514				
親軍衛	太宗代			特殊軍-優待		참고-문종010505
補充軍	태종150308	3000 태종150308		身分勞役軍使令軍	세조140614(참고-예종010412)	奉足: 6000 대상: 稱干稱尺者 各品婢妾所生
		태종160520	3番6朔			
火㷁軍	高麗 禑王4년4월	고려 우왕4년4월		特殊軍火器↓勞役軍	태종161214	火㷁放射軍 설치
		태조010717以後 100(推)				화통군으로 개칭
		600 태종040820				(推)
		1000 태종150404				
		10000 태종161214				助役奴로 개칭
軍器監別軍	태종040523以前			特殊軍火器↓勞役軍	예종以後	軍器監 소속
攝六十	태종150617	태종150404	長番	勞役軍		火㷁軍에 충원 攝隊長 120 攝隊副 280
		400 태종150617				
吹螺赤	태종040523以前			特殊軍		
太平簫	태종160716以前	29 태종160716以前		特殊軍		
		10 태종160716				
擲石軍	태조030401			特殊軍		

비고. 1. '태조010718'은 해당 내용이 『태조실록』 태조 1년 7월 18일에 나옴을 의미하며 이하도 같음.
　　 2. '(推)'는 추정을 의미함.

2) 사병 혁파와 후속 조치의 추진

1390년(공양왕 2) 11월 사헌부 요청에 따라 여러 元帥의 印章을 모두 거두고 將帥들이 거느리고 있던 군사들을 돌려보내는 한편 다시 이성계를 門下侍中으로 삼고 中外의 諸軍事를 都摠하게 했다.[172] 이듬해 정월 이성계는 三軍都摠制使가 되고 그의 핵심 참모인 裵克廉·趙浚·정도전이 각각 중군·좌군·우군절제사가 되었다. 이들이 장악한 삼군도총제부는 군사들을 點閱하기도 하고, 궁궐을 分番宿衛하기도 하는 등 군사들에 대한 통제력을 강화했다.[173]

1390년 11월부터의 조치는 고려 말 여러 장수들이 牌記라는 형식으로 分占하고 있던 私兵[174]을 혁파한 조치로 이해된다. 1398년(태조 7) 南誾이 "상께서 잠저에 계실 때 兵事를 장악하지 않았더라면 어찌 오늘이 있었겠습니까?"[175]라고 언급한 것은 바로 이 상황을 염두에 둔 것으로 생각된다. 이때가 되면 이성계에게 맞설 수 있는 무장이던 崔瑩이나 邊安烈, 曺敏修 등이 이미 제거됐으므로 더욱 그렇다고 볼 수 있다.

그런데 새 왕조를 세운 1392년 7월, 태조 이성계는 종친과 大臣에게 諸道兵을 나누어 거느리게 했다.[176] 2년 전 혁파한 사병을 조선 건국 직후 부활시킨 것이다.[177] 언뜻 이해되지 않는 이 조치는 "혁명한 초기여

---

172) 『고려사』 권45, 세가45, 공양왕1, 공양왕 2년 11월 신축·계묘; 『태조실록』 권1, 공양왕 2년 경오 12월.
173) 『고려사』 권46, 세가46, 공양왕2, 공양왕 3년 1월 을미·병오, 2월 신미.
174) 『태조실록』 권1, 辛禑 14년 8월, "高麗末 官不籍兵 諸將各占爲兵 號曰牌記" 태조 때 사병과 그 혁파에 대해서는 민현구, 1983, 앞의 책, 111~116쪽; 윤훈표, 앞의 책, 110~111쪽, 221~228쪽; 김종수, 2002 「조선초기 중앙군제의 정비와 사병제 개혁」 『최승희교수 정년기념논문집 - 조선의 정치와 사회』, 집문당 참고.
175) 『태조실록』 권13, 태조 7년 3월 20일(정묘).
176) 『태조실록』 권1, 태조 1년 7월 18일(을유).
177) 1392년(태조 1) 9월 대사헌 南在 등이 상언하여 諸道 節制使가 임의대로 군사를 징발하지 못하게 할 것을 청하면서 그런 행위를 한 때를 "近者"라고 표현

서 인심이 안정되지 않았으므로 勳親으로 하여금 私兵을 거느리게 해 不虞의 사태에 대비해야 한다."라는 時議를 수용한 결과였다.[178] 이 조 치에 따라 고려 말에 여러 장수들이 사병을 거느렸던 것처럼 종친과 大 臣들이 諸道兵을 分領하게 됐으며, 사병이 조선 초에도 존재하게 되었다.

한편 조선 건국 직전인 1392년(공양왕 4) 6월에 "조준을 京畿左右道節 制使로 삼고 南誾을 慶尙道節制使로 삼았다. 各 道 모두 이와 같이 했으 며 그들로 하여금 해당 도의 戎馬를 관장하게 했다."[179]라는 기록이 있 어 사병이 그대로 존속된 것처럼 보이기도 한다. 그렇지만 1392년 상반 기에 이성계 세력과 반이성계 세력 사이에 치열한 정쟁이 전개됐고 그 결과 7월에 조선이 건국됐다는 점을 염두에 둔다면 1392년 6월의 조치 는 7월의 종친과 대신에게 諸道兵을 分領하게 한 조치와 연결해 해석하 는 것이 자연스럽다. 즉, 같은 해 3월 명나라에서 귀국하는 세자를 맞이 하기 위해 이성계가 黃州로 영접을 나갔는데 도중에 사냥하다가 낙마해 위독한 상태에 이르렀다. 이 틈을 타서 반이성계 세력은 총공세를 펼쳐 4월 이성계의 핵심 참모들인 조준·정도전·남은·尹紹宗·南在·趙璞을 유 배 보냈다.[180] 이성계 세력이 이때를 매우 위급한 시기로 이해하였음은 1395년(태조 4) 勳臣들을 불러 술자리를 베풀 때 태조와 정도전이 나눈 대화에서도 여실히 드러난다.[181] 이처럼 반이성계 세력이 공세를 강화하

했다『태조실록』권2, 태조 1년 9월 21일(기해), "近者 各道節制使直牒州府郡 縣 其騎船軍陸守軍與夫雜泛供役者 盡令抄出赴京"]. 사병이 계속 존재했다면 군이 "近者"라는 표현을 쓸 필요가 없었을 것이다.

178) 『태조실록』권13, 태조 7년 3월 20일 정묘; 『정종실록』권4, 정종 2년 4월 6일 신묘.

179) 『고려사』권46, 세가 46, 공양왕 2, 공양왕 4년 6월 병인.

180) 『고려사』권46, 세가 46, 공양왕 2, 공양왕 4년 4월 임진, "流趙浚鄭道傳于 遠地 削南誾尹紹宗南在趙璞職 亦流遠地"

181) 『태조실록』권8, 태조 4년 10월 30일(경신), "上謂道傳曰 寡人之得至於此 卿 等之力也 相與敬愼 期至子孫萬世可也 道傳對曰 齊桓公問於鮑叔 何以治 國 鮑叔曰 願公無忘在莒時 願仲父無忘在檻車時 臣願殿下無忘墜馬時 臣亦

자 이를 만회하기 위해 이방원(후일 태종)은 趙英茂를 시켜 반이성계 세력을 대표하는 鄭夢周를 살해함으로써 전세를 역전했다. 이에 반이성계 세력의 의도는 좌절되고 이성계 세력은 건국 기반을 확고히 하게 되었다. 6월의 조치는 반이성계 세력의 이러한 움직임을 군사적으로 확실하게 제압하고자 하는 데서 나온 것으로, 건국 직후 "혁명한 초기여서 … 不虞의 사태에 대비해야 한다."라는 주장과 동일한 취지에서 나온 것이다.

그러므로 고려 말의 사병은 1390년(공양왕 2) 11월에 혁파됐다가 조선 건국 즈음인 1392년 6~7월을 경유하면서 다시 부활한 것으로 보는 것이 타당할 듯하다.

이처럼 건국을 전후한 시기에 인심의 동요를 우려해서 종친과 훈신들이 사병을 거느리는 것을 허용했다. 태조 때 사병을 거느린 節制使는 南誾, 李之蘭, 張思吉, 李天祐, 義安伯 李和, 鎭安君 芳雨·李朝,[182] 懷安君 芳幹, 益安君 芳毅, 撫安君 芳蕃, 寧安君 良祐, 永安君(후일 정종), 順寧君 李枝, 興安君 李濟, 靖安君(후일 태종), 柳曼殊, 鄭臣義, 李茂 등 최소한 18명 이상이었다.[183]

태조 때의 사병은 諸道 節制使가 都評議使司에 呈報해 取旨한 다음에야 징발할 수 있었으므로 고려 말과 비교하면 공적인 성격이 강화되었다. 아래 인용문은 이러한 사실을 잘 보여준다.

> 1) 대사헌 남재 등이 상언했다. "… 나라에서 소중히 여기는 것은 戎事인데, 병사를 장악하고[握兵] 병사를 출동시키는 데[發兵] 각각 해당 관직이 있는 것이 옛 제도입니다. 근자에 各 道 절제사가 州府郡縣에

無忘鎭項時 則子孫萬世可期矣 上曰然"

182) 1393년 12월 이성계의 맏아들 鎭安君 芳雨가 사망하자 이듬해 3월 李朝로 하여금 진안군이 거느리던 군사를 관장하게 했다[『태조실록』 권5, 태조 3년 3월 11일(경술)].

183) 『태조실록』 권14, 태조 7년 8월 9일(임자). 민현구는 태조 때의 典兵者가 수십 명에 이르렀을 것으로 추정했다(1983, 앞의 책, 105쪽).

바로 通牒해 그곳의 騎船軍과 陸守軍, 雜泛供役者를 모두 抄出해 서울로 올라오게 하는데 만약 왜구가 졸지에 이른다면 누가 이를 막겠습니까? 원컨대 여러 도의 절제사로 하여금 도평의사사에 呈報하면 (도평의사사에서) 왕의 허락을 얻어 (주부군현에) 공문을 보낸[取旨行移] 후에야 (군사) 징발을 허락하고, 바로 통첩해 초출하는 것은 모두 금단하며, 이를 어기면 사헌부가 糾理하게 하소서."184)

2) 상이 경연청에 나아가 좌우에게 말했다. "지금 鎭撫所를 설치하는 것은 옛적의 兵權을 偏屬시키지 않는다는 뜻을 본받고자 한 것이다. 태조 때 三軍府가 兵事를 專掌했지만 諸道 군병의 진퇴는 政府의 호령을 따랐으니 권세를 양립시킨 것이다."185)

1)은 1392년(태조 1) 대사헌 남재 등이 諸道 節制使들이 외방 군사를 멋대로 징발해 부리는 행위를 규제하고자 앞으로 이들을 징발하려면 도평의사사에 보고하고 국왕의 허락을 얻은 다음에야 징발하도록 청한 上言이다. 2)는 1409년 태종이 鎭撫所 설치의 타당성을 밝히기 위해 태조 때의 사례를 인용한 것인데, 거기에서 태조 때 "諸道 군병의 진퇴는 정부의 호령을 따랐다."라고 지적한 것을 보면 1)의 건의는 실행에 옮겨진 것으로 판단된다. 문맥으로 보면 "왕의 허락을 얻어 (주부군현으로) 공문을 보내는[取旨行移]" 주체는 도평의사사로 추정되며, 이전처럼 각 도 절제사가 주부군현에 直牒하면 사헌부가 糾理하도록 했다. 그러므로 이 건의는 그동안 '직접적이고' '사적인' 성격을 지녔던 절제사와 외방 군사 사이의 연결고리 중에서 '직접적인' 측면을 제거하기 위한 것으로 볼 수 있다. 이 건의가 실천에 옮겨지면서 절제사의 군사 징발권[發兵權]은 심각한 손상을 입게 되었다. 절제사의 자의적인 판단에 따라 직접 공문을 보내 군사를 자유롭게 징발하던 데서, 이제는 군사를 징발할 사유와

---

184) 『태조실록』 권2, 태조 1년 9월 21일(기해).
185) 『태종실록』 권18, 태종 9년 8월 28일(정묘).

규모를 도평의사사에 보고해야 하고 또 해당 고을에 공문을 보내는 주체도 도평의사사였기 때문이다. 사실상 절제사의 발병권은 대폭 축소되고, 징발돼 상경한 군사의 통솔권, 즉 掌兵權만 남는 셈이다. 더 나아가 이 조치는 그 '사적인' 성격도 완화할 수 있는 방안이기도 했다. 절제사가 도평의사사에 呈報할 때 이미 '자기 검열'을 통해 사적인 성격이 한 차례 완화될 수 있고 또 도평의사사가 국왕에게 아뢰기 위해 검토하는 과정에서 또 한 차례 그 사적인 성격이 완화될 수도 있기 때문이다. 이처럼 태조 때의 제도 절도사는 掌兵權과 도평의사사를 매개로 한 제한적인 發兵權을 통해서 해당 도의 군사를 私兵으로 거느렸다.

제도 절도사들이 사병으로 거느렸던 侍衛牌는 1397년(태조 6) 간관들이 上書해 "각 도의 군사들이 번갈아가며 役戍하는 것이 1년에 한 차례여서 편한 듯하지만, 먼 외방 사람들이 上番해 宿衛하고 下番해 禦侮하여 쉬는 날이 거의 없고 … 지금 숙위 임무는 다행히 甲士가 있으므로 각 도의 군사가 (상번해) 숙위하는 것을 중지해 軍馬를 휴양케 하기를" 청해 허락을 받았다.186) 본래 시위패는 사병이어서 그 번상을 정부에서 관여하지 못했지만, 앞에서 본 대사헌 남재 등의 건의에 따라 그 징발권이 도평의사사를 통해 제약을 받아오다가 이때가 되면 그동안의 軍制 정비를 바탕으로 시위패의 번상을 중지시킬 만큼 군사들에 대한 정부의 장악력이 커졌던 것이다.

신생 왕조 조선이 안정 궤도에 올랐다고 판단되자 사병은 혁파해야 마땅한 존재로 인식되기 시작했다. 사병 혁파는 그 당위성을 제기하고 이를 공유하는 단계를 거쳐 실천에 옮겨졌다. 1398년(태조 7) 3월, 東北面 都宣撫巡察使 정도전이 임무를 마치고 復命하자 태조가 잔치를 베풀며 참석자들에게 忠言을 요구했다. 이에 남은이 "상께서 잠저에 계실 때 兵事를 장악하지 않았더라면 어찌 오늘이 있었겠습니까? … 개국할 초

186) 『태조실록』 권11, 태조 6년 4월 25일(정미).

에는 여러 공신들이 군병을 관장해도 괜찮지만 지금은 즉위하신 지 오래됐으니 (시위패를 관장하는) 여러 절제사는 혁파해야 하며 (이를) 합쳐서 官軍으로 삼는 것이 만전의 계책이 될 것입니다."라고 진언했다. 이에 태조가 "누가 남은을 無實하다고 하는가? 이 말은 진실로 始終의 警戒다."라며 남은을 극찬했다.187) 이를 보면 당시 집권세력의 핵심인 남은뿐 아니라 국왕 태조도 사병 혁파의 당위성에 적극적으로 공감하고 있었음을 알 수 있다.

이에 따라 사병을 혁파하는 조치를 실행에 옮기기 시작해 마침내 1398년 8월 제1차 왕자의 난이 발발하기 10여 일 전에 사병 혁파를 단행했다.188) 『태조실록』에는 "여러 왕자들이 거느린 시위패를 혁파하도록 명했다."라고 기록돼 있는데, 왕자들의 시위패만 혁파하고 훈신들의 시위패는 존치시킬 특별한 이유가 없고, 남은이 사병 혁파를 건의할 때 사병을 거느린 주체인 절제사의 혁파를 주장한 것으로 볼 때 이때의 사병 혁파는 왕자와 훈신들이 거느린 사병 전체로 보는 것이 타당하다. 이때의 사병 혁파 조치로 인해 靖安君 이방원을 비롯한 諸道 절제사는 해당 도의 군사에 대한 장악권을 상실했다. 그렇지만 곧바로 일어난 제1차 왕자의 난으로 태조가 퇴위하고 정종이 즉위하면서 이때의 사병 혁파 조치는 철회되었다. 그러므로 1400년(정종 2) 4월 대간 상소를 계기로 사병 혁파를 재차 단행했을 때 혁파 대상이 된 병종은 1398년 때와 마찬가지로 諸道의 侍衛牌였다.

제1차 왕자의 난을 통해 집권 토대를 마련한 태종의 입장에서 보면 사병은 언제나 정변의 불씨를 제공할 수 있는 존재이므로 이를 公兵189)

---

187) 『태조실록』 권13, 태조 7년 3월 20일(정묘).
188) 『태조실록』 권14, 태조 7년 8월 26일(기사).
189) 실록에는 '公兵'이 나오지 않지만 다음의 기록에 근거해 '공병'이라는 용어를 사용했다. 『정종실록』 권4, 정종 2년 4월 6일(신축), "司憲府兼大司憲權近 門下府左散騎金若采等交章上疏曰 … 願自今 悉罷各道留京諸節制使 以京外軍

으로 흡수하는 문제를 도외시할 수는 없었다. 이에 1399년(정종 1) 11월, 사병 보유자들인 典兵者의 범위를 축소해 靖安公(태종), 益安公(芳毅), 懷安公(芳幹), 李佇, 李居易, 趙英茂, 趙溫, 李天祐 등 소수의 종친과 勳臣만 사병을 거느리게 했으며,[190] 이어서 제2차 왕자의 난을 진압한 후 전면적인 사병 혁파를 단행했다.[191] 그 결과 국왕과 세자의 숙위를 제외한 私門 直宿을 일절 금단하는 동시에 절제사 제도를 없애고 모든 군마는 三軍府에 소속시켜 국가의 公兵으로 삼았다.[192]

사병 혁파 조치는 典兵者들의 반발이 있기는 했지만 대체로 순조롭게 마무리되어 조선 초의 군사제도는 새로운 단계로 진입하게 되었다. 이제 더 이상 종실이나 훈신들의 사병이 존재하지 않고 명실공히 국가의 公兵만 있게 된 것이다.[193] 이처럼 사병 혁파를 통해 왕권을 중심으로 한 정치적 안정과 집권화의 터전을 닦고 중앙군 운용의 측면에서도 국왕 주도의 수직적 지휘체계를 수립할 수 있는 기반을 마련하게 되었다.[194]

馬 盡屬三軍府 以爲公家之兵 以立體統 以重國柄 以攝人心" 官兵·官軍이라는 용어가 나오지만 이들과 짝이 되는 용어는 '民兵'이고, 1392년 9월 南在의 건의에 따라 都評議使司에 보고하고 국왕의 허락을 얻은 후에야 사병을 징발할 수 있게 한[『태조실록』 권2, 태조 1년 9월 21일(기해)] 조치에서 알 수 있듯이 사병도 큰 범주에선 관병으로 볼 수 있기 때문에 이 책에서는 公兵을 사병과 짝이 되는 용어로 사용하고자 한다.

190) 『정종실록』 권2, 정종 1년 11월 1일(정묘).
191) 『정종실록』 권4, 정종 2년 4월 6일(신축).
192) 위와 같음.
193) 이후 伴倘을 복구해 駙馬·諸君·功臣 및 고위 관원들에게 배정했으나, 이때 복설된 반당은 고려 말 조선 초의 私兵的 존재가 아니라 국가에서 직접 差定하고 관리하는 존재였다(한희숙, 1986 「조선초기의 반당」 『역사학보』 112, 15·26쪽). 참고로 『경국대전』의 반당 규정을 보면 다음과 같다(권4, 병전, 반당, "〈本曹啓差 黃海平安永安等道居民 則勿差 ○ 身沒 則三年後 定他役 宗親功臣尉副尉 則妻存仍給 有故勿充 宦官無品伴倘〉 大君〈十五〉 王子君〈十二〉 一品〈九〉 二品〈六〉 三品堂上官〈三〉 一等功臣〈十〉 二等功臣〈八〉 三等功臣〈六〉").
194) 차문섭, 1996, 앞의 책, 7쪽 참고.

사병 혁파가 이런 의미를 지녔기 때문에 1407년(태종 7) 4월, 1월에 成石璘이 제기했던 宰相과 大臣이 伴人을 거느리게 하자[195]는 주장에 대해 태종은 將相이 위급할 때 구원하지 않으면 軍律로 논해 斬하게 되니 장상을 구원하지 않을 리가 없다면서 부정적인 견해를 드러냈다.[196] 태종은 장상으로 하여금 반인을 거느리게 하면 시간이 흐르면서 이 반인이 私兵으로 전화해 왕자의 난과 같은 정치적 혼란이 또다시 발생하지 않을까 우려했던 것이다.

그러나 고려 말 이래로 수십 년간 지속돼 왔던 私兵制 여파는 그 혁파 조치에도 불구하고 곧바로 완전히 해소될 수는 없었다. 이 때문에 태종은 즉위 후에도 사병에 따른 문제점을 해소하기 위해 별도의 조치를 강구했다. 사병 혁파의 후속 조치는 私兵制 遺弊를 제거하는 것으로서 兵權의 정상화와 맞물려 진행되었다.

1406년 兼左軍摠制 閔無疾이 軍務를 면해 주길 원하니 태종이 이를 허락했다. 그런데 민무질의 휘하 군사인 行司直과 司直 등 100여 명이 上書해 그의 복귀를 요청했다. 이에 대해 태종은 장수도 公家의 장수이고 병사도 公家의 병사라고 하면서 그들을 처벌하려다가 풀어주었다.[197] 이미 6년 전에 사병 혁파를 단행했음에도 장수와 그 휘하 군사 사이에 아직까지도 사병적 관계가 남아 있음을 보여주는 사례이다.

1410년 2월에는 武士가 무리를 짓거나 座主·門生의 관계를 맺을 우려가 있다는 이유로 3월에 시행할 武科親試에서 監校試官과 同監校試官 등의 試員을 없애게 했다.[198] 무사들이 사적인 관계를 맺을 여지를 없앰으로써 공적인 관계만 인정하고자 취한 조치였다. 이것은 河崙이 "武士들이 무리를 짓는 것은 매우 불가합니다. 만약 試員을 둔다면 반드시 座主

195) 『태종실록』 권13, 태종 7년 1월 19일(갑술).
196) 『태종실록』 권13, 태종 7년 4월 8일(임진).
197) 『태종실록』 권12, 태종 6년 8월 16일(임인).
198) 『태종실록』 권19, 태종 10년 2월 19일(병진).

門生이라 칭할 것이니 화가 장차 헤아릴 수 없을 것입니다. … 전하께서 친림해 考閱하소서.”라고 건의한 데서 비롯했다. 그렇지만 初場·中場·終 場 등의 무과 전체를 국왕이 친히 주관하는 것은 현실적으로 무리이므 로199) 이듬해 4월 병조의 요청에 따라 앞으로 무과는 병조가 義興府·訓 鍊觀과 함께 주관하도록 했다.200)

1411년에는 갑사들이 무리지어 술 마시는 것을 금했다.201) 이것 역시 갑사 상호간의 사적인 연결을 막고자 취한 조치였다. 무사가 무리 짓는 것에 대한 경계는 府兵이 管軍者의 집을 방문하지 못하게 하는 ‘私謁 금 지’로도 나타났다. 정종이 즉위한 이듬해(1399) 公侯들이 私兵을 소유하 고 私謁하는 것이 풍조를 이루게 되자 이를 막기 위해 奔競을 금지했는 데 당시 절제사의 휘하 군관들은 예외 대상이었다.202) 私兵을 허용하면 서도 典兵者와 사병의 관계를 단절한다는 것은 서로 모순되기 때문이 다. 그러므로 사병 혁파 후 일반 관원들처럼 하급 지휘관이 상급 지휘관 에게 私謁하는 것을 금지한 것은 자연스러운 조치였다.203)

그런데 태종은 여기서 한 걸음 더 나아가 군사까지도 지휘관에게 사 알하는 것을 금지하는 조치를 취했다. 사병을 혁파한 데 만족하지 않고 군 지휘관과 일반 군사가 사적인 친분 관계를 유지하거나 맺는 행위까 지도 금지하고자 했던 것이다. 1414년(태종 14) 2월, 병조에서 甲士 裵乙

---

199) 이 해의 무과는 3월 11일에 初場을, 12일에 中場을, 26일에 終場을 치르고 28 일에 放榜했다. 태종은 初場과 중장에는 친림해 고열했지만, 종장 때에는 領 議政府事 河崙과 左代言 金汝知에게 명해 義興府·병조와 함께 시험하게 했 다[『태종실록』 권19, 태종 10년 3월 11일(정축), 12일(무인), 26일(임진)]. 당시 태종은 閔無咎·閔無疾의 賜死를 결단하기 위해 중장을 親閱한 당일 개성유후 사로 출발해 종장에 친림할 수 없었기 때문이다.
200) 『태종실록』 권21, 태종 11년 4월 14일(갑진). 이때의 조치는 전년의 의흥부·병 조에서 무과 종장을 주관한 것을 공식화한 것이다.
201) 『태종실록』 권21, 태종 11년 2월 20일(신해).
202) 『정종실록』 권2, 정종 1년 8월 3일(경자).
203) 『태종실록』 권1, 태종 1년 5월 20일(무신).

成 등이 贊成 李叔蕃과 摠制 韓珪의 집에 私謁했다는 죄목으로 갑사와 이숙번 등의 처벌을 요청했다. 이를 계기로 護軍이나 갑사가 僉摠制 이상의 管軍者 집에 私謁하면 이전의 著令에 따라 논죄하되 管軍者가 대화를 나누지 않았으면 사알한 자만 처벌하고 6촌 이내 族親에게는 이 규정을 적용하지 않게 했다.204) 사알하는 군사뿐 아니라 사알을 받은 관군자까지도 처벌하도록 한 것이다. 사알 금지 규정은 1414년 12월에 내금위·內侍衛·別侍衛·別牌·鷹揚衛로 확대됐고,205) 이듬해 1월에는 명목상 府兵이지만 실제로는 勞軍으로 활용되던 各 領의 隊長과 隊副에게까지도 적용했다.206)

사병제 遺風인 군대 지휘관이 예하 병력을 개인적으로 使役시키는 행위도 문제가 되었다. 1401년 門下府 郎舍는 上將軍·大將軍이 휘하의 五員·十將을 파견해 사적으로 放牧시키고 隊副를 騶從으로 삼아 노비처럼 부리는 행위를 일절 금지하고 본래의 설치 목적인 宿衛에 전념하게 하기를 청했다.207) 당시 문하부 낭사는 10개 조항을 건의했는데, 같은 조항의 其人을 倉庫·宮司·奉書局의 奴로 대신하는 것이 윤허를 받은 것으로 보아 위의 건의도 수용된 것으로 보인다.

그런데 사병 혁파 및 그 후속 조치는 "장수가 병졸을 모르고 병졸이 장수를 모르는"[將不知兵 兵不知將] 현상을 초래했다.208) 이로 인해 掌兵者가 司直(中郎將) 같은 하위자일 필요가 없게 되었다. 예하 병력과 사적

---

204) 『태종실록』권27, 태종 14년 2월 9일(계축).
205) 『태종실록』권28, 태종 14년 12월 4일(계유). 이 조치는 永樂 20년(1422) 4월 의정부의 受敎를 통해 다시 한 번 확인되었다[『세종실록』권48, 세종 12년 5월 8일(정미)].
206) 『태종실록』권29, 태종 15년 1월 29일(무진).
207) 『태종실록』권21, 태종 1년 1월 14일(갑술).
208) '將卒分離 정책'으로 명명할 수 있는 '將不知兵 兵不知將' 현상은 사병 혁파를 계기로 대두해 세조 때 五衛都摠府 摠管과 五衛將의 兼職制로 마무리되는데, 그 과정과 의미에 대해서는 別考를 통해 고찰할 예정이다.

으로 연결돼 있지 않으므로 護軍(將軍) 이상의 고위자가 掌兵하더라도 조정에 항거하거나 반란을 도모하기 어렵기 때문이다. 이에 따라 5품 이하의 武官을 대상으로 하던 府兵은 그 존재 의미를 상실하게 되었다. 上護軍(상장군)·大護軍(대장군)·호군(장군)을 그 아래의 사직(중랑장) 이하와 굳이 구별할 필요가 없어진 것이다. 이처럼 군 계급 간 관계가 느슨해져 府兵이 長官에게 항거하는 경우까지 생겨나자 1403년(태종 3, 永樂 1년)에는 고려 때 重房의 禮에 따라 한 번이라도 예를 어기면 重責을 가하게 했다.[209]

이상에서 살펴본 바와 같이 고려 말 일시적으로 혁파됐던 私兵은 조선 건국 즈음 '인심 동요'를 이유로 부활했다. 이후 시간이 흐르며 태조 정권이 안정돼 가자 사병은 혁파돼야 할 존재로 인식돼 그 혁파가 단행되었다. 그러나 의도와 달리 사병 혁파는 제1차 왕자의 난을 초래해 정권이 교체되었다. 사병을 동원해 집권했던 태종이 제2차 왕자의 난을 계기로 사병 혁파를 단행하고 그 후속 조치를 지속적으로 추진하면서 조선 초의 군사제도는 公兵만 존재하는 새로운 단계로 진입하게 되었다.

2. 번상제 운영방식의 형성

1) 번상제 운영의 기본방식 형성

軍事 분야에서 번상[210]은 外方에 거주하는 군사가 軍役[211]을 치르기

---

209) 『세종실록』 권41 세종 10년 9월 27일(병자).
210) 국립국어원의 『표준국어대사전』에서는 번상을 "1. 외방의 군사를 뽑아서 차례로 서울의 군영으로 보내던 일. 2. 번을 돌 차례가 되어 번소에 들어감."이라고 정의하고 있다.
211) 조선초기 甲士와 別侍衛처럼 試取를 통해 선발되어 복무 대가로 遞兒職을 받

위해 서울로 올라오는 것을, 留防은 외방 군사가 거주지 또는 근처의 營鎭에서 근무하는 것을, 赴防은 변경 지역으로 가서 戍자리 서는 것을 의미한다. 그런데 조선초기 사료를 보면 외방 군사가 서울이 아닌 營鎭으로 가는 것이나 水軍이 各 浦로 가는 것을 番上으로 표현하기도 했다. 1413년(태종 13) 전라도 任實縣에 짐승이 많다고 해서 巡幸하고자 下三道에서 몰이꾼을 뽑을 때 전라도의 경우 各 鎭에 番上한 軍官을 모두 뽑도록 한 것, 1427년(세종 9) 營鎭의 留防軍이 侍衛軍과 차이가 없으므로 (영진으로) 번상할 때에도 그 戶를 完恤해 주도록 한 것, 1435년(세종 17) 양계 留防軍을 그들의 番上 일수와 공로에 따라 錄用하게 한 것, 1428년(세종 10) 海邊의 경우 各 浦로 번상하는 船軍은 海靑을 잡는 자로 量定하도록 한 조치 등이 그 사례이다.[212] 그러므로 군사 분야에서 넓은 의미의 번상은 외방 군사가 군역을 치르기 위해 서울이나 營鎭 등 정해진 곳으로 가는 것을, 협의의 번상은 서울로 올라오는 것을 가리킨다고 볼 수 있다.

한국사에서 이러한 의미의 번상은 『삼국사기』에 실려 있는 薛氏 기사에서 확인할 수 있다.[213] 설씨 기사에서는 번상이라는 용어를 직접 사용하지 않았지만 설씨의 아버지가 正谷이란 곳으로 防秋할 番이 됐다는 내용과 嘉實이라는 청년이 설씨의 아버지를 대신해 번 들러 가는 것을 설씨가 "赴防"으로 표현한 것을 보면 위에서 살펴본 군사 분야에서

는 병종이 軍士로서 근무하는 것은 '役'으로만 볼 수는 없다. 그렇지만 많은 番上軍이 義務로서 번상하여 士卒로서 '役', 즉 '軍役'을 치렀으므로 여기서는 '軍役'으로 표현했다.

212) 『태종실록』 권26, 태종 13년 7월 1일(무인); 『세종실록』 권35, 세종 9년 2월 26일(갑신); 『세종실록』 권68, 세종 17년 4월 16일(정사); 『세종실록』 권39, 세종 10년 3월 28일(경술).

213) 『三國史記』 권48, 列傳8, 薛氏. 軍役과 관련해 설씨 기사를 분석한 논문으로는 서영교, 2011 「「薛氏女傳」 嘉實 "防秋"의 時空間」 『한국고대사탐구』 8; 이정빈, 2015 「신라 중고기의 부방과 군역」 『역사와 현실』 97 참고.

광의의 번상에 해당한다고 볼 수 있다.

하나의 제도로서 번상제 운영방식을 사료에서 확인할 수 있는 것은 고려시대에 들어와서이다. 1217년(고종 4) 安東 등 10여 고을에 사신을 보내어 土貢의 납부를 독촉하는 한편 冬衣를 가져온다고 귀향했다가 오랫동안 번상하지 않은 자들을 赴京하도록 독려했다는 기사가 그 하나의 예이다.[214]

다음으로 번상의 범주를 살펴보자. 上番(當番)·下番[215]이라는 표현에서 알 수 있듯이 番上制는 외방 군사가 근무지로 이동하는 番上 외에 정해진 기간 동안의 근무를 마치고 자신의 거주지로 돌아가는 下鄕까지도 포함한다. 이 책에서의 번상제는 '軍役 자원의 파악과 軍籍 작성 → 상경 → 點考 → 근무 → (점고) → 하향' 중에서 근무를 제외한 과정 전체를 가리키는 것으로 이해하고자 한다. '군역 자원의 파악과 군적 작성'은 번상제와 직접 관련된 것은 아니지만 번상제 운영을 위해서는 軍籍이나 최소한 군인들의 名簿 정도는 존재해야 하므로 이 과정도 번상제의 일부로 간주하고자 한다.

번상제가 정상적으로 운영되기 위해서는 번상 대상 군사들의 인적 사항을 기록한 軍籍을 작성할 필요가 있었다.[216] 조선도 건국 이듬해인 1393년(태조 2) 5월 처음으로 군적을 작성했다. 그 결과 兩界를 제외한 京畿左道·京畿右道·楊廣道·경상도·전라도·西海道·交州道·江陵道 등 8도

---

214) 『고려사』 권22, 世家22, 고종1, 고종 4년 10월 병인, "遣使於安東 … 忠州等十道 督諸州土貢 又軍士有因取冬衣請告歸鄕久不番上者 督令赴京"
215) 『태조실록』 권11, 태조 6년 4월 25일(정미); 『태종실록』 권14, 태종 7년 7월 6일(정사); 『태종실록』 권19, 태종 10년 3월 2일(무진).
216) 조선초기 군적 작성에 대해서는 오종록, 2014 「제2부 제3장 병마절도사와 국방」 『여말선초 지방군제 연구』, 국학자료원, 186~189쪽; 이현수, 1997 「조선초기 군역제도 연구」, 한국정신문화연구원 박사학위논문, 27~42쪽; 임용한, 2012 「제6장 군역제도와 신분제」 『한국군사사』 5(조선전기 Ⅰ), 육군본부, 462~466쪽 참고.

의 騎兵·步兵·騎船軍이 20만 800여 명이고, 子弟 및 향리·驛吏 등 有役人
이 10만 500여 명으로 집계되었다.[217] 『경국대전』에서는 6년마다 서울과
외방의 군정을 대상으로 군적을 작성하고 병조와 함께 觀察使道(監營),
主鎭(兵營·水營), 巨鎭, 諸鎭에 해당 군적을 보관한다고 규정했다.[218] 그
렇지만 [표 1-2]에서 볼 수 있듯이 6년 간격으로 군적을 작성한다는 규정
은 흉년이나 자연재해의 발생, 民의 動搖 등의 이유 때문에 제대로 지켜
지지 못했다. 실제 군적은 (面里의) 勸農·色掌이 민간을 巡歷하며 작성해
(郡縣의) 監考·色吏에게 올리고 그들이 또 검토해 수령에게 올리는 방식
으로 작성되었다.[219] 태조부터 선조 때까지 작성된 군적 내역을 정리한
것이 [표 1-2]이다.

[표 1-2] 조선전기의 군적 작성 내역 (단위: 명)

명칭	시기	군액	대상·내역	비고·전거
	태조 02년(1393)	200,800	전국	正軍과 奉足 합계
	태종 03년(1403)	296,310	전국	正軍과 奉足 합계
	태종 09년(1409)	不明	전국	
	세종 01년(1419)		경상도	군적 개정
	세종 03년(1421)		평안도	군적 개정
	세종 06년(1424)		평안도	군적 개정
	세종 31년(1449)	157,734	지방군 파악	평안·함경도 제외
庚辰年軍籍	세조 06년(1460)			성종180422
	세조 11년(1465)	不明	전국	
丙戌年軍籍	세조 12년(1466)			예종010822
庚寅年軍籍	성종 01년(1470)	115,940 (110,460)	전국	水軍 제외
乙未年軍籍	성종 06년(1475)	148,449	전국	
	성종 08년(1477)	正軍 134,973 奉足 33,2746		강원도·永安道 제외
丙午年軍籍	성종 17년(1486)	158,127	전국	성종 170608 재작성해 4년 만에 완성(성종210405) 保人에게 率丁 지급(성종241206)

217) 『태조실록』 권3, 태조 2년 5월 26일(경오).
218) 『경국대전』 권4, 병전, 成籍.
219) 『명종실록』 권17, 명종 9년 7월 27일(을축).

명칭	시기	군액	대상·내역	비고·전거
	성종 25년(1494)			성종250804 軍士同居兄弟女壻 및 父子 完聚 논의
己巳年軍籍	중종 04년(1509)	正軍 177,322 雜軍 123,958		중종041230
癸未年軍籍	중종 18년(1523)	正軍 186,691 雜軍 125,074		중종181229
癸丑年軍籍	명종 08년(1553)220)		下三道	명종08윤0310
癸酉年軍籍	선조 06년(1573)			선조090610
甲戌年軍籍	선조 07년(1574)			頒行新軍籍(선조080301)

출처: 1486년(성종 17)까지는 이현수, 1996 「조선초기 군역제도 연구」, 한국정신문화연구원 박사학위논문, 52쪽 [표 Ⅱ-1] 참고. 이후는 실록을 참고해 필자 작성.
비고: 1. 성종180422는 『성종실록』의 성종 18년 4월 22일에 나옴을 의미하며 이하도 같음.
　　　2. 甲戌年軍籍의 선조080301은 『宣祖修正實錄』의 기록임.

　　한편 번상군이 下鄕해 외방에 머무는 동안에도 국가에서는 농한기를 이용해 군사훈련을 거행하거나221) 軍裝·무기 등을 점검해 번상군의 군사로서의 능력을 유지시키고자 했다.222) 하향한 번상군의 군사훈련이나 영솔 등을 위해 守令 외에 摠牌와 頭目을 두었는데, 이들 수령과 총패, 두목은 유사시 군사들을 뽑아 보내는 주체이기도 했다.223) 총패는 군사 50명으로 이루어진 牌를 총괄하는 자로서224) 牌頭라고도 했다.225) 두목

---

220) 『명종실록』 권13, 명종 7년 7월 20일(경자), "軍籍 乃國家重事 廢不擧行 至於三十年之久" 이 기사에 따르면 1523년(중종 18)부터 1552년(명종 7) 사이 30년간 군적 작성이 없었다.
221) 『태종실록』 권16, 태종 8년 7월 19일(을축), "議政府進時務數條 … 一 水陸諸色軍丁 … 槍射分揀 每牌五十名式定體 一 大官摠牌四五名 小官摠牌二三名 隨其軍額多少 各其官中心及四面各其相近處分定 每年二月初一日始 晦日至十月初一日始 晦日至 俾習用槍騎步射" 이처럼 2월과 10월에 지방군을 대상으로 군사훈련을 거행하게 한 조치는 『경국대전』에 반영되었다(권4, 병전, 敎閱).
222) 『태조실록』 권6, 태조 3년 8월 2일(기사).
223) 『태조실록』 권11, 태조 6년 2월 11일(갑오); 『세종실록』 권15, 세종 4년 2월 30일(정사).
224) 『태종실록』 권16, 태종 8년 7월 19일(을축), "每牌五十名式定體"
225) 『세종실록』 권59, 세종 15년 2월 27일(신해), "一牌頭領百人 恐難統一 宜令一

은 10명을 관장하는 자의 호칭인데,[226] 小牌라고도 했다.[227]

그런데 1459년(세조 5) 평안·함길도의 正軍과 다른 도의 侍衛牌 호칭을 正兵으로 통일할 때 각각 군사 25명과 125명을 거느리는 隊正과 旅帥라는 직책을 설치했다.[228] 문종 때 陣法을 五衛陣法으로 바꾸고 12司를 5司로 재편한 바 있는데, 이를 계기로 부대 편성에도 5진법이 적용돼 기존의 소패·총패(패두) 대신에 새로 설치된 대정·여수가 하급 군사지휘관의 명칭으로 사용된 것으로 보인다.[229] 그러므로 15세기 전반에는 소패(두목)·총패(패두)가, 후반에는 대정·여수가 守令이나 節度使의 지휘 아래 평상시 외방에 거주하는 번상군의 군사훈련이나 군기 점고[230] 등

牌頭領五十人 以便號令" 패두는 주로 중앙군의 통솔 주체로 언급되지만, 지방군의 경우에도 패두를 하위 통솔자의 호칭으로 사용했다(『태종실록』 권19, 태종 10년 6월 19일(갑인)]. 중앙군을 통솔하는 패두는 태종 때부터 別侍衛·甲士 去官者 중에서 武才가 있는 자를 택해 임명하기도 했다(『문종실록』 권3, 문종 즉위년 8월 25일(병신)]. 별시위·갑사도 牌로 구성되었고, 패마다 패두·小牌가 있어 구성원의 불법 사항을 감독했다(『세종실록』 권103, 세종 26년 1월 20일(경오)]. 중앙군의 통솔 주체를 牌頭로 파악하고 그 임명과 역할을 고찰한 연구로는 이재훈, 2010 「태종대 절제사·패두와 중앙군의 지휘」『한국사학보』 39, 91~100쪽 참고.

226) 『태조실록』 권15, 정종 즉위년 9월 12일(갑신), "每十口擇一口 分爲頭目 使之管屬"

227) 『세종실록』 권63, 세종 16년 1월 16일(갑오), "每十人 又定小牌一人" 총패와 소패는 雜色軍의 조직에도 나타난다(『세조실록』 권28, 세조 8년 5월 9일(계묘), "鄕校生徒 醫律學 日守 書貟 鄕吏 公私奴等 不問役之有無 定雜色軍 每五十人爲一牌 置總牌一人 每十人 置小牌一人"].

228) 『세조실록』 권18, 세조 5년 11월 1일(기묘). 이때 설치된 대정과 여수는 『大典續錄』[1492년(성종 23) 공포·시행]의 '旅帥隊正 五考居上者 加階'라는 규정에서 알 수 있듯이(권4, 병전, 加階), 세조 이후에도 계속 존속하면서 하급 지휘관의 역할을 수행했다.

229) 곽성훈은 대정과 여수의 설치를 『五衛陣法』의 편찬과 관련 있는 것으로 이해했다(2015 「조선초기 진법서의 편찬 배경과 활용」『역사와 현실』 97, 213쪽).

230) 중앙군의 군기 點考는 매년 9월 16일 동시에 진행했다(『문종실록』 권5, 문종 1년 1월 27일(신유)]. 『경국대전』에서는 禁軍과 忠義衛 등의 戎器는 2월과 9월

을 담당하는 주체로 활동했다고 볼 수 있다.

조선초기에는 수도 상주병뿐 아니라 번상군도 필요한 물품을 스스로 마련하는 것이 원칙이었다.[231] 번상군이 스스로 준비해야 할 것으로는 말 외에도 옷과 甲冑,[232] 餱糧 등의 식량,[233] 雨具 등의 물품,[234] 그리고 弓矢·槍劍·環刀 등의 무기류[235]가 있었다. 특히 무기류는 고려 말인 1352년(공민왕 1) 3월 왜구가 수도 개경을 위협하는 사태가 발생하자, 다음달 宰樞로부터 吏胥에 이르기까지 활 한 자루, 화살 50개, 검과 戈 각각 한 자루씩을 갖추게 하고 崇文館에서 이를 點閱한 사례,[236] 조선 초에 도적 방지를 위해 도성 안팎에 설치한 警守所에 부근의 坊里人 5명이 步兵 2명의 인솔 아래 각자 소유한 弓·劍·杖을 가지고 직숙하게 한 규정에서 알 수 있듯이[237] 활과 화살, 칼과 창 등은 조선시대뿐 아니라 그 이전부터도 개인이 구비해야 하는 무기였다.

20일에 점고하고, 번상군의 騎馬와 駄馬는 日時를 정하지 않고 點閱한다고 했다(권4, 병전, 敎閱).

231) 정예병인 甲士와 別牌는 번상할 때마다 軍器監에서 軍器와 衣甲을 지급받고 下番할 때 반납해 왔는데 이들도 1419년(세종 1) 12월부터 스스로 군기와 의갑을 갖추게 했다[『세종실록』 권6, 세종 1년 12월 16일(병술)].

232) 『태조실록』 권11, 태조 6년 2월 11일(갑오);『세종실록』 권111, 세종 28년 1월 16일(갑신).

233) 『세종실록』 권1, 세종 즉위년 9월 5일(임자);『성종실록』 권230, 성종 20년 7월 7일(계해). 15세기 전반을 거치면서 서울의 상품 유통 구조가 어느 정도 자리를 잡게 되자 번상군은 직접 식량을 가져오는 대신에 布를 가지고 올라와 쌀과 교환하기도 했다. 조선초기 도성에서의 곡물 유통에 대해서는 박평식, 1999 「곡물의 교역과 그 양상」 『조선전기상업사연구』, 지식산업사 참고.

234) 『세종실록』 권55, 세종 14년 3월 3일(임술);『성종실록』 권55, 성종 6년 5월 14일(임술).

235) 『세종실록』 권111, 세종 28년 1월 16일(갑신);『태종실록』 권29, 태종 15년 3월 18일(병진).

236) 『고려사』 권38, 世家38, 공민왕1, 공민왕 1년 윤3월 갑술, "令宰樞至吏胥人 備弓一 矢五十 劍一 戈一 閱于崇文館"

237) 『경국대전』 권4, 兵典, 行巡.

정부에서는 무기류의 통일성을 확보하기 위해 軍器의 輕重長短에 대한 규정을 만들기도 했으며, 장인들이 제작하는 것이 정밀하지 못하다는 이유로 일시적으로 還刀·片箭 등의 市肆 매매를 금지하기도 했다.238) 세조 때에도 京外의 諸色군사 1명당 角弓 2張과 磨箭·筒箭 각각 2部씩 自備하게 하고, 서울은 병조에서 외방은 도절제사·處置使가 親點烙印하고 매 월말 그 수를 계문하게 조치하기도 했다.239) 甲胄나 무기류 등은 군사들이 스스로 만들기 어렵기 때문에 1440년(세종 22) 함길도 네 곳의 界首官에서 角弓을 제작해 군사에게 판매한 사례처럼240) 官에서 제작한 것을 구매하거나 민간 수공업자가 만든 것을 구입하는 형식으로 확보했을 것이다. 일시적인 조치이지만 관에서 만든 군기를 무기가 없는 군사에게 지급하는 경우도 있었다.241) 국가에서는 군사들이 개별적으로 소유한 군기를 서울은 병조에서, 외방은 수령과 절도사가 항상 檢察하도록 했다.242)

정부에서는 번상군의 필요 물품 마련을 뒷받침하기 위해 奉足(保人)을 병종별로 차등 배정했다.243) 戶首가 봉족을 침탈하거나 봉족이 호수

---

238) 『세종실록』 권83, 세종 20년 11월 25일(을사).

239) 『세조실록』 권26, 세조 7년 10월 9일(을해).

240) 『세종실록』 권88, 세종 22년 3월 5일(정미).

241) 『성종실록』 권233, 성종 20년 10월 3일(정해). 조선초기 외방에서의 군기 제조 방식에 대해서는 김일환, 2001 「조선초기 月課軍器制下의 군기 제조」 『조선시대사학보』 16 참고.

242) 『경국대전』 권4, 병전, 軍器, "軍士私賚軍器 京則兵曹 外則守令及節度使常加 檢察 毋得濫惡"

243) 조선초기 군사에게 지급한 봉족(보인) 수는 병종별로 다르며 같은 병종이라도 보유한 토지·노비에 따라 차등을 두기도 하는 등 일정하지 않았다. 1408년(태종 8)의 경우 馬兵 1명에게 말을 소유하고 신체가 튼튼핸[有馬身實] 봉족 2명, 步兵 1명에게는 말은 없으나 신체가 튼튼한 봉족 1명을 지급하기도 했다[『태종실록』 권16, 태종 8년 7월 19일(을축)]. 조선초기 봉족(보인)에 대해서는 이재룡, 1984 「조선초기의 봉족제」 『조선초기 사회구조 연구』, 일조각; 이지우, 1991 「조선초기 봉족제의 추이와 실제」 『경남사학』 5; 이지우, 1991 「조선초

의 뒷바라지를 방기하는 문제를 예방하기 위해 서로 친족관계에 있는 자를 봉족으로 배정하는 것을 원칙으로 했다.[244] 또한 국가에서는 개인이 구비할 수 없는 火砲·舟船 등을 軍器寺(軍器監)·典艦司(司水監) 등의 전문 관청을 별도로 설치해 제작했고, 또 유사시를 대비해 군량[245]과 馬草[246]를 대량으로 비축했으며, 水草가 풍부한 곳에 국영 목장을 설치하고 말을 생산·사육해 군사들에게 제공하기도 했다.[247]

번상군은 평상시에도 자신들을 관할하는 소패·총패 등으로부터 점고를 받았지만, 번상하기 위해 상경할 때에도 거주하는 고을과 兵營에서 점고를 받았다.[248] 『경국대전』에서는 번상군에 대한 兵馬節度使의 點閱만 언급했지만,[249] 실제로는 자신이 거주하는 고을에 모여 일차로 점고를 받은 뒤 병영으로 이동하여 한 차례 더 점고를 받고서야 상경했던 것이다. 1455년(세조 1) 지방군을 翼軍體制로 재편하면서 지방군이 번상할 때 都節制使 대신에 中翼節制使가 點閱하게 한 적도 있었지만,[250]

기 보법의 추이와 실제」, 『경대사론』 6 참고. 『경국대전』에서는 兩界甲士는 5丁(10명), 갑사는 4정, 騎正兵·吹螺赤·大平簫·水軍은 3정, 步正兵·壯勇衛·破敵衛·隊卒·彭排·破陣軍·漕卒·烽燧軍·差備軍은 2정을 보인으로 지급한다고 했다(권4, 병전, 給保).

244) 『태조실록』 권11, 태조 6년 2월 11일(갑오).

245) 조선전기 軍糧의 확보에 대해서는 김용곤, 1980 「조선전기 군량미의 확보와 운송」 『한국사론』 7(조선전기 국방체제의 제문제), 국사편찬위원회 및 임용한, 2012 「군량과 군수」 『한국군사사』 6(조선전기 Ⅱ), 육군본부 군사연구소 참고.

246) 『경국대전』에는 고을의 규모를 大·中·小로 나누고 해마다 비축해야 할 馬蒭의 양을 10萬·8萬·6萬束으로 규정했다(권4, 병전, 馬蒭).

247) 조선전기의 국영 목장 운영에 대해서는 남도영, 1993 「조선시대 '말' 수급문제 -생산·수요·마가를 중심으로-」 『향토서울』 53 참고. 말 부족이 심해진 16세기 후반 선조 때의 李珥 역시 備戰馬의 방법으로 목장마를 武士들에게 分給할 것을 주장하기도 했다[『선조실록』 권17, 선조 16년 2월 15일(무술)].

248) 『예종실록』 권3, 예종 1년 1월 17일(임신) 및 이선희, 2004 「17~18세기 충청지역 수령의 일상업무 연구」, 중앙대 박사학위논문, 50~51쪽 참고.

249) 『경국대전』 권4, 병전, 번상.

250) 『세조실록』 권2, 세조 1년 9월 11일(계해).

『경국대전』에서는 道 단위 최고위급 지휘관인 병마절도사가 점검해 올려 보내는 것으로 최종 결정되었다.

병영에서 점고를 받은 번상군은 병영의 虞侯나 軍官의 영솔 아래 상경했다.251) 전라도와 경상도 같이 먼 지역은 상경하는 데만 9일 이상이 걸렸다.252) 그런데 조선 초 시위패의 위상이 높았을 때의 조치이지만, 시위패가 상경하거나 하향하면서 州郡에 들어가 민폐를 끼친다는 이유로 왕래할 때 草野에 屯宿하게 한 적이 있었다.253) 수십 또는 수백 명에 달하는 군사가 이동할 때 邑內로 들이기보다는 들판에서 野營하게 하는 것이 민폐를 줄일 수 있을 뿐 아니라 講武 때 볼 수 있는 것처럼 야영 그 자체도 군사훈련의 일환이므로 위의 조치는 계속 지속됐을 것으로 보인다. 이들 군사들이 초야에서 屯宿할 때의 막사는 [그림 1]에 보이는 것과 같은 형태였을 것이다. 이동 중인 군사들의 막사는 전투가 벌어지는 경우를 상정해야 하므로, 빠르고 쉽게 막사를 세우고 해체할 수 있어야 한다. 그러므로 「夜戰賦詩圖」에 보이는 것과 같이 가장 단순한 형태의 천막일 가능성이 높다.254)

한편 번상군이 서울에 도착해 병조·오위도총부의 점고를 받고 바로 근무를 시작한 것은 아니었다. 1556년(명종 12) 知經筵事 李浚慶은 "평상시 번 들러 올라온 군사는 25일 점고를 받고 초1일 入番하며 하번인 군사는 (이날) 平明에 교대하고 (거주지로) 출발합니다."라고 밝혔다.255)

---

251) 『경국대전』 권4, 병전, 번상, "外軍士 則虞侯軍官中一人押來"
252) 『중종실록』 권82, 중종 31년 6월 28일(신해), "兵曹啓曰 徵兵司 慶尙全羅忠淸 江原等道計之 則都數三萬三千六百五十六 而以七日程內徵之 則三萬五百三 十三 若爲少 則加徵八日九日程何如"
253) 『태조실록』 권4, 태조 2년 11월 28일(기사).
254) 번상군이 屯宿할 막사 형태에 대한 서술은 최형국, 『조선군 기병 전술 변화와 동아시아 - 조선전기를 중심으로』, 민속원, 2015, 34쪽에 실린 그림과 설명을 바탕으로 정리했다.
255) 『명종실록』 권22, 명종 12년 4월 25일(무신).

[그림 1] 『北關遺蹟圖帖』의 「夜戰賦詩圖」(고려대 박물관 소장)

조선초기 번상군은 적어도 입번하기 5일 전에는 서울에 도착해 병조와 오위도총부의 점고를 받고 또 며칠 동안 미비점을 보완하고 근무처를 배정 받은 후에야 비로소 근무를 시작했던 것이다.256)

번상군에 대한 점고는 그들이 서울에 도착해 받는 병조·오위도총부의 점고에 그치는 것은 아니었다. 『경국대전』에서는 병조·도총부의 당상관 각각 1명씩이 교외에서 (미리) 시일을 정하지 않고 번상군의 騎馬와 駄馬를 點閱하고, 점열에 빠진 자와 말을 빌려서 점열을 받은 자, 말을 빌려준 자는 논죄하고, 그 말은 관에서 몰수한다고 규정하고 있

---

256) 번상군이 서울에 도착해 받는 점고는 '일제히 모두 받는다.'라는 의미에서 '都點'이라 불렸다[『성종실록』권29, 성종 4년 4월 8일(무진)].

다.257) 상경 직후에 행해졌던 점고가 주로 軍裝을 대상으로 한 것인데 반해 병조·도총부 당상관의 점고는 번상군에게 필수적인 말에 초점이 맞춰져 있었다. 이처럼 번상군은 상경 직후에 군장 점고를 받고 또 근무를 하는 도중에 말 점고를 별도로 받았던 것이다.

이상에서 본 바와 같이 협의의 번상은 지방군이 上京하는 것만 가리키지만 광의의 번상은 서울이 아닌 營鎭·浦로 가는 것까지 포괄했다. 정부는 번상제 운영을 위해 6년마다 軍籍을 작성하도록 규정했으며, 小牌(頭目)·摠牌(牌頭)를 두어 番上할 때뿐 아니라 下鄕한 번상군을 단속했다. 번상군은 필요한 물품을 스스로 구비하고 군현과 兵營의 점고를 받은 뒤 虞侯나 軍官의 영솔 아래 立番 며칠 전까지 서울에 도착해 都點을 받았다.

2) 侍衛牌의 빈번한 번상 중지와 위상 저하

시위패는 조선초기의 대표적인 번상군이었다. 먼저 어떤 자격을 가진 자들이 이에 속했는지부터 살펴보자. 1395년(태조 4) 10월 태조는 4대조의 神位를 한양에 새로 건립한 종묘로 移安한 후 첫 번째 親祭를 거행하고 교서를 반포했다. 이 교서에서 언급한 시위패의 자격과 관련한 부분을 인용하면 다음과 같다.

州郡의 군병이 番上해 宿衛하는 것은 근본을 중시하고 수고로움과 편안한 것을 고르게 하기 위함이다. 그런데 늙고 약한 자가 軍役을 수행하는 데 고생을 하고, (노비가) 單丁인 자가 資糧의 도움이 없으니 내가 심히 불쌍히 여긴다. 이후로는 各 道의 侍衛 군사는 건강하고 혈기 왕성하며[强壯] 노비가 雙丁인 자를 선발해 보내며, 늙고 약한 자와 단정인 자는 모두 보내지 않게 하라.258)

---

257) 『경국대전』 권4, 병전, 敎閱.

시위패에서 배제할 대상으로는 '老弱'과 '單丁'을, 소속시킬 대상으로는 '强壯'과 '雙丁'을 제시했다. 즉 신체적 건강과 경제적 여유를 시위패의 조건으로 제시한 것이다. 시위패는 馬兵이기 때문에[259] 전투용 말인 戰馬와 軍裝 등을 운반할 卜馬(馱馬)를 가지고 있어야 하고, 宿衛하기 위해 상경할 때에는 자신을 뒷바라지하는 한편 가지고 올라온 말을 기르고 관리할 노비도 동반해야 했다. 국가에서는 시위패가 이런 조건을 갖출 수 있도록 늙고 약한 자는 年壯한 子壻弟姪로 대신할 수 있게 하고, 시위패가 소유한 말은 點閱해 장부에 기재하도록 조치했다.[260]

이처럼 조선 초의 시위패는 사회경제적으로 여유 있는 계층이었으므로[261] 일반 군사인 병졸이 아니라 군관 대접을 받는 존재였다. 1393년의 도평의사사 上言에서도 이들을 군관으로 표현하고 있다.

도평의사사에서 救弊事宜를 조목별로 진술해 上言했다. "… 두 번째, 각 도의 侍衛軍官이 번상으로 인해 왕래할 때 州郡(의 邑治)에 함부로 들어가서 人民을 소란하게 하고 禾穀을 밟아 손상시키니, 백성들이 매우 고통스럽게 여깁니다. 지금부터는 모두 들판에 모여서 숙박하고 주군에는 들어가지 못하게 하며, 이를 어길 경우에는 당사자와 牌頭를 律에 의거해 논죄하게 합니다. …" 상이 이를 따랐다.[262]

일반 군사가 아닌 군관이기 때문에 "주군에 함부로 들어가서 인민을

---

258) 『태조실록』 권8, 태조 4년 10월 5일(을미), "州郡之兵 番上宿衛 所以重根本而均勞逸也 然老弱困行役之勞 單丁無資糧之助 予甚憫焉 今後各道侍衛軍士 選遣强壯及奴婢雙丁者 其老弱單丁 毋得並遣"

259) 『세종실록』 권87, 세종 21년 12월 4일(무인), "各道侍衛牌營鎭屬 … 其田民數少 不得備馬者 移定船軍"

260) 『태조실록』 권6, 태조 3년 8월 2일(기사); 『세종실록』 권63, 세종 16년 1월 16일(갑오).

261) 조선 초 시위패의 사회경제적 지위에 대해서는 노영구, 1994 「조선초기 水軍役과 海領職」, 서울대 석사학위논문, 57~67쪽 참고.

262) 『태조실록』 권4, 태조 2년 11월 28일(기사).

소란하게 하고 화곡을 밟아 손상시키는" 행패를 부려도 주군에서 제재하기가 어려웠던 것으로 보인다. 그런데 이들의 행패는 이 정도에 그치는 것이 아니었다.

交州江陵道 按廉使 鄭擢을 순군옥에 가두도록 명했다. 처음에 (금성현령) 김승리가 縣 사람 張劍 등 3명이 不法을 저질렀다는 이유로 縣獄에 가뒀다가 풀어줬다. 장검 등은 일찍이 侍衛軍에 속했는데, 번상할 차례가 되자 縣衙에 이르러 김승리를 붙잡아서 뜰로 끌어내리고 구타하며 욕을 보였다. 김승리가 안렴사 정탁에게 보고하니 (정탁이 이 사건을) 春州 官衙에 내리고 장검 등을 붙잡아 국문하게 했다. 임금이 이를 듣고 말하기를, "시위군은 비록 죄가 있더라도 함부로 가두는 것은 옳지 않다."라고 하면서 정탁을 소환해 묻게 했다. 정탁이 국문하지 않았다고 대답하니 임금이 노하여 정탁을 가두고, 김승리는 장 100대를 치고 固城으로 유배하고, 春州事 田理에게 포 100필을 징수했다.[263]

이를 보면 侍衛軍인 장검 등은 고을 수령이 자신들을 가둔 데에 앙심을 품고 번상할 차례가 될 때 縣衙로 들어가 수령을 구타하고 욕을 보였다. 현령의 보고를 받은 안렴사가 이들을 가두고 국문했는데, 국왕은 "시위군은 비록 죄가 있더라도 함부로 가두는 것은 옳지 않다."라는 논리를 내세우며 오히려 안렴사를 하옥하고 금성현령을 유배하는 중벌을 내렸다. 禁軍 성격을 지닌 시위군을 보고하지 않고 바로 처벌한 것을 문제 삼은 것으로, 당시에 그만큼 시위군의 사회적인 위신이 높았다는 점을 방증하는 사례로 볼 수 있다.

1412년(태종 12) 1월 각 도의 시위군이 돌아가며 水軍 역할을 대신하게 했는데, 이에 대해 같은 해 5월 한성부윤 尹向은 家風이 實한 자는 다시 시위군의 군적에 올리기를 청했다. 이듬해 9월, 충청도 都觀察使 李安愚도 수군에 移定된 시위군 중에 顯職을 거친 자와 兩府의 子孫들이

---

263) 『태조실록』 권3, 태조 2년 3월 5일(경술).

있어 門蔭法 시행에 문제가 생긴다는 이유로 시위군에 적합한 자는 다시 시위군으로 옮기고 새로 수군을 뽑기를 청했다.264) 이처럼 조선 초의 시위군은 가풍이 충실한 것은 기본이고 顯職을 거친 자나 兩府의 자손들이 속할 만큼 사회적으로 우대받는 병종이었다.

1420년(세종 2)에는 그동안 鄕原이나 吏典 출신이 損實 委官을 맡았는데 손실이 的中하지 않아서 公私 모두 해를 입었다는 이유로, 앞으로는 외방에서 受田한 各 品의 大小人員을 손실 위관으로 充差하게 하되, 그들이 번상해 숙위 중에 있거나 兵器를 點閱받고 있을 경우에는 병조에 移牒하며, 侍衛牌나 別牌 중에서 公廉한 자도 아울러 손실 위관으로 선발하게 했다.265) 이를 보면 세종 초반까지도 시위패는 受田한 人員인 受田牌, 甲士에서 떨어져 나온 別牌와 비슷한 사회적 대우를 받는 존재였음을 알 수 있다.

정부에서는 흉년 등의 이유로 시위패 번상을 종종 중지했다. 시위패의 번상 중지는 1397년(태조 6) 각 도 군사의 번상 숙위를 중지한 데서266) 알 수 있듯이 태조 때부터 있었다. 시위군의 번상 중지에 대한 논의도 여러 차례 진행했다. 1406년(태종 6) 윤7월 의정부에 명해 前銜耆老 宰樞를 모아서 無事할 경우 각 도의 시위군을 봄가을에 두 차례 점고하는 것 외에 번상 시위를 면제할지 여부를 의논하게 했다.267) 1407년에는 사간원과 형조에서 상소해 시위패(外牌)는 1년에 한 차례씩 번상하는데 지금 邊虞가 없으므로 이들을 放還해 농사에 전념하게 하자고 건의했지만 불허했다.268) 사간원 등의 신료들에게는 1400년(태종 즉위년) 갑사 2,000명을 復立해 국왕시위와 궁궐숙위에 필요한 최소한의 수도 상주병

---

264) 『태종실록』 권23, 태종 12년 1월 25일(경술), 5월 9일(임진);『태종실록』 권26, 태종 13년 9월 1일(정축).
265) 『세종실록』 권9, 세종 2년 8월 20일(병진).
266) 『태조실록』 권11, 태조 6년 4월 25일(정미).
267) 『태종실록』 권12, 태종 6년 윤7월 1일(무오).
268) 『태종실록』 권13, 태종 7년 6월 1일(계미).

을 확보했기 때문에, 외방에서 상경해 한 달만 근무하고 하향하는 번상
군은 그 존재의 필요성보다 번상에 따른 민폐가 더 눈에 들어왔을 것이
다. 반면 국왕 입장에서는 중앙군에서 번상군 비중이 작더라도 중앙군
약화를 가져올 조치에 대해 부득이한 경우가 아니라면 동의하기 어렵
고, 또한 외방 유력자들인 번상군을 중앙에서 통제할 필요가 있는데 번
상 자체가 그들에 대한 유력한 통제 수단이기 때문에 이를 쉽게 중지하
기 어려웠을 것이다. 1436년(세종 18)의 강원감사 보고에 따르면, 강원도
호수는 1만 1,538호인데 10결 이상 소유 호는 1,721호(14.92%), 6결 이상
소유 호는 2,043호(17.71%)였다.[269] 강원도 시위군이 1410년(태종 10)
1,248명, 1432년(세종 14) 2,276명이므로[270] 그들이 최소 6결 이상 田地를
소유한 외방 유력자임을 알 수 있다. 다른 도의 경우도 이와 크게 다르
진 않았을 것으로 보인다.

그렇지만 1413년(태종 13) 4월, 시위군을 방환하되 9월부터 다시 번상
하게 한 조치를[271] 계기로 이듬해(1414)부터 본격적인 農月이 시작되는
3·4월이 되면 시위군 번상을 중지하는 것이 관례로 자리 잡았다.[272] 이
때문에 이후 기록을 보면 시위군처럼 번상하는 選上奴는 농월인 4~9월
에 흉년을 이유로 방환하라는 기사가 나오지만[273] 시위군과 別牌는 농
월의 경우 방환 기록이 없고 대신 농월이 아닌 때에만 방환 기록이 나
타난다.[274] 농번기에 시위군 번상을 중지한 조치는 1414년 "지금은 敵國

---

269) 『세종실록』 권74, 세종 18년 7월 9일(임인). 1436년(세종 18) 강원감사 보고에
    대한 분석과 그 의미에 대해서는 노영구, 앞의 논문, 59~64쪽 참고.
270) 강원도 시위군 수에 대해서는 이 책 83쪽의 [표 1-3] 참고.
271) 『태종실록』 권25, 태종 13년 4월 11일(기미), "放各道侍衛軍歸農 俾待九月番上"
272) 『태종실록』 권27, 태종 14년 4월 13일(병진), "放還各道番上侍衛軍 以農月也";
    『태종실록』 권29, 태종 15년 3월 18일(병진), "放各道番上侍衛軍歸農";『태종
    실록』 권35, 태종 18년 1월 14일(을축), "贊成李原啓軍士事宜 啓曰 … 侍衛軍
    則祁寒農月皆放 故或二年一度 或三年二度番上"
273) 『세종실록』 권21, 세종 5년 7월 8일(병술).
274) 『세종실록』 권22, 세종 5년 10월 8일(을해).

의 外患이 없다."라는 이유로 갑사 정원을 3,000명에서 1,000명으로 축소
하고 줄어든 2,000명을 별패로 삼아 번상 시위하게 한 조치와도 연관된
다.275) 농번기의 시위군 번상 중지 조치는 농업생산량 증대라는 목적
외에 이 시기에 야인이나 왜구와의 소소한 전투 외에 뚜렷한 군사적 긴
장이 없었기 때문에 가능했던 것이다. 이처럼 평화기가 도래하자 1415
년 11월에는 "城中의 쌀값이 올랐다."라는 이유만으로도 시위패뿐 아니
라 별패까지도 방환하고,276) 1416년 11월에는 춥다는 이유만으로도 시
위군을 방환하게 했다.277)

농번기의 시위군 번상 중지 조치는 태종을 祔廟하고 세종 스스로 본
격적으로 國事를 돌보기 시작한 1425년(세종 7)을 전후해서 폐지된 것으
로 보인다. 같은 해 3월, "오는 4월이 당번인 경기·충청도·전라도·경상
도 시위군과 별패 등을 번상하지 않게 하라."278)라는 傳旨를 병조에 내
리고 있기 때문이다. 1414년 이후 보이지 않던 농번기의 시위군과 별패
의 번상 중지 관련 기사가 이때 다시 등장한 것으로 보아 1425년 3월 이
전에 농번기의 시위군 번상 중지 조치는 철회된 것으로 보인다.

시위군 번상은 그 후에도 실농 등의 이유로 자주 중지되었다. 1427년
(세종 9)에도 실농, 斫木·축성 등의 役事 거행, 서울 쌀값의 등귀 등을
이유로 下三道와 강원도 시위군은 다음해 가을까지 번상을 중지하게 했
다.279) 이처럼 시위군의 번상 중지가 다시 빈번해지자 1428년 判府事 卞
季良은 農時, 흉년, 寒暑 등의 이유를 내세우며 시위군을 存恤한다는 명
목으로 번상하지 않게 한 조치를 비판하며, 다른 방식으로 이들을 존휼
하고 번상은 계속 실시하기를 청했다.280) 이런 과정을 거치며 1430년이

---

275) 『태종실록』 권28, 태종 14년 8월 21일(신유).
276) 『태종실록』 권30, 태종 15년 11월 19일(임자).
277) 『태종실록』 권32, 태종 16년 11월 5일(임진).
278) 『세종실록』 권27, 세종 7년 3월 8일(무인).
279) 『세종실록』 권38, 세종 9년 12월 27일(경진).
280) 『세종실록』 권40, 세종 10년 4월 27일(무신).

되면 외방 군사를 번상하지 않게 한 것이 몇 년이 되어 軍裝과 馬匹이 정비되지 않고 軍政도 해이해졌다는 이유로, 앞으로는 반드시 달마다 윤번으로 侍衛하게 했다.[281] 그동안 야인이나 왜구의 대규모 침입이 없는 평화기가 지속되고 실농이나 寒暑 등의 이유로 외방 군사의 번상 중지 조치가 빈번해져 軍政이 해이해지는 지경에 이르게 되자 이를 염려해 번상제를 엄격하게 시행하도록 조치한 것이다.

그렇지만 이후에도 시위군의 번상과 중지가 반복되자 번상 중지에 대한 일정한 기준을 정할 필요성이 제기되었다. 이 때문에 1445년(세종 27) 10월, 지난해부터 실시한 田制의 年分九等法을 기준으로 번상군 거주 고을의 年分이 下之上 이상이면 모두 번상하게 하고, 下之中이면 점고한 뒤 놓아 보내며, 下之下인 경우에만 번상하지 않게 하는 것을 恒式으로 삼았다.[282]

시위패의 빈번한 번상 중지는 그들의 사회적 위상이 점차 하락하는 방증으로 이해된다. 15세기 전반을 경유하면서 시위패를 포함해 군사적 능력이 뛰어나고 사회적 위상이 높은 자는 내금위 등의 禁軍이나, 試取를 통해 선발돼 상대적으로 좋은 대우를 받는 갑사와 별시위 등에 入屬하는 것을 선호했다.[283] 더욱이 1448년(세종 30) 갑사와 별시위 정원이 각각 7,500명과 5,000명으로 폭증하면서 시위패의 갑사·별시위로의 移屬은 더욱 활발히 진행됐을 것으로 추정되므로 새로 시위패에 입속하는 자의 사회적 위상은 그만큼 하락했을 것이다.[284] 이에 중앙군 내에서 시위패의 중요성은 점점 낮아지게 됐고 이 점이 시위패의 빈번한 번상

---

281) 『세종실록』 권48, 세종 12년 5월 16일(을묘).
282) 『세종실록』 권110, 세종 27년 10월 3일(계묘).
283) 1430년(세종 12) 8월 병조에서는 외방 시위패를 매년 가을에 취재해 갑사에 塡補하도록 이전에 受敎했다고 밝히기도 했다[『세종실록』 권49 세종 12년 8월 2일(경오), "兵曹啓 … 外方侍衛牌 則每秋等取才 塡補甲士 已曾受敎"].
284) 세종 후반 중앙군 정원의 폭증에 대해서는 이 책 2장 1절의 '1) 중앙군 군액 증가와 禁軍·衛兵의 분화' 참고.

중지를 가져온 근본 원인이었던 것으로 보인다.

다음으로 조선 초 중앙군의 한 축을 형성했던 侍衛軍이 어느 정도의 규모였는지 살펴보자. 15세기 전반의 시위군 규모는 명확한 사료가 없어 확정할 수는 없지만, 관련 자료를 통해 그 대략적인 윤곽은 추산할 수 있다.

1403년(태종 3) 경상도 도관찰사 南在가 도내 방어가 허술한 것은 壯勇한 자들이 서울에서 侍衛하기 때문이라고 하면서 시위군을 덜어내기를 청하자 政府에서 계문해 시위군 500명을 덜어내게 했다.[285] 또 1407년 西北面 都巡問使 李龜鐵이 道內 事宜를 계달하자 의정부 議得을 거쳐 이를 수용했다.[286] 이귀철이 밝힌 바에 따르면, 서북면의 煙戶軍丁은 戶首와 奉足을 합쳐 총 5만 4,837명이었다. 갑사·儒戶·鄕站戶·船軍을 제외하면 40牌의 시위패가 戶主와 봉족을 합쳐 9,263명이고, 14翼의 翼軍이 호수와 봉족을 합쳐 2만 3,012명이었다. 평안도 시위패의 호수와 봉족 비율을 1 대 3으로 계산하면[287] 戶首는 2,316명이며, 한 달에 116명의 시위패가 수도로 번상하는 셈이 된다. 그런데 시위패는 한 달에 2패씩 2년에 한 차례 상경해 한 달 동안 侍衛하는 반면 익군은 명나라와 조선의 使行이 자주 있어서[288] 달마다 遼東을 왕래하며 이들을 護送하고 迎逢

---

285) 『태종실록』 권6, 태종 3년 10월 30일(갑술).
286) 『태종실록』 권14, 태종 7년 9월 2일(임자).
287) 1404년(태종 4) 시위패는 소유한 토지가 1~2결이면 봉족으로 2戶를 주고, 4결 이하이면 1호를 주며, 5~6결 이상이면 봉족을 주지 않도록 했다[『태종실록』 권7, 태종 4년 5월 23일(계해)]. 1450년(세종 32) 備邊十策을 올린 梁誠之는 하삼도의 시위패는 3~4丁에서 1명을 낸다고 했다[『세종실록』 권127, 세종 32년 1월 15일(신묘)]. 1578년(선조 11) 國初 상황을 설명한 글에서도 上番軍士의 資裝은 3명의 保人에게서 나온다고 했다[『선조수정실록』 권12, 선조 11년 8월 1일(경진), "國朝倣唐制 寓兵於農 上番京師 只備守衛而已 其資裝 出於三保人"]. 이를 보면 15세기 전반 시위패에게 평균 3명 정도의 봉족을 지급했다고 유추할 수 있다.
288) 명나라에서 조선에 파견한 사신 횟수는 태조 재위 7년간 9회에 불과한 반면

하는 데 지치고 失農하게 돼 시위패와 익군의 勞逸이 고르지 못한 문제점이 있었다. 이 때문에 앞으로는 시위패와 익군이 번갈아 가며 上京侍衛와 사신의 호송·영봉의 임무를 수행하게 했다.

1410년(태종 10) 義興府에서 侍衛正軍의 數目을 올렸는데, 경상도는 4,238명, 전라도는 1,378명, 충청도는 1,539명, 강원도는 1,248명으로 4개도의 시위군은 총 8,403명이었다.[289] 당시 명나라와 達達(Tartar) 사이에 무력 충돌이 일어나[290] 조선에서도 동북면과 서북면 都節制使를 교체하고 양계에 거주하는 시위군 번상을 중지하는 등의 조치를 취했다.[291] 의흥부에서 올린 시위정군의 수목에 동북면과 서북면이 포함되지 않은 것은 이 때문인 것으로 보인다. 이때 태종은 양계 시위군의 번상 중지에 대한 보완책으로 위의 4개 도 군사를 3번으로 나누어 3월부터 5월까지 번갈아가며 번상하도록 명했다가 다시 예전대로 경상도는 200명, 나머지는 100명씩 번상하게 했다. 그러므로 1410년 무렵 경상도와 전라도, 충청도, 강원도의 시위군 총수는 8,400여 명이고 달마다 500명이 번상했음을 알 수 있다. 평안도는 위의 1407년 기사를 기준으로 하면 시위패는 2,316명이고 달마다 116명이 번상했으므로, 1410년을 전후해 하삼도와

태종 재위 18년 동안에는 무려 50회로 연평균 2.77회에 달했다. 태종 때의 기록은 조선 역대 국왕 중에서 가장 빈도가 높은 것이다. 조선초기 명나라 사신의 파견 횟수에 대해서는 박원호, 2002 「15세기 조선과 명의 관계」 『명초 조선관계사 연구』, 일조각, 299쪽 [표 3] 참고.

289) 『태종실록』 권19, 태종 10년 2월 4일(신축). 전라도의 경우 인구수에 비해 시위정군의 수가 적은 반면 강원도는 매우 많아서 사료에 誤記가 있는 것으로 의심할 수도 있다. 하지만 이어지는 기사에서 "예전대로 경상도는 200명, 나머지 3개의 도는 각각 100명씩 번상하게 하라."라는 조치로 볼 때 경상도의 시위군 수가 다른 도의 2~3배가 되고 나머지 도는 서로 규모가 비슷한 것을 보면 사료 자체에 오기는 없는 것이 보인다.

290) 『태종실록』 권18, 태종 9년 8월 23일(임술), 10월 12일(경술), 11월 6일(갑술); 『태종실록』 권19, 태종 10년 1월 14일(신사).

291) 『태종실록』 권19, 태종 10년 1월 16일(계미), 1월 22일(기축).

강원도, 평안도 등 5개 도에서 달마다 상경하는 번상군은 600명을 약간 상회하는 정도이며, 나머지 함경도·황해도·경기 3개 도의 경우도 다른 도처럼 100~200명쯤으로 추정하면 8도에서 번상하는 시위군은 대략 900~1,200명 정도로 추정된다.

1426년(세종 8)에는 14개월 또는 17개월에 한 차례씩 번상하던 각 도의 시위패를 그 수는 그대로 두되 12패로 만들어 1년에 한 차례씩 번상하는 것으로 番次를 통일했다.[292] 1426년 당시 하삼도와 황해도 시위군은 충청도가 14패에 패당 100명으로 1,400명이고, 경상좌도가 14패에 패당 50명으로 700명이며, 경상우도가 14패에 패당 100명으로 1,400명이고, 전라도는 14패에 패당 50명으로 700명이며, 황해도는 17패에 패당 150명으로 2,550명이었다. 1410년의 경상도 4,238명, 전라도 1,378명, 충청도 1,539명과 비교할 때 그 수가 각각 2,138명, 678명, 139명 줄어들었다. 1410년에 비해 1426년 삼남의 시위군 수가 대폭 줄어든 것은 1413년에 수군 확보를 위해 시위군 일부를 수군으로 옮겼기 때문이다.[293] 이 조치로 경상도는 시위군 5,989명 중에서 2,850명이, 충청도는 2,754명 중에서 1,377명이 수군으로 옮겨져서[294] 경상도 시위군은 3,139명, 충청도는 1,377명이 되었다. 이를 보면 1426년의 시위군 정원은 이전보다 줄어들었지만 패당 정원이 50명, 100명, 150명으로 1410년에 비해 상대적으로 잘 정리돼 있음을 알 수 있다.

1432년(세종 14)의 상황을 반영한 『세종실록』「地理志」[295]에는 도별·

---

292) 『세종실록』 권31, 세종 8년 1월 4일(기해).

293) 『태종실록』 권23, 태종 12년 1월 25일(경술).

294) 『태종실록』 권23, 태종 12년 4월 11일(을축); 『태종실록』 권26, 태종 13년 9월 1일(정축).

295) 『세종실록』「지리지」는 『세종실록』에 부록으로 첨부된 지리지이지만, 『세종실록』이 완성된 1454년(단종 2)에 작성된 것이 아니고 1432년에 孟思誠·尹淮 등이 撰進한 지리지를 『세종실록』 말미에 덧붙인 것이다. 이에 대해서는 정두희, 1976 「조선초기 지리지의 편찬(Ⅰ)」 『역사학보』 69, 66~70쪽 참고.

고을별로 군정의 병종과 수효가 실려 있어 당시 시위군의 전체 규모를
알 수 있게 해준다. 이를 보면 개성과 咸吉道를 제외한 경기·충청도·경
상도·전라도·황해도·강원도·평안도 시위군 수가 1,167명에서 2,294명까
지로 나타나며 그 총수는 1만 4,933명이었다.296) 이를 도별 戸數와 비교
하면 경기·충청도·황해도·평안도는 호수 대비 시위군 비율이 전국 비
율과 비슷하게 나오는 반면, 경상도·전라도는 낮게, 강원도는 전국 평균
보다 2.5배 높게 나온다. 양남은 왜구를 대비하기 위해 시위군 수가 적
은 반면 강원도는 외적의 침입 대상지가 아니기 때문에 상대적으로 시
위군 수가 많이 배정된 것으로 보인다.

한편 1449년(세종 31) 좌의정 河演은 야인 李滿住 세력과 맞닿아 있는
평안도 방비책에 대해 上書하면서 당시 각 도의 시위패 수가 1만 5,888
명이라고 밝혔다.297) 이상의 사례를 표로 정리하면 다음과 같다.

[표 1-3] 15세기 전반의 도별 시위군 수 (단위: 戸, 명)

	京中	개성	경기	충청	경상	전라	황해	강원	평안	永安	계
戸數			20,882	24,170	42,227	24,073	23,511	11,084	41,167		187,114
1410년				1,539	4,238	1,378		1,248			8,403
1412년				2,754	5,989						
				1,377	3,139						
1413년				2,754							
1426년				1,400	2,100	700	2,550				6,750
1432년			1,713	1,974	2,631	1,167	2,294	2,276	2,878		14,933
1449년											15,888

비고: 1. 호수는 『세종실록』 「지리지」에 기록된 호수임.
　　　2. 1412년의 경우 위의 수는 水軍移定 이전의 시위패 수이고 아래의 수는 이정 이후의 수임.
　　　3. 1413년의 충청도 시위군 수는 『태종실록』 권26, 태종 13년 9월 1일(정축) 기사에 근거함.

[표 1-3]에서 보듯이 15세기 전반 시위군은 수천에서 만여 명을 상회
하는 규모이고 봉족까지 합산하면 수만에 달하지만, 그들의 番次와 번

---

296) 『세종실록』 권148~151, 지리지.
297) 『세종실록』 권125, 세종 31년 8월 27일(갑술).

상 기간을 12番 1朔으로 계산하면 수도로 번상하는 시위패는 1,000명 안팎 정도로 추정된다.[298] 그럼에도 정부에서는 "시위군은 왕실을 보호하는 울타리"[299]라는 명분을 내세우며 시위군 관리에 유의했다. 외방에 거주하는 시위군은 말과 노비를 보유하고 또 상당한 규모의 토지를 소유하고 있는 외방 토착세력이기 때문에 정부는 이들을 일반 병졸이 아닌 軍官으로 대우했다.[300] 정부는 외방의 안정과 원활한 賦稅 수취를 위해서 토착세력인 이들 시위군을 회유하고 또 적절하게 통제할 필요가 있었기 때문에, 軍事 분야에서 시위군이 차지하는 비중이 크지 않았음에도 그들의 관리와 통제에 힘을 기울였던 것이다.

조선 초에는 시위군 관리를 위해 도 단위로 별도의 지휘관을 지정했다. 私兵 혁파 이전의 시위군은 수도에 상주하는 節制使의 관할을 받았다. 해당 절제사는 도평의사사에 呈報해 取旨한 후 담당하는 외방의 시위군을 수도로 징발해 私兵으로 부렸다. 그리하여 1400년(정종 2) 사병 혁파 때 절제사를 없애고 시위군 명단인 牌記를 三軍府로 보내도록 했다.[301] 그런데 얼마 안 가서 시위군을 관할하는 절제사를 다시 두었는데, 이때의 절제사는 이전처럼 시위군을 사병으로 거느리는 존재가 아니라 각 지역에 산재하는 시위군의 번상 등을 관리하는 직책으로 보인다. 당시까지 시위군은 중앙군으로서 地方軍과 별도로 파악·관리했으므로 각 도의 地方軍인 營鎭軍 등을 관장하는 都節制使 외에 별도의 직책

---

298) 오종록은 1424년(세종 6) 즈음 이후 兩界 侍衛軍의 번상이 중지됐다고 했다(2014b, 『조선초기 양계의 군사제도와 국방』, 국학연구원, 392~394쪽). 그러므로 중앙군에서 시위군의 비중은 더욱 줄어들었을 것이다.

299) 『세종실록』 권38, 세종 9년 12월 27일(경진).

300) 『태조실록』 권4, 태조 2년 11월 12일(계축), 11월 28일(기사); 『태종실록』 권8, 태종 4년 9월 19일(정사).

301) 1398년(태조 7) 南誾이 사병 혁파를 건의할 때 이들을 거느리는 節制使의 혁파를 요청한 것을 보면[『태조실록』 권13, 태조 7년 3월 20일(정묘)], 1400년(정종 2) 사병 혁파 때 절제사도 함께 혁파했음을 유추할 수 있다.

이 필요했기 때문이다.

1408년(태종 8) 각 도의 시위군 절제사를 교체해 경기우도는 李龜齡, 전라도는 曹恰, 경상도는 沈淙·金承霍, 강원도는 李承幹·沈仁鳳, 동북면은 尹柢, 安州道는 洪敷를 절제사로 임명했다.[302] 1409년에는 11개 道에 都節制使를 각각 1명씩 두고 그 보좌관이 嘉善大夫 이상이면 절제사로, 通政大夫 이하이면 僉節制使로 칭하게 했다.[303] 경상도가 尙州晉州道·鷄林安東道로, 서북면이 平壤道·安州道로 나뉘어 11개의 도가 되었다. 이 때 임명된 도절제사 등은 수도로 번상하는 시위군을 관할하기 위해 수도에 상주하는 군사 지휘관이었다. 동북면도 서북면처럼 永興道·吉州道 등의 軍事道가 있었는데 그 군사적 비중이 서북면에 비해 떨어져서인지 동북면 전체를 하나의 도로 파악했다. 당시 11개 도의 명칭과 임명된 도절제사의 직위 및 이름은 [표 1-4]와 같다.

[표 1-4] 1409년(태종 9)의 11개 道의 명칭과 도절제사 직위 및 이름

道名	도절제사 직위 및 이름	비고
尙州晋州道	靑原君 沈淙, 漆原君 尹子當	
雞林安東道	麗山君 金承霍, 前 節制使 曹緩	
全羅道	淸平君 李伯剛, 會寧君 馬天牧, 摠制 曹恰	
忠淸道	都摠制 金南秀, 摠制 趙秩·成發道	
京畿左道	安原君 韓長壽, 前 節制使 柳濕, 前 僉摠制 朴苣	
京畿右道	都摠制 鄭鎭, 僉節制使 康有信·洪敷	
豐海道	前 節制使 金繼志·金重寶, 越川君 文彬	
江原道	前 都節制使 沈仁鳳, 前 摠制 李承幹, 前 僉摠制 文孝宗	
東北面	安城君 李叔蕃, 漢平君 趙涓, 知議政府事 李和英 僉摠制 文天奉·上護軍 金玉	東北面別牌僉節制使 겸임
平壤道	平壤君 趙大臨, 熙川君 金宇, 摠制 李之實	
安州道	吉川君 權跬, 長川君 李從茂, 同知摠制 金萬壽	

전거: 『태종실록』 권16, 태종 8년 11월 12일(병진).

---

302) 『태종실록』 권16, 태종 8년 11월 12일(병진).
303) 『태종실록』 권18, 태종 9년 10월 27일(을축).

11개 도의 도절제사 직책은 겸직이기 때문에 도절제사에 임명된 자가 현직이면 현직을, 현직이 없으면 爵號나 前職을 표기했다. 다른 도의 경우 도절제사를 3명씩 임명했는데, 경상도를 분할한 상주진주도·계림안동도는 2명씩만 임명했다. 반면 평안도를 분할한 평양도·안주도는 이 지역이 군사적으로 중요하기 때문인지 다른 도처럼 3명씩 임명했다. 그리고 평안도의 다른 軍翼道인 義州道·尼城道·江界道는 1393년(태조 2) 그 소속 시위군의 번상이 중지됐기 때문에[304] 절제사를 별도로 임명하지 않았다.

이처럼 정부는 외방에 거주하는 시위군을 관리하기 위해 전국을 11개 軍事道로 구분하고 군사도별로 최고 책임자로 都節制使를 두고 절제사·첨절제사 등의 보좌관을 배치했다. 이들 지휘부는 1408년 임명된 절제사 중에서 1409년의 기사에 빠진 자들이 있는 데서 알 수 있듯이 일정한 시기가 되면 교체되는 직책이었다. 그러므로 사병 혁파 이전의 절제사가 거의 변동이 없던 것과는 질적으로 구분되는, 일반 관원과 다름이 없는 존재였다.

한편 번상하러 올라온 시위군을 위해 도별로 軍營을 설치해 그들의 숙소로 사용했다. 이 군영은 東北面軍營·慶尙道軍營처럼 軍事道名을 冠稱해 불렀다.[305] 군영은 도별로 담당 色掌을 15명이나 배치한 것으로 보아[306] 시위군의 번상 및 근무와 관련한 행정을 처리하는 기관의 역할도

---

304) 『태조실록』 권4, 태조 2년 11월 12일(계축). 1393년의 義州道·尼城道·江界道 시위군의 번상 중지와 그 이후의 동향에 대해서는 오종록, 2014b 『조선초기 양계의 군사제도와 국방』, 국학자료원, 387~389쪽 참고.
305) 『태종실록』 권19, 태종 10년 1월 28일(을미); 『태종실록』 권30, 태종 15년 9월 19일(계축). 도별로 존재하던 군영은 태종 말엽 이를 대신하는 東西軍營이 건립되면서[『태종실록』 권35, 태종 18년 5월 23일(임신)] 소멸한 것으로 보인다. 조선초기 서울에 건립됐던 군영에 대해서는 조선초기 서울의 변화상을 염두에 두면서 번상 시위패의 서울에서의 존재 형식과 관련해 별고를 통해 고찰하고자 한다.

수행했던 것으로 보인다. 색장은 1408년에 鎭撫로 그 명칭이 바뀌었다.[307]

이상에서 살펴본 것처럼 조선 초의 시위패는 군관 대접을 받을 정도로 사회적 위상이 높았지만 관직과 연결된 금군이나 試取 병종들이 창설되자 시위패들이 그곳으로의 입속을 선호하면서,[308] 남겨지거나 새로 입속한 시위패의 사회적 위상은 저하되고 그들의 번상도 빈번히 중지되었다. 15세기 시위패 규모는 도별로 수천에 달하지만 실제로 번상한 수는 1,000명 정도로 추정된다. 정부는 시위패 관리를 위해 軍事道 단위로 (도)절제사를 뒀으며, 軍營을 설치해 시위군의 숙소이자 행정기관으로 활용했다.

다음으로 15세기 중앙군의 핵심 병종이던 갑사와 별시위에게 번상제를 적용한 과정과 이유에 대해 살펴보자.

3) 甲士·別侍衛에 대한 번상제 적용

수도에 상주하는 宿衛兵을 번상제 형식으로 운영하자는 논의의 시원적 모습은 태조 때에도 보인다. 1394년(태조 3) 諫官 金伯英 등은 상소해,

> 상주하는 숙위병은 3軍의 各 領과 각 愛馬를 헤아려서 制度를 정하고 그중에서 驍勇한 자를 선발해 그 祿官에 충당하되 서로 돌아가며 (녹관을) 받게 하고 외부 사람들이 잡스럽게 受職하는 것은 허락하지 마십시오.[309]

---

306) 『태종실록』 권15, 태종 8년 3월 1일(경술).
307) 『태종실록』 권16, 태종 8년 11월 12일(병진).
308) 1404년(태종 4) 창설된 응양위는 受田牌·無受田牌·成衆愛馬·閑良子弟를 대상으로 했다[『태종실록』 권8, 태종 4년 8월 28일(정유), "始置鷹揚衛四番 初上命知申事朴錫命傳旨曰 … 受田牌及無受田牌革罷愛馬人內 各從所願 擇其強壯可仕者 閑良子弟自願入仕者 依前朝愛馬之例 分爲四番 定其額數 愛馬名號及各品都目遷轉去官之法 主掌官啓聞"].
309) 『태조실록』 권6, 태조 3년 8월 2일(기사).

라고 건의했다. 전백영 등은 10司 50領과 成衆愛馬 중에서 날래고 용감한 자를 선발해 수도에 상주하는 숙위병으로 삼고 그들을 衛領職의 祿官에 충당하되 서로 돌아가며 祿官을 받게 할 것을 건의한 것이다. 그들의 건의 중에 "서로 돌아가며 (녹관을) 받게 한다."[更相遞受]라는 표현은 숙위병을 넉넉하게 선발하고 그들을 番을 나누어 근무하게 하되 근무하는 기간만 祿官을 받게 한다는 것인지 아니면 숙위병으로 선발해 녹관을 받게 하되 선발된 자가 어떤 이유로 제외되면 다시 驍勇한 자를 선발해 그로 하여금 녹관을 받게 한다는 의미인지 불분명하다. 전백영 등의 주장은 전자일 것으로 생각되지만, 이후 갑사 충원은 후자 방식으로 진행돼 府兵 중에서 무예가 뛰어난 자를 갑사로 선발했다.

숙위병의 핵심인 갑사에게 번상제를 적용하려는 논의는 태종이 즉위한 후 본격화했다. 1408년 갑사 1,500명을 더 두어 갑사 정원을 3,000명으로 늘리고 1년마다 교대하면서 侍衛하게 했다. 隊長 500명을 簡別해 加定한 갑사에 충당하고, 그 녹봉은 革去하는 隊長·隊副 600명의 녹봉과 동서반 各 品의 녹봉에서 米豆 각각 1석씩과 正布 각각 1필씩을 덜어내 마련하게 했다.[310] 1400년(태종 즉위년) 갑사 2,000명을 復立할 때 번상제를 적용하고자 했는데,[311] 그때 실행하지 못한 번상제를 갑사 정원을 확대하면서 다시 실시하고자 했던 것이다. 그러나 1410년 또다시 갑사에게 번상제를 적용하려는 논의를 진행한 것을 보면, 1408년에도 갑사에 대한 번상제 적용은 여의치 못했던 것 같다.

1408년 당시는 이미 別侍衛(1400년), 鷹揚衛(1404년), 內禁衛(1407년) 등 禁軍 성격의 소규모 부대들이 잇달아 창설돼 그들만으로 궁궐숙위까지는 어렵더라도 국왕시위는 감당할 수 있게 되었다. 갑사에게 번상제를 적용할 수 있는 제도적·군사적 기반은 마련된 셈이다. 그렇지만 당

---

310) 『태종실록』 권16, 태종 8년 10월 27일(신축).
311) 『정종실록』 권6, 태종 즉위년 12월 1일(신묘), "復立甲士二千 一千充諸衛之職 一年相遞爲式"

시 갑사는 衛領職을 受職하는 정식 관원이라는 점이 그들에 대한 번상
제 적용을 어렵게 한 원인인 듯하다. 이 때문에 1410년 갑사에게 번상제
를 적용하려 하자, 호조판서 李膺은 "司直·司正은 중국의 千戶·百戶(와
같은) 관직이니 가볍게 사람들에게 수여하는 것은 옳지 않습니다. 또 어
찌 녹봉을 받는 자로 하여금 돌아가며 番上하고 下番하게 할 수 있겠습
니까?"[312]라고 그 '부당성'을 지적한 바 있다.

그럼에도 태종은 1410년 3월 갑사에게 번상제를 적용해 번상하면 녹
봉을 받고 下番이 되면 歸農하게 했다.[313] 같은 해 5월 舊 甲士 2,000명
과 새로 뽑은 1,000명을 10司 50領에 분속하고, 2,000명은 宿衛하며 1,000
명은 下番하되 하번한 갑사는 義興府에서 관장하게 함으로써 갑사에 대
한 번상제 적용이 확정되었다.[314] 태종이 즉위하면서 갑사를 번상제로
운영하고자 시도했지만 소기의 성과를 거두지 못하다가 이때에 이르러
비로소 번상제를 적용하게 된 것이다.

태종은 갑사에게 번상제를 적용하면 "나라에는 시위의 허술함이 없
게 되고, 집에는 廢農된다는 탄식이 없게 되며, 사람에게는 부모·처자와
오랫동안 이별하는 원망이 없게 되는"[315] 이득이 있다고 언급했다. 두
번째의 폐농과 세 번째의 부모·처자와의 이별은 상경해 벼슬하는 자라
면 누구나 겪는 것으로 특별히 갑사에게만 문제되는 것이 아니므로 관
원인 갑사에게 번상제를 적용하는 이유가 되기에 부족하다. 그러므로
태종이 갑사에게 번상제를 적용하려는 근본 의도는 별도로 고찰할 필요
가 있다.

두 차례 왕자의 난이라는 정변을 겪으면서 1,000~2,000명에 달하는 군
관급의 수도 상주병력에 대한 두려움이 갑사에게 번상제를 적용하려는

312) 『태종실록』 권19, 태종 10년 3월 2일(무진).
313) 위와 같음.
314) 『태종실록』 권19, 태종 10년 5월 12일(무인).
315) 『태종실록』 권19, 태종 10년 4월 21일(정사).

태종의 근본 의도였던 것 같다. 태종은 국왕시위를 담당하는 수백 규모의 禁軍을 수도 상주병력으로 삼고, 궁궐숙위와 도성巡綽을 맡는 수천 규모의 衛兵은 번상제 형식으로 확보하고자 했던 것이다. 상주병력인 금군은 수백에 불과하기 때문에 국왕의 직접적인 장악이 가능한 규모인 반면, 위병은 수천에 달하여 평상시 국왕이 그들을 일일이 파악하기 어렵고 더욱이 그들이 상주병력일 경우 지휘부와 유착될 가능성이 높기 때문에 이를 방지하고자 번상제를 적용했던 것이다.

한편 1400년 창설된 별시위는 세종 중반부터 그 정원이 가파르게 늘어났다. 1419년(세종 1) 200명에 불과하던 별시위는 1432년 640명, 1434년 1,000명,[316] 1441년 1,600명, 1445년 3,000명으로 늘어났으며, 1448년(세종 30)에는 5,000명으로까지 폭증했다.[317] 그런데 1441년에 정원을 1,600명으로 확대할 때, 의정부 건의에 따라 기존의 1,000명에 600명을 더해 上番과 下番으로 나눠 매년 9월 20일 번상했다가 이듬해 9월 20일 교대하도록 했다.[318] 1,600명 정원의 별시위를 800명씩 2번으로 나눠 1년씩 근무하게 한 것이다. 이를 계기로 별시위는 그동안 長番으로 근무하던 금군 성격의 병종에서 衛兵으로 점차 그 성격이 바뀌게 되었다.

이처럼 갑사와 별시위에게 번상제를 적용하게 되자 대부분의 중앙군은 외방에서 거주하다가 當番일 때만 상경해 중앙군으로 활동하게 되었다. 이전에도 중앙군 일부를 이루던 시위패가 번상제로 운영됐지만 중앙군에서 차지하는 비중은 크지 않았다. 그런데 이때부터 내금위 등 소수의 금군을 제외한 중앙군의 대부분이 번상제 적용을 받게 됨으로써 번상제는 중앙군 확보와 운영의 주요한 제도로 기능하게 되었다. 더욱

---

316) 『세종실록』 권56, 세종 14년 4월 19일(정미); 『세종실록』 권66, 세종 16년 10월 9일(임자).
317) 정청주, 1983 「조선초기의 별시위」, 전남대 석사학위논문, 11쪽 및 19쪽 [표 2] 참고.
318) 『세종실록』 권93, 세종 23년 9월 16일(기유).

이 이후 창설되는 병종들이, 兼司僕·羽林衛 같은 금군을 제외하면 모두 번상제로 운영됨에 따라 번상제는 그 운영 형식에 있어서는 이전과 별반 차이가 없지만 중앙군의 실질적인 운영에 있어서는 큰 비중을 차지하는 軍事제도로 기능하게 되었다.

4) 番上軍과 營鎭軍·水軍의 통합과 분리

조선 초의 번상제 운영과 관련해 주목할 만한 또 하나의 현상은 番上軍과 營鎭軍·水軍의 통합과 분리이다. 중앙 군사력을 강화하기 위해서는 외방 군사[319] 중에서 번상군 비중을 늘려야 하지만, 조선 초의 경우 북방은 야인과 충돌이 종종 발생하고, 남방은 왜구 침범이 우려돼 번상군 비중을 마냥 늘릴 수만은 없었다. 그러므로 외방 군사 중에서 번상군과, 營鎭軍·水軍이 주력인 留防軍의 비중을 어떻게 설정하느냐의 문제는 조선초기 내내 정부와 國境방위를 책임지는 外官들의 주요 관심사였다. 특히 남방의 경우 왜구에 대비하기 위해서는 수군이 중요하기 때문에 번상군을 수군으로 移定하는 문제가 종종 논의되고 실천에 옮겨지기도 했다. 먼저 태조 때 외방 군사들이 번상군과 유방군으로 나뉘어 존재한 상황을 살펴보도록 하자.

1395년(태조 4) 태조는 한양에 건립한 종묘에 거둥해 親祭를 지내고 이어서 敎書를 반포했다. 태조는 교서에서 州郡 군사를 번상시켜 숙위하게 하는 것은 근본인 수도를 중시하고 (군사의) 勞逸을 고르게 하기 위해서라고 밝혔다.[320] "均勞逸"이라는 표현에서 태조 당시 주군 군사

---

319) 1455년(세조 1) 군역 파악방식을 일원화할 때까지 외방에 거주하는 군사들이 중앙군과 지방군으로 별도로 파악됐기 때문에, 이 책에서는 군역 파악방식 일원화 이전의 외방에 거주하는 군사를 '지방군'이 아닌 '외방 군사'로 칭하기로 하겠다.

320) 『태조실록』 권8, 태조 4년 10월 5일(을미), "上服冕服 親祼酌獻 世子亞獻 右政

는 番上軍과 留防軍으로 분리돼 존재했음을 알 수 있다. 번상군의 勞逸
을 파악하기 위해서는 이와 비교할 수 있는 번상하지 않는 군사인 유방
군을 상정해야 하기 때문이다. 그런데 군사의 노일을 고르게 하기 위해
외방 군사를 번상하게 한다는 언급에서 알 수 있듯이 번상하는 외방 군
사의 軍役은 유방군에 비해 상대적으로 가벼웠다. 이것은 번상군을 "侍
衛軍官"이나 "外牌軍官"321)으로도 표현하고 외방 군사 중에서 "壯勇之
士"를 번상군으로 선발한322) 데서 알 수 있듯이 번상군은 일반 군사가
아닌 군관으로 대우를 받을 만큼 유방군에 비해 상대적으로 사회적·경
제적 위상이 높은 데서 비롯한 것이었다. 그렇지만 외방에 거주하는 번
상군과 유방군이 수행하는 군역의 강도가 다른 점은 지역 사회의 안정
을 저해하는 요소가 될 가능성이 높았다. 이 때문에 外官이나 외관을 역
임했던 관원을 중심으로 양자의 통합을 주장하는 논의가 간헐적으로 제
기됐고, 이때 그들은 상대적으로 군역 강도가 센 유방군의 수고를 덜어
줘 그들의 불만을 해소하기 위해서라는 점을 통합을 추진하는 주된 이
유로 제시하곤 했다.

양자의 통합이나 번상군 일부를 유방군으로 돌리자는 주장은 일찍부
터 제기되었다. 1403년(태종 3) 경상도 都觀察使 南在가 "도내 방위가 허
술해진 것은 壯勇한 군사들이 모두 서울에서 侍衛하기 때문이니 이들을
덜어내어 船軍에 充定하자."라고 건의하자 侍衛軍 500명을 덜어내게 했
다.323) 경상도의 왜구 방어력을 강화하기 위해 경상도의 번상군 500명
을 덜어내어 선군에 충정한 것이다. 1404년에는 檢校漢城尹 兪瓚 등이

丞金士衡終獻 禮畢 還大次 受中外朝賀 … 至午門帳次 頒降教書 … 一 州郡
之兵 番上宿衛 所以重根本而均勞逸也"
321) 『태조실록』 권4, 태조 2년 11월 28일(기사);『태종실록』 권13, 태종 7년 6월 1
일(계미).
322) 『태종실록』 권6, 태종 3년 10월 30일(갑술).
323) 위와 같음.

"番上侍衛하는 遠方人은 놓아 보내 농사에 힘쓰면서 鎭에 소속돼 왜구를 막게 하고 대신 서울 근처에 거주하는 軍官을 輪番으로 시위하게 하자."라고 陳言했다.324) 유찬 등은 외방 군사의 번상을 중지함으로써 번상에 따른 사회적 비용을 줄이고 농업 종사자 수를 늘려 농업생산력을 확충하는 한편 왜구를 막을 현지 군사의 충실도를 향상시킬 목적에서 이러한 진언을 한 것이다. 외방 군사의 번상 중지에 따라 중앙 군사력이 축소되는 문제에 대해서는 "京近處軍官", 즉 서울 근처에 사는 군관을 윤번으로 번상하게 함으로써 해결하고자 했다. 이처럼 서울과 외방을 분리해 각각의 방위를 자체적으로 해결하자는 일견 타당해 보이는 진언에 대해 국왕 태종은 불허했다. 앞에서 본 바와 같이 외방 군사의 번상은 중앙 군사력 확보라는 목적 외에도 외방에 산재한 유력자를 통제하기 위한 목적도 있었기 때문이다. 유찬 등의 진언은 번상제가 지닌 후자의 측면을 도외시한 것이었으므로, 외방 통제에도 각별히 유의해야 하는 국왕 입장에서는 수용하기 어려웠던 것이다.

番上軍인 시위패와 留防軍인 翼軍의 업무 통합도 있었다. 1407년에 서북면 도순문사 李龜鐵이 道內 事宜를 啓達했다. 그의 계달에 따르면 당시 서북면은 시위패와 익군의 勞逸不均이 가장 큰 문제였다. 이에 정부는 이귀철의 제안을 수용해 시위패와 익군이 上京 侍衛와 遼東 迎逢을 번갈아 수행하게 했다.325) 태종 즉위 후 조선과 명나라의 관계가 우호적으로 바뀌면서 양국의 使行 빈도가 급증하자326) 사신의 護送과 迎逢을 맡은 서북면 익군의 부담이 크게 늘어나 시위패와 익군의 노일불균의 문제가 발생했고 이에 시위패와 익군의 업무를 통합하는 방식으로

---

324) 『태종실록』 권8, 태종 4년 9월 19일(정사).
325) 『태종실록』 권14, 태종 7년 9월 2일(임자).
326) 태종 재위기 명나라에서 조선으로 파견한 사신의 횟수는 50회로 연평균 2.77
회에 달했다. 이에 대해서는 박원호, 2002 「15세기 조선과 명의 관계」 『명초
조선관계사 연구』, 일조각, 299쪽 [표 3] 참고.

해결책을 마련한 것이다.

시위군을 현지 방어군으로 동원한 사례도 있었다.[327] 1414년(태종 14) 고려 말에 왜구 침탈 때문에 육지로 옮겼던 海珍郡 邑治를 다시 珍島의 옛 읍치로 옮겼다. 그리고 진도를 牧馬場으로 만들고자 전라도 當番 船軍을 동원해서 섬 안에 목책을 세우는 한편 각 고을의 侍衛軍이 번갈아 가며 진도를 지키도록 결정했다.[328] 전년(1413) 9월 제주 진상마를 珍島 古邑에 방목하기로 결정하고, 1414년 1월 제주 말 1,800필을 진도로 옮기게 한 것[329]에 따른 후속 조치였다. 1418년(세종 즉위년)에는 경상좌도 병마도절제사가 연해 고을이 실농해서 戍卒들이 수자리 서는 것이 어렵고 구황 준비가 급하다는 이유로 秋耕할 동안에만 上道 시위패가 諸鎭에서 방어하게 하기를 청하니 상왕이 이를 따랐다.[330] 1419년(세종 1)에는 왜구 침범을 계기로 대마도 정벌을 추진했다. 이때 하번한 甲士·別牌·侍衛牌가 정벌군 일원으로도 참여하고, 하삼도 군사들이 정벌에 동원돼 방어가 허술해진 점을 보완하기 위해 鎭屬軍, 才人·禾尺·日守兩班과 함께 4번으로 나뉘어 방어에 동원되기도 했다.[331] 1426년에는 황해도 廣嚴으로 赴防하던 평안도 船軍 500명을 면제해 주고 그들이 맡던 업무를 황해도 侍衛軍이 담당하게 했다.[332] 1440년(세종 22)에는 경상도 관찰사가 三浦의 禁防條件 중 하나로서 鎭戍 병력이 부족한 熊神鎭과 東平鎭에 侍衛軍이 1년에 한 차례씩 防守하도록 청하기도 했다.[333] 이처럼

---

327) 양계 특히 함경도 출신 군사를 현지 방어군으로 동원한 사례는 이 책 2장 2절 의 '1) 양계 군사의 번상 중지'에서 다루므로 여기서는 생략한다.
328) 『태종실록』 권27, 태종 14년 2월 19일(계해).
329) 『태종실록』 권26, 태종 13년 9월 8일(갑신); 『태종실록』 권27, 태종 14년 1월 6일(신사).
330) 『세종실록』 권1, 세종 즉위년 9월 5일(임자).
331) 『세종실록』 권4, 세종 1년 5월 14일(무오); 『세종실록』 권4, 세종 1년 6월 2일 (을해).
332) 『세종실록』 권31, 세종 8년 1월 4일(기해).
333) 『세종실록』 권89, 세종 22년 5월 26일(정묘).

시위군을 현지 방어에 동원할 때에는 동원한 기간만큼 번상시위 기간을
단축해 주었을 것이다.

시위군과 鎭屬軍의 통합도 진행했다. 1413년 의정부의 계에 따라 각
도의 시위군을 진속군에 합치고 차례대로 돌아가며 번상하게 했다.[334]
의정부에서 왜 이러한 계를 올렸는지 그 이유는 나와 있지 않다. 당시
북방은 1410년의 야인과 전투 이후 큰 마찰이 없었고 남방 역시 왜구와
의 소소한 마찰 외에 특별한 邊報가 없었으므로, 이 결정은 외침에 대비
하기 위한 외방 군사력 강화보다 시위군에 비해 힘든 군역을 수행하는
진속군 처지를 배려하기 위한 조치로 이해된다. 같은 馬兵이지만 營鎭
軍에 비해 상대적으로 사회적 지위가 높았던 시위군 위상이 태조 때에
비해 저하돼 가고 있었기 때문에 가능한 조치였을 것이다.[335]

시위군과 진속군을 합친 이 조치는 시위군에게 과도한 군역을 부과
한 결과를 가져와 시행 2년 만에 철회되었다. 1415년 旱災를 이유로 陳
言하게 하자, 前 형조판서 柳龍生 등이 시위군은 당번이 되면 상경하고
하번이 되면 赴鎭해 두 건의 軍役을 수행하기 어렵다는 이유로 다시 시
위군과 진속군을 분리하기를 청했다. 육조의 議得을 거쳐 태종이 이를
수용함으로써 1413년 합쳐졌던 시위군과 營鎭軍은 다시 분리돼 원래의
상태로 돌아가게 되었다.[336]

시위군은 水軍과도 통합과 분리의 과정을 겪었다. 1412년 의정부 요
청에 따라 각 도의 시위군이 돌아가며 수군 역할을 대신하게 했다.[337]
1409년 왜구가 전라도 康津縣 仙山島를 침범한[338] 이후 당시까지 왜구
침탈은 없었지만, 조선 초부터 양남 지역에 집중적으로 배치한 수군 수

---

334) 『태종실록』 권25, 태종 13년 3월 3일(임오).
335) 조선 초 시위군의 위상 저하에 대해서는 이 책 1장 2절의 '2) 시위패의 빈번한
    번상 중지와 위상 저하' 참고.
336) 『태종실록』 권29, 태종 15년 6월 25일(경인).
337) 『태종실록』 권23, 태종 12년 1월 25일(경술).
338) 『태종실록』 권18, 태종 9년 8월 4일(계묘).

가 매우 많고339) 그 역이 苦役이어서 이탈자도 많았기 때문에 수군 확
보는 조선 초부터 집권세력이 부심했던 큰 문제였다. 이 때문에 부족한
수군을 확보하기 위해 시위군 일부를 수군으로 활용하는 조치를 취했던
것이다. 이 조치로 경상도에서는 시위군 5,989명 중 2,850명을 수군으로
옮겨 새로 만든 병선 50척에 나눠 타게 했다.340)

수군 부족 완화를 위한 이 조치는 이후 몇 차례 비판에 직면했다. 같
은 해 5월 漢城府尹 尹向은 시위군의 수군 移定은 좋은 법이라고 전제하
면서도 예전 시위군을 射御 能否와 家風의 충실 여부를 따지지 않고 모
두 수군에 소속시키는 문제점을 지적했다. 윤향은 한성부윤이 되기 전
까지 慶尙左道 都節制使 兼鷄林府尹으로 재직하고 있었기 때문에 정부
에서 결정한 이 정책이 실제 현장에서 어떻게 적용되는지, 그리고 당시
수군을 포함한 외방민의 실태가 어떠한지를 잘 파악하고 있어 이러한
건의를 할 수 있었다.341) 그는 수군은 봉족만 주면 下戶라도 수행할 수
있지만 시위군은 健馬와 壯僕이 있어야 담당할 수 있으므로 연해에 거
주하는 시위군이라도 노복과 말을 소유하고 가풍이 충실하면 다시 시위
군 군적에 올리기를 청했다.342) 연해에 거주한다는 이유로 시위군을 일
괄적으로 수군으로 이정한 데 따른 문제점을 지적한 것이다.

이듬해(1413) 9월에도 충청도 都觀察使 李安愚가 이 문제를 재론했다.
그에 따르면 충청도 수군은 5,537명이고 시위군은 2,754명인데, 1412년
의 결정에 따라 연해 거주 시위군 1,377명이 수군으로 옮겨졌다. 그런데
이들 중에는 顯職을 거친 자와 兩府의 자손이 있어서 身分制와 門蔭法

---

339) 『경국대전』에는 수군 수가 4만 8,800명이라 했다(권4, 병전, 番次都目, 수군).
340) 『태종실록』 권23, 태종 12년 4월 11일(을축).
341) 윤향은 1400년 5월 慶尙左道都節制使 兼鷄林府尹이 됐다가 1412년 3월 漢城
    尹에 임명되었다『태종실록』 권19, 태종 10년 5월 14일(경진); 『태종실록』 권
    23, 태종 12년 3월 12일(병오)].
342) 『태종실록』 권23, 태종 12년 5월 9일(임진).

시행에 문제가 생긴다고 지적했다. 그는 이런 문제를 해결하기 위해 侍衛에 합당한 자는 다시 陸軍으로 定屬하고 시위군 중에서 다시 수군을 뽑는 방안을 제시했는데 정부에서 의정부 議得을 거쳐 이를 수용했다.[343]

別牌와 수군 간 移定도 논의했다. 1418년(세종 즉위년) 충청도 병마도절제사가 別牌가 不實하다는 이유로 다시 뽑기를 청했다. 그는 鞍馬가 부실한 별패는 수군으로 옮기고 水陸軍 중에 富實하고 용감한 자를 별패로 삼을 것을 청했다.[344] 1414년 3,000명 갑사 중 2,000명을 汰去시키고 이들을 別牌로 삼아 番上侍衛하게 했는데,[345] 이때에 이르러 말이 不實한 별패를 수군으로 移定하되 수군 중에 富實하고 용감한 자는 별패로 삼을 것을 건의한 것이다. 즉 별패와 수군 중에 富實한 자는 별패로, 不實한 자는 수군으로 삼도록 요청한 것이다.

이처럼 조선 초의 시위군은 영진군과 합쳐졌다가 분리되는 과정을 겪기도 하고, 그 일부가 아예 수군으로 전환되기도 했다. 진도 사례와 대마도 정벌 때처럼 시위군이 취약한 현지 방어력을 보충하는 데 동원되기도 했다. 번상군과 수군의 통합과 분리는 왜구를 막기 위해 연해에 배치된 수군 수가 매우 많고 그 역이 苦役이어서 避役이나 代立 행위가 빈번하게 일어나는 데서 비롯한 조치였다. 이러한 조선 초의 시위군과 영진군·수군의 통합과 분리는 한정된 군역 자원으로 수도와 외방, 연해를 동시에 방위해야 하는 데서 비롯된 선택의 문제로서, 정부는 한쪽을 늘리면 다른 쪽이 줄어드는 점을 감안해 당시 조건에 맞추어 그때마다 대응하는 방식으로 대처했다.

---

343) 『태종실록』 권26, 태종 13년 9월 1일(정축). 당시 정부에서 이안우 제안을 수용했지만, 1426년 기록에 三南 시위군 수가 대폭 축소된 것을 보면 시위군을 수군으로 옮기도록 한 조치 자체가 철회된 것은 아니었다[『세종실록』 권31, 세종 8년 1월 4일(기해)].

344) 『세종실록』 권1, 세종 즉위년 9월 21일(무진).

345) 『태종실록』 권28, 태종 14년 8월 21일(신유).

3. 전국의 중앙 분속 제기와 중앙군 지휘기관의 변천

1) 전국의 중앙 분속 제기와 그 실현

1351년(충정왕 3) 10월 고려 국왕에 책봉된 공민왕은 그해 12월 귀국했다. 이듬해 2월 반포한 즉위교서에서 軍事 관련 사항은 왜구 대책을 아뢰게 하고, 戰功者에게 관작을 수여하며, 왜구 追捕者를 포상하고 피해를 입은 자에게 賦稅를 줄여주는 정도에 그치고 있다.[346] 즉위교서에 이처럼 군사 관련 내용이 미미한 것을 보면 군사 분야가 공민왕의 주된 관심사는 아니었던 것 같다. 1350년부터 왜구 침탈이 재개됐지만 변방 일부 지역을 노략질하는 수준이었고, 80여 년간 지속되어 온 고려와 원나라의 관계도 여전히 '정상적으로' 작동하는 시기였으므로 고려만의 독자적인 군사력 확보 필요성이 적었기 때문이다. 그러나 즉위교서를 반포한 다음 달 왜구가 喬桐을 분탕질하는 등 수도 開京이 위협받는 상황이 발생하자[347] 이런 인식은 지속되기 어려웠다. 군사 분야가 국정의 핵심과제로 대두한 것이다.[348]

이러한 국내 상황에 더하여 원에서 漢族 반란이 크게 일어나는 등 국제정세의 급격한 변동이 감지되자, 공민왕은 反元정책과 개혁정치를 추진하면서 독자적인 무력 기반의 필요성을 절감했다. 이에 국왕 親衛軍

---

346) 공민왕의 즉위교서에 대해서는 민현구, 1989 「고려 공민왕의 반원적 개혁정치에 대한 일고찰」 『진단학보』 68, 54~57쪽 참고.

347) 『고려사』 권38, 세가38, 공민왕1, 공민왕 1년 3월 경신, "倭焚喬桐甲山倉"; 『고려사』 권38, 세가38, 공민왕1, 공민왕 1년 3월 기미, "倭船大至 金暉南 兵少不能敵 退次西江告急 調發諸領兵及忽赤 分遣西江甲山喬桐以備之 婦女闐街痛哭 都城大駭 又斂百官民戶軍餉及矢有差"

348) 『고려사』 권38, 세가38, 공민왕1, 공민왕 1년 윤3월 갑술, "令宰樞至吏胥人 備弓一 矢五十 劍一 戈一 閱于崇文館" 이처럼 무기를 소지하고 검열한 조치는 조선에 들어와 閱武·大閱로 定式化했다.

을 중심으로 하는 중앙군 복구를 서두르게 되었다.[349] 1356년(공민왕 5)
이후 공민왕의 반원정책과 개혁정치는 고려 말 軍制 개편의 중대한 전
기로 작용했다. 그러나 舊制 복구를 목표로 한 개혁정치는 軍制에서 실
효성을 가질 수 없었다. 고려전기의 군제를 회복하기 위해서는 먼저 전
국적인 戶口 조사와 軍籍 작성이 선행되고 동시에 군인들에 대한 경제
적인 보상책이 마련돼야 하는데, 이 시기에는 이미 그동안 진행된 사회
경제적 조건의 변화로 인해 고려전기처럼 토지와 군인을 연계지우는 役
制의 복구가 어려웠기 때문이다.

이에 친위군으로 忠勇衛를 조직했으나 1361년(공민왕 10) 紅巾賊이 침
입하여 "남쪽으로 播遷할 때 왕을 호위하는 군사가 한 명도 없었다."[350]
라는 지적처럼 전혀 실효를 보지 못했다. 이후 고려 정부는 8衛[351] 복구
를 추진하여 1364년(공민왕 13) 諸道에서 良家子弟를 선발해 侍衛軍으로
삼아 輪番으로 宿衛하게 했다.[352] 또한 1373년(공민왕 22) 崔瑩을 6道 都
巡察使로 삼아 6개 도의 군적을 작성했으며,[353] 1376년(우왕 2)에는 各
道의 騎兵과 步卒을 점검하는[354] 등 8위 복구를 위한 노력을 지속적으

---

349) 이하의 내용은 권영국, 1995 「고려후기 군사제도 연구」, 서울대 박사학위논문,
     77~83쪽과 김웅호, 2004 「조선초기 경군 재편과 '수도방위'」 『서울학연구』 23,
     95~99쪽 참고.
350) 『고려사』 권81, 兵志1, 兵制, 공민왕 11년 6월, "監察司上言 … 初置忠勇衛 祿
     其將士 同於八衛者 蓋欲效民(力의 誤記-인용자 주)於倉卒也 南幸之際 未有
     一人扈駕者 誠爲虛設 徒費廩祿 請罷之 分屬諸衛 收其俸祿 以補國用"
351) 『고려사』에서는 공양왕 때 이르러 2軍 6衛를 8위로 並稱했다고 했다(권77, 百
     官2, 西班). 그런데 권영국은 공민왕 때부터 8위라는 용어가 나타나며, 고려전
     기의 2군 6위가 그 기능과 구성에서 큰 차이가 없게 되자 8위로 병칭하게 됐
     다고 밝혔다(앞의 논문, 77쪽).
352) 『고려사』 권82, 兵志2, 宿衛, 공민왕 13년 7월, "選諸道良家子弟 補充八衛 輪
     番宿衛 … 分屬五軍 屯于京城各門"
353) 『高麗史節要』 권29, 공민왕 22년 10월, "以贊成事崔瑩 爲六道都巡察使 黜陟
     將帥守令 籍軍戶 造戰艦 有罪者 皆令直斷 瑩令年七十以上者 隨品出米有差
     以補軍需 民多亡命 怨咨大興"

로 전개했다. 그러나 이후에도 諸道 군사를 모집하여 翊衛軍이라는 새
로운 군사조직을 만들어 궁궐숙위와 개경 근방의 방어를 담당하게 한
조치나,[355] 府兵을 채워야 한다는 주장[356]이 계속 제기되는 것으로 보
아 중앙의 8위는 정상적인 조직을 갖추고 기능을 수행한 것은 아니었
다. 중앙의 8위가 제 기능을 수행하지 못하자 외침이 우려될 때 정부에
서는 각 도의 최고위 군사책임자인 節制使를 통해 외방민을 동원하여
都城방위에 충당하는 임시방편으로 대처하곤 했다.[357]

반원개혁을 단행한 공민왕 때부터 고려는 남북 양쪽에서 침략을 당
했다. 원 간섭기에는 원과의 평화 관계가 지속되었기 때문에 고려의 남
쪽 지역만 변방으로 간주되어 왜구 침입에 대비한 鎭邊萬戶府가 설치됐
는데,[358] 이제는 국제정세의 변동에 따라 남북 모두 외침에 대비해야
하는 상태에 처하게 된 것이다.

북쪽으로부터는 1359년(공민왕 8)과 1361년 두 차례 홍건적의 대규모
침공이 있었고, 이외에도 1362년의 納哈出 東北面 침입, 1364년 元의 지
원을 받은 德興君·崔濡 침입, 1372년(공민왕 21)과 1382년(우왕 8) 및
1383년 3회에 걸친 胡拔都의 동북면 침략 등이 있었다.[359] 4만·10만에

---

354) 『고려사절요』 권30, 辛禑 2년 8월, "遣使諸道點兵 時聞定遼衛乘秋來侵 故閱
    兵備之"
355) 『고려사』 권82, 兵志2, 鎭戍, 辛禑 원년 9월, "慶尙楊廣全羅各道募軍 號翊衛
    軍 屯東西江."
356) 『고려사』 권81, 병지1, 兵制, 신우 10년 8월, "鷹揚軍上護軍李茂上言 府兵虛
    弱 請選諸道閑良子弟 號補充軍 以實府兵"
357) 권영국, 앞의 논문, 82~83쪽.
358) 고려후기 진변만호부의 설치에 대해서는 최근성, 1988 「고려 萬戶府制에 관한
    연구」『관동사학』 3, 53~54쪽 참고.
359) 『고려사』 권39, 世家39, 공민왕2, 공민왕 8년 12월 정묘;『고려사』 권39, 세가
    39, 공민왕2, 공민왕 10년 10월 정유;『고려사』 권40, 세가40, 공민왕3, 공민왕
    11년 7월;『고려사』 권40, 세가40, 공민왕3, 공민왕 13년 1월 병인;『고려사』
    권43, 세가43, 공민왕6, 공민왕 21년 2월 신축;『고려사』 권134, 열전47, 신우2,
    우왕 8년 1월;『고려사』 권135, 열전48, 신우3, 우왕 9년 1월.

달하는 홍건적 침공에 맞서 고려는 국가 총동원령을 내려 어렵게나마 격퇴했으며, 나하추·덕흥군·호발도 등의 침입은 최영·이성계 같은 유력 장수를 파견하여 격퇴할 수 있었다.

　남쪽으로부터는 왜구가 침탈을 자행했는데, 단발적인 북쪽의 외침과 달리 이들의 침탈은 거의 일상화되다시피 했다. [표 1-5]에서 확인할 수 있듯이, 우왕 재위기에는 왜구가 한 달에도 몇 차례씩 침략하여 남부 지역은 농토가 황폐화되고 거주민들은 경작과 전투를 병행하는 "且耕且守" 상태에 놓이게 되어 더 이상 중앙으로의 番上이 불가능하게 되었다.

[표 1-5] 공민왕~공양왕 때의 왜구 침탈 현황 (단위: 회)

시기	횟수	월평균	시기	횟수	월평균	시기	횟수	월평균
1352년 (공민왕 1)	7	0.58	1369년	1	0.08	1381년	26	2.17
1354년	1	0.08	1370년	2	0.17	1382년	23	1.92
1355년	2	0.17	1371년	1	0.08	1383년	47	3.92
1357년	4	0.33	1372년	10	0.83	1384년	20	1.67
1358년	6	0.50	1373년	3	0.25	1385년	12	1.00
1359년	4	0.33	1374년 (공민왕 23)	10	0.83	1387년	7	0.58
1360년	5	0.42	1375년 (우왕 1)	11	0.92	1388년 (우왕 14)	14	1.17
1361년	3	0.25	1376년	39	3.25	1389년 (창왕 1, 공양왕 1)	5	0.42
1362년	1	0.08	1377년	54	4.50	1390년	1	0.08
1363년	8	0.67	1378년	48	4.00	1391년	2	0.17
1364년	8	0.67	1379년	37	3.08	1392년 (공양왕 4)	1	0.08
1365년	5	0.42	1380년	40	3.33			
총계						468(0.93)		

출처: 민현구, 1983 『조선초기의 군사제도와 정치』, 한국연구원, 47쪽의 표.
비고: 월평균은 필자가 작성했고, 총계의 월평균 0.93회는 침탈이 없던 연도도 함께 계산해 산출한 왜구의 월평균 침입 횟수임.

고려 말 8위의 정상적인 운영을 위한 시도가 실패로 귀결된 데에는 그동안 진행돼 왔던 사회경제적인 여건의 변화 외에도 이 시기에 下三道를 중심으로 한 남부 지역이 왜구의 집중적인 침탈 대상이 되어 국가 국방력의 중심이 외방으로 이동하는 추세여서 외방 거주 군사의 번상이 어렵게 됐다는 점도 크게 작용했다. 그렇지만 고려 말 형성된 8위는 그대로 조선으로 계승되어 조선 건국 직후에 새로 2위가 추가돼 10위가 성립되는 토대가 되었다.360)

고려 말 등장한 전국의 中央分屬論은 이처럼 외침에 맞서기 위해 제기된 것이었다. 이와 관련해 먼저 1371년(공민왕 20) 나주목사 李進修가 올린 상소문을 검토할 필요가 있다. 이진수는 상소문에서 전국을 각 방면에 따라 중앙의 4軍에 분속할 것을 제안했는데, 이것은 사료에서 확인할 수 있는 전국의 중앙 분속을 제기한 최초의 사례이기 때문이다. 그의 상소문은 『고려사』 兵志와 世家, 刑法志 등에 나뉘어 실려 있는데, 본 주제와 관련 있는 병지의 내용은 다음과 같다.

공민왕 … 20년 7월 나주목사 이진수가 상소했다. 도적이 사방에서 일어나는데도 국가의 軍務에 계통이나 기강이 전혀 없어 창졸간에 그때마다 임시처방으로 대응하니 어느 때가 돼서야 바로 되겠습니까? 四怯薛 외에 별도로 軍帥府를 두되 左·右·前·後軍에 각각 장수와 막료를 두어 時散 문무품관을 관할하게 하고 都統使 지휘를 받게 하며, 도통사는 겁설관 지휘를 받게 합니다. 怯薛官은 大小事 모두를 왕에게 아뢰어 시행합니다. 비록 외방에 있어서도 각각 그 방위에 따라 東面은 左軍에 속하고, 南面은 前軍에 속하며, 西海는 右軍에 속하고, 北界는 後軍에 속하게 하면 중앙과 외방, 위와 아래가 서로 맥락이 통하게 되어 벼리를 들면 그물코가 펴지는 것과 같이 될 것입니다.361)

공민왕 … 20년 7월 나주목사 이진수가 상소했다. 侍衛와 宮闕의 관계는

---

360) 권영국, 앞의 논문, 83쪽.
361) 『고려사』 권81, 병지1, 兵制, 공민왕 20년 7월.

四肢와 身體의 관계와 같으니, (侍衛할 자는) 어질고 의로우며 이치를 아는
자가 가장 좋고 용감한 자가 그 다음입니다. 四怯薛과 각각 那演人 약간을
두되 문신이나 무신인지에 구애받지 말고 나이가 많고 덕망이 있는[耆德]
(자를 임명하고,) 四怯薛[其]에 8명의 上將軍, 16명의 大將軍, 42都府, 忽赤,
忠勇4衛를 고르게 분속시킵니다. 士卒을 훈련시키고 器械를 嚴明하며, 날
을 바꿔가며 侍衛하고 王命을 받아서 軍令을 시행합니다. 또 겸하여 中外
의 軍帥府를 관장하니, 軍國 重事에 있어서 몸이 팔을 부리고 팔이 손가락
을 부리는 것과 같아서 몸이 편안해지고 일이 제대로 될 것입니다.362)

그는 중앙은 國王-四怯薛363)-都統使-4軍으로 이어지는 지휘계통을 확
립하고, 외방은 동·남·서·북으로 나눈 다음 이를 각각 중앙의 左·前·
右·後軍에 분속시켜 內外上下가 서로 연결되는 방안을 제시했다. 특히
중앙의 경우, 4겹설관을 두어 8위(8上將軍·16大將軍·42都府)와 忽赤, 忠
勇4衛 등 당시 중앙군을 망라한 군사들을 均屬시키는 한편, 都統使를 책
임자로 하는 軍帥府를 두고 그 예하에 左·右·前·後의 4軍을 설치하고
將帥와 僚佐를 두어 時散文武品官을 관할하게 했다.364) 즉 4겹설관이 중
앙군을 총괄하고 도통사가 전현직 관원을 총괄하되 도통사는 4겹설관
의 지휘를 받게 했다. 공민왕은 이진수 상소를 가납하고 그를 判典校寺
事에 제수했다.365)

---

362) 『고려사』 권82, 병지2, 宿衛, 공민왕 20년 7월.
363) 怯薛은 몽골의 군사제도에서 비롯했다. 칭기즈칸이 황제 친위대로 조직한 케
   시크(keshig)가 바로 겁설로서, 1만 명이 4班으로 나누어 교대로 근무했다(정해
   은, 2006『고려시대 군사전략』, 국방부 군사편찬연구소, 224쪽). 겁설은 모두
   4반으로 나뉘어 교대로 근무했기 때문에 흔히 四怯薛로 불렸다(권영국, 앞의
   논문, 51쪽). 그러므로 위 기사의 겁설은 국왕 친위대의 지휘관에 해당한다고
   볼 수 있다.
364) 중앙의 경우 1369년(공민왕 18) 12월 중앙의 各司와 愛馬, 5部의 閑良品官을
   5軍에 分屬시키되 旗幟와 衣服은 方位色에 따라 구별하도록 조치했다(『고려
   사』 권81, 병지1, 공민왕 18년 12월). 조선 초의 大閱 때처럼 각사 관원을 5군
   에 분속한 것이다.
365) 『고려사』 권43, 세가43, 공민왕6, 공민왕 20년 7월. 나주목사와 판전교시사 모

이진수 제안은 중앙군 지휘체계를 세우는 동시에 외침으로 수도가 위협받을 때 외방 군사를 勤王兵으로 동원하기 위한 방안이기도 했다. 이진수가 상소한 공민왕 때에는 왜구가 변경이나 하삼도뿐 아니라 橋桐을 분탕질하고 한강을 거슬러 올라와 漢陽 일대를 노략질하는 등 수도 개경까지 위협하는 상황이 여러 차례 조성됐기 때문이다.[366] 이진수 방안은 당시에는 실현되지 못했지만 '전국 군사의 5衛 분속'을 포함하는 조선초기 五衛制 형성의 단초를 제공했다는 점에서 그 의미가 크다고 할 수 있다.

'전국 군사의 5위 분속'의 의미 및 그 효용에 대해 조선초기 사료에 뚜렷하게 나타난 것은 없다. 그러므로 다음에 살펴볼 1597년(선조 30) 비변사에서 올린 啓聞은 주목할 가치가 있다. 조선초기 집권세력이 고려 말에 제기된 '전국의 중앙 분속'을 계승해서 최종적으로『경국대전』을 통해 '전국 군사 5위 분속'을 법제화시킨 이유를 이 계문이 존재함으로써 사료상으로도 확인할 수 있기 때문이다. 비변사에서 올린 계문은 다음과 같다.

비변사에서 啓했다. "많은 명나라 군대가 이르러 우리나라 군대와 협력해 일을 이루고자 할 것입니다. 만약 서울에 도착하면 서울 수비군의 多寡와 勇怯을 반드시 질문할 것인데 지금 병조에서 (관할하는) 上番軍은 모양을 이루지 못하고 다만 訓鍊都監 砲手와 殺手, 부릴 만한 武士 수백 명이 있을 따름입니다. 서울은 근본이 되는 지역인데도 이렇게 군사가 적으니 어찌 한심하지 않겠습니까? 만약 명나라 장수가 이를 본다면 '우리나라는

두 품계는 정3품이지만 나주목사는 외직인 반면 판전교시사는 內職이라는 점에서 이때의 조치는 이진수를 사실상 승진시킨 것으로 이해할 수 있다.
366)『고려사』권39, 세가39, 공민왕2, 공민왕 6년 5월 무자, "倭寇喬桐 京城戒嚴";『고려사』권40, 세가40, 공민왕3, 공민왕 12년 4월 기미, "倭船二百十三艘 泊喬桐 京城戒嚴";『고려사』권41, 세가41, 공민왕4, 공민왕 14년 3월 경신, "倭寇喬桐江華 命東西江都指揮使贊成事崔瑩 帥兵 出鎭東江";『고려사』권44, 세가44, 공민왕7, 공민왕 22년 6월 병신, "倭舶集東西江 寇陽川 遂至漢陽府 燒廬舍 殺掠人民 數百里騷然 京城大震"

스스로 적을 토벌하는 데 힘을 다하지 않고 전적으로 명나라 군대만 쳐다본다.'라고 생각해 일이 이루어지지 않을 것이니 관계되는 바가 중대합니다. 祖宗朝에서는 서울과 외방 군사를 5위에 분속시켜 평상시에는 (이들을 동원해) 操鍊하는 규정이 있었고 유사시에는 쉽게 調發하게 했으니 그 법이 매우 좋았습니다. 그런데 평화기가 되면서 (이 법이) 폐기되어 거행되지 않았고 지금에 이르기까지 申明하지 않고 있으니 진실로 안타깝습니다. … 병조와 훈련도감에서 節目을 의논해 정하고 비변사에서 널리 논의한 이후에 定奪하여 시행하는 것이 어떻겠습니까?"

아뢴 대로 하라고 전교했다.367)

임진왜란이라는 대규모 외침이 발발하고 나서야 조선초기에 전국 군사를 5위에 분속시킨 규정의 의미와 그 효용성을 이해하게 된 것이다. 즉, '전국 군사의 5위 분속'은 그 분속 체계를 통해 평상시에는 지방군을 중앙으로 징발해 군사훈련을 실시하고 유사시에는 수도방위를 위해 지방군을 징발하는 방안이었던 것이다. 그렇지만 이후 이 제도는 장기간 평화기가 도래함으로써 제대로 거행되지 못했으며 그래서 임진왜란이 발발했을 때 효과적으로 대응하지 못했다고 1597년 당시 비변사 구성원들은 이해했던 것이다.

'전국 군사의 5위 분속'은 『경국대전』을 통해 법제화했는데, 『경국대전』에서는 갑사·별시위 등을 5위에 분속하는 한편 京·開城府와 8도의 鎭管·鎭의 군사를 5衛 25部에 분속시킨다고 규정했다.368) 중앙군을 구성하는 병종뿐 아니라 新·舊都인 한성부와 개성부, 그리고 전국 8도의 군사 모두를 5위에 분속시킨 것이다.

'전국 군사의 5위 분속'의 前身에 해당하는 '전국의 중앙 분속'은 이처럼 고려 말에 등장했다. 홍건적의 대규모 침입과 왜구 침탈의 일상화에 대응하여 군사에 대한 통제력을 강화하고 지휘체계를 확립하기 위해

---

367) 『선조실록』 권87, 선조 30년 4월 17일(정축).
368) 『경국대전』 권4, 병전, 從二品衙門, 五衛.

'전국의 중앙 분속'이 제기됐던 것이다. 이 흐름은 鄭道傳 등이 주도한 조선 건국 이후 더욱 강화됐으며, 이후 軍制 개편과 중앙군 재편 과정에서 실천에 옮겨지다가『경국대전』편찬을 계기로 하여 明文化하는 과정을 밟았다. 이러한 역사적 배경에서 출현한 '전국 군사의 5위 분속'은 군사훈련의 일환인 大閱을 거행하기 위한 규정에 그치는 것이 아니라 조선 초 집권세력의 수도방위를 포함하는 軍事 전반에 걸친 구상이라는 큰 틀에서 검토해야 그것이 지니는 의미를 제대로 이해할 수 있을 것으로 보인다.

고려 말 나주목사 이진수의 상소에서 비롯한 전국의 중앙 분속은 조선 건국 이후 정도전이 재론하면서 다시 수면 위로 떠올랐다. 1394년(태조 3) 2월 判義興三軍府事 정도전 등이[369] 중앙군의 부대 명칭과 지휘체계의 변경 및 외방 전체의 중앙 분속을 건의했다.[370] 기존의 10衛를 4개 侍衛司와 6개 巡衛司로 재편하는 한편 4개 시위사는 中軍에, 6개 순위사는 각각 3개씩 左軍과 右軍에 배속하여 중앙군 지휘체계를 마련했다. 兩界를 포함한 외방 전체를 3軍에 분속시키는 방안도 제시해 京畿左·右道와 東北面은 중군에, 江陵道·交州道·慶尙道·全羅道는 좌군에, 楊廣道·西海道·西北面은 우군에 분속시켰다. 의흥삼군부를 정점으로 하여 중앙은 의흥삼군부 → 3軍 → 10司 → 50領으로 이어지는 지휘체계를, 외방은 의흥삼군부 → 3軍 → 各 道로 이어지는 연계망을 구상한 것이다. 정도

---

369) 10위를 10사로 개정하는 등의 내용이 정도전의 저술 『經濟文鑑』에 동일하게 나오는 것으로 볼 때, 이때의 상서는 의흥삼군부의 구성원들이 올린 형식을 취했지만 실제로는 정도전의 견해를 전적으로 반영한 것으로 판단된다.

370) 『태조실록』 권5, 태조 3년 2월 29일(기해), "判義興三軍府事鄭道傳等上書曰 … 義興親軍左衛改義興侍衛司 右衛改忠佐侍衛司 鷹揚衛改雄武侍衛司 金吾衛改神武侍衛司 … 屬中軍 左右衛改龍驤巡衛司 神虎衛改龍騎巡衛司 興威衛改龍武巡衛司 … 屬左軍 備巡衛改虎賁巡衛司 千牛衛改虎翼巡衛司 監門衛改虎勇巡衛司 … 屬右軍 … 中軍屬京畿左右道東北面 左軍屬江陵交州慶尙全羅道 右軍屬楊廣西海道西北面 … 上從之"

전이 이처럼 중앙과 외방을 아우르는 지휘체계와 연계망 수립을 건의할 수 있었던 것은 전국의 軍籍 작성을 어느 정도 마쳤기 때문이다.[371]

정도전이 건의한 방안을 태조가 수용했고,[372] 또 몇 달 뒤 간관 全伯英 등이 상소하여 "지금 중앙에 三軍府를 세우고 외방에 侍衛 各 牌를 설치해 삼군부에 속하게 했다."[373]라고 지적한 데서 알 수 있듯이 일단 실행에 옮겨졌다. 그리고 다음 달에는 左侍中 趙浚을 江陵交州西海京畿左右五道都摠制使로, 판삼사사 정도전을 慶尙全羅楊廣三道都摠制使로 삼았다.[374] 그러나 종친과 훈신들이 외방 侍衛牌를 실질적으로 장악하고 있는 상황에서 외방을 3軍에 분속시킨 이때의 조치는 실효성을 지니기 어려웠다. 私兵의 公兵化, 즉 "公家之兵"으로 전환시키는 사병 혁파를 단행해야만 이러한 조치가 실질적 의미를 지닐 수 있기 때문이다. 사정이 이러하므로 전국의 중앙 분속은 사병 혁파 후에 다시 논의될 가능성이 매우 높았다.

정도전은 그가 1394년(태조 3)에 製進한 『朝鮮經國典』에서도[375] 서울이 외방을 統御한다는 취지에서 외방 군사를 의흥삼군부의 鎭撫所에 소속시켰다고 밝혔다.[376] 석 달 전 외방 군사를 의흥삼군부의 중군·좌군·

---

371) 『태조실록』 권3, 태조 2년 5월 26일(경오). 유창규는 1393년(태조 2) 5월의 군
    적 작성은 1394년 2월 전국을 3軍에 分屬한 조치를 위한 것으로 이해했다
    (1985 「조선 초 親軍衛의 甲士」 『역사학보』 106, 152~153쪽).
372) 어떤 이유 때문인지는 불분명하지만 이때의 10위의 10사로의 개편은 원래 계
    획대로 진행된 것 같지는 않다. 1년 뒤인 1395년(태조 4) 10위를 10사로 고친
    다는 기사가 다시 나오기 때문이다[『태조실록』 권7, 태조 4년 2월 13일(정축)].
373) 『태조실록』 권6, 태조 3년 8월 2일(기사).
374) 『태조실록』 권5, 태조 3년 3월 3일(임인).
375) 『태조실록』 권5, 태조 3년 5월 30일(무진).
376) 鄭道傳, 『三峰集』 권13, 朝鮮經國典 上, 治典, 軍官, "國家損益唐府兵之法 立
    十衛 每一衛率五領 自上將軍以下至將軍 自中郞將以下至尉正 統之義興三軍
    府 令宰相判府事判諸衛事 以重御輕 以小屬大 體統嚴矣 每道置節制使 其州
    郡之兵 番上宿衛 亦內外相制之義 而屬之義興三軍府鎭撫所者 以內御外之義也"

우군에 소속시켰다고 한 것과 차이를 보이지만 이 조치 역시 전국의 중앙 분속 일환으로 해석된다. 그리고 "외방 군사를 의흥삼군부 진무소에 소속시킨 것은 서울이 외방을 통어한다는 뜻"이라는 언급에서 외방을 3군에 분속시킨 1394년 2월의 조치를 통해 의흥삼군부가 외방 거주자를 사병으로 거느리며 수도에 상주하던 節制使를 일정 부분 견제할 수 있게 됐다는 점을 추론할 수 있다.

한편, 1400년(정종 2) 4월에 상소하여 사병 혁파의 논리를 제공했던 臺省에서 같은 날 또다시 상소를 올렸다.[377] 이번에는 사병 혁파 후 삼군부에서 병권을 독점하게 될 것을 막기 위한 방안을 제안하기 위해서였다. 그들이 제안한 방안 가운데 3軍 각각에 摠制 1명씩을 두고 諸衛 상장군·대장군의 보좌를 받으며 京外軍務를 처결하도록 한 점이 눈에 띈다. 사병 혁파로 인해 외방 군무가 삼군부로 귀속되는 만큼[378] 총제를 두어 경외군무를 처리하게 한 것인데, 이것은 외방의 3군 분속을 전제하지 않고는 성립하지 않는 제안이다. 3군의 중군·좌군·우군에 각각 총제 1명씩을 두었으므로 총제가 외방 군무를 관장하기 위해서는 외방의 8도가 중군·좌군·우군 어딘가에는 소속돼 있어야 하기 때문이다. 각 군별로 각각 설치된 총제 3명이 함께 모여 외방 군무를 처리하는 방식도 상정할 수 있지만, 당시 臺省에서 이러한 방안을 올린 이유가 군권이 한 곳으로 집중되는 이른바 "偏而獨專"을 막기 위해서였으므로 중앙뿐 아니라 외방 군무 역시 각 군별로 각자 처리하도록 했다고 보는 것이 타당할 듯하다. 대성에서 이런 방안을 건의할 때 1394년에 정도전이 추진했던 '전국의 3군 분속'이 고려됐을 것이다.

---

377) 『정종실록』 권4, 정종 2년 4월 6일(신축).

378) 사병을 혁파하면서 그동안 외방 시위패를 사병으로 거느려 왔던 절제사[典兵者]들에게 兵器와 함께 군사 명단인 牌記를 삼군부에 제출하게 했다[『정종실록』 권4, 정종 2년 4월 18일(계축)]. 그러므로 여기서의 외방 군무는 외방에 거주하는 시위패와 관련한 업무를 의미한다.

사병 혁파 이후에도 외방 군사를 관장하는 주체는 여전히 이전처럼 節制使였던 것으로 나타나고 있다. 1408년(태종 8) 11월 각 도의 시위군 절제사를 교체했다.[379] 이를 보면 사병 혁파와 함께 혁파된 절제사가 1408년 11월 이전에 복구된 것을 알 수 있다. 정부는 번상 시위군을 위해 절제사를 두었을 뿐 아니라 수도에 軍營도 설치했다. 군영은 도별로 존속하다가 1417~1418년(태종 18) 사이 궁궐의 동쪽과 서쪽에 東西軍營이 건립되면서 도별이 아닌 통합적으로 관리되었다.[380] 이처럼 번상군이 도별이 아닌 통합적으로 관리되면서 번상군을 도별로 총괄하던 節制使는 사라진 것으로 보인다. 이러한 삼군부의 외방 군무 관장, 시위군을 위한 절제사의 존재와 軍營 운영은 전국 군사의 중앙 분속 실효성을 높이기 위한 조치였다고 판단된다. 다음으로 이 시기 중앙군 지휘기관의 형성 과정에 대해 살펴보자.

2) 중앙군 지휘기관의 변천

15세기 중반 확립된 五衛制는 조선 건국 직후에 등장한 10衛와 義興三軍府에서 연유했다.[381] 오위제가 확립될 때 그동안 여러 차례 변화를 겪었던 '10위'와 '의흥삼군부'는 각각 5위와 五衛都摠府로 연결되었다.

세조 때 병조와 오위도총부가 병권을 분담하는 것으로 최종 결정될 때까지 중앙군 지휘기관을 둘러싼 조선초기 국왕과 집권세력의 고민은 병권의 분산[威分]과 독점[權移] 모두를 방지할 수 있는 지휘기관의 수

---

379) 『태종실록』 권16, 태종 8년 11월 12일(병진).
380) 『태종실록』 권34 태종 17년 11월 8일(기미); 『태종실록』 권35, 태종 18년 3월 21일(신미); 『태종실록』 권35, 태종 18년 5월 23일(임신).
381) 오위제 형성 과정에 대해서는 다음의 논문에서 자세하게 고찰했다. 천관우, 1979 「조선초기 五衛의 형성」·「조선초기 五衛의 병종」, 앞의 책; 민현구, 1983 「Ⅲ. 오위체제의 확립과 조선초기 중앙군제의 성립」, 앞의 책; 이재훈, 2000 「오위도총부의 성립과 그 기능」, 고려대 석사학위논문.

립에 초점이 맞춰져 있었다. 특히 태종은 스스로가 쿠데타를 통해 집권
했던 만큼 정권 향방을 좌우할 병권의 소재에 대해 깊이 그리고 지속적
으로 고민하고 있음을 측근에게 밝히기도 했다.[382]

조선 건국 이후 태조 이성계와 집권세력은 그동안 통일성이 부족했
던 중앙군 지휘기관을 바로 세우는 데 주력했다. 태조 때의 중앙군 지휘
기관은 두 차례 변화를 거쳤다.[383] 첫 번째 변화는 즉위 초에 정한 文武
百官 제도를 통해서 드러났다.[384] 먼저 고려 말 8위[385] 형식을 취했던
중앙군 조직과 태조 親兵을 합쳐 10위로 재편했다. 태조는 즉위한 다음
날 義興親軍衛를 설립하고 都摠中外諸軍事府를 폐지했는데,[386] 이 의흥
친군위를 左衛와 右衛로 나누고 기존의 8위와 합쳐 10위를 형성했던 것
이다. 10위의 각 위에는 정3품 上將軍 1명과 종3품 大將軍 2명을 배치했
다. 그리고 각 위마다 中·左·右·前·後領의 5령을 두고, 각각의 領에는
종4품 將軍 1명, 5품 中郎將 3명, 6품 郎將 6명, 7품 別將 6명, 8품 散員
8명, 정9품 尉 20명, 종9품 正 40명 등 총 84명을 배치했다. 그 결과 위마

---

382) 『태종실록』 권18, 태종 9년 8월 28일(정묘), "上謂左代言金汝知曰 自古兵權沿
    革 未有如寡人之用心者" 그러나 고심의 결과는 태종 스스로도 만족하지 못했
    다(『성종실록』 권79, 성종 8년 4월 10일(정미), "鄭麟趾對曰 兵曹主號令 而都
    鎭撫初置三員 各典一軍 太宗 以一人不可久典一軍 加置一員 使更相摠領 臣
    親聞太宗嘗言曰 軍政最難 予沿革至五 而未得其當").
383) 천관우는 조선 초 중앙군 지휘체계의 변화 과정을 '5위의 형성과정'으로 파악
    하고 여섯 차례 개혁이 진행된 것으로 이해했다(앞의 책, 59~76쪽).
384) 『태조실록』 권1, 태조 1년 7월 28일(정미).
385) 8위는 공민왕 때부터 나타나는 용어로서, 고려전기의 2군 6위가 고려 말에 그
    기능과 구성에서 차이가 없어지게 된 결과 2군 6위를 8위로 병칭하게 되었다
    (권영국, 앞의 논문, 77쪽).
386) 『태조실록』 권1, 태조 1년 7월 18일(을유). 친군위의 명칭인 '義興'과 관련해
    서, 慶興에 있던 태조의 高祖·高祖母의 德陵과 安陵을 1413년에 咸興으로 遷
    葬했는데 천장한 장소가 義興部 輾輷洞인 것이 주목된다(『태조실록』 권1, 至
    元 1년, "至元元年甲子五月 欽受宣命 仍充斡東千戶句當 至元十一年甲戌十二
    月薨 葬于孔州〈卽慶興〉城南五里 後遷葬于咸興府之義興部輾輷洞 卽德陵").

다 3명의 상·대장군과 420명의 구성원이, 10위 전체로는 30명의 상·대장군과 4,200명의 구성원이 배치되었다. 이 조치로 인해 건국 직후 중앙군은 10위 50령의 조직 편제를 갖추고[387] 衛에서 領으로 이어지는 지휘체계를 형성하게 되었다.

이때 형성된 10위와 기존의 三軍都摠制府 관계에 대해서는 摘示하지 않았다. 태조 친병인 의흥친군위와 기존의 8위를 아우르는 적절한 지휘체계를 아직 마련하지 못했기 때문이다. 1391년(공양왕 3) 삼군도총제부를 설치하면서[388] 受田散官과 新舊京圻에 거주하는 자, 42都府, 成衆愛馬를 이에 분속시켰다.[389] 그런데 이 42都府가 바로 8위이므로[390] 태조 즉위 초에 8위에 대한 지휘권은 삼군도총제부에서 행사했을 것이다.

반면 의흥친군위에 대한 지휘권 행사는 이와 다른 방식을 취했다. 태조는 건국 직후 자신의 庶弟 李和를 의흥친군위 都節制使에, 정도전·李之蘭을 절제사에, 南誾·金仁贊·張思吉·趙琦를 同知節制使에 임명했다.[391] 며칠 후 자신의 아들 永安君(후일 定宗)과 芳蕃, 부마 李濟를 절제사로

---

387) 고려시대 2군 6위의 하부 편성을 보면 鷹揚軍 1領, 龍虎軍 2領, 左右衛 保勝 10령·精勇 3령, 神虎衛 보승 5령·정용 2령, 興威衛 보승 7령·정용 5령, 金吾衛 정용 6령·役領 1령, 千牛衛 常領 1령·海領 1령, 監門衛 1령 등으로, 각 위마다 예하 領의 명칭과 수효에 일관성이 없었다. 이 점은 각각의 軍과 衛의 담당 업무에 차이가 있는 데서 비롯한 것이었다(이기백, 1968「高麗京軍考」『고려 병제사연구』, 일조각, 69~70쪽).

388) 윤훈표는『고려사』兵志 宿衛條의 1390년(공양왕 2) 2월 기사(권82, 병지2, 숙위, 공양왕 2년 2월)에 보이는 三軍摠制府는 그 해 1월 설립된 宮城宿衛府를 가리키며 이것이 모체가 되어 이듬해(1391) 1월 정식으로 三軍都摠制府가 설치된 것으로 보았는데(2000『여말선초 군제개혁연구』, 혜안, 158쪽), 타당한 추론으로 보인다.

389)『고려사』권77, 百官志2, 諸司都監各色, 三軍都摠制府.

390)『고려사』, 권81, 병지1, 兵制, 공양왕 원년 12월, "(恭讓王) 十二月 憲司上疏 一 府兵領於八衛 八衛統於軍簿 四十二都府之兵 十有二萬 而隊有正 伍有尉 以至上將 以相統屬 所以嚴禁衛禦外侮也"

391)『태조실록』권1, 태조 1년 7월 28일(정미).

추가로 임명함에 따라 의흥친군위는 도절제사 1명, 절제사 5명, 동지절제
사 4명이 지휘부를 구성하게 되었다. 이후의 실록 기사에 義興親軍僉節制
使라는 관직이 나오는 것을 보면,392) 의흥친군위 지휘부에는 동지절제사
아래에 첨절제사라는 관직도 있었던 것으로 판단된다. 그런데 이러한 공
식적인 지휘부와는 별도로 都鎭撫와 上鎭撫를 두어 의흥친군위를 관장하
게 했다.393) 이들 도진무와 상진무가 의흥친군위의 실질적인 掌兵者로
보이는데, 이전에 의흥친군위 동지절제사로 임명된 조기를 상진무에 임
명한 것을 보면 더욱 그러하다. 또한 행정업무를 처리하기 위해 의흥친
군위에 都事라는 관직을 두었다.394)

8위와 의흥친군위를 합쳐 10위를 만들었지만, 이처럼 양자는 그 지휘
체계를 달리했다. 그리고 군사적 능력을 갖춘 실제 병력은 의흥친군위
였기 때문에, 태조는 平州 溫行처럼 외방으로 行幸할 때에는 의흥친군위
만 侍從하게 했다.395)

중앙군 지휘기관이 양분된 상황에서 1393년(태조 2)에 고려 말의 三軍
都摠制府를 계승·보강한 義興三軍府를 설치하고 重房을 혁파해 일단 단
일한 지휘기관을 형성했다.396) 중방은 고려 이래로 2군 6위의 상층 지휘
관인 상장군과 대장군의 합좌기관으로, 1391년(공양왕 3) 삼군도총제부
를 설치한 후에도 존속하면서 군 지휘권을 분점하고 있었다.397) 그런데
이때 중방을 혁파하는 한편 10위 전체에 대한 지휘권을 의흥삼군부로

392)『태조실록』권2, 태조 1년 10월 9일(정사), "義興親軍僉節制使崔允壽"
393)『태조실록』권2, 태조 1년 11월 2일(기묘), "以黃希碩爲義興親軍衛都鎭撫 趙
    琦爲上鎭撫"
394)『태조실록』권14, 태조 7년 윤5월 29일(갑진).
395)『태조실록』권1, 태조 1년 8월 19일(무진).
396)『태조실록』권4, 태조 2년 9월 14일(병진).
397) 조선 건국 후에도 중방이 존속하고 있었다는 점은 태조가 즉위한 다음 달 의
    흥친군위만 거느리고 온천에 가고자 했을 때 대사헌 南在 등이 臺諫·通禮門·
    史官과 함께 중방도 扈從하게 하기를 청한 데서도 알 수 있다[『태조실록』권
    1, 태조 1년 8월 19일(무진)].

귀속시킴에 따라 삼군총제부 시절에 실행하지 못했던 義興親軍左衛·右
衛에 대한 통솔 문제가 해결되었다. 중앙군 지휘기관을 의흥삼군부로
단일화하는 방식으로 親軍도 국가기구 안으로 흡수하고 중방 운영에서
보였던 군 통수체계의 모순도 지양하려 했던 것이다.[398] 더욱이 개국공
신으로 태조의 신임이 두터운 정도전이 의흥삼군부 判事로 취임하면서
삼군부는 판사를 최고 책임자로 하여 中軍·左軍·右軍節制使 → 10司로
이어지는 일원적인 지휘체계를 갖춘 기구가 되었다.

[표 1-6] 10衛의 10司로의 재편과 3軍 분속

10衛	10司	3軍	10衛	10司	3軍	10衛	10司	3軍
義興親軍左衛	義興侍衛司		左右衛	龍驤巡衛司		備巡衛	虎賁巡衛司	
義興親軍右衛	忠佐侍衛司	中軍	神虎衛	龍騎巡衛司	左軍	千牛衛	虎翼巡衛司	右軍
鷹揚衛	雄武侍衛司		興威衛	龍武巡衛司		監門衛	虎勇巡衛司	
金吾衛	神武侍衛司							

전거: 『태조실록』 권5, 태조 3년 2월 29일(기해).

판사로 취임한 정도전은 먼저 예하의 10위를 10司로 개편하고 이를 3
軍에 귀속시키는 조치를 취했는데,[399] 이를 정리한 것이 [표 1-6]이다.
[표 1-6]에서 보듯이 정도전은 10위를 10사로 개편하면서 이를 4개의 侍
衛司와 6개의 巡衛司로 구분했다. 이것은 國王侍衛를 담당하는 시위사와
都城巡綽을 담당하는 순위사를 4 대 6의 비율로 배치해 이를 수도방위
의 핵심병력으로 삼고자 의도한 것으로 해석된다. 또 이때 10사를 지휘
체계인 3軍에 분속시키는 조치도 취하여 실제 병력과 지휘체계의 관계
를 분명하게 했다.[400] 특히 의흥친군좌위·우위를 시위사로 개편한 것은
조선 건국 직후 10위를 설치해 태조 친병을 공조직으로 편입시킨 데서
더 나아가 禁軍 역할까지 부여한 것으로 볼 수 있다.[401]

---

398) 의흥삼군부로의 개편과 중방 혁파의 의미에 대해서는 윤훈표, 앞의 책, 187~
190쪽 참고.
399) 『태조실록』 권5, 태조 3년 2월 29일(기해).
400) 천관우, 앞의 책, 66쪽.

정도전은 여기서 한 걸음 더 나아가 의흥삼군부를 매개로 하여 陣法
훈련을 강화하고 諸道兵을 도별로 3군에 분속시키는 방식402)을 통해 훈
신들이 장악한 시위패를 공조직으로 흡수하고자 시도했다. 그리고 궁중
숙위를 담당하는 성중애마403) 역시 의흥삼군부 통제 아래 두고자 했다.
그러나 태조 때의 중앙집권적인 중앙군 재편 시도는 사병 혁파 조치에
반발해 일어난 제1차 왕자의 난으로 중단되었다. 이에 따라 사병과 성
중애마를 포함한 중앙군 전체에 대한 지휘체계의 일원화는 태종 때의
과제로 넘겨지게 되었다.

한편 10사가 분속된 3군 사이에 우열이 있음을 알려주는 기사가 있어
주목된다. 1408년(태종 8) 10사의 兼上護軍을 혁파하고 다시 3군별로 군
사를 관장하는 摠制를 중군에 5명, 좌군·우군에 4명씩 두도록 한 조치가
그것이다.404) 중군에는 兼都摠制 2명, 都摠制 1명, 兼摠制 1명, 摠制 1명
을 둔 반면 좌군에는 겸도총제 3명과 총제 1명을, 우군에는 겸총제 2명
과 총제 1명, 그리고 同知摠制 1명을 두었다. 이러한 지휘부 구성에 근거
하면 3군의 서열은 중군·좌군·우군 순이 되는 셈이다.

3군뿐 아니라 그 예하의 10사에도 우열이 있었다. 1411년(태종 11) 10
사별로 節制使 등의 지휘부를 두었는데, 義興侍衛司에만 절제사 3명을
임명했다.405) 절제사 2명만 임명된 다른 9개 사에는 대신 僉節制使 또는

---

401) 이 조직은 앞서 언급했듯이 의흥친군위 시절에도 금군 역할을 일부 수행하고
    있었다[『태조실록』 권1, 태조 1년 8월 21일(경오)]. 그러므로 이때의 재편은 기
    존의 관행적 역할을 제도화한 것으로 볼 수 있다.
402) 『태조실록』 권5, 태조 3년 2월 29일(기해). 의흥삼군부 예하에 시위패 관리를
    위해 鎭撫所라는 기구를 별도로 두었다(『三峰集』 권7, 朝鮮經國典 下, 治典,
    軍官).
403) 성중애마 중 司衣·司楯 계열은 10위의 祿官 일부를 할당하는 방식으로 흡수
    했고, 忠勇 4衛와 近侍 4衛 계열은 1394년(태조 3) 6월 이후 어느 시기에 혁파됐
    다가 1398년(정종 즉위년) 11월에 다시 설치되었다(윤훈표, 앞의 책, 197~198쪽).
404) 『태종실록』 권16, 태종 8년 11월 10일(갑인).
405) 『태종실록』 권21, 태종 11년 1월 12일(계유).

同僉節制使 1명씩 임명했다. 중군과 좌군에 속한 忠佐侍衛司부터 龍武侍衛司[406]까지는 첨절제사를 두었고, 우군에 속한 3개 사에는 동첨절제사를 두었다. 이를 통해 10사 중에 의흥시위사가 제일 상위에 있고, 우군에 속한 3개 사가 가장 아래에 있었음을 알 수 있다. 의흥시위사는 태조 친병에서 연유한 만큼 같은 10사에서도 가장 상위에 위치한 것이다.

이처럼 태조 때의 의흥삼군부는 판사를 최고 책임자로 하여 중군·좌군·우군절제사로 구성된 지휘부와 단일적 지휘체계를 갖춘 군사 방면의 최고 지휘기관으로 등장했다. 의흥삼군부와 그 조직 편제는 이후 여러 차례에 걸친 기구 명칭과 조직 편제의 변경에도 불구하고 그 기본 성격은 유지되어 세조 때 五衛制가 확립될 때까지 중앙군을 통합하는 지휘기관과 조직 편제로 기능했다. 한편 3군은 중군·좌군·우군 순으로 서열이 있었으며, 10司도 의흥시위사가 가장 상위에 있고 우군의 3개 사가 가장 아래에 위치했다.

다음으로 태종 즉위 후 중앙군 지휘기관으로 등장한 承樞府·兵曹·三軍鎭撫所 등에 대해 살펴보자. 1400년(정종 2) 관제를 개편해 도평의사사를 의정부로 바꾸고 中樞院을 三軍府로 고쳤다. 그리고 3군을 관장하는 자는 전적으로 삼군부에서만 근무하고 의정부에는 合坐할 수 없게 했다.[407] 당시 臺省이 올린 交章에 따르면, 태조 때에는 의흥삼군부가 軍務를 專掌하여 도평의사사 재상들이 軍政을 들을 수 없고 중추원은 軍機를 관장할 수 없었다. 그런데 사병이 혁파되고 그들의 통솔권이 삼군부로 넘겨지게 되자 軍事 방면에서 삼군부 권한이 더욱 커져, 軍權이 분산되는 '威分'과 반대되는 군권이 한쪽으로 쏠리는 '權移' 현상이 발생하게 된 것이다. 위의 조치는 바로 '권이' 현상을 막기 위해 취해진 것이었다. 이에 따라 중추원을 혁파하고 삼군부를 祿官으로 삼아 知三軍·

---

406) 1409년(태종 9) 龍驤巡衛司 등 6개 순위사를 侍衛司로 바꾸었다[『태종실록』 권18, 태종 9년 10월 30일(무진)].

407) 『정종실록』 권4, 정종 2년 4월 6일(신축).

同知三軍·簽書·學士를 각각 1명씩 두되 善謀能斷者 중에서 임명하고 이들이 도평의사사(의정부)의 관직을 겸임하면서 三軍府에 合坐하여 軍國之政를 논의하며, 軍事에 관한 일이 발생하면 의정부에서 왕명을 받아 삼군부에 移文하는 형식으로 發命權을 행사하게 했다. 또 摠制인 節制使는 省宰로서 兼職한 자 외에 3군별로 각각 1명씩을 祿官으로 삼아 하나의 軍만 절제하게 하고, 의정부의 관직을 겸임할 수 없게 하며, 예하의 상장군·대장군 이하와 함께 分番宿衛하면서 掌兵權을 행사하게 했다. 이로써 政府가 軍府에 비해 우위에 서는 구조가 만들어지게 되었다.

새롭게 재편된 삼군부는 1401년(태종 1)에 軍令 행사와 왕명출납 기능을 함께 지닌 承樞府로 또다시 개편되고 趙英茂가 判承樞府事에 임명되었다.408) 이에 따라 의정부·승추부·3군별 절제사 이하가 각각 發命權·發兵權·掌兵權을 행사하고, 군 지휘체계에 따른 군령은 의정부 → 승추부 → (3軍別) 절제사 → 10司의 단계를 밟아 집행되었다.

1403년에는 3군 각각에 都摠制府를 설립하고 都摠制 1명, 摠制 2명, 同知摠制 2명, 僉摠制 2명을 두었다.409) 1400년(정종 2)의 관제 개편으로 삼군부 안에 겸임 절제사[摠制使]와 하나의 軍만 전담하는 祿官 절제사를 두었는데 그들은 승추부 소속이기 때문에 '承樞府 某軍 摠制'로 칭해졌다. 그런데 3군 각각에 도총제부를 설립하게 되자 그들은 冠添했던 승추부를 떼고 '某軍 총제'라고만 칭하게 되었다. 軍務에서는 여전히 승추부 統轄을 받지만 도총제부가 별도로 설립되어 중군·좌군·우군의 독립성이 커지게 된 것이다.410)

1405년에 의정부의 권한 축소와 6조의 승격 및 역할 강화를 골자로 하는 관제 개혁을 또다시 단행했다.411) 錢穀을 관장하던 司平府를 없애

---

408) 『태종실록』 권2, 태종 1년 7월 13일(경자).
409) 『태종실록』 권5, 태종 3년 6월 29일(을해).
410) 태종~세종 때 3군 각각에 설립된 도총제부에 대해서는 이재훈, 2003 「태종·세종대의 三軍都摠制府」 『사학연구』 69 참고.

고 그 업무를 호조로 이관하고, 尙瑞司에서 관장하던 東西班의 銓注를 이조와 병조로 돌리는 한편 의정부의 庶務를 6조에 분속시키고 육조를 정2품아문으로 승격시켰다. 이때 그동안 甲兵을 담당하던 승추부도 혁파하고 그 업무를 병조로 귀속시키는 조치도 취했다. 이전까지 軍政만 관장하던 병조가 승추부의 軍令 행사 기능까지 흡수하여 군령과 軍政 양 방면에서 최고기관으로 등장한 것이다.[412] 또한 예조에서 6조의 分職과 所屬을 詳定할 때 중군·좌군·우군이 병조 소속으로 규정됨에 따라[413] 各 軍別 都摠制府 역시 병조의 지휘·감독을 받게 되어 군령 방면에서 병조의 위상은 더 높아지게 되었다.

그러나 병조로의 군령 집중은 군권이 한 곳에 집중되면 안 된다는 원칙에 반하는 것이었다. 이 때문에 이후 병조에 집중된 군권 분산을 위해 군령 합의기관으로 領三軍事處(1408년), 三軍鎭撫所(1409년), 義興府(1409년) 등이 설치되어 군령권 행사에서 병조와 협조관계를 이루기도 하고, 또 병조가 독단으로 군권을 總領하기도 하다가, 1414년(태종 14)경 三軍鎭撫所가 복설되면서부터 이 기구가 이후 五衛制가 형성될 때까지 병조와 함께 양립하며 군령기관의 기능을 수행했다.[414]

그렇지만 시간이 흐르면서 삼군진무소 등의 중앙군 지휘기관에 대한 병조의 우위는 더욱 굳어져 갔다. 이처럼 武보다 文을 우선하는 시대 분위기는 세종 초반의 武廟 건립을 둘러싼 논의에서도 확인할 수 있다. 1431년(세종 13) 司直 朴芽生이 武廟圖를 바치며 呂望(姜太公)을 모시는 무묘를 訓鍊觀 북쪽에 세우기를 청했다. 이에 대해 세종과 詳定所 제조 모두 司馬光의 논설에 근거해, 文廟를 세워 孔子에게 제사를 올리는 것은 만대에 가르침을 주었기 때문이니 무묘를 별도로 세우면 孔子는 文

---

411) 『태종실록』 권9, 태종 5년 1월 15일(임자).
412) 민현구, 1983, 앞의 책, 273~276쪽.
413) 『태종실록』 권9, 태종 5년 3월 1일(병신).
414) 민현구, 1983, 앞의 책, 279~280쪽.

만을 위하고 강태공은 武만을 위한 것이 되어 文武一體의 도리에 어긋
난다는 논리로 무묘 건립 요청을 배척했다.[415] 이처럼 무보다 문을 우
선하는 시대 분위기 속에서 조선초기 국왕들은 병조의 우위를 인정하면
서도 병조의 군권 독점을 막기 위해 병조판서로 하여금 三軍撼制를 겸
임하게 하자는 사간원의 요청을 거부하고,[416] 중앙군 지휘기관이 병조
와 함께 군령권을 행사하도록 했다.

마지막으로 중앙군 지휘기관의 통제 아래 부병의 조직 편제로 기능
했던 10사 50령의 변화에 대해 살펴보자. 1394년(태조 3) 10衛 50령에서
10司 50령으로 바뀐 府兵 편제는 태종 중반까지 그대로 유지되었다. 다
만 1409년에 10사에서 侍衛司와 巡衛司의 비중이 4대 6에서 9대 1로 바
뀌었다.[417] 중군의 神武侍衛司를 忠武巡禁司로 바꾸고[418] 좌군과 우군에
속한 6개 순위사를 모두 시위사로 바꾸도록 한 것이다. 이에 따라 그동
안 內甲士 400명이 左右番으로 나누어 돌아가며 입직하던[419] 방식에서
각 군마다 1사씩 돌아가며 입직하는[420] 방식으로 바뀌었다. 시위사가 9

---

415) 『세종실록』 권51, 세종 13년 3월 17일(신사).
416) 『태종실록』 권9, 태종 5년 5월 19일(계축).
417) 『태종실록』 권18, 태종 9년 10월 30일(무진).
418) 충무순금사는 義勇巡禁司와 함께 2번으로 나누어 3일씩 돌아가며 순작을 수
    행했다[『태종실록』 권18, 태종 9년 10월 27일(을축)]. 그리고 당시 실록 기사에
    는 忠武侍衛司를 巡禁司로 고쳤다고 나오지만, 이전에 신무시위사의 명칭을
    '忠武'로 바군다는 기록이 없고 이러한 명칭 변경은 1413년에야 결정되므로
    [『태종실록』 권26, 태종 13년 12월 3일(무신)] 巡禁司로 바뀔 당시의 명칭은
    神武시위사였던 것으로 이해했다.
419) 『태종실록』 권3, 태종 2년 6월 11일(계해), "內甲士四百外甲士六百 內甲士分
    爲四番 左右各二百 輪番入直 李叔蕃掌左番 趙涓掌右番" 그런데 갑사는 1403
    년에 1,000명에서 1,500명으로, 1408년에 1,500명에서 2,000명으로 증액됐으
    므로[『태종실록』 권5, 태종 3년 1월 4일(임오); 『태종실록』 권16, 태종 8년 10
    월 27일(신축)], 위의 조치가 있던 1409년 당시에는 400명이 아닌 800명이 돌
    아가며 입직했을 것으로 보인다.
420) 『태종실록』 권18, 태종 9년 10월 27일(을축), "三軍皆置侍衛司 每一軍一司輪

개로 대폭 늘어난 데서 알 수 있듯이 국왕시위를 포함한 궁궐숙위를 대폭 강화한 것이다. 이는 義勇巡禁司가 그 체제를 갖추고 순작 임무를 수행할 수 있었던 조건 아래에서 태종이 왕권 강화와 권력 집중을 도모하던 당시의 정치 상황과 긴밀히 관련된 것이었다.[421)

그런데 1414년 10司는 그대로 두되 그 예하의 50령은 40령으로 축소했다.[422) 태종이 冗官을 淘汰시켜 廩祿을 줄이라는 명을 내리자 의정부·육조 등이 논의하여 "除十司護軍各一" 즉, 10사의 호군을 각각 1명씩 줄이도록 한 것이다. 이에 따라 司마다 中領을 혁파해 司는 左·右·前·後領의 4령으로 구성되고 10사 전체로는 총 40령이 되었다. 같은 날 갑사 정원을 3,000명에서 1,000명으로 대폭 축소하고 도태된 2,000명은 義務兵인 別牌로 만들었으므로 기존의 중령에 배정된 衛領職도 용관 도태 차원에서 함께 없앴을 것이다.

이때 혁파된 중령은 1418년(태종 18) 복설되었다.[423) 당시는 양녕대군에서 충녕대군으로 세자를 교체하고 세자에게 전위하기 위한 준비를 하던 중이었다. 전위하면 두 명의 국왕이 존재하기 때문에 두 국왕의 侍衛를 강화할 목적에서 혁파했던 중령을 복설한 것이다.

중령을 복설한 데 이어 동일한 목적에서 10사를 12사로 확대했다.[424) 종전의 10사는 義興司·忠佐司·雄武司·忠武司[425)가 中軍에, 龍驤司·龍騎司·龍武司가 左軍에, 虎賁司·虎翼司·虎勇司가 右軍에 속해 있었는데, 이때 좌군과 우군에 각각 1개 司를 추가해 3군 10사에서 3군 12사로 확대된 것이다.[426) 12사로 확대되면서 50령도 60령으로 늘어났으므로 領의

番入直 各軍擦制 每軍二貝輪番入直 斂擦制亦以次入直"

421) 민현구, 1983, 앞의 책, 119~123쪽.
422) 『태종실록』 권28, 태종 14년 8월 21일(신유).
423) 『태종실록』 권35, 태종 18년 6월 7일(병술).
424) 『태종실록』 권36, 태종 18년 8월 10일(정해).
425) 중군에 속했던 神武侍衛司의 명칭이 1413년 12월 忠武侍衛司로 바뀌었다[『태종실록』 권26, 태종 13년 12월 3일(무신)].

지휘관인 호군 10자리가 생겨났고, 領의 구성원인 갑사는 626명에서 374명을 더해[427] 1,000명으로 확대되고, 隊長·隊副도 350명이 증원되었다.

10사를 12사로 확대한 것은 두 국왕의 시위 강화가 목적이었기 때문에 1422년(세종 4) 5월 태종이 승하하자 이듬해 12월 새로 설치했던 龍奮司와 虎牙司를 혁파했다.[428] 이에 따라 60령으로 늘어났던 領도 다시 50령으로 환원되었다. 한편 문종이 代理聽政을 하게 되는 1445년(세종 27)이 되면 또다시 10사 50령이 12사 60령으로 확대되었다.[429] 세자가 대리청정을 통해 사실상 국왕 역할을 수행하므로 세종과 세자의 시위를 강화할 필요가 있었기 때문이다. 이때 갑사 정원은 6,000명에서 4,500명으로 줄었지만 番次는 6番에서 3번으로 축소되어 실제로 번상하는 갑사는 1,000명에서 1,500명으로 늘어났다. 갑사 1,500명은 3군에 500명씩, 12司에 125명씩, 60령에 25명씩 균등하게 배정되었다.

4. 군사훈련에서 국왕 주도권 확립과 강무의 본격적 거행

1) 군사훈련에서 국왕 주도권 확립

군사훈련을 실시할 때 국왕이 親臨하는가 아니면 命將, 즉 장수에게

---

426) 새로 설치한 司의 명칭은 龍奮司와 虎牙司로 정해졌다[『세종실록』 권1, 세종 즉위년 8월 12일(기축)].
427) 1418년 6월 40령을 50령으로 확대했지만[『태종실록』 권35, 태종 18년 6월 7일(병술)] 당시에는 갑사를 증원하지 못했던 것 같다. 8월에 늘린 374명은 기존 갑사 수 626명의 반 정도에 해당하므로, 기존 40령에 속했던 갑사 626명에 새로운 20령에 속할 갑사 374명을 더해 60령의 갑사를 1,000명으로 확대한 것으로 보는 것이 자연스럽기 때문이다.
428) 『세종실록』 권22, 세종 5년 12월 7일(갑인).
429) 『세종실록』 권109, 세종 27년 7월 18일(경인).

명하여 거행하는가에 따라 군사훈련에 대한 조정의 관심 정도와 군사훈
련의 규모 및 성격이 크게 달라진다.430) 그러므로 군사훈련에서 국왕의
친림 여부는 군사훈련의 실제 내용을 규정하는 매우 중요한 문제였다.

태조 때에는 국왕이 직접 군사훈련을 주관하기보다는 軍事 분야를 담
당하는 義興三軍府 재상이 중심이 되어 군사훈련을 실시했다. 정도전을
비롯한 재상들이 주도해 陣法훈련 등을 거행했던 것이다. 국왕의 신임
을 받는 趙浚·정도전 등 소수의 재상들이 政權뿐 아니라 兵權까지 장악
하고 있었기 때문에,431) 殿仲卿 卞仲良이 "예로부터 政權과 兵權은 한 사
람에게 兼任시킬 수 없으며, 병권은 宗室에게, 政權은 宰輔에게 있는 것이
마땅하다."라고 비판했다가 태조의 진노를 사 곤욕을 치르기도 했다.432)

재상이 군사훈련을 주관하더라도 국왕 태조가 군사훈련에 관여하기
도 했다. 즉위 이전부터 자신이 거느렸던 親軍을 閱兵하기도 하고, 擲石
軍을 모아 사열하기도 했으며, 陣法훈련을 직접 참관하는 경우도 있었
다.433) 또 태조는 구중궁궐에서 성장한 왕족이 아니라 평생 동안 전장

---

430) 『중종실록』 권39, 중종 15년 3월 14일(임인), "傳曰 軍務之事 近甚解弛 予欲親
    閱 以方避殿 故已命將試之矣 然命將與親閱有間 且非逸豫戱玩之事 則雖在
    謹天戒之時 亦可爲之"

431) 태조 때 左侍中 조준은 交州道·江陵道·西海道·京畿左道·京畿右道의 5道 都
    撫制使, 判三司事 정도전은 경상도·전라도·楊廣道의 3道 都撫制使였다[『태
    조실록』 권5, 태조 3년 3월 3일(임인)]. 정도전은 이에 더해 義興三軍府 判事
    까지도 겸임하고 있었다.

432) 『태조실록』 권6, 태조 3년 11월 4일(경자). 태조 때 군사훈련이 재상 중심으로
    거행된 것은 태조 때 권력관계에 대한 기존의 평가(이기백, 1992 『한국사신론』,
    일조각, 234쪽)처럼 臣權이 王權을 능가할 정도로 강해서가 아니라 국왕 태조
    가 병조에서 군사 행정을 담당하는 것처럼 실제 군사훈련은 兵權을 맡은 재상
    이 주관하는 것이 타당하다고 판단했기 때문에 가능했던 조치로 이해된다. 태
    조의 강력한 왕권 행사에 대해서는 최승희, 2002 「조선 태조의 왕권과 국정운
    영」 『조선초기 정치사연구』, 지식산업사 참고.

433) 『태조실록』 권2, 태조 1년 10월 13일(신유), 윤12월 6일(임오);『태조실록』 권5,
    태조 3년 3월 11일(경술), 4월 3일(임신).

을 누빈 무장 출신이므로 자주 궁궐 밖으로 나가 近郊에서 사냥을 하곤
했다.434) 태조는 그가 즐겼던 매사냥을 위해 한강변에 鷹坊을 건립하기
도 했다.435) 그런데 태조의 친군·척석군 사열이나 진법훈련 참관, 사냥
등은 부정기적·단속적인 것에 그쳤고, 정기적·지속적 성격의 군사훈련
은 의흥삼군부 재상이 중심이 되어 진행했다는 점에서 태조 때에는 재
상 주도로 군사훈련을 거행했다고 보았다.

태조 때에는 종친이나 국왕의 형제·사위뿐 아니라 親子까지도 군사
를 직접 거느렸다. 조선 건국 직후 종친은 大臣과 함께 諸道兵을 分領하
는 주체였다. 태조는 즉위 이전에 거느렸던 親兵을 義興親軍衛로 개편하
고 그 지휘를 庶兄弟 李和에게 맡겼으며, 아들 永安君 芳果와 撫安君 芳
蕃 그리고 사위 興安君 李濟에게 의흥친군위의 지휘에 참여하게 하는
한편 그들을 각각 中軍·左軍·右軍節制使로 삼아 三軍府의 지휘도 맡겼
다.436) 국가의 공식적인 군사조직인 의흥친군위나 삼군부의 지휘선상에
서는 배제됐지만 鎭安君 芳雨와 靖安君(후일 태종) 역시 私兵을 거느리
고 있었다.437)

외방으로 군사를 파견할 때 일반 武將 외에 종친도 함께 지휘관으로
편성해 파견하기도 했다. 1393년(태조 2) 경상도 按廉使 沈孝生이 왜구
가 변경을 침범하려 한다는 이유로 節制使 파견을 요청하자, 三道節制使
義安伯 李和와 前 門下評理 朴葳·崔雲海를 楊廣道에, 興安君 李濟와 判中
樞院事 南誾·參贊門下府事 李之蘭을 경상도에, 靖安君과 前 全州節制使
陳乙瑞를 전라도에 보내 왜구를 막게 했다.438) 이처럼 태조 때에는 종친

---

434) 『태조실록』 권11, 태조 6년 2월 6일(기축), 3월 20일(계유), 3월 28일(신사);『태
　　조실록』 권12, 태조 6년 10월 2일(경진).
435) 『태조실록』 권7, 태조 4년 3월 1일(갑오).
436) 『태조실록』 권1, 태조 1년 7월 18일(을유), 7월 28일(정미), 8월 7일(병진);『태
　　조실록』 권4, 태조 2년 10월 17일(기축).
437) 『태조실록』 권5, 태조 3년 3월 11일(경술);『태조실록』 권14, 태조 7년 8월 26
　　일(기사).

이나 국왕의 형제·사위뿐 아니라 아들까지도 군사들을 직접 領率하는 掌兵者로 활동했다.

태종 때에도 이전부터 병권에 관여했던 종친들이 그대로 병권을 장악하고 있었고, 태종의 사위 趙大臨·權跬도 3軍 지휘관으로 활동했다. 그런데 1409년(태종 9) 사헌부에서 平壤君 조대림의 병권을 내놓게 하자고 건의하자 태종은 진노하며 "사람들이 王子는 병사를 장악해선 안 된다."라고 말한다고 지적하면서 조대림에게 병권을 잡게 한 것은 公室을 강하게 하고자 해서였다고 밝혔다.439) 일단 태종 때가 되면 부마는 아니더라도 최소한 親子는 군권을 잡아서는 안 된다는 인식이 신료 사이에 자리하기 시작했다고 볼 수 있다. 그렇지만 태종 때에도 병권은 여전히 公室, 즉 종친이 담당하는 것이 바람직한 현상으로 이해하는 경우도 존재했다.440)

이처럼 일반 종친뿐 아니라 王子까지도 병권에 참여하는 시대 분위기에서 정도전 등은 재상이 중심이 된 정치체제를 추구하고자 했고 그 일환으로 진법을 중심으로 한 군사훈련에서도 주도권을 행사했던 것이다. 반면 태종은 두 차례 정변을 거친 후 왕좌에 올랐기 때문에 병권의 소재에 대해 매우 고심했고,441) 이런 고민은 많은 군사를 동원하는 군사훈련을 국왕이 주도하는 데로 이어졌다.

그렇지만 태종이 즉위한 후에도 군사훈련 주도권을 국왕이 전적으로

438) 『태조실록』 권3, 태조 2년 3월 16일(신유), 3월 18일(계해).
439) 『태종실록』 권17, 태종 9년 4월 2일(갑술).
440) 『태종실록』 권18, 태종 9년 8월 28일(정묘).
441) 『태종실록』 권18, 태종 9년 8월 28일(정묘), "改三軍鎭撫所爲義興府 … 上謂左代言金汝知曰 自古兵權沿革 未有如寡人之用心者";『태종실록』 권18, 태종 9년 10월 27일(을축), "時 李叔蕃掌中軍 趙大臨掌左軍 權跬掌右軍 金南秀韓珪延嗣宗李從茂馬天牧成發道趙涓等七人爲之佐 預軍政 三軍輪次宿衛 若出番 則就掌軍摠制家 以聽號令 上患軍政多門 謀諸河崙 崙請作驍虜幡 以改軍政 上然之"

행사한 것은 아니었다. 사병을 혁파했음에도 태종 전반까지도 군사훈련에서 私兵制 遺風이 존재했다. 摠制나 節制使들이 禁軍을 私獵에 동원하는 행태가 지속됐던 것이다. 이에 따라 1405년(태종 5) 병조에서 총제·절제사들이 금군을 사렵에 동원하는 행위를 금지하기를 청하자 태종은 이를 윤허했다.442) 그렇지만 이때의 조치는 별다른 실효성이 없었던 듯하다. 같은 해 5월 사간원에서 掌兵官의 사렵 금지를 청하는 상소를 올렸고443) 1407년 4월 병조에서 올린 軍政事目에서도 여전히 各 軍 摠制가 갑사를 사렵에 동원하는 행위를 문제 삼고 있기 때문이다.444) 각 군 총제들이 甲士를 거느리고 사냥하는 문제는 태조의 상중이던 1409년 7월에도 논란이 되었다. 병조에서 좌군·우군 총제가 갑사를 거느리고 사냥한 죄를 청하니, 태종은 "임금이 삼년상을 치르는 중에도 나라에서는 사냥을 폐하지 않는다."라는 말이 있다고 하면서도 갑사만 전답을 짓밟았다는 이유로 杖을 쳐서 징계하는 수준에서 마무리했다.445)

이처럼 태종 전반기에는 사병이 존속했던 때처럼 군사 지휘관들이 국가의 공식 허락을 받지 않은 채 예하 병력을 동원해 사냥을 했고, 병조와 대간이 그때마다 이를 비판하는 행위가 반복되었다. 그렇지만 이후 군사 지휘관의 사렵 행위에 대한 비판이 더 이상 나오지 않는 것으로 보아 태종 후반기가 되면 군사 지휘관의 예하 병력을 동원한 사냥은 공식적인 허락을 요하는 행위로서 국가의 통제 아래에 들어간 것으로 보인다.

태종 때의 군사훈련에서 국왕 주도권은 강무에서 잘 확인할 수 있다.

---

442) 『태종실록』 권9, 태종 5년 3월 20일(을묘).
443) 『태종실록』 권9, 태종 5년 5월 29일(계해).
444) 『태종실록』 권13, 태종 7년 4월 7일(신묘).
445) 『태종실록』 권18, 태종 9년 7월 19일(기축). 私獵은 이후에도 지속됐으며 이에 사렵을 금지하라는 명령도 계속 내려졌고[『태종실록』 권20, 태종 10년 10월 15일(무신)], 私獵者를 처벌하기도 했다[『태종실록』 권22, 태종 11년 11월 26일(계미)].

1403년 처음 강무를 거행한 이래로 태종은 태조의 국상 기간을 제외하고 매년 한두 차례씩 직접 군사를 거느리고 경기·강원도·황해도 등에서 실전훈련인 강무를 거행했다.[446]

태종 때부터 시작된 국왕 주도의 군사훈련은 세종 때에 여러 차례 논의를 거치면서 국왕과 신료 모두가 동의하는 군사훈련 방식으로 자리를 잡았다. 1436년(세종 18) 11월 세종은 세자의 강무 代行과 관련해 의정부 신료들과 논의했다.[447] 세종은 먼저 지난해 자신의 병으로 강무를 거행할 수 없게 되자 命將하여 강무를 거행하는 방식을 제안했는데 大臣들이 병권을 將臣에게 주는 것은 마땅하지 않다는 논리로 반대해 그만두었다고 밝혔다. 그런데 1436년 가을에는 근고에 드문 큰 흉년이 들어 강무 거행에 따른 비용이 문제가 되었다. 이에 세종은 세자가 대행하면 重事인 강무도 폐하지 않고 비용도 절감할 수 있다는 대안을 제시했다. 그렇지만 이때에도 영의정 黃喜를 비롯한 대신들은 병권은 세자에게도 줄 수 없다는 논리로 반대해 세자의 강무 대행은 좌절되었다. 대신들의 입장은, 강무는 병권과 관련되기 때문에 將臣도 世子도 대행할 수 없으며 오직 국왕만 거행할 수 있다는 논리에 바탕을 둔 것이었으며, 세종 역시 대신들의 논리에 수긍하며 자신의 입장을 철회했다.

이듬해 9월 사간원이 흉년을 이유로 강무 중지나 기간 축소를 요청하자 세종은 당시 강무를 꺼리는 군사들과 사간원 태도를 강하게 비판했다. 그러면서도 사간원이 供費와 轉輸 부담 때문에 이런 요청을 했다고 이해하고 비용 절감을 위해 또다시 세자가 강무를 대신하는 방안을 구체적으로 마련해 승지들에게 보여줬는데, 승지들 역시 세자의 대행은 불가하다고 답변했다.[448] 이를 통해서도 세종 후반이 되면 강무는 국왕

---

446) 태종 때의 강무에 대해서는 이 책 1장 4절의 '3) 태종 때의 吹角令 제정과 본격적인 강무 거행' 참고.
447) 『세종실록』 권75, 세종 18년 11월 16일(정미).
448) 『세종실록』 권78, 세종 19년 9월 11일(무술).

만 주관해야 한다는 인식이 신료들 사이에서 자리하고 있음을 다시 한 번 확인할 수 있다. 물론 모든 군사훈련을 국왕이 주도하는 것은 아니어서 소규모 閲武 같은 것은 때로 命將하여 실시하기도 했다.[449) 다만, 대열이나 강무 같은 대규모 군사를 동원하는 군사훈련은 국왕이 주도해 실시하는 것이 원칙으로 자리를 잡았다는 의미이다.

앞에서 몇 차례 언급한 세자가 강무를 대행하는 문제는 군사훈련에서 국왕 주도권 확립과 밀접히 연관된 주제로서, 세종 말엽 여러 차례 논의가 진행되었다. 국왕 세종은 자신이 병들어 강무를 거행할 수 없지만 강무는 군사들을 훈련시키는 軍國의 중요한 일로 폐기할 수 없다는 논리를 내세워 세자의 강무 대행을 추진했다. 반면 신하들은 국왕이 아프면 세자는 食膳을 살펴야 하고 사냥하는 일은 세자의 학문에 방해가 되며 전에도 강무를 중지한 사례가 있다는 이유로 세자의 강무 대행보다는 강무 중지를 주장했다.[450)

그런데 당시 신료들과 논의하는 과정에서 세종은 "너희들은 동궁이 군사를 영솔하면 큰일이라도 일으킨다고 생각하는가."라고 언급했다.[451) 신하들이 세자의 강무 대행을 반대하는 실제 이유이지만 발설할 수는 없는 내용을 직설적으로 표현한 것이다. 며칠 전 장령 閔騫은 세자의 강무 대행을 반대하는 계를 올려, 전하가 도성 안에 있으니 군사를 다 내보낼 수 없고, 반만 보내면 군사 수가 적으니 이는 강무가 아니라 사냥이며, 지금은 聖朝라 폐단이 없지만 후세에 이를 구실 삼으면 말류의 폐단이 생긴다는 것을 그 반대 이유로 들었다.[452) 말류의 폐단이 바로 세종이 언급한 그 내용을 완곡하게 표현한 것이며, 大臣들이 兵權은 將臣

---

449) 『세조실록』 권363, 세조 11년 5월 16일(임술), "命領議政申叔舟左議政具致寬 等 閲武于東郊"
450) 『세종실록』 권97, 세종 24년 9월 8일(을축).
451) 위와 같음.
452) 『세종실록』 권97, 세종 24년 9월 4일(신유).

에게도 세자에게도 줄 수 없다고 한 이유인 것이다. 이처럼 서울의 군사
를 포함해 대규모로 군사를 동원하는 대열이나 강무를 국왕이 아닌 자
가 대행한다면 혹 생길지 모를 만약의 사태에 대한 염려가 대열·강무
같은 군사훈련에서 국왕 주도권 확립으로 나타난 것으로 이해된다.[453)]

　군사훈련에서 국왕 주도권 확립은 이 시기에 편찬된 儀禮書에도 반영
되었다. 문종 때의 『세종실록』 「五禮」와 성종 때의 『國朝五禮儀』에서
각종 군사훈련을 국왕이 주도해 거행하도록 규정한 것이 그것이다.[454)]
『세종실록』 「오례」에서는 '射于射壇儀', '觀射于射壇儀', '大閱儀', '講武
儀', '吹角令', '救日食儀'를 국왕이 주관하는 것으로 규정했고, 『국조오
례의』에서는 이 중 취각령을 제외한 다섯 가지를 국왕이 주관하는 것으
로 나와 있다.

　세종 때를 거치면서 확립된 국왕 주도의 군사훈련 실시는 "文武不可
偏廢"라는 논리로도 합리화되었다. 태종은 이 논리로써 양녕대군이 세
자였던 시절 활쏘기 익히는 것을 합리화했고, 세종이 즉위한 직후에도
이 논리를 앞세우며 세종과 함께 강무를 거행했다.[455)] 조선초기 국왕들
은 '문무불가편폐'의 논리를 앞세워 文 위주의 시대 경향성 속에서도 문
무 균형을 맞추고자 노력하며 그 일환으로 국왕 주도의 군사훈련을 실
시했다.

---

453) 세자의 강무 대행은 이후 세종의 의도대로 관철되었고, 1448년(세종 30) 6월에
　　는 강무를 대행할 때 시위하는 군사의 종류와 수를 구체적으로 정했다[『세종
　　실록』 권120, 세종 30년 6월 16일(경오)].
454) 『세종실록』 권133, 五禮, 軍禮儀式; 『國朝五禮儀』 권6, 軍禮. 심승구는 "고려
　　시대의 出征 의식과 回軍 의식은 오례 가운데 하나인 군례에 포함되어 있었
　　지만, 조선왕조의 군례에서는 모두 사라져 버렸다. … 그 대신 조선왕조의 군
　　례에서는 국왕 중심의 군사 의식을 강조했다."라고 하여 고려와 조선의 군례
　　에 보이는 차이점을 지적했다(2009 「제2장 출정에서 회군까지」 『전쟁의 기원
　　에서 상흔까지』, 두산동아, 108쪽).
455) 『태종실록』 권17, 태종 9년 3월 25일(무진); 『세종실록』 권1, 세종 즉위년 10월
　　9일(을유).

이상에서 본 바와 같이 왕자의 난으로 정도전 일파가 몰락하고 태종이 집권하면서 군사훈련 주도권도 재상으로부터 국왕에게로 옮겨갔다. 중앙군 지휘체계를 국왕을 정점으로 재편한 것과 마찬가지로 군사훈련 주도권도 국왕 중심으로 재편하고자 한 것이다. 태종 때 틀이 잡히기 시작한 국왕 중심의 군사훈련은 세종 때를 거치면서 祖宗成憲으로 자리잡았다. 태종·세종을 계승한 조선초기 국왕들은 개인훈련인 習射·觀射, 집단훈련인 習陣(閱武)·大閱, 실전훈련인 講武를 직접 주관하면서 군사 지휘체계뿐 아니라 군사훈련에서도 국왕 주도권을 적극적으로 행사했다. 이러한 국왕 중심의 군사훈련은 16세기에 접어들면 사정이 바뀌긴 하지만 적어도 15세기에는 국왕과 신료 모두가 동의하는 군사훈련의 주된 방식이었다. 그러므로 부득이한 경우 외에는 국왕과 집권세력 모두 이를 준수하기 위해 노력을 경주했다.

다음으로는 군사훈련 주도권이 재상에서 국왕으로 옮겨가던 태조~태종 때 군사훈련의 양상을 개인훈련인 習射·觀射, 집단훈련인 陣法, 실전훈련인 講武, 비상대비훈련인 吹角令으로 구분해 살펴보도록 한다.

2) 태조 때의 陣法훈련과 講武 개시

태조 때의 진법훈련을 검토하기 전에 먼저 살펴볼 주제가 있다. 이른바 태조 때의 遼東征伐 주장이 그것이다.[456] 정도전이 주도하여 또는 태조 이성계의 묵인이나 지시 아래 정도전이 표면에 나서서 요동정벌을 주장하고 이를 위해 진법훈련을 실시했다는 주장이다. 즉, 태조 때에 진법훈련을 강도 높게 실시한 목적은 요동정벌을 위해서였다는 것이다. 그리고 그 주체로서 정도전 또는 태조 이성계를 지목했다.

---

456) 태조 때의 요동정벌 주장에 대해서는 박원호, 2002「明初 조선의 요동공벌계획과 表箋문제」·「조선초기의 요동공벌논쟁」『明初조선관계사연구』, 일조각에서 자세하게 살폈다.

그런데 『태조실록』의 진법훈련과 관련한 기사를 태조 때의 정치 동향과 연결해 검토하면 태조와 정도전이 과연 요동정벌을 실제로 추구했는가라는 점에 대해서는 의문이 든다. 威化島回軍을 단행한 데서 알 수 있듯이 태조와 정도전은 고려 말에 禑王과 崔瑩이 주도한 요동정벌이 고려와 명나라의 관계를 극도의 긴장상태로 몰아넣고 이것이 결국 국가 안위에 큰 위협이 됐다는 점을 잘 인식하고 있었다. 영토 문제와 관련해 태조 이성계에게는, 명나라와의 무력 충돌까지 불사하면서 요동 지역으로 진출하기보다는 자신의 출신지이자 근거지인 東北面(함경도) 지역을 조선 영토로 확실히 확보하는 것이 더 현실적인 문제였던 것으로 보인다. 태조가 자신의 최측근인 정도전을 東北面都宣撫巡察使에 임명해 동북면 일대를 순시하며 행정체계를 재편하는 등 이 지역을 조선의 실질적인 영토로 만드는 사업을 진행한 것도 이런 이유에서였던 것으로 추정된다.457) 이처럼 태조 때의 요동정벌 주장은 실록에 나오는 것처럼 정도전 등이 의도한 것도 아니고 태조의 의도를 반영한 것으로도 보기 어렵다.

고려 말 명나라는 내륙을 평정한 다음 요동 방면으로 진출하고자 했다. 이때 원나라의 遼陽行省이 투항하자 이를 定遼衛로 개편하고 고려를 견제하는 군사적 중심으로 활용하고자 했다. 고려 역시 공민왕 때부터 고려 遺民이 많이 살고 있는 요동에 대한 영향력을 확대하는 정책을 취했다. 이처럼 요동 지역을 둘러싸고 기존의 원나라가 행사했던 권력을 그대로 계승하려는 명나라와 元·明 교체기를 맞아 권력 공백 상태에 있는 요동에 영향력을 행사하려는 고려의 정책은 서로 부딪칠 수밖에 없었다. 고려 말에 명나라에서 鐵嶺衛를 설치하고자 시도했던 것과 이에 맞서 우왕과 최영이 요동정벌을 추진했던 것, 그리고 요동 정벌군의 지

---

457) 태조는 퇴위 후 태종과의 사이가 원만하지 못했음에도 태종이 사신을 파견해 명나라로부터 東北面 10處 人民에 대한 조선의 관할권을 인정받자 이를 한양으로 다시 천도하는 것에 버금가는 큰 孝道로 높게 평가했다[『태종실록』 권8, 태종 4년 10월 1일(기사)·11일(기묘)].

휘관 이성계가 위화도에서 회군한 것 모두 요동을 둘러싼 명나라와 고려 사이의 입장이나 이해관계의 차이에서 불거진 사건이었다.458) 조선 초에 명나라에서 表箋文을 핑계 삼아 정도전의 入朝를 요구하고, 이에 맞서 정도전이 요동정벌을 추진했다는 실록의 기사 역시 이러한 고려 말 이후 양국의 정책 대결의 맥락에서 이해할 필요가 있다.

이런 시각에서 볼 때 태조 때에 진법훈련을 강도 높게 실시한 것은 요동정벌을 도모하기 위해 그런 것이라는 기존 통설은 설득력이 떨어진다. 일단 태조 때의 진법훈련이 함의하고 있는 대내적 측면을 논외로 하면, 당시 조선의 집권세력은 명나라에서 定遼衛를 통해 고려에 군사적 압박을 지속적으로 가했던 것처럼 표전문을 핑계로 조선을 압박하고 있는 명나라가 혹시라도 조선을 침략하는 경우에 대비하기 위해 진법훈련을 강도 높게 지속적으로 실시했던 것으로 보인다.459)

결국 태조 때의 강도 높은 진법훈련 실시는 첫째, 성중애마와 10司 50領 소속 군사의 군사적 능력을 함양하는 한편 아직 국가의 公兵으로 흡수되지 않은 諸道 節制使의 무력에 대한 통제력을 강화해 점차 국가의 공병으로 전환하려는 정치적 목적, 둘째, 혹 있을지도 모르는 명나라의 침입에 대비하기 위해서 군사력 수준을 높이려는 군사적 목적에서 비롯한 것으로 볼 수 있다.

『태조실록』에 요동정벌 기사가 나오는 것은 정도전이 중심이 되어 추진한 진법훈련 강화를 통한 軍制 부문의 집권화 정책이 국가 정상화

---

458) 고려 말 조선 초의 대중국관계, 명나라의 鐵嶺衛 설치와 고려의 요동정벌에 대해서는 김순자, 2000 「여말선초 대원명관계 연구」, 연세대 박사학위논문, 63~78쪽 참고.

459) 태조 이성계는 명나라의 洪武帝가 動兵하는 것으로 자신을 위협한다고 불만을 표하기도 했다[『태조실록』 권3, 태조 2년 5월 25일(기사), "上 以帝命 命推刷泥城江界等處來投女眞人物 上謂左右曰 帝 以兵甲衆多 政刑嚴峻 遂有天下 然以殺戮過當 元勳碩輔 多不保全 而乃屢責我小邦 誅求無厭 今又責我以非罪 而脅我以動兵 是何異恐喝小兒哉").

의 당연한 과정이어서 이를 그대로 直書하면 이에 반발해 태종이 일으
킨 제1차 왕자의 난의 불법성이 그대로 노출되기 때문에 이를 막고자,
즉 태종의 거사는 부득이한 조치임을 드러내기 위해 "革節制使 合爲官
軍"[460] 시도를 "謀功遼東"[461]으로 대체한 것이 아닌가하는 의심조차 든다.[462]

　공양왕 때 명나라에 사신으로 갔던 趙胖이 명나라로부터 공양왕과 이
성계가 군사를 동원해 上國을 범하려 한다고 尹彝와 李初가 고했다는
말을 들은 점, 요동 지역에서 조선의 遼東攻伐에 관한 풍설이 나돌았다
는 점, 왜구 침입으로 골머리를 앓던 명나라의 洪武帝가 일부 조선 해적
의 활동 때문에 더욱 조선을 의심하게 된 점을 고려하면 조선의 요동에
대한 움직임을 명이 경계했다는 점도 나름대로 근거는 있어 보인다.[463]
그렇지만 명나라 홍무제가 조선을 경계하고 압박한 것은 정도전의 요동
공벌 때문이 아니었다. 만약 그것 때문이었다면 정도전이 제거된 다음
에는 조선에 대한 경계나 압박이 없어야 한다. 그렇지만 永樂帝가 들어
선 이후에도 요동 지역에 대한 명나라의 지배력이 어느 정도 완료될 때
까지 지속적으로 군사적 위협을 포함한 압박을 조선에 가했고, 태종과 신
료들은 명나라가 조선을 침략할 가능성에 대해 깊이 우려하고 있었다.[464]

---

460) 『태조실록』 권13, 태조 7년 3월 20일(정묘).
461) 『정종실록』 권2, 정종 1년 8월 3일(경자).
462) 조선왕조실록은 直書 원칙에 입각해 작성됐기 때문에 신뢰도가 매우 높다. 다
　　만, 태조 때를 다룬 실록은 왕조 교체에 따른 정당성 강조로 인해 기사의 왜곡
　　가능성이 매우 크다. 공양왕 때 知申事를 역임했던 李行은 사초에 이성계가
　　우왕과 창왕, 변안렬을 죽였다고 기록했다가 처벌을 받은 바 있으며, 태조 이
　　성계는 자신이 즉위한 후에 작성된 史草를 열람하기도 했다[『태조실록』 권3,
　　태조 2년 1월 12일(무오);『태조실록』 권14, 태조 7년 6월 12일(병진)]. 요동정
　　벌론도 이러한 시대 분위기 속에서 이해할 수 있다고 본다.
463) 『고려사』 권45, 세가45, 공양왕1, 공양왕 2년 5월 계사; 박원호, 앞의 책, 44~53
　　쪽, 271쪽.
464) 『태종실록』 권13, 태종 7년 4월 8일(임진), "上曰 … 我皇帝本好大喜功 如我
　　國少失事大之禮 必興師問罪 我則以爲一以至誠事之 一以固城壘蓄糧餉 最是
　　今日之急務";『태종실록』 권13, 태종 7년 6월 8일(경인), "(檢校漢城府尹)孔俯

다음으로 군사훈련을 검토하기에 앞서 이를 추진하는 실무 주체인 군사훈련기관 정비에 대해 살펴보자. 1394년(태조 3) 中軍軍候所를 혁파하고 訓鍊觀에 병합했다.[465] 군후소는, 1389년(공양왕 1) 10學 敎授官을 설치할 때 10학 중 하나인 兵學을 이에 예속시킨 데서[466] 알 수 있듯이 고려 말에 군사교육을 담당했던 기관이다. 그런데 1393년(태조 2) 도평의사사에서 "고려 말에 법령이 해이해져 兵法을 餘事로 여기게 되자 중군군후소의 陣圖의 法과 敎學의 名이 모두 文具가 돼버렸습니다."라고 지적하면서 훈련관이 가르칠 만한 자를 모아 兵書와 陣圖를 講習시킬 것을 건의해 윤허를 받았다.[467] 1389년의 조치와 1393년의 도평의사사 건의를 고려할 때, 고려 말부터 군사교육기관이라는 虛名만 지닌 채 존속해 오던 군후소를 이때 업무 중복의 해소 차원에서 혁파해 훈련관에 병합한 것으로 볼 수 있다.

1389년에 설치된 10학 敎授官은 개혁파 사대부들이 집권한 시기였음에도 이후 고려왕조를 유지하려는 세력과 새 왕조를 건국하려는 세력 사이에 치열한 政爭이 전개됐기 때문인지 의미 있는 역할을 수행하지 못했던 것으로 보인다. 그래서 1393년 7월 兵書와 陣圖 강습을 훈련관에서 주관하게 한 데 이어서, 같은 해 10월 기존의 10학을 계승한, 兵學을 포함하는 6學을 설치하고 良家子弟에게 이를 익히도록 했다.[468] 그리고 이듬해 중군군후소를 혁파하고 이를 훈련관에 병합함으로써 兵學 교육

聞之 密謂(右軍同知摠制李)玄曰 世子今將朝見 若先行吉禮 似爲未便 今帝女之未嫁者二三 儻得連姻帝室 雖北有建州之逼 西有王狗兒之戌 何足畏哉 玄然之"
465) 『태조실록』 권5, 태조 3년 1월 12일(임자).
466) 『고려사』 권77, 百官志2, 諸司都監各色, "十學〈恭讓王元年 置十學敎授官 分隸禮學于成均館 樂學于典儀寺 兵學于軍候所 … 〉" 10학에는 禮學·樂學·兵學 외에 律學·字學·醫學·風水陰陽學·吏學이 포함돼 있었다.
467) 『태조실록』 권4, 태조 2년 7월 13일(병진).
468) 『태조실록』 권4, 태조 2년 10월 27일(기해). 6학에는 兵學 외에 律學·字學·譯學·醫學·算學이 포함돼 있었다.

기관이 훈련관으로 단일화된 것이다.

군사훈련기관 정비와 더불어 태조 때에는 군사훈련도 실시했다. 1393년 7월 도평의사사에서 양반 자제와 성중애마, 10사 50령에 소속된 자 중에서 가르칠 만한 자를 훈련관에 모아 매일 병서와 진도를 익히게 할 것을 건의해 윤허를 받았다.[469] 교육 대상자에 양반 자제가 포함된 데서 알 수 있듯이 아직 무과가 정식으로 거행되지 않은 조건에서 무관을 선발·양성하기 위한 목적도 있고, 또 국왕시위와 궁궐숙위를 담당하는 성중애마와 10司의 군사력 향상도 이 제도를 시행하는 목적 중의 하나였을 것이다.

이 조치가 있은 지 몇 달 후 처음으로 진법훈련을 실시했다. 그 해 9월 의흥삼군부 판사에 임명된[470] 정도전이 節制使가 거느린 군사 중에 武略이 있는 자를 택해 陣圖를 교육하자고 건의하고 며칠 뒤 군사를 毬庭에 모아 陣圖를 설치하고 鼓角旗麾와 坐作進退[471]의 절차를 익히게 한 것이 그것이다.[472] 이듬해 3월에는 태조가 臨津 壽美浦에 거둥하여

---

469) 『태조실록』 권4, 태조 2년 7월 13일(병진).

470) 정도전의 卒記를 보면 그가 명나라에 사신으로 갔다 온 후 判三司事로 승진하고 判三軍府事를 겸했다고 나와 있다[『태조실록』 권14, 태조 7년 8월 26일(기사)]. 정도전은 1392년(태조 1) 10월 25일(계유)에 출발해서 이듬해 3월 20일(을축)에 귀국했으며, 같은 해 9월 13일(을묘)에 판삼사사에 임명되었다. 이 임명 기사와 졸기를 함께 고려하면 정도전은 1393년 9월에 의흥삼군부 판사가 되었음을 알 수 있다.

471) 1433년(세종 15)에 편찬된 『癸丑陣說』의 「結陣」 항목에서는, 麾로 지휘하면 旗로 이에 응하고, 북을 울리면 전진하고 징을 치면 후퇴한다는 내용을 旗麾歌와 鼓進金退歌라는 七言律詩 형태의 노래로 정리했다[『세종실록』 권61, 세종 15년 7월 4일(을묘), "旗麾歌〈麾色有五旗亦五 指揮以麾應以旗 中黃後黑前則赤 左靑右白各隨宜 東西南北視麾指 擧則軍動伏止之 揮則騎步皆戰鬪 或徐或疾麾將所期〉 鼓進金退歌〈鼓一整兵二結陣 鼓三前進四疾行 鼓五急走仍急鬪 三軍之進同一情 金一綏鬪二止鬪 金三曲背四退行 金五急退還就陣 三軍之退同一情〉"].

472) 『태조실록』 권4, 태조 2년 11월 9일(경술)·12일(계축).

정도전에게 五軍陣圖를 講하게 한 뒤, 僉節制使 陳忠貴와 대장군 李貴齡을 中軍司馬로 삼고 여러 절제사를 소집한 뒤 다음날 훈련을 親覽할 때 陣圖를 익히지 않은 자와 令을 어긴 자를 처벌하겠다고 밝히기도 했다.[473]

1397년(태조 6)부터 진법훈련은 더욱 강도 높게 실시되었다. 같은 해 8월, 전국에 산재한 鎭에 陣圖訓導官을 分遣하는 한편 중앙에서도 삼군부가 날마다 절제사부터 散員까지 모아서 市街에서 習陣하게 한 것이다.[474] 이듬해 윤5월에는 楊州 牧場에서 진법훈련을 이틀 연속으로 실시했으며,[475] 8월에는 진도를 익히지 않았다는 이유로 사헌부에서 3軍 節制使, 상장군과 대장군, 군관 등 무려 292명을 한꺼번에 탄핵하는 사태까지 일어났다.[476] 이러한 우여곡절을 거치면서 京中의 侍衛 軍官은 진도를 익히지 않은 자가 없다는 평가를 받을 정도로 태조 때의 진법훈련은 소기의 성과를 거뒀던 것으로 보인다.

태조 때에는 진법훈련을 실전에 적용하기 위한 講武도 시도했다.[477] 강무는 '講武事'의 약칭으로, 진법훈련에서 익혔던 金鼓旗麾를 통한 坐作進退의 절차를 확인하고 또 槍劒으로 擊刺하고 말 타고 활 쏘는[射御] 연습을 반복해 실시하는 군사훈련으로서 반드시 사냥[田獵]을 통해서 하는 것이었다.[478] 즉, 사냥을 통해 좌작진퇴의 절차와 격자하고 사어하는 연습을 반복하는 실전훈련이 강무인 것이다.

사냥은 규모가 작고 대개 하루 정도 거행하며 '小講武'라고도 불렸던 觀獵·打圍와 대규모 병력을 징발해서 대열을 실시한 다음 며칠에 걸쳐 사냥을 진행하는 강무로 구별된다. 강무는 중국 고대의 周나라에서 매

---

473) 『태조실록』 권5, 태조 3년 3월 11일(경술).
474) 『태조실록』 권12, 태조 6년 8월 9일(무자).
475) 『태조실록』 권14, 태조 7년 윤5월 28일(계묘)·29일(갑진).
476) 『태조실록』 권14, 태조 7년 8월 4일(정미).
477) 고려시대에도 강무를 거행했는데 이에 대해서는 박도식, 1987 「조선초기 講武 制에 관한 일고찰」『경희사학』 13, 391~395쪽 참고.
478) 정도전, 『三峰集』 권7, 正陣; 정도전, 『삼봉집』 권14, 朝鮮經國典 下, 政典, 總序.

년 춘하추동에 거행했던, '蒐'·'苗'·'獮'·'狩'라고 부르던 사냥에서 유래
한 것이다.479) 강무는 농한기에 군사를 훈련시켜 군사적 능력을 높이고
뜻밖의 사태에 대비하는 鍊士卒·備不虞, 강무를 통해 잡은 짐승을 종묘
에 바치는 薦禽, 백성과 농작물을 해치는 짐승을 제거하는 爲民除害에
그 목적이 있었다.480)

1396년(태조 5) 11월 의흥삼군부에서 강무 제도의 시행을 건의하면서,
古制를 損益하여 「蒐狩講武圖」를 만들고 京中에서는 사계절 끝 달인 3·
6·9·12월에 외방은 봄가을에 강무를 거행할 것을 청하는 한편, 강무 때
국왕이 親幸하는 경우와 攝行하는 경우의 儀注를 禮官이 詳定해서 啓聞
하게 할 것을 요청해 윤허를 받았다.481) 이때 의흥삼군부에서는 "전하
께서 神武의 자질로 큰 基業을 마련하고 禮文의 일은 차례대로 修擧했
는데 강무의 일만은 유독 거행하지 않으니 어찌 聖代의 闕典이 아니겠습
니까."라고 하여, 태조 당시까지 아직 강무가 거행되지 못했음을 밝혔다.

그런데 1397년(태조 6) 6월의 "판의흥삼군부사 정도전이 일찍이 「五
陣圖」와 「蒐狩圖」를 편찬해 진상하니 국왕이 이를 좋게 여기고 훈련관
을 설치해 가르치도록 명했다."라는 기사를 보면482) 의흥삼군부 건의에

---

479) 이현수, 2002 「조선초기 강무 시행사례와 군사적 기능」 『군사』 45, 235쪽 참
  고. 박재광은 "강무는 중국 고대의 周나라에서 유래했지만, 삼국시대 국왕이
  직접 병력을 거느리고 전쟁에 참여했던 전통과 결코 무관하지 않다."(2007
  「제3장 부국강병의 토대, 조선전기의 무기와 무예」 『나라를 지켜낸 우리 무기
  와 무예』, 두산동아, 121쪽)라고 하여 강무가 우리의 고대 전통과도 연결되는
  것으로 이해했다.
480) 『세종실록』 권75, 세종 18년 11월 14일(을사), "司諫院上疏曰 蒐獮敎閱 所以
  鍊士卒備不虞 固不可廢"; 『중종실록』 권82, 중종 31년 6월 21일(갑진), "金謹
  思等議啓曰 農閑敎閱乃是常典 順時蒐獮亦載於禮 所以重薦禽而安不忘戰
  也"; 『성종실록』 권134, 성종 12년 10월 3일(갑진), "上曰 講武 爲民除害 近因
  凶歉 不講有年 禽獸必多害穀"
481) 『태조실록』 권10, 태조 5년 11월 30일(갑신).
482) 『태조실록』 권11, 태조 6년 6월 14일(갑오).

따라 강무 교본을 만든 주체가 바로 정도전임을 알 수 있다. 「蒐狩圖」는 「蒐狩講武圖」의 약칭이다.[483] 이처럼 정도전은 진법훈련 교본인 「五陣 圖」뿐 아니라 강무 교본인 「蒐狩圖」도 만들었던 것이다.

태조 때에는 1397년(태조 6) 12월 楊州 牧場에서 단 한 차례 강무를 거 행했다.[484] 강무의 구체적인 내용을 확인하기는 어렵지만, 교본이 되는 「수수도」에서 강무의 거행 단위를 京中과 외방으로 구분했으므로 이때 의 강무는 중앙군을 동원해 「수수도」 규정에 따라 거행했을 것으로 추 정된다. 또 「수수도」에 親幸과 攝行 두 가지 모두 상정돼 있어 이때의 강무를 태조가 친행했는지는 여부도 확인하기는 어렵다. 그렇지만 같은 날 "龍山江에 거둥해 兵船을 관찰했다."라는 기사가 있는 것으로 보아 양주 강무는 섭행이었던 것으로 판단된다.

태조 때에도 활쏘기를 관람하는 觀射도 시행했고[485] 또 이를 익히는 習射도 당연히 거행했을 터이지만 기록으로 남아 있지 않아서 자세한 사항은 알기 어렵다.

3) 태종 때의 吹角令 제정과 본격적인 강무 거행

태종 때의 군사훈련은 먼저 習射·觀射에 대해 검토하고, 이어 취각령, 講武, 진법훈련에 대해 살펴보도록 한다.

먼저 습사·관사이다. 활은 총이 출현한 이후에도 무사들의 실력을 가 늠하는 척도, 체력을 다지고 친목을 도모하는 수단으로 활용되는 등 지 속적으로 각광을 받았다.[486] 조선시대의 경우 무신이나 군사뿐 아니라

---

483) 『태조실록』 권10, 태조 5년 11월 30일(갑신).
484) 『태조실록』 권12, 태조 6년 12월 15일(계사).
485) 『태조실록』 권7, 태조 4년 4월 22일(을유).
486) 우인수, 1997 「『赴北日記』를 통해 본 17세기 出身軍官의 赴防생활」 『한국사 연구』 96, 56쪽 참고.

문신이나 학문을 하는 유생들도 활쏘기에 힘을 쏟았다. 활쏘기를 心性을 함양하고 長幼有序라는 성리학 질서를 전파하고 익히는 수단으로 인식했기 때문이다. 이 때문에 射亭이 궁궐뿐 아니라 서울을 비롯한 전국 곳곳에 세워졌고, 국왕이 주재하는 大射禮와 외방의 鄕射禮 등 활쏘기와 관련한 의식이 서울과 외방에서 베풀어졌다.

조선초기에도 마찬가지였다. 이때는 고려 말의 잦은 외침으로 인해 문신들이 군사 지휘관으로 출정했던 경험이 남아 있어서인지 그들도 활쏘기에 적극적으로 임했다. 1417년(태종 17) 병조판서 李原 등이 왕명에 따라 東小門 밖에서 吹角을 시험하다가 술자리를 베풀고 會射했다는 죄목으로 탄핵을 받았던 사례는 이를 잘 보여준다.[487] 會射에는 李原 외에 병조참판 李春生, 平陽君 金承霔, 이조판서 朴信, 공조판서 成發道, 坡平君 尹坤, 摠制 河敬復 등이 참여했다. 이 중에서 李原과 朴信은 문과 출신으로 이미 고위직에 올랐고 나이도 각각 50, 56세나 되었는데도 활쏘기에 참여한 것이다. 이처럼 조선초기에는 문신이라 하더라도 활쏘기에 적극적으로 참여하는 등 이후에 비해 武事에 대한 관심이 매우 높았다.

사료에서는 개인훈련인 활쏘기를 習射, 觀射, 試射 등으로 표기했다. 습사는 활쏘기를 익히는 행위를, 관사는 국왕이나 상급자 등이 활쏘기를 관람하는 행위를, 試射는 施賞을 위해 활 쏘는 능력을 시험하는 행위를 가리킨다. 그렇지만 조선초기의 경우 관사는 국왕이 활쏘기를 관람하는 행위에서 더 나아가 국왕이 직접 활을 쏘는 경우도 포함하는 용어로 사용했다.[488] 성종 때까지는 국왕 親臨을 전제로 하여 관사라는 용어를 쓴 데 반해 중종 때가 되면 국왕이 친림하지 않는 활쏘기를 관사로 표현하기도 했다.[489] 이에 따르면 좁은 범위의 관사는 국왕 친림을 전

---

487) 『태종실록』 권33, 태종 17년 5월 14일(기해).

488) 『성종실록』 권91, 성종 9년 4월 21일(임자), "(掌令 金)悌臣又啓曰 觀射近於戲事 前日慶會樓下觀射時 上亦與宗親耦射 古云 大陽不可下同萬物 人主不可與臣下較其長短 其耦射之際 醉酒之間 宗親豈盡肅恭之禮"

제로 하지만 넓은 의미의 관사는 국왕 친림과 무관하게 무사를 모아 정해진 격식에 따라 활쏘기를 거행하는 것까지 포괄하는 것으로 이해할 수 있다.

관사 참여자는 당일 궁궐에 入直한 武士들이었다. 무사들은 武臣堂上官·武臣·武士 등으로 표기되는데, 주로 궁궐숙위를 책임지는 衛將과 部將, 국왕을 가까운 거리에서 侍衛하는 禁軍인 兼司僕과 內禁衛, 羽林衛 등을 지칭한다. 간혹 闕門 把守와 4개의 直所에 입직하는 甲士, 궁궐에 입직한 (騎)正兵들도 사기 진작과 習射의 중요성을 강조하기 위해 관사 대상에 포함하기도 했다. 正兵을 대상으로 한 관사의 경우 많을 때에는 200명도 넘게 참여했다.[490]

봄가을에는 20巡, 겨울에는 15순을 돌되 1순마다 4발을 쏘게 했던 습사[491]와 달리 관사의 경우 도는 巡數와 巡當 矢數는 별도로 정하지 않고 그때마다 결정했던 것 같다.[492] 관사 때에는 화살을 쏠 때마다 국왕에게 절을 했으며,[493] 과녁을 많이 맞춘 자에게는 敍用·直赴殿試·加資 등

---

489) 『중종실록』 권38, 중종 15년 3월 10일(무술), "近來武事解弛 欲於慶會樓下親觀射 適以避殿 故未果也 其命大臣 連三日觀射可也" 국왕이 친림하지 않은 경우를 관사로 표현한 사례는 중종 이전에도 매우 드물지만 있었다[『세조실록』 권37, 세조 11년 9월 8일(임자), "命王世子 觀射于東門外"]. 그렇지만 중종 때부터 命官하여 관사하는 경우가 종종 있었기 때문에 국왕이 친림해 관사하는 것을 '親觀射'로 기재하여 국왕 친림을 특별히 드러내기도 했다[『명종실록』 권12, 명종 6년 9월 23일(무신), "於慶會樓下 宗親儀賓等 親觀射時"].

490) 『성종실록』 권46, 성종 5년 8월 22일(갑진).

491) 『세종실록』 권118, 세종 29년 12월 15일(계유), "議政府據兵曹呈啓 京外軍士 習射節次及陣法肄習條件磨勘後錄 … 一 內外射場 以五十步爲定 設小的射 之 春秋則二十巡 冬節則十五巡 一巡四矢 其中的多少 每月季報兵曹 每十中 給到一 若十一月十二月及六月七月 停習射"

492) 1469년(예종 1) 4월에 거행한 관사의 경우 5발을 쏘았다[『예종실록』 권5, 예종 1년 4월 11일(갑자), "御序賢亭 … 命聚武臣四十餘人騎射 行大護軍朴叔善 鵠城都正金孫 五發皆中"].

493) 『명종실록』 권12, 명종 6년 9월 23일(무신).

의 혜택을 베풀거나 熟馬·兒馬 등의 內廐馬, 豹皮·虎皮·鹿皮 등의 가죽, 劍·弓·矢(箭)·馬裝 등의 武具 따위를 상으로 주었다.[494]

태종 때에도 이후와 마찬가지로 습사와 관사를 실시했다. 1414년(태종 14) 4월 內禁衛와 內侍衛에서 각각 15명씩을 뽑아 궁궐 안에서 습사하게 하고 태종이 관사한 적이 있었는데, 1416년 1월에는 이를 확대해 입직한 내금위와 內司僕이 궁궐 안에서 습사하는 것을 허용하는 조치를 취했다.[495] 궁궐 핵심부에서 숙위하는 금군의 활쏘기 능력을 높이고자 궁궐 입직 때에도 습사할 수 있게 한 것이다.

궁궐숙위 군사들의 활쏘기 능력을 높이려는 정부의 이런 조치는 그들의 피로도를 상승시켜 다음과 같이 휴식일을 정하기도 했다. 1416년 당시 그들이 出番일 때에도 매일 습사하여 휴식할 시간이 없다는 이유로 이제부터 갑사는 番外 6일 중에서 3일은 습사하고 1일은 巡綽하고 2일은 쉬게 하며, 별시위·응양위와 기타 成衆愛馬는 번외 9일 중에서 5일은 습사하고 1일은 순작하고 3일은 쉬도록 조치했다.[496]

1417년(태종 17) 4월, 상왕 定宗을 奉迎하여 경회루 아래에서 술자리를 베풀고 射侯한 것을[497] 계기로 한 동안 뜸했던 觀射를 재개해 宗親이나 거둥 때 隨駕한 신료를 대상으로 활쏘기를 실시했다.[498] 이처럼 태종 말년 관사를 재개한 것은 그동안 태종이 자주 행하던 매사냥을 중지한 것과 맞물리는 현상이었다. 대간이 태종의 매사냥을 지속적으로 비판하

---

494) 『명종실록』 권13, 명종 7년 9월 4일(계미)·5일(갑신); 『명종실록』 권11, 명종 6년 7월 1일(정해); 『세종실록』 권79, 세종 19년 10월 29일(을유); 『세조실록』 권39, 세조 12년 9월 25일(계사); 『성종실록』 권11, 성종 2년 9월 27일(병신); 『성종실록』 권12, 성종 2년 윤9월 13일(임자); 『성종실록』 권13, 성종 2년 12월 11일(무신); 『성종실록』 권52, 성종 6년 2월 5일(갑신).

495) 『태종실록』 권27, 태종 14년 4월 16일(기미); 『태종실록』 권31, 태종 16년 1월 13일(병오).

496) 『태종실록』 권31, 태종 16년 3월 10일(임인).

497) 『태종실록』 권33, 태종 17년 4월 3일(기미).

498) 『태종실록』 권33, 태종 17년 4월 4일(경신)·17일(계유), 5월 5일(경인)·26일(신해).

자 태종은 매사냥을 중지하는 대신 武事에 대한 관심을 활쏘기로 바꾼 것이다. 그렇지만 9월 들어서 매사냥을 재개했다.

習射를 위한 시설 개선도 진행했다. 봄가을로 무사들의 습사를 거행하는 訓鍊觀에 대규모 射廳을 건립하기도 했다.[499] 그때까지는 습사 때마다 천막을 설치하고 병조 당상, 삼군부 鎭撫, 훈련관 관원 등이 모여서 습사를 진행했는데, 이제 습사 장려책의 일환으로 임시적인 천막이 아닌 상설적인 건물을 세운 것이다. [부표 1]은 태종 때 실시한 시사·관사의 내역을 정리한 것이다.

한편 태종 때에는 비상사태에 대한 대비책도 강구했는데 이는 吹角令 제정과 실시로 현실화했다. 1409년(태종 9) 당시 중앙군 핵심인 3군은 태종의 최측근인 李叔蕃과 駙馬인 趙大臨·權跬가 각각 중군과 좌군·우군을 총괄하고, 金南秀·韓珪·延嗣宗·李從茂·馬天牧·成發道·趙涓 등 7명이 佐貳官으로서 軍政에 참여하고 있었다. 이들이 지휘하는 3군 군사가 돌아가며 궁궐에서 숙위하는데, 出番이면 掌軍 摠制 집으로 가서 그들의 명령을 따르고 있었다. 이 때문에 태종이 軍令이 여러 곳에서 나오는 "軍政多門"을 염려하자 하륜은 騶虞幡을 만들어서 軍政을 개정하기를 다음과 같이 청했다.

議政府에서 上言했다. "… 위급할 때[當危急之時] 義興府에서 직접 王旨를 稟하고 王府에 소장된 織紋旗와 騶虞旗를 받아서 대궐문에 세우고 吹角하면 入番한 摠制와 各 衛의 上護軍·大護軍·護軍은 戒嚴하고 出番한 各軍의 摠制와 各 衛의 상호군·대호군·호군은 각의 소리를 듣는 즉시 대궐문 밖으로 나아가 각각 軍士를 거느리고 주둔해 號令을 기다리게 합니다. 上께서 將帥에게 특별히 명해 친히 事機를 주고 장수 각각에게 織紋旗를 하사하면 장수들이 바깥으로 나와서 의흥부의 호령을 따르게 됩니다. …" 이를 따랐다.[500]

---

499) 『태종실록』 권32, 태종 16년 7월 16일(을사);『태종실록』 권33, 태종 17년 5월
　　1일(병술)·9일(갑오).

이때의 조치로 태종 때 吹角令의 초기적인 모습이 나타나게 되었다. 의정부에서 "當危急之時"에 이렇게 하자고 건의한 것에서 취각령 도입이 바로 위급한 비상사태에 대비하기 위한 것임을 알 수 있다. 다음 달에는 취각령 때 사용할 騶虞旗와 織紋旗를 만들었고,501) 이듬해(1410) 4월 처음으로 취각령을 거행했다.502)

취각령을 처음 시행한 다음 날 미비점을 보완하는 조치를 취했다. 취각령에 東班 관원에 대한 규정이 없어 그들이 角소리를 듣고도 집에 머물러 있어 신하의 도리에 어긋난다는 지적이 있었기 때문이다. 그리하여 앞으로는 취각하면 동반의 各司 관원들도 대궐문으로 나와 依幕에서 대기하게 했다.503) 취각령을 처음 제정했을 때에는 義興府가 중심이 됐지만 이후 병조에서 軍政 전반을 관장하게 되자 병조 중심으로 취각령의 내용도 바뀌었다.504)

취각령을 실시한 뒤 나오지 못한 자들을 파직하는 등의 조치를 취했다. 그런데 나오지 못한 이유가 다양하기 때문에 좀 더 세밀한 규정을 만들 필요가 있었다. 이에 따라 두 번째 취각령을 실시한505) 직후인 1411년 12월에 이에 대한 세부 규정을 만들었다.506) 우선 부모상을 당해 상복을 입고 있는 자와 심한 병이 든 자, 나이가 70세 이상인 자는 吹角할 때 소집 대상에서 제외했다. 이들을 제외한 전·현직 관원은 都城 밖

---

500)『태종실록』권18, 태종 9년 10월 27일(을축). 하륜이 만들도록 건의했던 騶虞幡은 이후 騶虞旗로 명칭이 바뀌었다. 추우기가 취각령의 핵심 중 하나이기 때문인지 사헌부에서는 취각령을 "騶虞旗法"으로 표현하기도 했다[『태종실록』권19, 태종 10년 5월 15일(신사)].

501)『태종실록』권18, 태종 9년 11월 28일(병신).

502)『태종실록』권19, 태종 10년 4월 25일(신유).

503)『태종실록』권19, 태종 10년 4월 26일(임술).

504)『태종실록』권26, 태종 13년 8월 21일(정묘);『태종실록』권30, 태종 15년 8월 5일(기사).

505)『태종실록』권22, 태종 11년 12월 6일(임진).

506)『태종실록』권22, 태종 11년 12월 15일(신축).

으로 출입할 때 도성 밖으로 나가는 날짜와 돌아올 날짜, 사유 등을 기록해 告狀하도록 하고 돌아올 기한을 넘기면 停職이나 付處 등의 처벌을 함으로써 취각령을 실시할 때 해당 관원이 실제로 나왔는지 여부를 확인할 근거를 마련함과 동시에 관원들의 평상시 동태까지도 파악할 수 있는 제도를 마련하게 되었다. 그리고 취각할 때 부득이한 사유가 있어서 나오지 못한 자들을 위해서, 취각한 당일이나 그 다음날 아침까지 사유를 갖춰 몸狀하면 처벌을 면해 주게 했다. 또한 태종은 각소리를 듣지 못해 나오지 못하는 자들이 있을까 염려해서 대궐문 밖이 아닌 鐘樓에서 각을 불어 사방에서 듣게 하자고 제안하기도 했는데, 취각령은 비밀리 실시해야 한다는 지적에 따라 현실화하지는 못했다.507)

1413년 6월 경복궁에서 세 번째로 취각령을 거행했으며,508) 1414년에는 상호군·대호군으로부터 갑사, 내금위, 별시위, 別牌, 外牌에 이르기까지 모두 각을 불 때 모이는 방식을 傳寫하여 항상 習讀하게 했다.509) 1418년에는 세자를 위해 義勇衛를 신설하고, 傳位한 후에도 상왕 태종이 계속 병권을 장악함에 따라 취각령을 개정했으며, 또 같은 해 9월 취각령을 더욱 세밀하게 규정했다.510)

국왕이 3군 군사를 동원하고자 할 때도 취각령 거행방식을 활용했다. 1412년 7월 義興府를 혁파하고 다시 병조에서 軍政을 관장하게 했는데 이때 用兵하는 방법도 정했다.511) 용병, 즉 군대를 동원하고자 할 때에는 국왕이 특별히 將帥를 불러 織紋旗를 주고 內兵曹에 입직한 兵曹參議 이상의 관원이 장수와 함께 王命을 稟하고 대궐문 밖으로 나와서 직문기를 세우면 各 軍의 출번한 摠制 이하 군사와 내금위·별시위·鷹揚衛의

---

507) 『태종실록』 권22, 태종 11년 12월 17일(계묘).
508) 『태종실록』 권25, 태종 13년 6월 28일(을해).
509) 『태종실록』 권28, 태종 14년 11월 14일(계축).
510) 『태종실록』 권35, 태종 18년 6월 7일(병술);『태종실록』 권36, 태종 18년 8월 6일(계미);『세종실록』 권1, 세종 즉위년 8월 18일(을미), 9월 27일(갑술).
511) 『태종실록』 권24, 태종 12년 7월 25일(무신).

출번한 節制使 이하 군사가 각각 소속된 軍의 깃발 아래로 나아가 호령을 듣게 했다.

이처럼 태종 때에는 비상사태에 대비하기 위해 취각령을 제정하고 세 차례 거행했으며 관련 규정을 時宜에 맞게 계속 보완했다. 그렇지만 취각령 자체가 비상사태에 대비하기 위해 만들어진 만큼 세종 재위기가 안정적으로 오래 유지되자 그 필요성은 크게 줄어들었다.512) 그리하여 취각령은 비록 『세종실록』 「五禮」의 軍禮儀式에는 포함됐지만513) 세종 때가 되면 그 시의성이 매우 약화된 군사훈련의 한 방식이라 평가할 수 있다.514)

한편 강무는 태종 초반부터 꾸준히 거행되면서 중요한 군사훈련의 하나로 정착했다. 태종은 사냥[畋獵]을 위해 자주 궁궐 밖으로 나가 대간으로부터 비판을 받았다.515) 대간은 사냥을 왕이 경계해야만 하는 '遊畋'으로 인식해 비판한 반면 태종은 군사력 약화 방지와 더불어 "자신이 약간의 책을 읽어 儒者의 이름을 얻었지만 본래는 武家 자식으로 말을 달리며 자랐다."라고 하면서 자신의 사냥 행위를 변호했다.516) 그런데 강무는 전렵과 동일한 사냥이면서도 鍊士卒·備不虞, 薦禽, 爲民除害

---

512) 세종 때에도 취각령 규정을 여러 차례 변경하기는 했지만, 실제로 취각령을 거행한 것은 상왕 태종이 생존한 1421년(세종 3) 한 차례뿐이었다[『세종실록』 권12, 세종 3년 5월 5일(병인)].

513) 『세종실록』 권133, 五禮, 軍禮儀式, 吹角令.

514) 이후 태종처럼 쿠데타를 통해 집권했던 세조가 즉위한 후 취각령 때의 條件을 조정하고 실제로 한 차례 거행하기도 했다[『세조실록』 권2, 세조 1년 10월 20일(임술), 11월 13일(갑신)]. 이를 통해서도 취각령이 위급한 때를 대비한 비상훈련임을 다시 한 번 확인할 수 있다.

515) 副司直 張月下는 태종의 잦은 사냥 행위를 고려 우왕에 빗대는 발언을 했다가 처자와 함께 濟州 官奴婢에 定屬되기도 했다[『세종실록』 권6, 세종 1년 12월 25일(을미)].

516) 『정종실록』 권2, 정종 1년 10월 8일(갑진); 『태종실록』 권6, 태종 3년 10월 1일(을사).

라는 뚜렷한 명분이 있으므로 국왕 입장에서 그 시행에 부담이 적을 뿐
아니라 대간 입장에서도 전렵처럼 놀이라는 비판을 제기하기 어려웠
다.517) 더욱이 조선에서는 古制에 나오는 春蒐·夏苗·秋獮·冬狩의 연 4회
강무를 봄가을 연 2회로 축소했기 때문에 대간들이 이를 비판하는 것이
더욱 어려울 수밖에 없었다.

태종의 입장과 군사훈련을 강화하려는 국가의 의도가 결합해 태조
때 제대로 거행하지 못했던 강무가 태종 때에 들어와 본격적으로 정착
되는 과정을 밟아갔다. 조선초기 군사훈련의 핵심인 강무는 1402년 11
월 趙思義의 난을 진압하고 어느 정도 정치적 안정을 이룩한 1403년부
터 본격적으로 거행되었다.

태종에게는 강무가 사냥을 대신하는 성격이 강했기 때문에 대간의
비판을 의식해서인지 강무에서 잡은 짐승을 종묘에 올리는 薦禽 기능을
다른 국왕에 비해 유달리 강조하고 의식했다.518) 蒐狩法에서는 강무 때
잡은 짐승 중에 화살이 왼쪽 가슴을 통과해 오른쪽 어깨로 나온 것을
上으로 간주하여 脯로 만들어 종묘에 올리고, 오른쪽 귀 밑으로 나온
것519)은 그 다음으로 삼아 賓客을 대접하며, 왼쪽 넓적다리에서 오른쪽

---

517) 정도전은 강무가 사냥이어서 '逸遊'에 가깝다는 비판을 의식해 그의 저서에서
聖人도 이를 염려해 蒐狩法을 지어 강무가 民穀을 해치는 짐승을 제거하고
잡은 짐승을 제사에 바치는 宗社와 백성을 위한 계책이라고 했음을 기재했다
(『삼봉집』 권8, 朝鮮經國典 下, 政典, 田獵, "兵者凶事 不可空設 又非聖人之
得已 不可不講 周禮大司徒 春蒐夏苗秋獮冬狩 以講武事 然其弊或至於妨農
害民 故皆於農隙習之 且畋獵近於逸遊 從禽嫌於自奉 於是聖人慮之作蒐狩之
法 一則曰除禽獸之害民穀者 一則曰獻禽以供祭祀 無非爲宗社生靈計也 其意
深哉").

518) 『세종실록』 권6, 세종 1년 11월 6일(병오), "兩上晝停于禾洞 … 上王曰 … 況
講武 本欲薦廟 今旣獲獸薦進 更復何爲" 이 점은 연산군이 朝士·軍卒의 自安
추구를 강하게 질타하며 打圍 기능 중에서 薦禽보다 閱武를 강조한 것과 대
비된다[『연산군일기』 권51, 연산군 9년 10월 9일(임인)]. 국왕별로 자신의 필요
에 따라 강조점이 달랐던 것이다.

519) 『태종실록』에는 '左耳'로 되어 있는 반면[권3, 태종 2년 6월 11일(계해)], 『國

갈비로 나온 것은 下로 삼아 庖廚를 채우도록 규정했다.[520] 태종은 강무 때 잡은 상에 해당하는 짐승을 바로 종묘에 바치곤 했고[521] 『태종실록』에서도 이를 여러 차례 특기했다.[522] 심지어 종묘에 천금하고자 강무를 행한 지 며칠 만에 돌아왔다고 자랑하기도 했다.[523] 1402년에는 사냥에서 잡은 짐승을 종묘에 馳薦하도록 '田狩儀註'를 만들기도 했고, 1412년에는 지난해(1411)에 만든 '薦新儀註'에 따라 강무 때 잡은 짐승은 종묘 朔望祭와 겹치면 兼薦하고 겹치지 않으면 卜日하지 않고 바로 올리게 했다.[524] 1414년에는 典祀寺로 하여금 강무 때 잡은 짐승을 가지고 郊에서 제사를 거행하게 했으며, 이에 따라 같은 해 윤9월 추등 강무 때 잡은 짐승을 가지고 四方之神에게 제사를 지내기도 했다.[525]

강무를 거행하기 위해서는 평상시의 강무장 관리와 사전 준비가 필요했다. 태종 때에는 강무장 관리를 위해 해당 고을에 거주하는 자 중에서 別差를 지정하여 강무장에서의 경작·伐木 등을 금하게 했으며,[526] 강무장이 잘 관리되고 있는지 확인하기 위해 봄가을에 鎭撫를 파견하기

朝五禮儀』에서는 '右耳'로 되어 있다(권6, 軍禮, 講武儀). 사냥은 왼쪽으로 달아나는 짐승을 쏘는 것인데 화살이 왼쪽 가슴에서 오른쪽 귀 방향으로 나와야 짐승을 죽일 수 있으므로 여기서는 『국조오례의』에 따라 해석했다.

520) 『태종실록』 권3, 태종 2년 6월 11일(계해).
521) 『태종실록』 권26, 태종 13년 10월 1일(정미).
522) 세종 때에도 천금 기사가 여러 차례 특기되어 있는데[『세종실록』 권29, 세종 7년 9월 28일(갑자), 29일(을축)], 이는 세종이 부왕의 입장을 계승해 강무에서 鍊士卒 못지않게 薦禽을 중시했기 때문인 것으로 보인다. 세종은 강무에서 연사졸만 강조하는 것은 迂闊하다고 여겼다[『세종실록』 권61, 세종 15, 윤8월 17일(정묘), "上曰 … 言者曰 講武不必獲禽獸 主於鍊卒 此論似乎迂闊"].
523) 『태종실록』 권34, 태종 17년 10월 6일(무자).
524) 『태종실록』 권23, 태종 12년 2월 26일(신사).
525) 『태종실록』 권28, 태종 14년 9월 22일(임진), 윤9월 4일(갑진).
526) 『태종실록』 권33, 태종 17년 3월 20일(병오). 세종 때에는 平康에 거주하는 水軍 37호의 군역을 감면하고 대신에 淮陽·通口·金城·金化의 강무장을 지키게 했으며[『세종실록』 권11, 세종 3년 4월 5일(정유)], 강무장에 山直과 監考를 두기도 했다[『세종실록』 권91, 세종 22년 10월 24일(계사)].

도 했다.527) 강무 거행이 결정되면 大護軍 등을 파견해 불을 놓거나 풀을 베는 등 미리 강무장을 정비하게 했다.528)

그리고 "나가면 고하고 돌아와서 뵙는 것[出告反面]이 예에 있어서 당연한 일"이라는 논리 하에 강무를 거행할 때에는 먼저 종묘·사직에 고하게 했다.529) 종묘·사직에 강무를 고할 때 강무 기간 동안 쾌청하기를 기원하는 祈晴祭를 올렸는데, 만약 비가 온다면 現王의 기원과 先王의 보답에 문제가 생기므로 1415년에 기청제를 거행하지 않도록 했다.530) 그렇지만 이후에도 기청제는 계속 거행되다가 1431년(세종 13)이 되어서야 古制와 『詳定古今禮』에 이런 儀禮가 없다는 이유로 폐지되었다.531)

강무를 거행할 때에는 한두 달 전에 관원을 보내 미리 통지했다.532) 관원에게 虎符533)를 주어 군사를 징발할 道로 파견하면 관찰사는 호부를 맞춰본 후 예하 수령에게 징발 대상 군사를 미리 점검하게 했고, 각 군현에서 징발된 군사들은 道 단위로 모여534) 정해진 시기에 맞춰 서울

---

527) 『문종실록』 권4, 문종 즉위년 10월 10일(경진).
528) 『태종실록』 권28, 태종 14년 9월 10일(경진).
529) 『태종실록』 권22, 태종 11년 10월 5일(계사), 7일(을미). 세종 때에는 大臣을 종묘에 보내어 고하게 했다[『세종실록』 권62, 세종 15년 10월 26일(을해)].
530) 『태종실록』 권29, 태종 15년 2월 29일(정유).
531) 『세종실록』 권25, 세종 6년 9월 27일(기해); 『세종실록』 권34, 세종 8년 10월 3일(계해); 『세종실록』 권39, 세종 10년 3월 8일(경술); 『세종실록』 권43, 세종 11년 2월 25일(신축); 『세종실록』 권51, 세종 13년 2월 27일(임인).
532) 강무 때 군사를 동원하는 절차에 대해서는 박도식, 앞의 논문, 411~412쪽; 이현수, 2002, 앞의 논문, 236~238쪽 참고.
533) 호부는 1397년(태조 6) 처음으로 그 제작·사용을 논의했지만 실행에 옮겨지지 못하다가 1403년(태종 3년) 이후 監司·節制使에게 지급하기 시작했다[『태조실록』 권12, 태조 6년 10월 16일(갑오); 『태종실록』 권6, 태종 3년 7월 2일(정유); 『태종실록』 권22 태종 11년 11월 18일(을해)]. 조선초기 호부를 포함한 군사 징발과 관련된 兵符, 密符에 대해서는 오종록, 2014 「제2부 제3장 병마절도사와 국방」, 『여말선초 지방군제 연구』, 국학자료원, 189~197쪽 참고.
534) 조선초기 외방 군사가 번상할 때에는 해당 군현에서 점고를 받은 후 兵營에 모여 또 한 차례 점고를 받고 道 단위로 상경했다(이 책 1장 2절의 '1) 번상제

근처인 楊州 綠楊平·箭串平, 또는 廣州 鄭金院平으로 집결했다.

강무에는 몰이꾼[驅軍]도 많이 필요했다. 짐승이 있는 곳을 사방으로 둘러싸고 사냥을 했기 때문이다.535) 몰이꾼은 강무하는 道나 인접한 道에서 才人·禾尺과 煙戶軍·騎船軍·侍衛牌·別牌 등의 군사를 징발하기도 하고,536) 侍衛軍, 軍器監 雜色軍丁, 隊長·隊副, 防牌, 隨駕한 各 品의 品從 등을 동원하기도 했다.537) 즉 현지에서 동원하는 방식, 서울에서 데리고 가는 방식, 양자를 병행하는 방식538) 등 세 가지 방식을 통해서 몰이꾼을 확보했다. 이상과 같은 평상시 관리와 사전 준비를 거쳐 강무를 거행했다. [표 1-7]은 태종 때 거행했던 강무 내역을 정리한 것이다.

[표 1-7] 태종 때의 강무 거행 내역

연도	봄/가을	기간	일수	장소	비고
1403년 (태종 03)	봄	03.13~03.17	05일	豊海道 松林	
	가을	10.11~10.18	08일	풍해도 海州	3軍 동원
1404년 (태종 04)	봄	02.06~02.18	13일	풍해도 해주	
1405년 (태종 05)	봄	02.15~02.28	14일	京畿 楊州·麻田	
1406년 (태종 06)	봄	02.28~03.03	05일	경기 廣州·水原·衿州	
	가을	09.11~09.20	10일	경기 抱川·鐵原 江原道 平康	
1407년 (태종 07)	봄	02.13~02.18	06일	경기 광주	停朝(洪吉民 卒, 02.15)
	봄	02.28~03.01	03일	경기 양주	지난번 停朝와 大雨로 강무를 제대로 못했다 하여 강무 再行

운영의 기본방식 형성' 참고). 강무에 참여하기 위해 상경하는 군사 역시 이 방식에 따라 점고를 받고 상경했을 것이다.
535) 김동경, 2010 「조선초기의 군사전통 변화와 진법훈련」, 『군사』 74, 120~125쪽.
536) 『태종실록』 권30, 태종 15년 9월 29일(계해); 『태종실록』 권31, 태종 16년 2월 4일(정묘).
537) 『태종실록』 권28, 태종 14년 윤9월 3일(계묘)·19일(기미); 『태종실록』 권31, 태종 16년 3월 2일(갑오); 『태종실록』 권33, 태종 17년 2월 27일(갑신).
538) 『태종실록』 권30, 태종 15년 12월 8일(신미).

연도	봄/가을	기간	일수	장소	비고
	가을	10.12~10.16	05일	경기 광주·금천	
1410년 (태종 10)	봄	10.01~10.06	06일	풍해도 江陰	雷電雨雹으로 중단
1411년 (태종 11)	봄	02.27~03.02	05일	경기 광주	留後司에서 還都(02.16)
	가을	10.06~10.11	06일	경기 광주	
1412년 (태종 12)	봄	02.25~03.04	09일	경기 철원	
	가을	09.24~09.30	07일	경기 수원·利川·川寧	
1413년 (태종 13)	봄	02.04~02.28	25일	풍해도 平州·해주	溫浴 兼行
	가을	09.22~10.12	21일	全羅道 任實	전라도에서 거행한 유일한 사례
1414년 (태종 14)	봄	02.27~03.06	09일	강원도 金化·평강	
	가을	윤09.03~윤09.19	17일	강원도 橫川	驅軍 5,000명
1415년 (태종 15)	봄	02.06~02.29	24일	풍해도 해주	齊陵 拜謁
	가을	09.25~10.12	18일	강원도 江陵·橫城	驅軍 5,400명
1416년 (태종 16)	봄	02.04~02.22	19일	忠靑道 泰安	驅軍 7,000명. 충청도에서 거행한 유일한 사례
	가을	10.15~10.27	13일	강원도 평강	河崙 위독
1417년 (태종 17)	봄	02.27~03.09	12일	강원도 原州	驅軍 3,500여 명 覺林寺 방문 병행
	가을	09.28~10.03	06일	경기 이천·迷原	太宗 未寧

출처: 이현수, 2002, 앞의 논문, 239쪽 [표 1] 참고해 필자 재작성.

　　[표 1-7]에서 보는 바와 같이 태종은 太上王 薨逝에 따른 國喪 기간과 재위 마지막 해를 제외하면 거의 매년 봄가을에 강무를 거행했다. 태종은 재위 18년 동안 총 24회 강무를 거행했는데, 봄에 행하는 春等 강무가 13회이고 가을에 행한 秋等 강무가 11회였다. 춘등 강무는 음력 2월 하순에서 3월 초까지, 추등 강무는 음력 9월에서 10월 사이에 거행했다. 강무 기간은 짧으면 3~5일에 그치기도 하고 길 때는 20일을 넘는 경우도 있었는데 10일 정도가 평균이었다.539)

───────────────

539) 이현수, 2002, 앞의 논문, 238~241쪽 참고. 이현수는 1413년 9~10월 전라도 임실에서 거행한 사냥을 강무에 포함시키지 않았는데, 이 책에서는 당시 병조의 인식에 근거하여『태종실록』권27, 태종 14년 2월 25일(기사), "今蒐狩之場 未有定所 或遠出全羅豊海 其弊不小"] 이를 강무에 포함해 계산했다. 태종 재위

태종 때의 강무는 첫째, 강무가 아직 大閱과 연결되지 않았기 때문에 사냥 중심으로 운영되었고, 둘째, 강무가 甲士를 포함한 禁軍 등 소수 병력을 중심으로 거행됐으며, 셋째, 일정한 강무 장소[常所]를 선정하려는 논의를 활발하게 진행했다는 특징을 보였다.

첫째 특징부터 살펴보자. 태종 때의 강무에서는 이후와 달리 大閱이라는 사전 절차가 없었다. 태종 스스로 강무는 무예를 익히고 사냥물을 종묘에 바치는 것이 목적이라고 밝혔듯이, 아직 軍器와 衣甲을 점검하고 坐作進退의 절차와 진법을 연습하는 대열이 강무와 결합되지 않고 있었다. 태종 때의 강무가 대열과 연결되지 않은 것은 태종 때에는 진법 훈련인 習陣이 제대로 실시되지 못했다는 점과 밀접히 관련되었다.

이처럼 태종 때의 강무가 대열과 무관하게 진행됐기 때문에 1416년 대사헌 金汝知 등은 "강무는 말을 치달리며 활을 쏘고 (창이나 칼로) 찌르고 치는 것만 급무로 삼는 것이 아니라 車徒를 簡하고 器械를 閱하며 民으로 하여금 坐作進退의 절차를 알게 하고자 하는 수단"[540]이라고 지적했다. 태종 때의 강무가 사냥 중심으로 운영되는 것을 비판하는 한편 강무가 軍器와 衣甲을 점고하고 閱兵을 통해 좌작진퇴의 절차를 익히는 大閱과 결합돼야 함을 지적한 것으로, 이후의 대열과 강무 결합을 예고한 것이다.[541]

태종 때 강무의 두 번째 특징은 甲士를 비롯한 內禁衛·內侍衛·別侍衛 등 禁軍을 중심으로 한 소수 병력을 동원해 거행했다는 점이다. 『태종실록』에 기재된 강무 거행 사례를 살펴보면 이후처럼 외방 군사를 대규

마지막 해인 1418년(태종 18)의 경우 봄에는 誠寧大君 사망으로 상심한 국왕 내외가 개성으로 移御했고, 가을에는 讓寧大君의 廢世子와 세종에게로의 傳位 등 정치적으로 변동이 많은 때여서 강무를 거행하기 어려웠다.

540) 『태종실록』 권31, 태종 16년 5월 23일(갑인).

541) 세조 때부터 강무에 앞서 대열을 거행하는 방식이 등장했다[『세조실록』 권14, 세조 4년 9월 26일(경술), "幸東郊 百官分司扈從 至樂天亭大閱 中宮王世子亦隨駕 夕次于峨嵯山下離宮", 9월 27일(신해), "觀獵于土其山"].

모로 동원하지 않았다. 이 점은 첫 번째 특징인 태종 때의 강무가 대열
과 무관하게 거행됐다는 점과도 연관된다. 태종은 금군과 3軍 등 중앙
군을 거느리고 강무를 거행했던 것이다. 외방 군사는 [표 1-7]에서 보듯
이 강무하는 곳이나 인근 道의 군사를 몰이꾼으로 징발했을 뿐이며, 그
규모도 侍衛牌 및 防牌, 攝隊長·攝隊副 등 步兵 내지 勞役軍 역할을 수행
하는 중앙군을 포함해 3,000~7,000명 정도에 그치고 있다.

　태종 때 강무의 세 번째 특징은 강무하는 일정한 장소[常所]를 설정하
려는 논의를 활발하게 진행했다는 점이다. 태종은 세자 시절에도 "우리
나라는 땅이 좁아 田狩하는 곳이 모두 農場이어서 禾穀을 손상시킬 수
밖에 없는데 平州 남쪽에만 100여 리가 되는 빈 땅이 있으니 이를 蒐狩
하는 苑囿로 삼아 樵採를 금하고 가을과 겨울에 무예를 훈련시키는 것이
좋겠다."라고 하여 강무 상소를 설정하는 데 관심을 보이기도 했다.[542]

　태종은 풍해도(황해도)의 海州·平州(平山)·松林·江陰, 경기의 廣州·水
原·衿州·楊州·麻田·抱川·鐵原·利川·川寧·迷原, 강원도의 平康·金化·橫
川(橫城)·江陵·原州, 충청도의 泰安, 전라도의 任實 등 가깝게는 서울 근
처의 경기로부터 멀게는 강릉·임실에 이르기까지 원근을 불문하고 매
우 다양한 지역에서 강무를 거행했다. 이처럼 강무 장소가 고정되지 않
은 채 거행할 때마다 선정되어 백성들이 피해를 입는 상황이 발생하자
강무장을 일정한 지역으로 고정하려는 논의가 일어나게 된 것이다.

　1414년부터 시작된 常所 설정 논의는 상소를 畿內에 설정하는 것이
先王 제도에 부합하지만 기내에는 짐승이 적고, 해주·태안 같이 먼 곳
은 짐승은 많지만 왕복에 따른 불편한 점이 있기 때문에 쉽게 결론을
내리지 못했다.[543] 그러다가 1415년 2월 충청도의 태안과 전라도의 임
실은 강무장에서 제외시키는 한편 강원도의 평강·횡천·伊川·平昌과 강

542) 『정종실록』권4, 정종 2년 6월 16일(기유).
543) 『태종실록』권28, 태종 14년 8월 26일(병인)·30일(경오).

릉 珍寶·芳林·大和, 원주 覺林寺와 實美院 및 풍해도의 牛峰·大芚山, 경기의 臨江·水回·馬城·長湍·七墻, 留後司 笞井串·德連洞口, 安峽, 광주, 楊根 등을 강무할 곳으로 삼았다.544) 같은 해 6월에는 이를 축소해 安峽(伊川)·平康을 한 곳으로 삼고, 橫川(橫城)·芳林(平昌)을 한 곳으로 삼으며, 楊根·廣州·豊壤·抱川·長湍·臨江도 사렵을 금하게 하여, 경기 동부와 북부, 강원도 두 곳을 강무 상소로 정했다.545)

이후 강무 常所는 1416년 5월에 태안·횡천·평강 세 곳으로, 같은 해 6월에는 태안 대신 平山을 넣었다가,546) 7월에 迷原·楊州·加平·朝宗·永平 등을 한 곳으로 삼고, 平康·鐵原·安朔 등을 한 곳으로 삼으며, 臨江·牛峯·松林·開城·海豊·江陰 등을 한 곳으로 삼고, 橫城 등을 한 곳으로 삼아 크게 네 곳을 常所로 정하는 것으로 결론을 내렸다.547) 강무 상소에는 立標하고 입표 안에서 경작·벌목·사냥 등을 금하되, 입표 밖에서는 금하지 않게 했다.548)

마지막으로 태종 때의 진법훈련에 대해 살펴보자. 태조 중반부터 의욕적으로 실시했던 진법훈련은 陣法에 대한 군사들의 이해력을 높이려는 순수한 군사적 목적 외에 私兵을 거느린 節制使들의 권한을 줄이려는 정치적 목적도 함께 지녔다. 이러한 진법훈련의 정치적 목적은 절제사들의 반발을 불러와서 제1차 왕자의 난이 일어나는 기폭제 역할을 했다. 진법훈련을 주관하던 정도전이 제1차 왕자의 난으로 제거되자 진법훈련도 중지되었다. 이런 연유로 태종 전반기에는 사병 혁파라는 대단히 중요한 軍事 개혁을 단행했음에도 진법훈련이 재개되지 못했다. 그렇지만 진법훈련 그 자체는 군사적 능력 향상에 반드시 필요한 것이기

---

544) 『태종실록』 권29, 태종 15년 2월 3일(신미).
545) 『태종실록』 권29, 태종 15년 6월 17일(임오).
546) 『태종실록』 권31, 태종 16년 5월 20일(신해), 6월 26일(병술).
547) 『태종실록』 권32, 태종 16년 7월 5일(갑오).
548) 『태종실록』 권32, 태종 16년 8월 21일(경진).

때문에 언젠가 재개될 수밖에 없었다. 태종은 즉위한 후 조사의의 난을 진압하고 閔無咎 등 외척세력을 제압하는 등 정권이 어느 정도 안정 궤도에 올랐다고 판단되자 진법훈련을 재개했다.

1409년 3월 태종은 정도전 주도로 진법훈련을 맹렬히 실시할 때 司馬로서 그 교습을 담당했던 田甫를 친히 불러 甲士와 鷹揚衛, 別侍衛 등에게 陣法을 익히게 할 것이라고 밝히며 그 진법 교습을 담당하게 했다. 다음날에는 前 留後 柳觀, 前 형조판서 李行, 前 恭安府尹 鄭以吾를 兵書習讀提調로 삼고, 대호군 田甫와 護軍 堅橡, 行司直 李恪을 陣圖訓導官으로 삼았다.549) 그리고 다음 달 盤松亭에서 陣圖를 익히게 함으로써550) 태종 때의 진법훈련은 시작되었다.

이듬해(1410) 4월에도 3軍에 명하여 동교에서 習陣하게 했는데,551) 태종 때의 진법훈련은 이처럼 국왕이 친림하지 않고 命將하여 거행한 점이 특징적이었다. 명장하여 실시했기 때문인지 실록에 실린 습진 기사가 매우 드물지만, 1417년 병조 요청에 따라 各門 差備를 제외한 입직 군사로 하여금 馬兒를 가지고 날마다 陣圖를 익히게 한 것에서 알 수 있듯이552) 장수 지휘 하에 정기적으로 습진을 거행했을 것으로 추정된다.

---

549)『태종실록』권17, 태종 9년 3월 21일(갑자)·22일(을축).

550)『태종실록』권17, 태종 9년 4월 13일(을유).

551)『태종실록』권19, 태종 10년 4월 26일(임술), "命三軍習陣于東郊 … 翌日 判義興府事李天祐等啓 昨日習陣東郊 士卒皆知坐作進退之節攻敵應變之法 無一人違令者 誠前古所未有也 願一親臨 上許之"

552)『태종실록』권33, 태종 17년 5월 7일(임자).

II. 세종~세조 때의 五衛制 확립과 군사훈련 규정 정비

1. 중앙군 분화와 갑사·별시위의 衛兵化

1) 중앙군 군액 증가와 禁軍·衛兵의 분화

세종~세조 때 중앙군과 관련해 취한 정책으로는 중앙군의 군액 증가, 軍役 파악방식의 일원화, 그리고 의도한 것은 아니지만 결과적으로 나타난 금군과 위병의 분화 현상을 들 수 있다.[1] 먼저 중앙군의 군액 증가부터 살펴보자. 1443년(세종 25) 병조판서 鄭淵은 다음과 같은 계를 올렸다.

> 병조판서 정연이 계했다. "지금 별시위가 되려고 이미 投狀한 자가 800여 명이며 그 나머지도 몇 천이나 되는지 알 수 없습니다. 우리나라가 평화로운 날이 오래되어 인물이 번성해졌는데도 軍額을 더하지 않았습니다. 청컨대 入仕하는 자는 반드시 軍籍에 이름을 올린 후에 허락한다면 군액이 많아질 것입니다." 上이 말했다. "내가 경의 말을 가상히 여긴다. 다시 磨勘해 아뢰어라."[2]

병조판서 정연이 관직과 연계된 別侍衛 응시자가 많아지자 이를 활용해 군액을 증가시킬 방안을 제시했고 국왕 세종도 이를 옳게 여겨 그 추진 방안을 마련해 아뢰도록 한 것이다. 이처럼 평화기 지속에 따른 인구증가를 바탕으로 군액을 늘리려는 정부의 의도와 仕宦이 보장되는 병종에 입속하려는 民, 특히 良人 상층[3]의 욕구가 결합해 세종 중반 이후

---

1) 세종~세조 때 나타난 兩界 군사의 번상 중지나 保法 실시도 중앙군과 관련이 있는 중요한 정책이지만 이 정책들은 番上制와 관련되기 때문에 절을 달리해 서술하고자 한다.
2) 『세종실록』 권101, 세종 25년 9월 11일(임술).

중앙군 군액이 늘어나기 시작했다. 하삼도를 중심으로 한 농업생산력
향상4)은 양인 상층의 확대를 가져왔고, 이들 중에서 과거에 급제하기
어려운 부류는 무예를 익혀 벼슬길과 연결되는 병종에 입속하고자 시도
했던 것이다. 더욱이 농업생산력 향상은 이전에 비해 적은 면적의 토지
에서도 軍役 부담을 가능하게 해 이 시기에 군역 담당층이 아래로 확대
되는 데 경제적 바탕으로 작용했다.5)

　　정부에서도 한정된 예산으로 좀 더 많은 군액을 유지하고자 衛領職을
遞兒職 형식으로 운영했다.6) 또 軍職이나 兵種에 한정된 것은 아니지만,

---

3) 1445년(세종 27) 別侍衛·甲士 取才에 入格한 후 마필을 점고할 때 병조에서 奴
　婢文券을 다시 조사해서 騎馬와 卜馬를 갖출 수 있는 자만 充差하게 했다『세
　종실록』권108, 세종 27년 6월 6일(무신)]. 1446년(세종 28)에는 별시위는 甲士의
　예에 따라 士族으로 노비 10구 이상을 보유한 자만 試取를 허락했다『단종실록』
　권9, 단종 1년 11월 21일(계유)]. 이처럼 관직과 연계된 병종은 무예가 출중할 뿐
　아니라 최소한 말 2필을 보유하고 말 사육과 주인의 軍士 활동을 뒷받침할 노
　비 소유가 필수적이라는 점에서 資産이 비교적 넉넉한 양인 상층 이상만 입속
　할 수 있었다. 이들의 出仕 욕구는 1432년(세종 1) 형조참판 高若海의 발언을
　통해서도 확인할 수 있다『세종실록』권55, 세종 14년 2월 7일(병신), "高若海曰
　今人才極盛 治事之才武藝之士頗多 皆願從仕 乞開進用之路 上曰 治事之才 則
　於吾小國足矣 武藝之士 不害其多 予嘉乃言"].
4) 이태진은 1430년(세종 12)의 기록[『세종실록』권49, 세종 12년 8월 10일(무인)]
　을 인용해 "경상·전라의 沿海 水田 같은 것은 벼 1·2斗를 심어 소출이 혹 10여
　石이나 되니, 1結 소출이 많은 것은 50·60석을 넘고 적어도 20·30석"(1989, 「세
　종대의 농업 기술정책」『조선유교사회사론』, 지식산업사, 31~32쪽)이라 했으며,
　이호철도 조선 초 농지 공급이 확대되어『세종실록』「지리지」에 실린 결수가
　163만~171만 결에 달한다(1994 「2. 농업과 농업기술」『한국사』24(조선초기의
　경제구조), 국사편찬위원회, 113~116쪽)라고 하여, 세종 때 하삼도를 중심으로
　한 농업생산력 향상을 지적했다.
5) 노영구는 당시 농업생산력 향상으로 군역 부담이 가능한 토지 면적이 5~6결에
　서 3~4결로 축소됐다고 지적했다(1994 「조선초기 水軍役과 海領職」, 서울대 석
　사학위논문, 62쪽).
6) 조선초기 체아직의 성립과 운영에 대해서는 이재룡, 1984 「조선초기의 체아직」
　『조선초기사회구조연구』, 일조각 참고.

官階와 官職을 분리해[7] 실제 관직은 수여하지 않은 채 관계만 부여함으로써 신분의 유지·상승을 도모하는 양반·양인 상층의 욕구를 어느 정도 충족시키고자 했다.

이러한 배경 아래 세종 때 중앙군은 개별 병종별로 군액이 증가하다가 세종 후반에 폭증하는 현상을 보였다. 2,000명으로 출발한 갑사는 1428년에 3,000명, 1440년에 6,000명으로 증액됐으며,[8] 별시위는 1432년에 640명, 1434년에 1,000명, 1441년에 1,600명으로 늘어났다.[9] 60~90명 규모였던 내금위도 1439년경에는 180명으로 늘어나 있었다.[10] 1428년에 防牌가 3,000명에서 4,500명으로, 攝六十(攝隊長·攝隊副)이 1,200명에서 1,800명으로 늘어났다. 1445년에도 近仗이 540명에서 600명으로,[11] 별시위가 1,600명에서 3,000명으로 증액되었다. 동시에 火砲 때문에 설치했

---

7) 조선초기 관직과 官階의 분리 및 官階(品階)의 기능에 대해서는 남지대, 1992 「조선초기 散階[官品]의 구조와 기능」『한국문화』13 참고.

8) 『세종실록』권39, 세종 10년 2월 13일(을축);『세종실록』권88, 세종 22년 2월 6일(기묘). 갑사는 번상제 적용을 받을 때인 1410년에 3,000명으로 늘어났다[『태종실록』권19, 태종 10년 5월 12일(무인)]. 이후 2,000명으로 환원됐다가 1428년(세종 10)에 다시 3,000명으로 증액된 것이다. 1440년에 6,000명으로 늘어난 갑사는 1445년(세종 27)에 4,500명으로 줄어들었다.

9) 『세종실록』권56, 세종 14년 4월 19일(정미);『세종실록』권66, 세종 16년 10월 8일(신해);『세종실록』권93, 세종 23년 9월 16일(기유). 1434년(세종 16) 10월 도승지 安崇善이 600명인 별시위를 1,000명으로 증원하기를 청했는데 세종은 후일 대신들과 의논하겠다고 답했다. 1441년(세종 23) 별시위를 증액할 때 1,000명을 1,600명으로 늘린다고 했으므로 1434년의 안숭선 건의는 수용된 것으로 판단했다.

10) 차문섭, 1973 「鮮初의 內禁衛」『조선시대군제연구』, 단국대 출판부, 82~83쪽. 180명으로 증액됐던 내금위는 1439년(세종 21) 60명으로 줄어들었다가 1446년(세종 28) 100명으로 늘어났고, 1460년(세조 6)에 300명으로 증액될 때까지 100명 규모를 유지했다.

11) 근장은 1428년 8월에 400명이던 정액을 600명으로 늘리기로 결정했는데[『세종실록』권41, 세종 10년 8월 5일(갑신)], 어떤 사정이 있었는지 140명만 증원됐다가 1448년(세종 30)에 애초 의도대로 600명으로 늘어났다.

던 軍器監別軍이 役軍化한 현실을 비판하며 京外無役者 중에서 2,400명을 새로 뽑아 銃筒衛라는 병종을 신설하기도 했다.[12]

이런 과정을 거쳐 1448년에 중앙군의 대규모 증액을 단행했다.[13] 갑사를 4,500명에서 7,500명으로, 별시위를 3,000명에서 5,000명으로, 방패를 4,500명에서 7,500명으로, 섭육십을 1,800명에서 3,000명으로, 근장을 600명에서 1,000명으로, 총통위를 2,400명에서 4,000명으로 늘리고 모두 5번으로 나누어 4개월마다 교대하도록 했다.[14] 중앙군을 증액하면서 운영의 효율성을 기하기 위해 그 番次와 근무기간까지 동일하게 조정한 것이다. 이때의 증액으로 위의 6개 병종 군액은 1만 6,800명에서 2만 8,000명으로 크게 늘어났다.

세종 말 중앙군 군액이 이렇게 폭증한 것은 조선 건국 후 반 세기 동안의 인구증가를 기반으로 한 것이었으며, 그 결과 중앙군 성격에도 변화를 가져왔다. 건국 초에 토지가 없는 농민 상당수가 정착하지 못하고 流移하던 상황은 왜구 침탈이 종식되면서 15세기 중엽이 되면 해안 큰 섬에도 사람이 살게 되고 개간한 땅도 생산성이 안정되면서 떠돌던 농민들이 정착하게 되어 군역 자원이 크게 늘어났으며, 이전보다 사회가 안정되면서 인구의 자연증가도 이루어졌다.[15] 또한 세종 말에 이르

---

12) 『세종실록』 권109, 세종 27년 7월 18일(경인).

13) 윤훈표는 사회경제적 관점에서 세종 말 중앙군 군액이 급증한 원인을 다음과 같이 지적했다(1995, 앞의 논문, 13~16쪽). 첫째, 科田 지급액 축소로 군역을 부과하려는 정부 입장과 관직을 받고자 하는 사대부 요구를 모두 만족시킬 수 있는 별시위 같은 병종의 정액을 늘릴 수밖에 없었다. 둘째, 국가의 토지 지배권이 강화되고 貢法을 실시해 국가재정이 이전에 비해 확대되었다. 셋째, 군직에 遞兒職·遞兒祿을 적용해 한정된 재원으로 더 많은 군사를 수용할 수 있게 되었다. 넷째, 천도 후 15세기 중반이 되면 京城 중심의 유통기구가 어느 정도 자리 잡게 되어 늘어난 중앙군의 居京 생활이 가능해졌다.

14) 『세종실록』 권119, 세종 30년 1월 28일(을묘). 당시는 세자인 문종이 대리청정하던 시기여서 세자가 군액 증가 논의를 주관했다[『세종실록』 권118, 세종 29년 12월 18일(병자), "世子引見都承旨李思哲等 議中外軍額加定及僧人錄籍便否"].

면 收取體制가 정비되고 戶籍法도 확립되는 등 국가의 행정력도 강화
되었다. 이에 따라 소수 정예군사가 厚待를 받으며 왕권 안정에 기여하
던 중앙군이 아니라, 수만 명의 元額을 가지고 잠시 上京宿衛하고 대부
분 기간은 地方軍에 속하는 것으로 중앙군 성격에도 변화를 가져왔던
것이다.[16]

　중앙군 군액 증가와 이에 따른 중앙군의 성격 변화는 '군역 파악방식
의 일원화' 조치와도 관련돼 있었다.[17] 중앙군 성격이 변한 만큼 그동안
유지하던 二元的 軍役 파악방식의 존재 이유가 약해지게 된 것이다.
세종 말까지 내금위·갑사·별시위·방패·근장·섭육십·총통위처럼 시험
을 통해 선발하는 병종의 군적은 중앙에서 작성하고 보관해왔다. 시험
을 통해 선발하는 병종은 서울에서 시험을 보았기 때문에 서울에서 군
적을 작성·보관하는 것이 편리했다. 受田牌·忠義衛 등 우대를 위해 설
치한 병종도 마찬가지였다.[18] 반면 이들 외에 의무에 따른 병종인 시위
패·營鎭軍·騎船軍 등은 그들이 거주하는 고을에서 군적을 작성하고 보
관했다.[19]

---

15) 오종록, 1996 「조선초기 正兵의 군역」 『한국사학보』 1, 112~113쪽.
16) 민현구, 1983, 앞의 책, 137~140쪽.
17) 군역 파악방식의 일원화 과정에 대해서는 민현구, 1983, 앞의 책, 62~69쪽 참고.
　그는 군역의 二元的 파악방식의 대상이 되었던 병종을 京軍役과 鄕軍役으로
　지칭했다(같은 책, 65~66쪽).
18) 수전패 군적은 당사자들의 狀告에 의거하여 작성해 왔는데, 隱漏가 많고 憑考
　에 어려움이 있다는 이유로 田地를 담당하는 호조에서 3년에 한 번씩 해당자를
　병조에 移關하여 錄籍하는 것으로 바뀌었다[『세종실록』 권108, 세종 27년 4월
　23일(병인)]. 충의위 趙石山이 태종이 승하한 며칠 뒤에 다른 사람의 기생첩을
　간통했다가 충의위 군적에서 삭제되는 처벌을 받은[『세종실록』 권16, 세종 4년
　7월 28일(계미)] 사례에서 짐작할 수 있듯이 충의위 군적도 서울에서 작성하고
　보관했다.
19) 『태종실록』 권26, 태종 13년 9월 1일(정축), "忠淸道都觀察使李安愚 上時務數
　條 … 道內五十五州元定船軍之數 五千五百三十七名 侍衛軍二千七百五十四
　名 各成軍籍 水陸之備 可謂無缺矣"

그런데 1440년에 下番한 갑사를 거주지의 營鎭에서 錄籍하게 했고, 1444년에는 하번한 별시위·방패·근장 등도 영진에서 錄籍하여 倭變이 생기면 이들을 징발하게 했다.[20] 1451년(문종 1) 1월에는 하번한 경상도·전라도의 갑사·별시위·총통위·방패·섭육십의 器械·馬匹·餱糧·雨具 등을 都節制使가 點閱하고 武才 있는 守令이 이들을 거느리고 대기하게 했다.[21] 평안도 都體察使 金宗瑞가 몽골 에센(也先)의 침입 가능성을 馳 啓한 데 대한 조정의 대처방안으로 나온 조치였다. 1454년(단종 2)에는 하번한 별시위·총통위·방패·섭육십·근장 등을 거주지 부근 영진에서 錄籍할 것을 다시 한 번 천명하고 그들이 고을을 벗어날 때에는 그 사유를 官에 고하게 했다.[22] 이런 과정을 거치면서 금군을 제외한 試取 대상 중앙군의 거주지별 파악과 통제가 심화되었고, 마침내 1455년(세조 1) 9월에 巨鎭을 설치하면서 갑사·별시위 등의 중앙군과 侍衛軍·營鎭軍 등의 외방 군사를 일률적으로 各 翼에 소속시키고, 이들의 군적도 中翼· 都節制使營·병조에 비치하며, 이들의 번상도 中翼 → 도절제사 → 병조의 계통을 밟아 집행하도록 함으로써 군역 파악방식이 일원화했다.[23]

한편 세종 후반 중앙군 군액이 폭증하면서 갑사·별시위 같이 그동안 금군과 위병 역할을 동시에 수행하던 병종들이 금군 성격을 탈각하고 위병으로 轉化되어 갔다. 1430년 병조에서 강무에 참여하는 군사들에게 부착할 章標의 종류와 色, 부착 위치 등을 아뢰어 승낙을 받았다.[24] 당시 병조에서는 강무에 참여하는 자를 隨駕軍士, 驅獸軍士, 各人 세 부류로 구분했다. 수가군사는 司禁·(兼)司僕·3軍의 鎭撫·內禁衛·忠義衛를 가리키고, 구수군사는 중군·좌군·우군에 속한 上護軍·大護軍·護軍·別侍

---

20) 『세종실록』 권87, 세종 22년 2월 6일(기묘); 『세종실록』 권105, 세종 26년 9월 12일(정해).
21) 『문종실록』 권15, 문종 1년 1월 4일(갑진)·23일(계해).
22) 『단종실록』 권12, 단종 2년 9월 21일(기사).
23) 민현구, 1983, 앞의 책, 67~68쪽.
24) 『세종실록』 권47, 세종 12년 4월 23일(임진).

衛·甲士·侍衛牌를 지칭하며, 各人은 速古赤·鷹師·向化人·隨駕한 吹螺赤
와 太平簫·各品의 伴人이 이에 해당했다. 사금·(겸)사복·내금위·충의위
는 수가군사로서 國王侍衛를 담당하고, 별시위·갑사·시위패는 구수군사
로서 짐승 몰이를 담당했는데 이를 통해 1430년(세종 12) 당시에도 전자
는 금군으로, 후자는 衛兵으로 그 역할에 따라 점차 분화가 진행돼 가고
있음을 유추할 수 있다.

금군과 위병의 분화 현상은 앞에서 살펴본 '軍役 파악방식의 일원화'
로 더욱 촉진되다가, 마침내 1451년(문종 1) 12司를 5司로 재편하면서 내
금위 등의 금군을 제외한 갑사·별시위·총통위·방패·섭육십 등의 병종
만 5사에 分屬함으로써[25] 금군과 위병의 구별은 굳어지게 되었다. 이전
까지 금군과 위병의 구분 기준은, 국왕 殿座時의 侍立 위치와 거둥시 御
駕와의 거리 등도 중요하지만 더 핵심적인 것은 금군은 국왕侍衛에 전
념하도록 行巡을 면제받았다는 점이었다. 그런데 위 조치에 따라 5사에
분속되는지 여부도 양자를 구분하는 핵심적인 기준이 되었다. 5사에 분
속되지 않은 금군은 병조에 直屬됐을 것으로 추정된다.[26] 내금위를 예
로 들면, 그들은 국왕 → 병조판서 → 내금위장으로 이어지는 명령(지
휘) 계통에 따라 활동했을 것이다.[27]

마지막으로 세종~세조 때 중앙군으로 활동했던 병종들을 금군을 중
심으로 살펴본 후 해당 병종들의 내역을 표로 정리하는 것으로 본 소절
을 마무리하도록 하겠다.

세종 초반에는 새로운 금군의 창설과 혁파, 기존 금군의 통합 등이

---

25) 『문종실록』권8, 문종 1년 6월 7일(갑술).

26) 『세종실록』권66, 세종 16년 10월 27일(경오), "兵曹啓 革三軍衛門 而中軍所屬
內禁忠義別侍衛司禁 不議移屬之處 上項各衛之事 各其節制使直呈本曹 本曹
亦直行文書"

27) 내금위가 궁궐에 입직할 경우에는 병조판서가 아닌 五衛鎭撫所 都鎭撫의 지휘
를 받았다[『세조실록』권18, 세조 5년 12월 11일(기미), "兵曹啓 五衛都鎭撫 兼
摠內禁衛獅子衛一應侍衛軍士 而只稱五衛都鎭撫 請改稱諸衛鎭撫 從之"].

진행되었다. 먼저 태종이 왕위를 물려주고 상왕으로 있는 상황을 반영해 司導를 別司嚴으로 고친 뒤 左牌를 左禁衛으로, 右牌를 右禁衛으로 삼아 좌금위·우금위라는 새로운 금군 병종을 창설했다. 그리고 이어 좌금위 1~3番 節制使와 우금위 1~3번 절제사 각각 2명씩 총12명을 임명했다.[28] 그런데 불과 두 달 만에 좌금위와 우금위를 혁파하고 그 구성원을 내금위와 내시위에 移屬시켰다.[29] 상왕과 국왕 두 명이 존재해 둘로 나뉘었던 국왕시위 방식을 상왕 태종이 中外軍務를 聽斷한다는 취지에 입각해 다시 하나로 합친 것이다. 상왕을 위해 별도로 설치했던 義建府를 다시 三軍府에 통합한[30] 조치의 연장선상에서 취해진 조치였다.

기존 금군의 통합도 단행했다. 1419년 2월 鷹揚衛를 혁파한 후에 같은 해 5월, 혁파된 응양위를 대상으로 騎射와 步射를 시험해 둘 다 합격한 자는 갑사에, 한 가지만 합격한 자는 별시위에 移差하도록 했다.[31] 당시까지 갑사와 별시위는 금군과 衛兵 역할을 동시에 수행하는 비슷한 성격의 병종이지만 군사적 능력에 있어서 갑사가 상대적으로 우위에 있었다. 갑사의 상대적 우위는 1460년(세조 6)에 그동안 복잡했던 試取節目을 세 등급으로 간소화해 1등 입격자는 내금위, 2등은 갑사, 3등은 별시위로 삼게 한 조치 때까지도 확인된다.[32] 그런데 세조 후반을 거치면서 갑사는 2만 명까지 폭증한 반면 별시위는 1,500명으로 대폭 줄어들면서 양자의 관계는 별시위 우위로 바뀌었다. 그리하여 1468년(예종 1)의 경우 갑사는 4矢 이상인 자를 뽑은 반면 별시위는 5矢 이상인 자를 뽑았다.[33] 별시위의 상대적인 우위 현상은 『경국대전』에도 반영돼 가장 우

---

28) 『세종실록』 권1, 세종 즉위년 8월 12일(기축).
29) 『세종실록』 권1, 세종 즉위년 10월 14일(경인).
30) 『세종실록』 권1, 세종 즉위년 9월 12일(기미).
31) 『세종실록』 권3, 세종 1년 2월 24일(기해);『세종실록』 권4, 세종 1년 5월 23일(정묘).
32) 『세조실록』 권20, 세조 6년 5월 10일(을유).
33) 『예종실록』 권8, 예종 1년 9월 10일(기묘), "兵曹啓 … 別侍衛則騎步中五矢以

수한 병종인 내금위는 10矢 이상, 별시위는 親軍衛와 함께 6시 이상인 반면 갑사는 5시 이상인 자를 取하도록 규정했다.[34] 한편 1424년(세종 6)에는 3번으로 나누어 侍衛하는 내금위와 내시위의 경우 各 番의 軍官은 적은데 절제사를 2명이나 差定하는 것은 未便하다는 이유로 내시위를 혁파하고 내금위에 통합시켰다.[35]

세종 때에는 獅子衛라는 새로운 侍衛 부대도 만들었다.[36] 태종 때를 계승해 세종 때에도 강무가 꾸준히 거행되자[37] 강무할 때 짐승들이 御駕에 충돌하는 것을 막기 위한 목적으로 1436년(세종 18)에 사자위라는 특수 부대를 조직한 것이다. 사자위는 강무할 때마다 건장하고 용감한 군사 100명을 선발해서 조직했다.[38] 강무·사냥 때만 조직되던 사자위는 세조 때가 되면 강무뿐 아니라 평상시의 궁궐숙위 때에도 편성하게 되었다. 1459년(세조 5) 병조의 요청에 따라 입번한 (겸)사복·내금위·諸衛 軍士를 대상으로 사자위를 편성하고 獅子衛將도 그때마다 선정해 中所에 입직하게 한 것이다.[39] 이처럼 독립적인 부대가 아닌 강무·사냥·習陣·궁궐숙위 때 기존 병력을 활용해 조직하던 사자위는 성종 전반까지만 실록에 출현하는 것으로 보아[40] 그 이후 자연스럽게 소멸한 것으로 보인다.

세종 때에는 이처럼 기존의 금군을 흡수한 내금위·갑사·별시위가 금군으로 활동했고, 태조 때 출현한 司禁도 계속 금군의 역할을 수행했다.[41] 그리고 강무를 위해 기존 병력을 활용한 사자위라는 특수 부대를

上 甲士則騎步中四矢以上 … 從之"
34) 『경국대전』 권4, 병전, 試取, 內禁衛, 別侍衛·親軍衛, 甲士.
35) 『세종실록』 권24, 세종 6년 5월 6일(경진). 이때 내시위 120명이 내금위로 이속되어 내금위 정원이 180명으로 늘어난 것으로 추정된다.
36) 사자위에 대해서는 박홍갑, 2003, 앞의 논문, 333~335쪽 참고.
37) 세종 때 거행한 강무에 대해서는 이 책 2장 4절 1)의 '(3) 講武 거행과 규정 정비' 참고.
38) 『세종실록』 권71, 세종 18년 3월 8일(갑술).
39) 『세조실록』 권17, 세조 5년 8월 15일(갑자).
40) 『성종실록』 권153, 성종 14년 4월 3일(을축).

편성하기도 했다.

세조 때에는 태종 전반에 등장해 활동하던 兼司僕이 금군 병종으로 공식화되었다.[42] 1461년(세조 7) 군사들은 主將이 있어 諸事를 統察하는 데 겸사복만 없다는 이유로 南陽府院君 洪達孫, 우찬성 具致寬, 호조판서 曹錫文, 지중추원사 金淳을 兼司僕將에 임명했고,[43] 1462년 양성지의 건의에 따라 겸사복 정원을 50명으로 정하면서 겸사복이 금군 병종으로 공식화한 것이다.[44] 이렇게 공식화한 겸사복은 세조 때 금군 중에서 가장 우대를 받았다. 1464년(세조 10) 창덕궁 후원에서 習陣을 거행한 후 실시한 觀射에서 내금위 2명이 적중하자 이들을 겸사복에 임명했다는 기사에서 이를 유추할 수 있다.[45] 또 세조 당시 겸사복은 궁중에서 朝賀·宴享을 베풀 때 병조판서·참판, 都鎭撫, 出番한 衛將, 部將, 병조낭청, 鎭撫와 함께 국왕 옆에서 시위했다. 반면 階上에서 시위하는 군사는 병조에서 移文하여 뽑아 充差하게 했다.[46] 疊鼓 때에도 겸사복은 내금위·

---

41) 『세종실록』 권29, 세종 7년 7월 1일(무진), "是日之行 只率入番內禁衛司禁 勿用繖扇"

42) 조선초기 겸사복의 유래, 임무, 조직, 임용제도 등에 대해서는 남도영, 1969 「조선초기의 겸사복에 대하여」 『김재원박사 회갑기념논총』, 을유문화사 참고. 그는 "兼司僕이 近侍兵으로 성립한 것은 태종 9년이며 이것이 正式의 近侍機關이 된 것은 세조 10년이었다."라고 했다(위의 논문, 14쪽).

43) 『세조실록』 권24, 세조 7년 6월 26일(을미), "上謂兵曹參判金國光曰 凡軍士 皆有主將 統察諸事 獨兼司僕無之 今欲置將 速與宰樞等議之" 이 이전에도 兼司僕將 기사가 『세조실록』에 두 차례 나온다[권20, 세조 6년 6월 5일(경술); 권21, 세조 6년 8월 29일(임신)]. 그렇지만 두 건 모두 兼司僕으로 해석해도 무방하고 세조가 직접 겸사복장 설치 이유를 언급했다는 점을 고려해 이때 兼司僕將이 처음 설치된 것으로 보았다.

44) 『세조실록』 권34, 세조 10년 8월 1일(임오). 남도영, 위의 논문, 16~17쪽 참고.

45) 『세조실록』 권34, 세조 10년 9월 30일(경진).

46) 『兵政』, 朝賀宴享常參, "朝賀宴享 衛將各率其軍庭列 階上侍衛軍士 兵曹移文選擇充差〈宰相受點分領〉兵曹判書參判都鎭撫出番衛將部將郎廳鎭撫兼司僕侍駕側 宣傳官奉形名如陣" 세조 때의 이 규정은 『경국대전』에 "若大小朝賀宴享 衛將各率其軍庭列 本曹都摠府以下職帶軍務者及司僕侍御側 內禁衛別侍衛列

獅子衛 앞에 序立했다.47)

『경국대전』에 따르면, 兼司僕將은 종2품으로 정원이 3명이고 他官이 겸직하며, 3명의 겸사복장에게 錄事 1명을, 또 겸사복장 각자에게 書吏 1명을 배정했다.48) 겸사복 정원 50자리 중에서 10자리는 兩界人에게 배정했다.49) 또 6자리는 向化人에게, 9자리는 庶孽에게 배정했는데, 겸사복에 속한 서얼은 서얼로 조직된 금군인 羽林衛 중에서 武才가 卓異한 자를 승격시켜 차정했다.50) 이를 보면 세조 이후의 겸사복은 양계에 거주하는 변방 지역민, 조선으로 귀화한 외국인인 향화인, 신분상 차대를 받는 서얼 등을 배려하는 방식으로 운영됐으며, 우림위는 출신 성분이 서얼이기 때문에 같은 금군이지만 내금위·겸사복에 비해 격이 떨어지는 병종임을 알 수 있다.

세조 때에는 行幸할 때 국왕侍衛를 강화할 목적으로 별도의 부대를 편성하기도 했다. 彎强隊와 控絃衛가 그것인데, 세종 때 만들었던 사자위가 세조 당대에도 활동하고 있었는데도 또다시 별도로 부대를 편성한 것이다. 1458년 3월에 120근의 활을 당길 수 있는 군사를 선발해 만강대를 조직하도록 결정했으나, 실제로 편성돼 활동한 것은 1462년 6월의 논

　階上"으로 반영되었다(권4, 병전, 侍衛). 국왕 옆에서 시위하는 자 중에서 '兵曹判書參判都鎭撫出番衛將部將郎廳鎭撫'는 '本曹都摠府以下職帶軍務者'라는 좀 더 포괄적인 표현으로, 兼司僕은 약칭인 司僕으로 바뀌었다. '御駕 옆'이란 의미의 駕側은 '임금 옆'이란 의미의 '御側'으로 표현이 분명해졌다. 階上 侍衛者는 그때마다 선발하는 방식에서 내금위와 별시위로 구체화되었다.

47) 『兵政』, 疊皷, "兵曹序立於東閤門之外 鎭撫所次之 內禁衛獅子衛立於西閤門之外 司僕立於其前"

48) 『경국대전』 권4, 병전, 경관직, 二品衙門, 겸사복; 같은 책, 권1, 吏典, 京衙前, 錄事·書吏.

49) 『경국대전』, 권4, 병전, 번차도목, 겸사복, "五十貟〈十貟 永安道平安道子弟〈永安南道二 北道六 平安道二 節度使擇有才行者啓聞 本曹依內禁衛試取例更試八矢以上者啓差〉〉"

50) 『大典後續錄』, 권4, 병전, 雜令, "兼司僕額內 兩界十人〈大典〉 向化六人 庶孽九人外 其餘二十五人 依內禁衛例 完議入屬〈庶孽 則羽林衛中 武才卓異者 陞差〉"

의를 거친 후 9월에 거행한 秋等講武 때부터였다.[51] 그런데 1462년 실제로 편성할 때에는 해당 군사가 騎兵이면 控絃衛라 칭하고 보병이면 彎强隊라 칭하게 하여 기병과 보병으로 구성된 부대를 별도로 편성했다. 이들은 獅子衛처럼 평상시에는 자신이 속한 衛에서 활동하다가 행행할 때에만 편성돼 국왕을 호종했다. 그리고 閑散人 중에서 强弓을 당겨 합격한 자는 자원에 따라 별시위·破敵衛에 入屬시키되, 내금위·갑사에 입속하려는 경우에도 (시험을 거쳐) 허락했다.[52]

그런데 1467년(세조 13) 4월에 賤人으로만 구성되는 彎强隊를 상설 부대로 창설했다. 천인 중에 120근의 활을 당길 수 있는 자를 선발해 만강대에 소속시키고, 활쏘기를 시험해 연말에 맞힌 화살수가 가장 많은 자를 從良하게 했다. 그리고 仕日 150일을 채운 자는 같은 천인 부대인 壯勇隊에 소속시켰으며, 정액은 壯勇隊와 합쳐 1,350명으로 했다.[53] 그동안 良人 군사를 대상으로 필요할 때마다 임시로 편성하던 만강대를 대신해 천인으로만 구성된 상설 부대로 만강대를 창설한 것이다. 1470년(성종 1) 2월 군액을 축소할 때 만강대와 장용대를 합쳐 600명으로 했고, 1475년(성종 6) 12월 장용대를 壯勇衛로 개칭할 때 정원을 600명으로 했는데 이것이 그대로 『경국대전』에 실렸다.[54] 만강대 관련 기사가 1470년 이후 나오지 않는 것으로 보아 성종 때를 지나면서 사라진 것으로 보인다.

한편 세조 때에는 일상적인 도성巡綽과는 구분되는, 姦細人의 체포나 긴급한 일이 생겼을 때 국왕의 특명에 의한 行巡이었지만 내금위·겸사

---

51) 『세조실록』 권12, 세조 4년 3월 29일(병진); 『세조실록』 권28, 세조 8년 6월 22일(을유); 『세조실록』 권29, 세조 8년 9월 27일(무오).

52) 『세조실록』 권28, 세조 8년 6월 22일(을유).

53) 『세조실록』 권42, 세조 13년 4월 4일(기해).

54) 『성종실록』 권3, 성종 1년 2월 30일(기묘); 『성종실록』 권62, 성종 6년 12월 16일(신묘); 『경국대전』 권4, 병전, 番次都目, 壯勇衛. 세조 때의 장용대와 만강대에 대해서는 정다함, 2006 「조선초기 장용대의 설치 배경과 운영 실태」 『한국사학보』 24 참고.

복 등의 금군을 종종 행순에 동원하기도 했다.55) 그러나 1469년(예종 1) 이런 경우에도 본 업무인 국왕시위가 소홀해진다는 이유로 當番인 내금위와 겸사복 등을 行巡에 동원하지 않도록 해56) 그들이 금군 본연의 역할에 충실할 수 있게 했다.

이처럼 세종~세조 때에는 이전부터 있던 別司禁, 鷹揚衛, 內禁衛, 內侍衛와 더불어 左禁衛, 右禁衛, 兼司僕 등이 금군으로 활동했고, 갑사와 별시위는 금군과 위병 역할을 동시에 수행했다. 國王侍衛를 강화하기 위해 사자위·만강대·공현위라는 부대를 편성하기도 했다. 이 시기 위병으로는 別牌, 受田牌, 無受田牌, 京侍衛牌, 都城衛, 破敵衛, 侍衛牌(正兵), 平虜衛(虎翼衛), 近仗, 六十, 防牌, 隊卒, 彭排 등이 있었는데, 이 중에서 방패·대졸·팽배는 점차 勞役軍으로 바뀌어 갔다. 특수군으로는 우대 병종인 忠義衛·忠順衛·忠贊衛·親軍衛·族親衛·奉忠衛, 신분 관계 병종인 補充軍·壯勇隊, 화기 전문부대인 銃筒衛, 勞役軍인 攝六十, 그 외 吹螺赤·太平簫·擲石軍 등이 존재했다.

[표 2-1]은 세종~세조 때 중앙군으로 활동한 병종들의 창설, 정원, 番次, 혁파 등의 내역을 간략히 정리한 것이다.

[표 2-1] 세종~세조 때의 중앙군 구성 병종 (단위: 명)

병종명	창설	정원	番次	기능	혁파	비고
(別)司禁	태종030711			禁軍		車沙兀에서 개칭
鷹揚衛	태종040828		長番	禁軍	세종010224	시험 후 甲士·別侍衛에 移差
內侍衛	태종090609	120	長番	禁軍	세종060506	內禁衛에 병합

---

55) 『세조실록』 권39, 세조 12년 7월 6일(을해), "大風 命於諸處 嚴加禁火 夜又遣分 (分遣 - 인용자 주)內禁衛別侍衛兼司僕等 討捕姦細人 恐乘風縱火也";『세조실록』 권13, 세조 4년 8월 29일(갑신), "夜初皷 出宣傳標信 付入直承旨鄭軾 與入番都鎮撫花川君權恭兵曹參議韓繼禧同議 分入直內禁兼司僕爲十一運 巡行都城內外摘姦"

56) 『예종실록』 권5, 예종 1년 4월 2일(을묘), "傳于兵曹曰 自今當直內禁衛兼司僕等 毋令行巡"

병종명	창설	정원	番次	기능	혁파	비고
左禁衛	세종000812		長番	禁軍	세종001014	(別司嚴)左牌
右禁衛	세종000812		長番	禁軍	세종001014	(別司嚴)右牌
內禁衛	태종071021	180(推)　세종060506	長番	禁軍		內侍衛 병합
		80　세종210128				참고-세종231016
		60　세종210128				當番3番(20)　未施行(推)
		180　세종231016				
		60　세종231016				未施行(推)
		100　세종280215				
		300　세조060801				預差 100 포함
兼司僕	태종090512 以前	50　세조100801	長番	禁軍		
		50				經國大典
獅子衛	세종180308	100　세종180308		侍衛	성종140403	講武·習陣·궁궐숙위 때 他 兵種을 대상으로 편성
彎強隊	세조040329	세조080927		侍衛 特殊軍 -身分	성종010230 以後	秋等講武 때 처음 편성
		合1350　세조130404				賤人상설부대 彎強隊·壯勇隊 합계
控絃衛	세조080622			侍衛		行幸時 他 兵種으로구성. 騎兵
甲士	태종001201	2000　세종100213	2番1年	禁軍		舊甲士二千
		3000　세종100213	3番1年			吹螺赤 75 (세종100901)
		6000　세종220511	6番6朔			捉虎甲士 240, 吹螺赤 120 (세종271116)
		4500　세종270718	3番6朔	↓		捉虎甲士 120, 吹螺赤 72 (세종271116)
		7500　세종300128	5番4朔	衛兵		兩界 3000, 京中4500 (세종300506)
		9000　문종010910	6番4朔			
		9450　세조030718	11番4朔			兩界 4200　京中 5250
別侍衛	태종001219	200　세종011206	長番	禁軍		
		640　세종140419	長番			
		1000　세종161009	長番			
		1600　세종230916	2番1年	↓		當番8番(100명)
		3000　세종270718	3番6朔			當番4番(250명)
		5000　세종300128	5番4朔	衛兵		
		5000　세조040621	3番1年			노비 없는 별시위에게 助丁 3 명 지급(단종020114)
		5000　세조050818	2番6朔			
		5000　세조120708	3番6朔			

병종명	창설	정원	番次	기능	혁파	비고
別牌	태종140821			衛兵	侍衛牌에 合屬 세종090608	
受田牌				衛兵		
無受田牌				衛兵	京侍衛牌에 통합 세조030306	
京侍衛牌	세종230230 以前			衛兵	세조030306 以後	
		세조030306				無受田牌 병합
都城衛	태종091225	24字 세종050109		衛兵	세조011020 以後	京中 無受田牌 448과 別牌 74를 총 8字로 편성해 도성위에 편입
破敵衛	세조050915	3000 세조050915	6番3朔	衛兵	명종080121 以後	步兵
正兵		세조080709	7番2朔	衛兵		
虎翼衛	세조050322		6番	衛兵	平虜衛로 改稱 세조050825	대상: 下三道 閑良
平虜衛	세조050825	세조050914	5番	衛兵	성종050104 以後	他道 自願者로 확대
別軍		세조080709	7番2朔			
近仗		600 세종100805	3番	府兵 ↓ 使令軍		各軍 200
		540 세종110104	3番			各軍 180
		600 세종270718	3番6朔			
		1000 세종300128	5番4朔			
		1000 문종000908	5番4朔			中軍 400, 左·右軍 각 300
隊長 隊副 (六十)	태조030229 尉·正에서 改稱	2012 세종051207	長番	府兵 ↓ 勞役軍		司當늑200
		4500 세종100805	3番			12司, 10司로 축소
防牌		4500 세종100805	3番	衛兵 ↓ 勞役軍		
		4500 세종270718	3番6朔			
		7500 세종300128	5番4朔			
隊卒	세종040504 以前	3000 성종010230	5番4朔	衛兵 ↓ 勞役軍		步兵 經國大典과 동일
		성종041026				팽배·대졸을 汰減하여 정병에 속하게 함

병종명	창설	정원	番次	기능	혁파	비고
彭排	세조06윤11 02以前	5000 성종010230 성종041026	5番4朔	衛兵 ↓ 勞役軍		步兵 經國大典과 동일 팽배·대졸을 汰減하여 정병에 속하게 함
忠義衛	세종001103		長番	特殊軍 -優待		대상: 三功臣子孫 4番宿衛
忠贊衛	세조021220			特殊軍 -優待		대상: 原從功臣과 子孫
忠順衛	세종270718	600 세종270718	長番	特殊軍 -優待	세조050814	4番 3日間 入直 대상: 二品以上子壻弟姪 京官實行三品外官三品守令 子孫 曾經臺省政曹者之子
親軍衛	太宗代	300 세조120103 以前 520 세조120103 100 세조140523	 3番 3番1年	特殊軍 -優待		참고-문종010505 咸吉道 194 증원
奉忠衛	세조080709			特殊軍 -優待	세조120825 (推)	京外住居閑散三品以下朝士及 有蔭子弟內有科田者 (세조080709) 奉忠衛·平虜衛로 분화 (세조100920)
族親衛	세조140503 以前	無定數	長番	特殊軍 -優待		
補充軍	태종150308	세종160824 세조100000 세조140000	3番4朔	特殊軍 -身分	세조100000	일시 폐지 복구
壯勇隊	세조050918	125 세조051118 1350 세조130404	長番	特殊軍 -身分 -火器	壯勇衛 改稱 성종061216	公私賤口 1隊씩 入直 彎强隊·壯勇隊 합계
軍器監 別軍	태종040523 以前	1000 세종130409 1000 세종260928 700以下 세조100801 세조080709	4番 4番1朔 7番 7番2朔	特殊軍 火器 ↓ 勞役軍	예종以後	勞役軍으로 정착 火㷁軍 역할, 銃筒衛로 대체 (세종270718) 梁誠之: 番當100 8番 요청, 嘉納
銃筒衛	세종270718	2400 세종270718 2400 세종271212 4000 세종300128	3番 3番6朔 5番4朔	特殊軍 -火器	세조030704 以前	兵曹 소속 軍器監別軍 후신

병종명	창설	정원	番次	기능	혁파	비고
攝六十		1800 세종100805	3番	特殊軍 -勞役軍		600 증원 攝隊長 540 攝隊副 1260
		1800 세종110104	3番			攝隊長 600 攝隊副 1200
		1800 세종180623	3番1年			
		1800 세종270718	3番6朔			
		3000 세종300128	5番4朔			
吹螺赤	태종040523 以前	75 세종100901	3番			25명 증원
		120 세종220511	6番			참고·세종271116
		72 세종271116	3番			12司 司當 6명
		100 문종010810				預差 50 포함
太平簫	태종160716 以前	40 문종010810				預差 20 포함
攤石軍	태조030401	150餘세종030504		特殊軍		

비고: 세종010224는 『세종실록』의 세종 1년 2월 24일에 나옴을 의미하며 이하도 같음.

2) 갑사·별시위의 衛兵化와 正兵 등장

조선초기 위병[57]은 궁궐에서 숙위할 때 4所에 배정돼 部將의 지휘를 받았고, 국왕이 殿座할 때 월대에 도열한 금군과 달리 殿庭에서 序立했으며, 도성巡綽을 전적으로 책임졌고, 御駕를 수행할 때에는 금군보다 외곽에서 侍衛를 담당하는 군사였다. 그리고 5衛와 별개로 존재하는 금군과 달리 5위에 분속돼 있었다.

---

57) 조선초기 궁궐숙위와 도성순작을 담당하는 군사는 衛兵·衛士 등으로 표현했다. 실록에서의 등장 빈도는 위사가 위병보다 많지만, 위사는 禁軍을 가리키는 경우가 종종 있는 반면[『세조실록』권18, 세조 5년 12월 23일(신미), "命禮曹判書洪允成與野人李哈兒帖哈稱射 謂衛士等曰 爾輩雖能射御 其如不識文字何 宜各自勉 須如允成"] 위병은 궁궐숙위와 도성순작을 담당하는 갑사·별시위·平虜衛·正兵 등을 지칭하는 경우가 일반적이기 때문에[『세조실록』권27, 세조 8년 1월 8일(계묘), "京外平虜衛正兵等 常時專不操練 脫有緩急 終爲無用 有違設置衛兵之意";『세조실록』권34, 세조 10년 8월 1일(임오), "親兵曰內禁衛兼司僕 衛兵曰甲士別侍衛"] 이 책에서는 위병으로 표기하기로 한다.

15세기 중후반의 갑사와 별시위는 이러한 위병의 대표적 병종이었다. 본래 금군과 위병 역할을 동시에 수행하던 갑사와 별시위는 세종 중반을 경유하면서 衛兵化되어 갔다. 갑사와 별시위는 세종 중반부터 정원이 늘어나기 시작했다. 1400년(정종 2) 復立 당시 2,000명으로 출발한 갑사는 1428년(세종 10)에 3,000명, 1440년(세종 22)에 6,000명, 1448년(세종 30)에 7,500명으로 증액되었다. 이후에도 갑사는 계속 늘어나 2만 명까지 증액됐다가 1470년(성종 1)에 1만 명으로 축소됐고, 다시 1475년(성종 6)에 1만 4,800명으로 증액돼 『경국대전』에 그대로 기재되었다.[58] 갑사는 정액이 폭증했을 뿐 아니라 番次와 근무기간도 1428년의 3番 1年에서 1440년에 6번 6朔, 1445년에 3번 6삭, 1448년에 5번 4삭으로 변동했다.[59] 별시위도 세종 중반부터 정액이 늘어났다. 1419년에 200명 규모였던 별시위는 1432년에 640명, 1434년에 1,000명, 1441년에 1,600명, 1445년에 3,000명, 1448년에 5,000명으로 증액되었다.[60] 이처럼 정액이 폭증하자 새로운 入屬者의 군사적 능력은 떨어지게 됐으며, 번차는 늘어난 반면 근무기간은 짧아져 기존의 입속자도 오랜 기간 非番 상태에 놓이게 되자 그 군사적 능력 역시 하락하게 되었다.[61]

갑사와 별시위는 기병이므로 소유한 말의 상태가 매우 중요했다. 그런데 15세기 후반이 되면 갑사의 말 소유 상태는 이전에 비해 매우 악화되었다. 1477년(성종 8)의 경연 석상에서 鄭昌孫과 沈澮는 국왕의 郊外

---

58) 『성종실록』, 권3, 성종 1년 2월 30일(기묘);『성종실록』, 권59, 성종 6년 9월 8일 (갑인);『경국대전』권4, 병전, 번차도목.

59) 세종 때 갑사의 정액 폭증과 번차 및 근무기간에 대해서는 차문섭, 1973 「鮮初의 갑사」『조선시대 군제연구』, 단국대 출판부, 27쪽의 표 참고.

60) 윤훈표, 1995 「조선초기 별시위 연구」『국사관논총』43, 13쪽. 별시위는 1470년에 2,400명에서 1,500명으로 정원이 축소됐는데[『성종실록』, 권3, 성종 1년 2월 30일(기묘)] 이 정원이 『경국대전』에 그대로 수록되었다.

61) 『세종실록』권3, 세종 1년 2월 24일(기해), "議政府據兵曹呈啓 甲士 以侍衛精卒 番上日少 退休日多 厥數猥多 不爲精銳 下番之間 閑遊慢弛 軍裝馬匹 棄而不顧 及其番上 或相借貸 倘有緩急 實爲無用"

행차 때 갑사의 말이 야위어 타지 못하고 끌고 가는 경우가 흔하고 심지어 번상할 때 保人에게 재화를 거두고 상경하여 行幸 때가 되면 면포 반 필을 주고 말을 빌려서 "半匹馬"라는 속어가 생길 정도라고 비판했다.[62] 별시위의 말 상태도 별반 다르지 않았다. 1468년(예종 즉위년) 병조에서 군사들의 말 상태를 점검했는데 말이 야위었을 뿐 아니라 상경한 후 바로 집으로 말을 돌려보낸 자가 반이 넘었다. 이에 따라 별시위·갑사·忠贊衛·親軍衛 등이 騎馬와 載馬를 闕했을 때 처벌하는 규정을 만들기도 했다.[63]

軍裝 사정도 비슷했다. 1490년(성종 21) 掌樂院 正을 역임했던 林重의 上書를 보면, 그가 도총부 낭청으로 甲胄와 弓矢를 점검했는데 당겨지지 않는 활과 쏠 수 없는 화살을 가진 禁軍도 있었고, 군사들이 가진 활을 끝까지 당겨 발사하면 십중팔구는 折毀된다고 했다. 대열 때에도 말은 있는데 안장이 없고, 활은 있는데 화살이 없으며, 雜木으로 활을 만들고, 간혹 가짜로 투구를 만들어 쓰기도 한다고 밝혔다.[64]

15세기 전반에는 일정 규모 이상의 전답과 노비를 보유한 양인 상층만 갑사·별시위에 입속할 수 있었는데, 세종 중후반에 정액이 폭증하면서 그 이하 계층들이 들어오게 되자 갑사·별시위의 군사적 능력뿐 아니라 말과 군장 상태가 매우 악화되기에 이른 것이다.

이처럼 갑사와 별시위는 정액이 폭증하고 入屬者의 군사적 능력이 하락하면서 점차 금군보다는 위병의 역할을 수행하게 되었다. 그들의 임무가 국왕시위보다는 궁궐숙위와 도성순작에 방점을 두게 된 것이다. 더욱이 1445년(세종 27)에 그동안 갑사에게 주던 祿俸이 달마다 주는 俸米로 전환되면서[65] 갑사의 지위가 하락한 것은 이런 경향을 더욱 가속

---

62) 『성종실록』, 권82, 성종 8년 7월 11일(병자).
63) 『예종실록』, 권2, 예종 즉위년 12월 9일(을미).
64) 『성종실록』, 권236, 성종 21년 1월 24일(정축). 林重은 군사들의 軍裝 개선책으로 武庫에 쌓아둔 갑주와 병장기를 숙위 군사들에게 지급하는 방안을 제시했다.

화시켰을 것이다.

한편 세조 때에는 갑사·별시위와 함께 대표적인 위병인 侍衛牌를 正兵으로 개칭했다. 정병은 1459년(세조 5) 평안도·함길도의 正軍과 다른 도의 侍衛牌 호칭을 일치시키려는 목적에 등장했다. 이때 국왕의 승낙을 받은 병조의 계문을 살펴보자.

> 병조에서 계했다. "① 여러 도의 군사가 평안·함길도에서는 正軍이라 칭하고 그 나머지 여러 도에서는 侍衛牌라 칭하며, 정군을 통솔하는 사람은 百戶·千戶라 칭하고, 시위패를 통솔하는 사람은 總牌라 칭하여 名號가 각각 다릅니다. 또 정군은 赴防하는 年限을 계산해 散官職에 제수하지만, 시위패는 비록 다년간 番上하여 侍衛하더라도 관직에 제수되지 못합니다. 청컨대 ② 정군과 시위패를 모두 正兵이라 칭하되, 말이 있는 자는 正騎兵으로, 말이 없는 자는 正步兵으로 칭합니다. ③-1 25명마다 隊正 1명을, 125명마다 旅帥 1명을 두고, 여러 도의 都節制使로 하여금 예전에 千戶를 取才하던 例에 따라 시험해 뽑되 무리를 거느릴 만한 자를 택해 계문하여 제수하며, 법식에 의거해 褒貶하고 考滿이 되면 加資합니다. ④ 兩界의 南道에서 赴防하는 정기병이 6년을, 정보병이 7년을 채우면, 다른 도에서 京中으로 번상하는 정기병이 7년을, 정보병이 8년을 채우면, 양계에서 소재한 고을에 부방하는 정기병이 8년을, 정보병이 9년을 채우면, 다른 도에서 소재한 고을에 부방하는 정기병이 9년을, 정보병이 10년을 채우면 散官職에 제수합니다. 또 ③-2 대정·여수 등을 만약 오랫동안 遞差하지 않으면 作弊가 없지 않을 것이니 30개월이 차면 체차합니다." 이를 따랐다.[66]

먼저 병조에서는 양계와 다른 도의 군사가 서로 다른 점을 지적했다 (①). 군사의 호칭이 양계는 正軍임에 반해 다른 도는 侍衛牌이며, 이들을 통솔하는 자도 양계는 百戶·千戶이고 시위패는 總牌로 서로 달랐다. 또 양계 군사는 赴防 연한에 따라 散官職에 제수되는 데 반해 다른 도의

---

65) 『세종실록』 권109, 세종 27년 7월 18일(경인), "議政府據兵曹呈啓 … 甲士 … 自司直以下不給祿 每一人 月給俸米二十斗"
66) 『세조실록』 권18, 세조 5년 11월 1일(기묘).

군사는 다년간 番上侍衛하더라도 관직에 제수되지 못하는 차이점이 존
재했다. 이에 대한 대책으로 정군과 시위패의 호칭을 '정병'으로 통일하
되, 말이 있으면 '正騎兵'으로, 말이 없으면 '正步兵'으로 칭하도록 했다
(②). 또 통솔자의 명칭이 다른 문제점도 해결하기 위해 25명당 隊正 1명
을, 125명당 旅帥 1명을 두고, 대정·여수의 선발·褒貶·加資·근무기간 등
을 정했다(③-1, ③-2). 마지막으로 정군은 산관직에 제수되는 반면 시위
패는 제수되지 못하는 문제점을 개선하기 위한 대책을 제시했다(④). 그
대책의 기본 원칙은 정병 중에서 正騎兵을 正步兵보다 우대하고, 전국을
양계와 他道로 나누되 양계 근무자를 우대하며, 다른 지역으로 이동해
야 하는 자를 우선하는 것이었다. 이에 따라 양계 중에서 南道에 해당하
는 평안도의 安州 以南과 함길도의 端川 이남의 정기병이 산관직을 제
수 받는 데 필요한 연한이 6년으로 가장 짧고 양계가 아닌 他道에서 거주
지 고을에 부방하는 정보병이 가장 길어 10년이었다. 이를 정리하면 [표
2-2]와 같다.

[표 2-2] 1459년(세조 5) 諸道 軍士의 散官職 除授에 필요한 연한

거주지	근무지	병종 명칭	연한
兩界南道	兩界北道	正騎兵	6년
		正步兵	7년
他道	京中	正騎兵	7년
		正步兵	8년
兩界	所在邑	正騎兵	8년
		正步兵	9년
他道	所在邑	正騎兵	9년
		正步兵	10년

전거: 『세조실록』권18, 세조 5년 11월 1일(기묘).

그런데 정병으로 통일될 병종은 정군과 시위패만이 아니었다. 1462년
(세조 8) 각 營·鎭에 소속된 防牌와 銃筒軍을 鎭軍으로 칭하게 했으며,
이어서 1464년(세조 10)에 營鎭軍으로 칭해지던 馬兵·守城軍·防牌·銃筒

軍을 모두 正兵에 소속시키고 이전부터 정병으로 불리던 자들과 합쳐서 番을 나누어 營鎭과 京中으로 番上하게 했다.[67] 이상의 과정을 거쳐 양계의 정군과 남방 6도의 시위군 그리고 영진군의 호칭이 정병으로 통일되었다. 그리고 갑사·별시위 등을 제외한 외방의 육군 전체가 정병으로 단일화되어 지방군은 正兵과 水軍 두 병종으로 정리되었다.[68]

2. 兩界 군사의 번상 중지와 番上軍 군액 조정

1) 양계 군사의 번상 중지

조선 초의 양계 군사로는 翼軍과 수군, 시위군, 갑사, 別牌가 있었으며, 이 외에 소수이지만 다른 도처럼 補充軍, 防牌, 六十, 吹螺赤 등의 병종도 존재했다. 익군과 수군은 고려 말에 현지 국방을 위해 마련된 병종으로 서울로 올라오는 番上制와는 무관했고, 시위군과 갑사, 별패가 조선 초의 양계 군사 중에서 번상제 적용을 받는 주된 병종이었다. 양계 시위군은 애초부터 番上侍衛를 목적으로 설치되었고, 갑사는 1410년(태종 10) 번상제 적용을 받으면서부터 그 성격이 중앙에 상주하는 長番 軍士에서 番上軍으로 바뀌었다. 별패는 1414년에 3,000명의 갑사를 1,000명으로 줄일 때 汰去된 2,000명을 주축으로 편성한 병종이었다. 이들 병종이 어떤 계기로 인해 어떠한 과정을 거치면서 번상군에서 현지 방어군으로 전환됐는지를 살펴보자.[69]

---

67) 『세조실록』 권28, 세조 8년 7월 11일(갑진); 『세조실록』 권34, 세조 10년 9월 20일(경오).
68) 오종록, 1996, 앞의 논문, 116쪽.
69) 양계 시위군과 갑사의 번상 중지에 대해서는 오종록, 2014, 앞의 책, 387~412쪽 참고.

양계 군사의 번상 중지는 1393년(태조 2) 西北面의 義州道·泥城道·江界道에서 번상하던 軍官을 放還하고 掌務만 머물게 한[70] 조치부터 시작되었다. 명나라의 遼東 및 野人들의 근거지와 접해 있는 3개 軍翼道의 시위군을 방환해 현지 국방력을 강화하고자 한 것이다. 이 조치에 따라 평안도에서는 安州道와 平壤道에 속한 시위군만 번상하게 되었다. 태조 때의 東北面은 태조 출생지이자 근거지로서 태조의 영향력이 강력했고 태조에 대한 야인들의 존경심도 대단했기 때문에 국방에 큰 어려움이 없던 지역이었다.[71] 반면 서북면은 원나라가 사막으로 쫓겨간 후에도 요동을 근거지로 삼아 명나라에 대항하던 納哈出가 1387년(우왕 13)경 명나라에 투항한 이래로 이곳과 접한 요동 지역에 대한 명나라의 영향력이 점차 커지고 있었고, 압록강 중상류에 거주하는 야인 역시 고려 말부터 국경을 침범하는 등 국방상 주의를 요하는 지역이었다.[72] 이에 따라 양계 중에서 서북면 국경 지역의 시위군부터 그 번상을 중지했던 것이다. 반면 1405년(태종 5) 4월 가뭄으로 인해 京畿左右道와 東北面에서 시위하러 올라온 번상군을 놓아 보냈다는 기사를 보면,[73] 태종 전반에도 동북면 군사가 번상하고 있음을 알 수 있다. 이처럼 태조~태종 때의 양계 군사는 서울로 번상해 侍衛에 종사하고 있었다.

양계 시위군뿐 아니라 전국의 시위군은 1414년부터 태종을 祔廟하고 세종 스스로 본격적으로 國事를 돌보기 시작하는 1425년(세종 7)경까지 본격적인 農月이 시작되는 3~4월이 되면 그 번상을 중지하는 것이 관례

---

70) 『태조실록』 권4, 태조 2년 11월 12일(계축).
71) 1391년(공양왕 3) 오랫동안 동북면 군사력을 관장해 왔던 이성계의 獻議에 따라 東女眞에 사람을 보내 회유하니 여진인 300여 명이 귀화하고 이어서 兀良哈이 來朝했다. 이듬해에는 斡都里·兀良哈의 여러 추장들에게 千戶·百戶의 관직을 주고 그들을 內徙해 藩屛으로 삼기도 했다(『고려사』 권46, 世家46, 공양왕2, 공양왕 3년 8월, 공양왕 4년 3월).
72) 『고려사』 권137, 列傳50, 辛禑5, 우왕 14년(창왕 즉위년) 7월.
73) 『태종실록』 권9, 태종 5년 4월 1일(병인).

였다.[74] 그런데 양계 시위군은 이에 앞서 그 번상이 중지된 적이 있었다. 1409년 가을부터 시작된 명나라와 達達(Tatar) 사이의 전투가 1410년에 들어와서도 지속되자 정부에서는 동북면과 서북면의 都節制使를 延嗣宗과 金承霍로 교체하는 한편 같은 해 1월 不虞의 사태에 대비하기 위해 동북면과 서북면 시위군의 번상을 면제하고 休養하게 한 것이다.[75]

이 조치의 연장선에서 동북면 吉州 이남의 군사들이 번상하는 대신에 鏡城으로 赴防하기도 했다. 그런데 길주 이남의 군사들이 경성으로 부방하게 되자 경성으로 가는 길이 멀고 험해서 군사들이 피폐해지는 문제가 생겼다. 이에 길주 北村 牛和嶺을 경계로 그 북쪽 지역은 鏡城에 예속시켜 계속 방어하게 하되, 그 남쪽부터 安邊 이북의 군마는 다시 서울로 번상하게 했다.[76] 길주 이남의 동북면 시위군은 예전처럼 다시 서울로 번상하게 된 것이다. 그러다가 1417년(태종 17) 慶源 節制使의 요청에 따라 北靑 이북에 거주하는 別牌 51명이 慶源의 인구가 많아질 때까지 경원으로 가서 방어하게 되었다.[77] "경원의 인구가 많아질 때까지"라는 단서 조항이 있기는 하지만, 북청 북쪽부터 길주 남쪽 사이에 거주하는 별패가 번상하지 않는 대신에 함길도의 북쪽을 방어하는 군사가 된 것이다.

그렇지만 세종 초반까지도 조선 8도 전 지역에서 시위패와 별패가 번상하고 있었다. 1419년(세종 1) 1월, 전년 10월에 제정했던 軍士朝會儀를 개정한 내용을 싣고 있는 다음의 기사는 이런 상황을 잘 보여준다.

---

74) 이 시기 侍衛軍의 번상 중지에 대해서는 이 책 1장 2절의 '2) 侍衛牌의 빈번한 번상 중지와 위상 저하' 참고.
75) 『태종실록』 권19, 태종 10년 1월 22일(기축), "命除東西北面侍衛軍番上休養 以備不虞也"
76) 『태종실록』 권28, 태종 14년 8월 13일(계축).
77) 『태종실록』 권34, 태종 17년 10월 16일(무술).

병조에서 軍士朝會儀를 更定해서 아뢰었다. "매월 초1일과 16일에 初嚴이 울리면 有司는 殿庭에 儀仗物을 배설한다. … 3軍의 判府事 이하 軍士 및 (軍職을) 겸한 前衛官[有兼帶前衛]인 군사가 동문과 서문을 통해 먼저 殿庭으로 들어와 가운데를 윗자리로 하여[中心爲頭] 동쪽과 서쪽에 나누어 선다. 임금이 자리에 오르면 군사들이 4拜禮를 거행하고 나간다. 다음으로는 3軍 甲士, 都城衛, 各 道의 別牌와 侍衛牌가 전정으로 들어와 예를 행한다. 中軍이 入直하면 左軍이 동쪽에 右軍이 서쪽에, 좌군이 입직하면 중군이 동쪽에 우군이 서쪽에, 우군이 입직하면 중군이 동쪽에 좌군이 서쪽에 위치한다. 內禁衛·忠義衛·義禁府·司僕寺·訓鍊觀·軍器監은 동쪽에, 內侍衛·別侍衛·鷹揚衛는 서쪽에 위치한다. 도성위와 경기·경상도·충청도·전라도의 별패·시위패는 동쪽에, 강원도·황해도·함길도·평안도의 별패·시위패는 서쪽에 위치한다. 모두 前例에 따라 牌頭가 패의 군사를 영솔하고 예를 행한다."[78]

개정된 軍士朝會儀에 따르면, 判府事 이하의 3軍 관원, 군직을 겸대한 관원, 前職이 군직인 관원뿐 아니라 軍務와 관련 있는 義禁府·司僕寺·訓鍊觀·軍器監 관원도 조회에 참여하게 했으며, 內禁衛·忠義衛·內侍衛·別侍衛·鷹揚衛 등 태종 때 신설한 禁軍 성격의 부대, 3군 갑사, 그리고 8도에서 번상한 별패·시위패 같은 일반 군사까지도 조회에 참석하도록 규정했다. 8도에서 번상한 별패·시위패는 경기·경상도·충청도·전라도의 경우 殿庭의 동쪽에서, 강원도·황해도·함길도·평안도는 서쪽에서 牌頭의 인솔 아래 예를 행하도록 정했는데, 이를 통해 당시 조선 8도 모두에서 별패·시위패가 번상하고 있음을 알 수 있다.

1421년(세종 3)의 기사를 통해서도 양계 군사의 번상을 확인할 수 있다. 당시 摠制 元閔生은 지금 평안도와 함길도에 관원을 보내 習陣하고 있는데 이것은 邊釁을 야기할 우려가 있으므로 이 지역의 군사가 번상할 때 敎習하는 것이 좋다는 의견을 제시했다.[79] 그의 언급을 통해 1421

---

78) 『세종실록』 권3, 세종 1년 1월 26일(신미).
79) 『세종실록』 권13, 세종 3년 8월 2일(임진).

년에도 평안도·함길도 군사들이 번상하고 있음을 알 수 있는데, 1414년에 길주 이남의 군사를 다시 번상하게 한 조치에 따라 함길도 군사도 다시 번상하기 시작해 이처럼 세종 초에도 번상하고 있던 것이다. 그렇지만 양계의 시위군은 1424년(세종 6) 즈음 이후 번상이 중지되고 국경지역으로 赴防하는 존재로 바뀐 것으로 보인다.[80)]

갑사의 경우도 번상 중지와 현지 赴防을 반복하다가 점차 현지 방어군으로 전화돼 갔다. 1410년(태종 10) 2월 야인의 침입으로 慶源兵馬使 韓興寶가 전사하자 이에 대한 보복으로 같은 해 3월 趙涓을 보내 야인의 근거지를 습격했는데, 이로부터 야인이 조선의 북쪽 변경을 침입하는 일이 잦아지게 되었다. 이에 따라 같은 해 4월 僉摠制 盧原湜을 慶源助戰兵馬使로 삼아 慶源·鏡城·吉州·端州·靑州人으로 갑사가 된 자 150명을 거느리고 부방하게 했다.[81)] 동북면 북쪽 지역 출신의 갑사를 현지 방어에 동원한 것이다.

그렇지만 이것은 일시적인 조치에 불과했고 태종의 기본 생각은 "甲士는 禁兵이므로 외방에서 방어하게 할 수 없다."라는 것이었다.[82)] 태종의 이러한 인식은 갑사 정원을 2,000명에서 3,000명으로 늘리고 이 중에서 2,000명은 宿衛하고 1,000명은 下番하도록 한 갑사의 番上制 적용 조치에 대한 그들의 불만도 아울러 고려한 데서 나온 것으로 보인다.[83)]

---

80) 오종록은 "세종 초엽 이후로 양계의 시위군은 거의 중앙에 번상하지 않고 있었다. 세종 6년(1424) 8월에 함길·평안도의 시위군과 별패로서 9월에 번상할 군인들을 올려 보내지 말도록 지시한 것을 끝으로 양계 시위군의 번상 시위 기록이나 이들의 번상을 중지하라는 기록이 보이지 않는 것이다. … 함길도의 시위군은 유사한 성격의 병종인 별패가 부방하기 시작한 태종 17년 즈음부터 하번일 때에 국경지역에 부방하게 되고 나아가 세종 6년(1424) 즈음 이후 번상이 중지되었던 것으로 추정된다."라고 하면서, 1425년(세종 7) 2월 함길도의 軍翼道가 정비될 때 소속 병종에 시위군이 보이지 않는 점을 그 추정의 근거로 제시했다 (2014b, 『조선초기 양계의 군사제도와 국방』, 국학자료원, 392·394쪽).

81) 『태종실록』 권19, 태종 10년 4월 23일(기미).

82) 『태종실록』 권19, 태종 10년 5월 21일(정해).

이 때문에 태종은 새로 東北面 助戰知兵馬事에 임명된 예조참의 朴矩와 상호군 崔潤德이 그 지역의 하번 갑사 30~40명을 데리고 갈 것을 요청하자 강제로 동원하는 것은 불가하며 勝戰한 후 포상하겠다는 뜻으로 모집해 응모하는 자만 데리고 가게 했다.[84]

그러나 禁兵인 갑사를 외방 防戍軍으로 활용하지 않으려는 태종의 의도는 북방 정세의 불안정성 때문에 일관되게 유지되기 어려웠다. 1411년 1월에도 동북면 監司가 童孟哥帖木兒가 深處로 이주한다는 첩보를 입수하고 이들이 이동할 때 노략질할 우려가 있다는 이유로 증병을 요청했다. 이에 대해 의정부에서 하번한 갑사와 시위군을 鏡城으로 보내 방어하게 하자고 건의하자 태종은 하번한 갑사 300명과 시위군 300명을 경성으로 보내게 했다.[85] 불안한 북방 정세는 방수군의 증액을 필요로 하는데, 동원할 군사가 부족한 상황에서 현지 출신의 번상군을 동원하는 것이 손쉽고도 가장 현실적인 방안이었기 때문이다.

『세종실록』「地理志」에 실린 전국의 軍丁 기록을 보면 함길도의 慶源·會寧·鍾城·穩城에 갑사가 등장하고 있다.[86] 아직 중앙군과 지방군의 통합이 이뤄지지 않은 상태에서 중앙군인 갑사가 함길도 네 고을의 지방군으로 기록된 것은 그만큼 이 지역이 15세기 전반에 야인과의 충돌이 많아 시위군 번상이 빈번히 중지되곤 하던 상황을 반영한 것으로 보인다.

한편 1413년 11월 양계는 上國과 국경이 맞닿아 있는데 軍資가 부족하다고 해서 해마다 풍해도의 租稅를 평안도로 보내고 강원도의 조세를

---

83) 『태종실록』 권19, 태종 10년 5월 12일(무인)·20일(병술).
84) 『태종실록』 권19, 태종 10년 5월 21일(정해).
85) 『태종실록』 권21, 태종 11년 1월 20일(신사).
86) 이현수, 1997 「조선초기 군역제도 연구」, 한국정신문화연구원 박사학위논문, 64쪽. 그러나 『세종실록』「지리지」에는 이들 네 지역 외에 富寧과 三水에도 甲士가 존재하는 것으로 나와 있다(『세종실록』 권155, 지리지, 咸吉道, 富寧都護府·三水郡).

永吉道로 수송하는 것을 항식으로 삼았다.[87] 양계와 접해 있는 풍해도
와 강원도의 조세를 해마다 양계로 수송하게 함으로써 양계의 군자를
넉넉하게 하여 군사력 증강을 도모한 것으로, 양계 군사의 번상을 중지
하고 현지 방어군으로 삼은 것과 동일한 맥락에서 취해진 조치였다.

　양계 번상군은 이처럼 邊警이 발생하거나 우려될 때마다 점차 현지
방어군으로 차출됨으로써 점차 외방 국방군으로 고정화되는 길을 밟게
되었다. 1424년(세종 6) 1월 野人 (童)猛哥帖木兒와 楊木答兀의 준동을 염
려하여 함길도 절제사, 慶源과 鏡城 僉節制使에게 이에 대비하도록 傳旨
하는 한편 함길도의 咸興 이북에 거주하는 當番 갑사 63명을 모두 放還
하되 賊變이 있으면 慶源이나 鏡城에 分送해 방어하게 하고, 下番 갑사
도 大變이 있게 되면 번상을 면제하고 모두 경원이나 경성으로 가서 방
어하게 했다.[88] 이 조치는[89] 함길도에서 번상을 면제하는 界線이 北靑
에서 咸興으로 더 내려오게 되는 계기가 됐다는 점에서 의미가 있다.
1433년(세종 15) 3월 함흥 북쪽 고을의 군사와 말은 적당하게 番을 나누
고, 그 도의 하번한 갑사에게 官에서 糧料를 지급하고 도절제사가 이들
을 거느리고 경원·寧北·甲山으로 가서 사변에 대처하게 했다.[90] 1434년
10월 함길도 도절제사의 요청에 따라 北靑 남쪽에 거주하는 갑사는 번
상을 면제하고 도절제사와 慶源·寧北·會寧鎭에 分定하게 했으며,[91] 이
듬해 8월에는 防牌까지도 번상을 면제하고 모두 赴防하여 防戍하게 했

---

87) 『태종실록』 권26, 태종 13년 11월 26일(임인).

88) 『세종실록』 권23, 세종 6년 1월 5일(임오)·7일(갑신).

89) 1430년(세종 12) 1월 함길도 都節制使가 올린 牒呈에 "지난 壬寅年(1422년, 세
　종 4)과 甲辰年(1424년, 세종 6)에 내려와 慶源에 赴防하는 端川 이북의 고을에
　거주하는 갑사"라는 표현을 보면[『세종실록』 권47, 세종 12년 1월 5일(병오),
　"兵曹據咸吉道都節制使牒呈啓　去壬寅甲辰年下來慶源赴防端川以北各官住甲
　士等 或有老病者 非唯不能防禦 亦將不堪侍衛"] 비록 界線은 咸興이 아닌 단
　천이지만 1424년 1월의 조치는 계속 유지된 것으로 보인다.

90) 『세종실록』 권59, 세종 15년 3월 18일(신미).

91) 『세종실록』 권66, 세종 16년 10월 12일(을묘).

다.92) 그리고 1446년(세종 28) 5월에는 함길도의 북청 이북과 평안도의 安州 이북에 거주하는 捉虎甲士와 吹螺赤도 번상을 면제하고 그 도에 부방하게 했다.93)

금군 성격의 병종이 양계 방어에 동원되기도 했다. 1436년(세종 18) 『續典』에 금지 규정이 있음에도 "지금 兩界 防禦가 가장 긴요하다."라는 이유로 양계의 都節制使·僉節制使·沿邊守令이 내금위·별시위·갑사를 率行하는 것을 허용한 것이다.94)

1438년(세종 20) 8월에는 함길도 북청 이남의 갑사로 하여금 서울로 번상하게 했다가 함길도 감사와 도절제사의 요청에 따라 安邊 이북의 당번 갑사는 번상을 면제하고 부방하여 防戍하게 조치했다.95) 1442년 (세종 24)의 "함길도의 도절제사가 평상시에 북청 이북 각 고을의 正軍과 도내의 번상 갑사를 거느리고 방어한다."96)라는 기록을 통해서 1438년의 조치가 현실화했음을 확인할 수 있다. 그러므로 1438년부터 함길도의 갑사는 모두 번상을 면제받고 本道에서 부방하는 존재로 바뀌게 된 것으로 이해된다.

이에 따라 1439년 9월 그동안 兩界赴防甲士와 京中侍衛甲士를 합쳐서 仕到가 많은 司直 10명을 護軍에 제수하던 규정을 변경했다. 양계부방갑

---

92) 『세종실록』 권69, 세종 17년 8월 9일(무신). 兩界 防牌는 이처럼 現地軍으로 전화했기 때문에 1451년(문종 1) 기록을 보면 원래부터 번상하지 않았다고 했다(『문종실록』 권9, 문종 1년 8월 24일(기축), "兩界防牌六十 元不上番 仍在本道防禦").

93) 『세종실록』 권69, 세종 17년 8월 9일(무신); 『세종실록』 권112, 세종 28년 5월 19일(병술).

94) 『세종실록』 권73, 세종 16년 윤6월 21일(을유). 『續典』은 1433년(세종 15) 1월 黃喜 등이 撰進한 『正典』 6권과 『謄錄』 6권으로 구성된 『新撰經濟續六典』을 가리키는 것으로 보인다. 이에 대해서는 윤훈표·임용한·김인호, 2007 「제3장 경제육전의 편찬과 그 의의」, 『경제육전과 육전체제의 성립』, 혜안, 184~185쪽 참고.

95) 『세종실록』 권82, 세종 20년 8월 7일(기미).

96) 『세종실록』 권96, 세종 24년 4월 17일(정미).

사에게 사직 10명당 호군 한 자리씩 배정하되 사직이 10명이 되지 않더
라도 격려하는 차원에서 호군 한 자리를 주게 하고, 나머지는 경중시위
갑사에게 주는 것으로 변경하여 승진하는 방식에서도 양계갑사와 경중
갑사를 분리했던 것이다.97)

한편 세종 초가 되면 濟州 補充軍도 번상을 면제하는 대신에 현지 防
禦軍으로 充定했다.98) 제주는 번상 면제의 이유가 "바다를 건너기 어렵
다."라는 것으로 양계와 그 이유가 달랐지만, 전국을 대상으로 한 번상
제 운영에서 적용 예외 지역이 됐다는 점에서는 동일하다. 양계 일부 지
역의 보충군도 1430년(세종 12)을 전후해 번상을 면제받는 대신 현지 방
어군으로 그 성격이 변화했다. 1430년 평안도 閭延과 江界에 거주하는
보충군도 咸吉道 慶源·鏡城의 보충군 예에 따라 번상하지 않는 대신 방
어가 중요한 閭延으로 부방하게 됐으며, 1438년(세종 20)에도 양계 연변
에 거주하는 보충군은 번상을 면제하고 당번일 때 步兵으로 부방하되,
서울에서 입번하는 보충군의 예에 따라 仕到를 계산해서 병조에 移文하
여 去官하도록 했다.99)

이처럼 15세기 전반을 경유하면서 양계의 시위군, 갑사, 별패, 보충군,
방패 등의 병종은 그 번상이 중지되면서 현지 방어군으로 전화돼 갔

---

97) 『세종실록』 권86, 세종 21년 9월 20일(을축). 1448년(세종 30)에는 갑사 중에서
    兩界赴防者가 600명이고 (京中)侍衛者가 900명이어서 호군 遞兒職 15자리를 6
    대 9의 비율로 나눴는데, 호군 아래의 司直·副司直·司正·副司正 체아직에도
    이 비율을 적용하는 것으로 발전했다[『세종실록』 권120, 세종 30년 5월 6일(경
    인)]. 그런데 1455년(세조 1) 함길도 갑사 300명 중 100명이 上番侍衛한다는 기
    록[『세조실록』 권2, 세조 1년 8월 26일(기사)]과 1457년(세조 3) 양계 갑사는 번
    상하지 않고 부방할 따름이라는 기사[『세조실록』 권6, 세조 3년 2월 25일(기
    미)]가 함께 나오는 것으로 보아, 양계 갑사의 번상은 세종 말엽부터 사실상 중
    지됐지만 그 최종적 확정은 세조 때 이루어진 것으로 보인다.
98) 『세종실록』 권2, 세종 즉위년 11월 19일(을축).
99) 『세종실록』 권50, 세종 12년 10월 19일(병술); 『세종실록』 권81, 세종 20년 5월
    17일(경자).

다.100) 남방 출신 군사를 북방으로 옮기는 데 따른 폐단을 줄일 수 있을 뿐 아니라 그들은 현지 출신이므로 그곳의 지리·지형에 익숙해 방어와 공격에 유리했기 때문이다. 이 조치는 최종적으로『경국대전』에서 양계 군사의 번상 중지를 명문화하는 데로 발전했다.101)

16세기에는 함경도의 내금위·겸사복·親軍衛조차도 本道가 殘弊하다는 이유로 본도에서 留防하게 했다. 이들의 본도 유방은 16세기 중반에 친군위 상언에 따라 철회됐다가 "邊備가 粗完될 때까지"라는 조건은 붙었지만 이내 복구돼 다시 유방하게 되었다.102)

2) 保法 실시와 번상군 군액 조정

중앙군을 대폭 증액한 1448년(세종 30) 이듬해에 양계를 제외한 남부 6도를 대상으로 2만 6,000명의 지방군 군액을 늘리는 조치를 취했다. 당시 명나라를 침범한 에센(也先)이 이끄는 몽고족 일파가 조선에까지 침입할 것에 대비해 취한 조치였다. 그 결과 지방군 총수가 양계를 제외하고도 15만 5,590명에 달하게 됐는데, 이는『세종실록』「지리지」의 6만 7,999명의 2배가 넘는 규모였다.103)

세조 때에는 이처럼 늘어난 병력 수요를 감당하기 위해 호구를 철저히 파악하여 그동안 호적에 오르지 않은 人丁, 특히 외방 토호들이 숨겨놓은 隱丁의 색출을 최우선 과제로 삼았다. 호구 색출 작업의 첫 단계로서 1459년(세조 5) 號牌法을 시행했다.104)

---

100) 그렇지만 그 전환이 얼마 되지 않았기 때문인지 1451년(문종 1)의 사례처럼 이들을 현지방어군이 아닌 京中侍衛軍士로서 赴防하는 자로 인식하는 사례가 보이기도 했다[『문종실록』권7, 문종 1년 5월 5일(임인), "典農少尹崔濡上言 … 今則新設五鎭 使京中侍衛軍士 盡赴防戍 故侍衛京中者不多"].

101)『경국대전』권4, 병전, 留防, "兩界甲士正兵 並留防本道"

102)『명종실록』권9, 명종 4년 1월 3일(갑술), 2월 13일(계축).

103) 오종록, 1996, 앞의 논문, 114~116쪽.

1458년 4월 세조는 좌찬성 申叔舟 등에게 전교하여 "우리나라는 호적이 분명하지 않은데 호구 수를 다 알려면 어떻게 해야 하는가?"라고 질문했다. 이에 대해 신숙주가 "호적을 분명히 하고자 한다면 다시 호패법을 시행해야 합니다."라고 답하고 세조가 이를 가납하면서[105] 호패법은 태종 때에 이어 다시 수면 위로 떠올랐다. 다음날에는 御書로 호패법시행을 천명하고 백관들에게 솔선수범하도록 요구하는 한편 관찰사들에게 合行事目을 내려 보내 연말까지 호패 지급을 완료하도록 했다. 이어 같은 해 7월 병조에서 16세 이상의 남성이 품계·신분·직역에 따라 호패에 기재할 내역 등을 규정한 號牌條件을 올렸다. 이상의 준비를 거쳐 이듬해(1460) 2월 호패법을 시행하게 되었다.[106]

세조는 호패법의 성과를 기초로 호적과 군적을 새로 작성하는 한편[107] 1464년(세조 10) 기존의 奉足制를 대신하는 保法을 시행했다.[108] 같은 해 10월 세조가 삼남 지방으로 내려가는 軍籍使에게 내려준 事目에 자세한 보법 규정이 실려 있는데,[109] 그 주요 내용은 다음과 같다.

---

104) 세조 때 시행한 호패법에 대해서는 임용한, 2012 「군역제도와 신분제」『한국군사사』5(조선전기Ⅰ), 육군본부 군사연구소, 454~455쪽 참고.
105) 『세조실록』권12, 세조 4년 4월 4일(신유).
106) 『세조실록』권12, 세조 4년 4월 4일(신유)·5일(임술);『세조실록』권13, 세조 4년 7월 5일(경인);『세조실록』권15, 세조 5년 2월 1일(갑인), "始行號牌法" 세조 때의 호패법은 "良人과 賤人의 수를 알고자 시행한 것인데 지금 이미 대강 그 수를 알았다."라는 명분을 내세우며 1469년(성종 1) 폐지되었다[성종실록』권1, 성종 즉위년 12월 6일(을묘)].
107) 『세조실록』권25, 세조 7년 7월 24일(임술), "遣禮賓寺尹安訓于京畿 判司瞻寺事朴健順于忠淸道 … 改正戶籍軍籍 付以事目"
108) 세조 때 시행한 보법에 대해서는 이태진, 1968 「군역의 변질과 納布制 실시」『한국군제사』(근세조선전기 편), 육군본부, 203~213쪽; 민현구, 1983, 앞의 책, 70~88쪽; 이지우, 1991 「조선초기 보법의 추이와 실제」『慶大史論』6; 이현수, 1997 「조선초기 군역제도 연구」, 한국정신문화연구원 박사학위논문, 12~18쪽, 42~52쪽; 임용한, 앞의 논문, 454~462쪽 참고.
109) 『세조실록』권34, 세조 10년 10월 15일(을미).

·2丁을 1保로 삼는다.

·田 5결은 1丁에 준한다.

·갑사는 4保[有三保奉一保者曰甲士], 騎正兵·吹螺赤는 3보, 平虜衛·破敵衛·近仗·別軍·步正兵·太平簫·騎船軍은 2보, 烽燧軍·防牌·攝六十은 1보에서 군사 1명을 낸다.

·奴가 (지급해야 할) 봉족 수에 준하는 자는 다른 丁을 지급하지 않는다.

　보법은 종래의 自然戶를 중심으로 한 3丁 1戶의 원칙에서 벗어나 2丁을 1保로 삼았다. 그동안 가호 단위로 부과되던 군역을 개인별 부과로 전환한 것이다.[110] 또한 이전부터 奉足을 지급할 때 고려했던 군사들의 소유 田地 규모를 '田5結=1丁'의 비율로 丁으로 환산하게 했다. 보유한 奴도 1정으로 계산해 자신 소유의 노가 지급받아야 할 봉족 수에 준하면 별도로 다른 丁을 지급하지 않도록 했다. 병종별로 지급할 보인 수도 정했다. 갑사는 "3개의 保가 있어 1개의 보를 받드는[有三保奉一保]", 즉 4보(8명)에서 갑사 1명을 내는 형식이므로, 갑사 1명당 7명의 보인이 지급되었다. 동일한 논리에 따라 기정병·취라치는 5명, 평로위·파적위·근장·별군·보정병·태평소·기선군은 3명, 봉수군·방패·섭육십은 1명의 보인을 지급받게 했다. 보법에 따라 각 병종에게 지급할 보인 수가 7·5·3·1명이라는 점은 1470년(성종 1) 2월 갑사와 정병의 番次가 늘어나 身役이 가벼워졌다는 이유로 갑사는 봉족 7丁 중에 2정을 감하고, 기정병은 5정 중에 2정을 감하고, 보정병은 3정 중에 1정을 감하게 한 조치에서도 확인된다.[111]

　그런데 2정을 구성원으로 하는 保는 하나의 생활권으로서는 허약한 것이었다. 이 때문에 세조의 호구조사 정책에 동조했던 梁誠之조차도 3

---

110) 민현구, 1983, 앞의 책, 78~79쪽; 임용한, 앞의 논문, 455쪽.

111) 『성종실록』 권3, 성종 1년 2월 30일(기묘), "甲士在前四番 今分五番 十六朔休息 正兵在前四番 今分七番 十二朔休息 二朔相遞 竝皆身役輕歇 其甲士奉足七丁內 減二丁 騎正兵奉足五丁內 減二丁 步正兵奉足三丁內 減一丁"

정으로 1보를 삼아야 1명은 戶首로서 군사로 활동하고, 1명은 率丁으로 농사를 짓고, 나머지 1명은 餘丁으로 평상시에는 賦役에 이바지하고 行軍할 때에는 輜重을 운반할 수 있다고 하면서 2정=1보 규정을 비판했던 것이다.[112] 2정=1보 규정뿐 아니라 田地와 奴를 丁으로 환산하는 규정도 당시 전지와 노를 많이 소유한 양반 지배층의 이해관계와 크게 어긋나므로 이에 대한 많은 반론이 제기될 수밖에 없었고, 그 결과『경국대전』에는 세조 때의 보법 규정을 일부 수정한 내용이 실리게 되었다. 즉, 2정=1보 규정은 유지하되 自然戶와의 연관을 고려해 동거하는 아들·사위·동생은 봉족 수를 넘더라도 2丁까지는 다른 역에 정하지 않도록 했다. 전지를 丁으로 환산하는 규정은 폐기했으며, 奴도 1정이 아닌 半丁으로 계산해 '奴准保' 규정을 완화했다. 그리고 보인에게 매달 면포 1필 이상은 받지 못하게 했다.[113]

호패법 시행과 隱丁 색출을 바탕으로 한 세조 때의 군액 확장은 양성지가 "충청도는 본래 2만 호인데 지금은 11만 호이고, 경상도는 본래 4만 호인데 지금은 30만 호가 되었다."[114]라고 언급할 만큼 과도한 것이었다. 이에 따라 성종 초반부터 여러 차례 군액을 축소하는 조치를 취할 수밖에 없었다.[115]

1469년(성종 즉위년) 12월 수렴청정 중인 대왕대비의 명에 따라 보법에 대한 재검토와 군액 축소에 대한 결정이 내려졌다. 그 결과를 이듬해 2월 병조에서 보고했는데, 이에 따르면 田5결=1丁 규정이 폐지되고 諸色匠人과 취약 계층인 雇工·才白丁은 보인으로 삼지 못하게 했다. 또한 長番軍과 親軍衛를 제외한 갑사·별시위 등의 직업 군인은 그동안 4番이

---

112) 이태진, 앞의 논문, 205쪽.
113) 『경국대전』 권4, 병전, 給保.
114) 『세조실록』 권31, 세조 10년 8월 1일(임오). 민현구는 이러한 양성지 언급은 保法 원칙이 적용되어 파악된 것으로 추정했다(앞의 책, 86쪽 각주 107).
115) 성종 때의 군액 축소에 대해서는 각주 107)에서 인용한 논문을 참고해 정리했다.

던 番次를 5番으로 늘려 휴식 기간을 확대하는 한편 번상하여 네 달이 되면 교체하게 했다. 4개월을 근무하면 16개월의 휴식을 취한 뒤 다시 근무하게 한 것이다. 의무병인 정병도 번차를 4번에서 7번으로 늘려 14개월 중에서 2개월만 근무하게 했다. 여러 병종의 정액도 대폭 축소했는데, 특히 중앙으로 번상하는 직업 군인의 정액이 1만 3,040명이나 줄어들었다.116) 이를 정리한 것이 [표 2-3]이다.

[표 2-3] 1470년(성종 1)의 병종별 정원 축소 (단위: 명)

兵種	現額	調整額	番次	番當 定員		番上期間	비고
別侍衛	2,400	1,500	5番	300		4개월	
甲士	20,000	10,000	4번→5번	2,000		4개월	奉足 7丁→5丁
破敵衛	3,000	2,500	5번	500		4개월	
隊卒	3,440	3,000	5번	600		4개월	
彭排	6,000	5,000	5번	1,000		4개월	
內禁衛	200	100	長番	100			
鷹揚衛	200	100	장번	100			
親軍衛	40	40	2번	20		12개월	
忠贊衛	無定數	無定數	5번			4개월	
忠順衛	無定數	無定數	5번			4개월	
族親衛	無定數	無定數	장번				
忠義衛	無定數	無定數	장번				
彎强隊 壯勇隊	600	600	장번	600			賤人 入屬 금지
正兵	80,060	74,200	4번→7번	10,600	番上 5,100 留防 5,500	2개월	騎正兵 奉足 5정→3정 步正兵 봉족 3정→2정
합계	115,940	97,040 (-18,900)		번상	10,320		
				유방	5,500		

전거: 『성종실록』권3, 성종 1년 2월 30일(기묘).

116) 『성종실록』권1, 성종 즉위년 12월 4일(계축); 『성종실록』권3, 성종 1년 2월 30일(기묘).

1472년(성종 3) 2월에도 군액 축소를 단행해 하삼도의 정병 9,700명을 감축했다. 그 결과 하삼도의 番上정병 군액은 5만 7,700명에서 4만 8,000명으로 줄어들었다. 그런데 당시 諸鎭 留防軍 1만 6,500명이 3번으로 나뉘어 한 달마다 교체되어 다른 군역에 비해 艱苦하다는 이유로 番上정병 5,500명을 유방군으로 移屬시켜 4번으로 나누어 돌아가며 쉬게 했다. 그리고 남은 番上정병 4만 2,500명은 8번으로 나누어 5,310명씩 번상해 숙위하게 했다.[117] 이때의 군액 축소는 정병만을 대상으로 했는데, 그것은 정병이 세조 때의 보법 실시로 인해 가장 큰 타격을 받은 병종이었기 때문이다.[118]

1475년(성종 6) 9월 병조에서 여러 병종의 정액을 밝혔다. 갑사는 1만 4,800명인데 이 중에 양계갑사가 6,800명이었다. 그리고 별시위는 1,500명, 파적위는 2,500명, 팽배는 5,000명, 대졸은 3,000명, 취라치는 640명, 태평소는 60명, 친군위는 40명, 정병은 7만 2,109명, 수군은 4만 8,800명이었다.[119] 정병을 제외한 여타 병종의 정액은 『경국대전』에 그대로 기재되었다.[120]

친군위를 제외한 위의 직업 군인은 번차가 5번이므로 1475년 당시 갑사는 1,512명,[121] 별시위는 300명, 파적위는 500명, 팽배는 1,000명, 대졸은 600명, 취라치는 128명, 태평소는 12명, 번차가 2번인 친군위는 20명 등 규정상 총 4,072명이 서울에서 동시에 근무하는 셈이다. 여기에 성종 때 존재한 병종인 내금위 190명, 겸사복 50명, 우림위 50명, 壯勇衛(정액

---

117) 『성종실록』 권15, 성종 3년 2월 1일(무진).
118) 이태진, 앞의 논문, 208쪽.
119) 『성종실록』 권59, 성종 6년 9월 8일(갑인).
120) 『경국대전』 권4, 병전, 番次都目. 정병은 정액이 기재돼 있지 않다. 『경국대전』에는 위의 병종 외에도 금군인 兼司僕(50)·내금위(190), 우대 병종인 功臣嫡長·忠義衛·忠贊衛·忠順衛(정액이 기재되어 있지 않음), 위병인 壯勇衛(600), 火器 전문 부대인 破陣軍(180), 漕卒(5,960) 등의 정액이 실려 있다.
121) 갑사 정액에서 양계갑사 6,800명과 捉虎甲士 440명을 제외하고 5번으로 나눈 액수이다.

600) 120명, 破陣軍(정액 180), 그리고 정액이 없는 충의위·충찬위·충순위, 마지막으로 의무병인 정병 5,100명[122]을 더하면 성종 때에는 이론상으로 대략 1만 명 안팎의 군사가 서울에서 동시에 근무한다고 볼 수 있다. 1469년(예종 1) 6월 疊鐘을 거행하고 실시한 군사 점고에 따르면, 내금위가 120명, 諸色軍士가 5,970명, 5衛 五員이 172명, 闕內 入直軍士가 2,163명으로, 총 8,425명이었다.[123] 군액 조정을 단행하기 이전의 상황이지만 15세기 후반 1만에 근접한 군사가 서울에서 근무하고 있었음을 보여주는 사례이다.

그런데 중종 초반이 되면 실제 서울에서 근무하는 중앙군은 대폭 축소된 것으로 나타난다. 1516년(중종 11) 8월 병조판서 高荊山에 따르면, 당시 번상한 정병과 갑사는 1,654명이었고, 淸路隊 8명, 팽배 4,200명, 파적위 1,432명, 대졸 2,227명이 차정되지 못한 상태였다.[124] 위에서 살펴본 1475년(성종 6)의 갑사와 정병 6,612명과 비교하면 1516년에 번상한 정병과 갑사는 25%에 불과한 수준이었다. 그리고 팽배·파적위·대졸은 갑사·정병을 제외하면 번상 군사 중에서 별시위와 더불어 핵심이 되는 병종인데도 差定된 비율이 16%, 43%, 26% 정도였고 이들이 모두 실제로 번상한다고 가정하더라도 팽배가 160명, 파적위가 214명, 대졸이 155명 모두 529명에 불과했다. 여기에 금군인 내금위 490명,[125] 겸사복 50명, 우림위 50명과 갑사·정병 1,654명을 합친 2,773명이 1516년 8월 당시 서울에서 근무하던 군사 수에 해당한다. 이론상 수치의 27% 정도의 병력이 중종 초반의 실제 중앙군 병력이었던 것이다.

한편 1477년(성종 8) 병조에서 올린 전국의 군적을 보면 당시 正軍은

---

122) 『성종실록』 권3, 성종 1년 2월 30일(기묘).
123) 『예종실록』 권6, 예종 1년 6월 2일(갑인). 京中 雜色軍에 해당하는 坊里人도 3,786명이 모였지만 이들은 실제 군사력이 아니므로 군사 수 계산에서 제외했다.
124) 『중종실록』 권26, 중종 11년 8월 4일(계축).
125) 『중종실록』 권25, 중종 11년 5월 27일(정미).

13만 4,973명, 봉족은 33만 2,746명으로 합계 46만 7,719명에 달했다.[126] 이때의 군적에는 강원도와 永安道가 빠져 있는데, 1470년(성종 1)의 강원도 정병 2,338명과 영안도 정병 9,091명을[127] 여기에 더하면 47만 9,148명이 된다. 정병의 경우 2~3명의 보인이 배정되므로 강원도·영안도 정병의 보인수를 또 여기에 더하면 50만 명을 상회하게 되는데, 이 수치가 조선초기 정부에서 파악한 군액의 최대치에 해당한다.

이처럼 세조 때에 호패법과 보법의 실시로 군액이 대폭 늘어나 民들이 감당하기 어려운 지경에 이르자 성종 때에는 호패법을 폐지하고 보법 규정을 완화하는 한편 군액 축소도 단행할 수밖에 없었다.

3. 중앙 분속 추진과 五衛制 확립

1) 세종~세조 때의 중앙 분속 추진

세종 때에도 태종 때를 이어 전국의 중앙 분속이 추진되었다. 1421년(세종 3) 8월 병조에서 전국을 5衛에 분속하지 않아 大閱 때 발생하는 문제점을 지적하면서 다음과 같은 계문을 올렸다. 같은 해 5월 조선 건국 후 최초로 대열을 거행했는데[128] 그때의 문제점을 지적한 것이다.

병조에서 계했다. "여러 道의 군사를 5위에 분속시키지 않아서 대열할 때 衣甲·韋色이 뒤섞이고 體統의 意義도 없습니다. 경기·경상도·전라도는 中衛에, 평안도는 前衛에, 충청도는 左衛에, 황해도는 右衛에, 강원도·함길도는 後衛에 속하게 하며 (군사의) 복색은 각각 방위별 색깔에 의거하게

---

126) 『성종실록』 권81, 성종 8년 6월 20일(을묘).
127) 『성종실록』 권3, 성종 1년 2월 30일(기묘).
128) 『세종실록』 권12, 세종 3년 5월 18일(기묘).

합니다." 상왕이 이를 따랐다.[129]

병조에서 대열 때의 문제점을 지적하며 전국을 中·前·左·右·後의 5衛에 분속할 것을 제기하자 상왕 태종이 이를 수용했다. 대열 때 군사들의 衣甲 색깔이 뒤섞여 체통이 없으므로 이를 방지하고자 8도를 5위에 분속하고 각각 방위에 해당하는 색깔의 의갑을 착용하게 한 것이다. 1394년(태조 3) 채택되고 1400년(정종 2)에도 추진된 것으로 추정되는 전국의 중앙 분속을 병조에서 다시 제기한 것이다. 다만 이때의 중앙 분속은 군사 조직인 3軍이나 12司[130]가 아닌 군사훈련 때의 편제인 5衛에 분속시킨 것이어서 이전의 3군에 분속했던 것과는 차이를 보인다. 평상시의 분속 체계를 문제 삼은 것이 아니라 실제 군사훈련을 거행할 때 나타나는 문제점을 해결하고자 제시한 분속 방안인 것으로, 평소에도 군사훈련과 전투 때의 소속을 분명히 알 수 있도록 한 개편인 것이다. 당시에는 1394년(태조 3)과 1400년(정종 2)의 전국의 3군 분속이 평상시의 분속 체계로 계속 유지됐을 것이다.

이러한 태조~세종 때 전국의 3군 또는 5위 분속은 5司를 5위로 개편한 후인 1459년(세조 5)에 여러 신하들이 商確하고 세조가 친히 재결해 완성한 『兵政』에도 실렸다.[131] 『병정』[132] 大閱 항목에 실려 있는 전국

---

129) 『세종실록』 권13, 세종 3년 8월 12일(임인).
130) 태종이 세종에게 왕위를 물려주고 上王이 되자 두 명의 국왕이 존재하게 되어 이들의 侍衛를 위해 기존의 10司를 12司로 확대했다.
131) 『세조실록』 권18, 세조 5년 10월 7일(을묘).
132) 『兵政』에 대한 소개 글로는 허선도, 1982 「『병정』(영인 및 해제)」 『한국사논총』 4와 정해은, 2008 「병정」 『한국 전통병서의 이해』 Ⅱ, 국방부 군사편찬연구소가 있고, 윤훈표가 『병정』 편찬의 의미와 구성상의 특징, 활용에 대해 논한 바 있다(2009 「조선 세조 때 兵政 편찬의 의미와 그 활용」 『역사와 실학』 40). 윤훈표에 따르면, 『병정』은 "1960년대 반환문화재로 촬영되어 국립도서관에 보관되었던 것을 1980년대 초 허선도가 발굴, 소개함으로써 비로소 널리 알려졌다. 특히 허선도는 판본에 따라 조금씩 차이가 나는 본문에 대한 교감

군사의 5위 분속 내역을 정리하면 [표 2-4]와 같다.

[표 2-4] 『병정』의 전국 군사 5위 분속 내역

5衛	5部	해당 지역 및 兵種
中衛 (義興衛)	中部	黃海道 海州·江陰·白川·延安·康翎·甕津·長淵·豐川·松禾·殷栗·京中部雜色軍
	左部	黃海道 黃州·瑞興·平山·鳳山·載寧·信川·安岳·文化·長連·遂安·谷山·兎山·新溪·牛峯雜色軍
	右部	平安道 安州·永柔·肅川·順川·定州·隨川·嘉山·龜城·宣川·郭山·泰川·義州·鐵山·龍川雜色軍
	前部	平安道 平壤·三和·甑山·咸從·江西·中和·順安·慈山·龍岡·成川·祥原·三登·陽德·孟山·殷山雜色軍
	後部	平安道 朔州·昌城·碧潼·江界·理山·寧邊·博川·价川·熙川·德川雜色軍
左衛 (龍驤衛)	中部	江原道 江陵·襄陽·旌善·三陟·蔚珍·平海·杆城·高城·通川·歙谷·京東部雜色軍
	左部	江原道 淮陽·金城·平康·伊川·鐵原·金化·安峽雜色軍
	右部	江原道 春川·狼川·楊口·麟蹄·洪川·原州·平昌·寧越·橫城雜色軍
	前部	咸吉道 會寧·鍾城·慶源·穩城·慶興雜色軍
	後部	咸吉道 安邊·德源·文川·永興·高原·咸興·定平·洪原·北青·吉州·利城·端川·鏡城·富寧·甲山雜色軍
右衛 (虎賁衛)	中部	全羅道 光州·潭陽·長城·珍原·昌平·和順·同福·陵城·順天·樂安·興陽·光陽·京西部雜色軍
	左部	全羅道 全州·礪山·龍安·咸悅·益山·高山·珍山·錦山·茂朱·龍潭·鎭安·金溝·泰仁雜色軍
	右部	全羅道 羅州·茂長·高敞·靈光·咸平·務安·靈岩·南平·長興·寶城·康津·海南·珍島雜色軍
	前部	全羅道 扶安·臨陂·沃溝·萬頃·金堤·古阜·井邑·興德雜色軍
	後部	全羅道 南原·任實·長水·淳昌·雲峯·玉果·谷城·求禮雜色軍
前衛	中部	京中·京畿·平安道受田牌 京畿 水原·富平·仁川·衿川·安山·南陽·振

을 진행하여 바로잡는 한편 간단한 해제를 덧붙여 그 내용을 구체적으로 이해할 수 있게 했다."(2009, 위의 논문, 5~6쪽). 『병정』에는 五衛, 啓本平關牒報, 入直, 行巡, 啓省記, 門開閉, 朝賀宴享常參, 疊鼓, 疊鐘, 大閱, 符驗, 用刑 등 12개 항목이 실려 있는데, 일부 항목명이 수정되고 내용이 압축·정제된 형태로 『경국대전』에 게재되었다. 한편 亞細亞文化社에서 李佑成이 일본에서 수집한 尊經閣 소장본을 『兵將說』, 『訓局總要』, 『律例便覽』, 『聽訟提綱』, 『相避』와 함께 묶어 『兵政 外 五種』(栖碧外史海外蒐佚本叢書)이라는 제목으로 1986년에 간행한 바 있다.

5衛	5部	해당 지역 및 兵種
(忠佐衛)		威·安城·陽城·廣州·楊根·砥平·川寧·驪興·陰竹·竹山·利川·陽智·龍仁·京南部雜色軍 京外時波赤
	左部	開城府受田牌 京畿 根州·漣川·麻田·積城·坡州·交河·高陽·永平·抱川·加平·江華·金浦·陽川·喬桐·通津·開城府·朔寧·臨津·豊德雜色軍 京外伴倘
	右部	江原道·黃海道受田牌 忠淸道 洪州·舒川·庇仁·藍浦·鴻山·保寧·靑陽·大興·德山·結城·泰安·瑞山·海美·唐津·沔川·天安·稷山·平澤·溫陽·新昌·禮山·木川·全義雜色軍 京外諸貝
	前部	全羅道·慶尙道受田牌 忠淸道 公州·燕岐·懷德·鎭岑·連山·恩津·尼山·石城·林川·韓山·扶餘·定山雜色軍 開城府巡綽牌
	後部	忠淸道·咸吉道受田牌 忠淸道 淸州·鎭川·文義·懷仁·報恩·靑山·黃澗·永同·沃川·淸安·忠州·永春·堤川·丹陽·淸風·陰城·槐山·延豊雜色軍
後衛 (忠武衛)	中部	京中·京畿·平安道正兵·別軍 慶尙道 晉州·泗川·昆陽·河東·南海·丹城·山陰·宜寧·咸陽·三嘉·安陰·京北部雜色軍
	左部	開城府正兵·別軍 慶尙道 安東·豊基·榮川·奉化·義城·禮安·眞寶·靑松·軍威·比安雜色軍
	右部	江原道·黃海道正兵·別軍 慶尙道 星州·草溪·陜川·居昌·高靈·知禮·尙州·善山·開寧·金山·咸昌·龍宮·聞慶·醴泉雜色軍
	前部	全羅道·慶尙道正兵·別軍 慶尙道 昌原·金海·固城·熊川·漆原·咸安·鎭海·巨濟·大丘·靈山·昌寧·玄風·仁同·義興·新寧·河陽·慶山·淸道雜色軍
	後部	忠淸道·咸吉道正兵·別軍 慶尙道 慶州·寧海·盈德·淸河·興海·迎日·長鬐·永川·密陽·蔚山·機張·東萊·梁山·彦陽雜色軍

전거: 『兵政』, 大閱.

1457년(세조 3) 諸道의 中·左·右翼을 혁파하고 巨鎭을 설치하는 한편
이에 소속되는 諸邑을 정했다.133) 전국을 鎭管체제로 재편하기 시작한
것이다. 그런데 1459년 완성된 『兵政』에서는 5衛 各 部에 속한 지역을
위의 1457년처럼 某某鎭(예: 水原鎭)이나 『경국대전』의 某某鎭管(예: 水
原鎭管)으로 표기하지 않고 해당 행정구역 명칭을 일일이 나열하는 방
식을 취했다. 또 各 部에 배속된 자를 『경국대전』에서는 某某鎭(管)軍士
로 표기한 반면 『병정』에서는 雜色軍, 受田牌, 時波赤,134) 伴倘, 諸貝, 開

_____

133) 『세조실록』 권9, 세조 3년 10월 20일(경술), “兵曹啓 今奉傳旨 革諸道中左右
翼 量置巨鎭 所屬諸邑磨勘具聞 … 從之”

城府巡綽牌,135) 正兵, 別軍 등 구체적인 명칭으로 표기했다. 당시가 진관
체제로 재편된 초창기이고『병정』이 이론서가 아닌 해당 업무를 수행
할 때 사용할 지침서로 만들어졌기 때문인 것으로 보인다.『병정』에서
는 營鎭軍과 騎船軍은 일상적인 징발[常徵] 대상이 아니라고 한 반면
『경국대전』에서는 水軍과 烽燧軍을 常徵 대상에서 제외했다.136)『병정』
이 완성된 1459년에는 아직 영진군이 正兵에 포함되지 않았기 때문이
다.137) 영진군은 해당 지역을 지켜야 하므로 징발 대상에서 제외된 것
이다. 정병 편입 이후에도 영진군 역할을 계승한 留防正兵은 징발 대상
에서 제외됐을 것으로 추정된다.

한편 梁誠之는 전국의 5위 분속과 관련해 세조와 예종 때 두 차례 건
의한 적이 있었다. 먼저 1464년(세조 10) 8월에 올린 上書138)에서 그는
전국 군사를 일시에 모아 거행하는 대열에 대해 비판적인 입장을 보였
다. 먼저 수만 명의 군사가 上京했다가 下鄕하는 왕래에 따른 폐단을 지
적한 후, 자신이 본래 건의하고자 한 여러 도의 군사들이 서울에 일시에

---

134) 時波赤는 內鷹房에 소속된 자의 명칭이다[『세종실록』 권10, 세종 2년 10월 29
　　일(갑자), "內鷹房人號時波赤"].
135)『兵政』에서는 개성부 병종을 受田牌, 雜色軍, 巡綽牌, 正兵으로 구분했다. 그
　　런데 1475년(성종 6)의 기록에 "개성부 土兵 600명이 전부 本府에서 巡綽한
　　다."[『성종실록』 권59, 성종 6년 9월 10일(병진)]라고 했고, 이것이『경국대전』
　　에 "개성부 正兵은 모두 개성부에 머물며 巡綽한다."라고 반영되었다(권4, 병
　　전, 留防").
136)『兵政』, 大閱, "營鎭軍騎船軍不在常徵";『경국대전』 권4, 병전, 屬衛, "水軍烽
　　燧軍不在常徵"
137) 영진군은 1464년(세조 10) 정병과 통합되었다[『세조실록』 권34, 세조 10년 9월
　　20일(경오)].
138)『세조실록』 권34, 세조 10년 8월 1일(임오), "同知中樞院事梁誠之上書曰 …
　　一 閱軍士 … 遠道軍士 每年大閱 不無往來之弊 又諸道軍士一時俱集都下 亦
　　非京外萬世之長慮也 乞今後 兩界稱前衛 京畿江原黃海道稱中衛 慶尙道稱左
　　衛 忠淸道稱右衛 全羅道稱後衛 而兩界及慶尙下道外 近道京畿江原黃海道
　　除番上 每年春等來閱 遠道忠淸全羅慶尙上道 各一年秋節來閱 巡幸時則親
　　閱其處 … 上嘉納之"

모이는 문제점을 지적하고 그 대안을 제시했다. 그는 수만의 군사가 일시에 서울로 올라오면 외방의 경우 불의의 사태에 대비하기 어렵고, 서울 역시 많은 병력이 집결함에 따라 혹 발생할지 모를 뜻밖의 사태를 염려한 것으로 보인다. 그래서 대안으로 양계를 前衛, 경기·강원도·황해도를 중위, 경상도를 좌위, 충청도를 우위, 전라도를 후위라 칭하는 방식으로 전국을 5위에 분속하되, 양계와 慶尙下道는 대열에서 제외하고, 近道인 경기·강원도·황해도는 매년 봄에 올라와 閱武를 하고 遠道인 下三道는 1년마다 돌아가며139) 가을에 올라와 閱武를 하는 방식을 제시했다. 대열의 문제점에 대한 개선책에 '전국 군사의 5위 분속'을 활용한 것이다. 그의 제안을 세조가 가납했다는 점, 그리고 그가 1469년(예종 1) 올린 상소에서 "『兵政』의 分衛를 개정"하자고 한 것으로 보아, 그의 건의는 현실화한 것으로 보인다. 이를 통해 다시 한 번 '전국 군사의 5위 분속'이 지니는 효용성이 주목을 받았을 것이다.

양성지는 1469년(예종 1) 6월에도 상소하여 당시 명나라가 遼河에서 압록강 쪽으로 쌓는 長墻에 대한 대비책으로 '전국의 5위 분속'의 수정을 요청했다.140) 그는 平壤을 西京으로 승격시켜 漢城府·咸興·慶州·全州·開城府와 함께 6京으로 삼는 한편, 전국의 形勢를 반영한 지도에 근거해141)『兵政』에 기재돼 있는 分衛의 내역을 경기·충청도는 중위, 경

---

139) 실록에는 "各一年"으로, 양성지의 『訥齋集』(권3, 奏議, 軍政十策)에는 "每三年"으로 되어 있어 서로 다르다. 遠道인 3개의 도가 3년마다 올라오면 15세기 후반의 경우 하삼도 군사수가 근도에 비해 압도적으로 많아서(이 책 66쪽의 '[표 1-3] 15세기 전반 도별 시위군 수' 참고) 양성지가 언급한 "京外의 萬世를 위한 長慮"와 어긋나기 때문에, 실록의 "各"에 주목해 3개의 도가 "1년마다 돌아가며"라고 풀이했다.

140)『예종실록』권6, 예종 1년 6월 29일(신사), "工曹判書梁誠之上書曰 … 以至披地圖考形勢 改兵政之分衛 以京畿忠淸道爲中衛 慶尙全羅道爲後衛 平安咸吉道爲前衛 江原道爲右衛 黃海道爲左衛"

141) 양성지는 地圖에도 조예가 깊어 세조의 명에 따라 地理誌를 편찬하고 지도를 그렸으며, 鄭陟과 함께 東國地圖를 제작하기도 했다[『세조실록』권2, 세조

상도·전라도는 후위, 평안도·함길도는 전위, 강원도는 우위, 황해도는 좌위로 수정할 것을 건의했다. 중국의 명나라를 의식해 서울에서 북쪽을 향하는 방향으로 분위 내역의 수정을 요청한 것이다. 그는 명나라가 압록강 쪽으로 "煙臺를 列置하고 屯田을 廣行하면 조선은 중국의 內地와 다름이 없게 되어 그 利害를 알 수 없지만 천백년 동안 중국이 우리를 엿보는 일이 없겠는가."라며 우려하기도 했다.

1464년(세조 10)의 제안에서는 分衛가 서울에서 남쪽을 향하는 방향인데 전라도와 양계가 서로 바뀐 반면, 이때는 각 衛와 道의 위치가 일치했다. 『경국대전』의 분위는 개성부·경기·강원도·충청도·황해도를 중위에, 경상도를 좌위에, 평안도를 우위에, 전라도를 전위에, 永安道를 후위에 배정했다. 그리고 서울은 5部를 그 방향에 따라 5위에 골고루 배정했다. 이를 보면 『경국대전』의 분위는 수도 서울의 위상을 강조하기 위해 京中 5部를 5위에 고루 배정하는 한편 수도를 에워싸고 있는 중위의 범위를 개성부·경기·강원도·충청도·황해도까지 확대했고, 분위의 방향은 서울에서 서남쪽을 향하도록 설정했다.

2) 五衛都摠府 설치와 五衛制 확립

오위도총부는 1457년 5司를 5衛로 변경하고 三軍鎭撫所를 五衛鎭撫所로 바꾼 후 1466년(세조 12)의 관제 개혁 때 五衛鎭撫所를 개칭한 기관으로 등장했다.[142] 이때 都鎭撫는 都摠管으로 개칭되고 5위의 兼部將은 종6품직 祿官이 되었다. 이때 등장한 오위도총부는 조선 초의 義興三軍府·三軍鎭撫所 등을 계승한 기관이었다. 그러나 宣傳官의 설치로 삼군진무소가 관장하던 傳命機能을 이미 상실했고,[143] 무신들의 횡적인 합

1년 8월 12일(을묘); 『세조실록』 권31, 세조 9년 11월 12일(병인)].

142) 『세조실록』 권7, 세조 3년 4월 1일(갑오); 『세조실록』 권38, 세조 12년 1월 15일(무오).

좌기관으로서의 모습도 없어진 상태였다.[144) 외형상 정2품의 고위 기관
으로 병조와 대등한 관계였지만 실질적 권한은 이전의 의흥삼군부 등에
비해 매우 약화된 상태였던 것이다. 담당하는 업무도 초기에는 邊報論
議 등 국가적 관심사 결정에 참여하기도 했지만 점차 宮闕宿衛를 총괄
하는 것으로 축소되었다.

　오위도총부의 가장 큰 업무가 입직 군사를 統轄하며 국왕이 머무는
궁궐을 숙위하는 것이기 때문에 그 청사는 궁궐 안에 세워져 있었다.
「景福宮全圖」(삼성출판박물관 소장)를 보면 光化門 안 동쪽에 '都摠府'
가 그려져 있고, 「東闕圖」(고려대 박물관 소장)에서도 昌慶宮 宣仁門 안
쪽에 '五衛都摠府' 건물이 그려져 있다. 「경복궁전도」는 조선후기에 제
작된 것이지만 임진왜란으로 불타기 이전의 경복궁을 그린 것이므로[145)
이를 통해 조선전기의 오위도총부가 경복궁 광화문 안 동쪽에 있었음을
알 수 있다. 東闕의 오위도총부는 본래 昌德宮 敦化門 안쪽에 위치했는
데, 정조 때 摛文院이 이곳으로 옮겨오면서 오위도총부는 창경궁 선인
문 안쪽으로 이전했다. 이 때문에 19세기 전반 제작된 「동궐도」에서는
오위도총부가 선인문 안쪽에 있는 것으로 그려진 것이다. 三軍鎭撫所
시절에도 궁궐 안에 摠制廳이 세워져 있었다.[146)

　이러한 오위도총부의 등장은 조선 초의 10司·12司 등이 5衛로 최종
확정되고, 금군을 제외한 중앙군 병종들이 5위에 배속되며, 전국 군사가
5위 各 部에 분속되어 이것이 『경국대전』에 수록되는 五衛制의 法制化

---

143) 선전관은 정변으로 즉위한 세조가 宿衛와 侍衛를 강화하기 위해 임시로 설치
　　했던 駕前訓導를 1457년(세조 3) 3월에 개칭한 관직으로, 국왕의 傳命뿐 아니
　　라 形名·啓螺·符信出納 등의 업무를 담당했다. 조선초기 선전관에 대해서는
　　박홍갑, 1990 「조선전기의 선전관」, 『사학연구』 41 참고.
144) 이재훈, 2000 「오위도총부의 성립과 그 기능」, 고려대 석사학위논문, 23~24쪽.
145) 이찬·양보경, 1995 「도판해설」, 『서울의 옛 지도』, 서울학연구소, 156쪽.
146) 『태종실록』 권12, 태종 6년 윤7월 22일(기묘), "知申事黃喜 與入直代言尹向
　　退至摠制廳 啓曰"

과정과 맞물려 있었다.

먼저 문종 때 12사를 5사로 개편한 과정부터 살펴보자. 세종 말에 代理聽政하는 세자를 위해 2개의 司를 증설해 10사를 12사로 확대했는데, 이는 세종 초의 先例를 고려하면 세종이 승하한 후 다시 10사로 환원되는 것이 정상이다. 그런데 평소 軍事에 조예가 깊었던 문종은 이 기회를 활용해 평소에 구상하던 5사로의 개편을 단행했다.[147] 문종의 적극적인 발의로 촉발된 12사의 5사로의 개편은 평상시 부대 편성을 전투 편성인 陣法체제와 일치시킨 점, 중앙군을 구성하는 병력 대부분을 5司 25領에 포함시켜 5사가 중앙군의 중추로 자리 잡고 내금위 등 禁軍을 제외한 중앙군 지휘체계가 일원화된 점, 갑사·별시위·銃筒衛·防牌·攝六十 등의 병종을 각각의 司마다 배치해 특정한 병종이 특정한 司에 전적으로 소속되지 않았다는 점 등이 특징이었다.[148]

문종 때 개편된 5사는 1457년에 5衛로 변경되었다.[149] 세조 때 개편을 문종 때의 그것과 비교하면 각 병종을 병종별 단위로 5위에 분속한 점, 3軍이 소멸된 점, 侍衛牌가 5위 편성에서 제외된 점 등이 특징이었다.[150] 병종별로 5위에 분속한 것은 문종 때처럼 하나의 병종을 5사에 분산 배치하면 병종별 특성을 유지하기 어렵기 때문이며, 시위패를 5위 편성에서 제외한 것은 그들이 번상과 번상 중지를 반복할 뿐만 아니라 번상하더라도 서울에 머무는 기간이 짧았기 때문이다.[151]

이전부터 5司에 분속된 갑사·별시위·총통위·방패·섭육십 외에 近仗·忠順衛·忠義衛·受田牌·忠贊衛·京侍衛牌·別軍도 5위에 분속시켰다. 이들이 5司가 아닌 3軍에 분속돼 있거나 3軍·5司 어디에도 분속돼 있지 않아

---

147) 『문종실록』 권8, 문종 1년 6월 7일(갑술).
148) 민현구, 1983, 앞의 책, 140~144쪽 참고.
149) 『세조실록』 권7, 세조 3년 3월 6일(기사).
150) 천관우, 앞의 책, 74~75쪽.
151) 『세조실록』 권7, 세조 3년 3월 6일(기사).

講武·習陣할 때 불편했기 때문이다.[152] 5위에 분속된 군사는 中部를 시작으로 左部·右部·前部·後部 순서로 돌아가며 입직하게 했으며,[153] 이들을 통솔하는 상호군과 대호군은 각각 25명씩, 호군은 75명을 두어 部마다 상호군과 대호군이 각각 1명씩, 호군이 3명씩 배치되었다. 受田牌는 3일 간격으로 교대로 입직하고, 경시위패·別軍·섭육십은 이전처럼 입직하지 않게 했으며, 無受田牌와 京侍衛牌는 별도로 호칭할 이유가 없다 하여 합쳐서 경시위패로 칭하게 했다.[154]

1457년 정해진 5위와 그 예하병종은 1459년(세조 5)의 『兵政』 편찬과 1469년(예종 1)의 수정을 거쳐[155] 『경국대전』에 수록됐으며, 이들이 금군과 함께 15세기 후반 중앙군을 구성하는 주요 병종이 되었다. 이상의 내용을 정리한 것이 [표 2-5]이다.[156]

[표 2-5] 15세기 후반의 5司·5衛와 예하 병종

1451년 (문종 1)	1457년(세조 3)		『兵政』		1469년(예종 1)		『經國大典』	
	5위	예하 병종	5위	예하 병종	5위	예하 병종	5위	예하 병종
義興司 (中軍)	義興衛 (中衛)	甲士 近杖	義興衛 (中衛)	甲士 近杖	義興衛 (中衛)	甲士 隊卒	義興衛 (中衛)	甲士 補充隊
龍驤司 (左軍)	龍驤衛 (左衛)	別侍衛 攝六十	龍驤衛 (左衛)	別侍衛 攝六十	龍驤衛 (左衛)	別侍衛 親軍衛 族親衛	龍驤衛 (左衛)	別侍衛 隊卒
虎賁司 (右軍)	虎賁衛 (右衛)	忠順衛 防牌	虎賁衛 (右衛)	平虜衛 防牌	虎賁衛 (右衛)	忠順衛 彭排	虎賁衛 (右衛)	族親衛 親軍衛 彭排

---

152) 위와 같음.
153) 각 위에서 1部씩 입직하여 입직하는 병력 규모를 항상 일정하게 했다(민현구, 1983, 앞의 책, 150~151쪽).
154) 『세조실록』 권7, 세조 3년 3월 6일(기사).
155) 『예종실록』 권5, 예종 1년 5월 7일(경인).
156) 『문종실록』 권8, 문종 1년 6월 3일(경오), 6월 7일(갑술), 7월 2일(무술); 『세조실록』 권7, 세조 3년 3월 6일(기사); 『경국대전』 권4, 병전, 京官職, 從二品衙門, 五衛.

1451년 (문종 1)	1457년(세조 3)		『兵政』		1469년(예종 1)		『經國大典』	
	5위	예하 병종	5위	예하 병종	5위	예하 병종	5위	예하 병종
忠佐司 (中軍)	忠佐衛 (前衛)	忠義衛 受田牌 銃筒衛	忠佐衛 (前衛)	忠義衛 破敵衛 受田牌	忠佐衛 (前衛)	忠義衛 破敵衛	忠佐衛 (前衛)	忠義衛 忠贊衛 破敵衛
忠武司 (中軍)	忠武衛 (後衛)	忠贊衛 京侍衛牌 別軍	忠武衛 (後衛)	忠贊衛 正兵 壯勇隊 別軍	忠武衛 (後衛)	忠贊衛 正兵 壯勇隊	忠武衛 (後衛)	忠順衛 正兵 壯勇衛

전거:『문종실록』권8, 문종 1년 6월 7일(갑술);『세조실록』권7, 세조 3년 3월 6일(기사);『병
　　정』, 오위;『예종실록』권5, 예종 1년 5월 7일(경인);『경국대전』권4, 병전, 경관직, 종
　　이품아문, 오위.

비고: 문종 때에는 갑사·별시위·총통위·방패 등이 5司마다 배치되어 특정 병종이 특정 司에
　　전적으로 소속되지 않았으므로 예하병종을 특기할 수 없음.

　『경국대전』에서는 중앙군을 5위에 편제할 뿐 아니라 전국의 군사도
5위 예하의 25部에 편제하도록 규정했다. 新都 한양과 舊都 開城府를 포
함한 8도의 鎭管 또는 鎭 소속 군사들이 某衛의 某部에 속한다고 구체적
으로 규정한 것이다. 이러한 전국 군사의 5위 분속은 앞서 살펴본 바와
같이 태조~세종 때 몇 차례 실현됐고 세조 초반 편찬된『兵政』에도 기
재되었다.『경국대전』에 실린 전국 군사의 5위 분속 내역을 정리한 것
이 [표 2-6]이다.

[표 2-6]『경국대전』의 전국 군사 5위 분속 내역

5衛	中部	左部	右部	前部	後部
義興衛 (中衛)	京 中部, 開城府, 京畿 楊州·廣州 ·水原·長湍 鎭 管軍士	江原道 江陵·原 州·淮陽 鎭管 軍士	忠淸道 公州·洪 州鎭管軍士	忠淸道 忠州·淸 州鎭管軍士	黃海道 黃州·海 州鎭管軍士
龍驤衛 (左衛)	京 東部, 慶尙道 大邱鎭管軍士	慶尙道 慶州鎭 管軍士	慶尙道 晋州鎭 管軍士	慶尙道 金海鎭管 軍士	慶尙道 尙州·安 東鎭管軍士
虎賁衛 (右衛)	京 西部, 平安道 安州鎭管軍士	平安道 義州· 龜城·朔州 鎭管 軍士, 昌城·昌 洲·方山·麟山鎭 軍士	平安道 成川鎭 管軍士	平安道 寧邊·江 界·碧潼鎭管軍 士, 碧團·滿浦· 高山里·渭原·理 山·寧遠鎭軍士	平安道 平壤鎭 管軍士

5衛	中部	左部	右部	前部	後部
忠佐衛 (前衛)	京 南部, 全羅道 全州鎭管軍士	全羅道 順天鎭 管軍士	全羅道 羅州鎭 管軍士	全羅道 長興·濟 州鎭管軍士	全羅道 南原鎭 管軍士
忠武衛 (後衛)	京 北部, 永安道 北靑鎭管軍士	永安道 甲山鎭 管軍士 三水·惠 山 鎭軍士	永安道 穩城·慶 源·慶興鎭管軍 士 柔遠·美錢· 訓戎鎭軍士	永安道 鏡城·富 寧·會寧·鍾城 鎭管軍士 高嶺· 潼關鎭軍士	永安道 永興·安 邊鎭管軍士

전거: 『경국대전』 권4, 병전, 경관직, 종이품아문, 오위.

[표 2-6]에서 볼 수 있듯이 『경국대전』에서는 번상하지 않고 따라서 중앙에서 실시하는 군사훈련에도 참가하지 않는 永安道와 平安道 군사까지도 5위 속에 편제하고 있다. 이들을 굳이 5위에 분속한 것[157]을 통해서도 조선초기의 '전국 군사 5위 분속'이 大閱만을 위한 조치가 아니라 유사시 이들을 勤王兵으로 상경하게 할 목적 또는 대규모 전쟁 때 군사를 편제하기 위한 목적에서 취해진 조치였다는 점을 유추할 수 있게 해준다.

3) 衛領職 규모와 운영방식의 변화

5위 관직을 의미하는 五衛職은 조선 건국 초 10衛 50領의 衛領職[158]에

---

157) 이에 대해 민현구는 "北方의 兩界地方과 慶尙道의 最南方軍士는 上京하지 않는 것을 前提로 하면서도 五衛에 分屬시키고 있는데, 이는 陣法上으로 全 國을 함께 把握한다는 점이 作用한 것 같다."라고 이해했다(앞의 책, 155쪽 각 주 134).

158) 衛領職이라는 용어는 다음의 기사에 근거했다(『태조실록』 권1, 태조 1년 7월 28일(정미), "前朝之季 乳臭子弟及內僚工商雜隷 充衛領之職"). 위령직에는 실제 군사를 거느리는 중랑장 이하만 대상으로 하는 부병과 달리 지휘부인 상 장군(상호군)·대장군(대호군)·장군(호군)까지 포함된다. 조선 초에도 여전히 府兵이란 용어가 쓰였지만, 그 자리가 일찍부터 다른 관직이나 다른 병종에게 녹봉을 주기 위한 자리로 활용되었고 15세기를 경유하면서 상호군·대호군·호 군까지도 軍職과 무관한 자들이 임명되는 관직으로 변했다. 그러므로 부병과 지휘부를 합쳐 위령직으로 파악하는 것이 더 당대의 실상에 가깝다고 판단되

서 비롯했고, 10위 50령의 위령직은 고려시대 2軍 6衛의 府兵에게 주었던 府兵職(府衛職)에서 연유했다. 먼저 위령직의 규모부터 살펴보자. 고려시대 부병직은 5품 이하의 武官職인 中郞將(정5품) 90, 郞將(정6품) 222, 別將(정7품) 222, 散員(정8품) 223, 伍尉(校尉, 정9품) 900, 그리고 品外인 隊正 1,800 총 3,457자리로서, 중앙의 문무반 전체 4,049자리의 85%를 점하는 규모였다.[159]

태조 즉위 직후 정한 문무백관 제도를 보면, 10위에 上將軍 각 1, 大將軍 각 2, 都護八衛將軍 2자리를 두고, 위마다 5개의 領을 설치하되 領마다 將軍 1, 중랑장 3, 낭장 6, 별장 6, 산원 8, 尉 20, 正 40자리를 두어 위령직을 총 4,232자리로 정했다.[160] 고려시대 부병직을 바탕으로 신생 왕조 수도에서 근무할 무관직 규모를 정한 것이다.

1394년(태조 3) 判義興三軍府事 정도전의 건의에 따라 대대적인 軍制 개편을 단행했다.[161] 10위를 10司로 바꾸고, 위령직 명칭을 상장군은 都尉使, 대장군은 都尉僉事,[162] 장군은 司馬, 중랑장은 司直, 낭장은 副司直, 별장은 司正, 산원은 副司正, 尉는 隊長, 正은 隊副로 변경했다. 위령직 규모도 조정했다. 中軍·左軍·右軍別로 사직 1, 부사직 1, 사정 2, 부사정 3, 대장 20, 대부 20자리를 두고, 司마다 도위사 1, 도위첨사 2자리를 두며, 領마다 사마 1, 사직 3, 부사직 5, 사정 5, 부사정 7, 대장 20, 대부 40자리를 두어 위령직이 총 4,224자리가 되었다.

1400년(정종 2)에는 門下府에서 冗官 汰去를 청하면서 "우리나라 東班

어 이 책에서는 府兵職 대신에 위령직이라는 용어를 사용하고자 한다.

159) 김종수, 「고려·조선초기의 부병」, 『역사교육』 69, 1999, 115~116쪽.

160) 『태조실록』 권1, 태조 1년 7월 28일(정미).

161) 『태조실록』 권5, 태조 3년 2월 29일(기해).

162) 상장군과 대장군의 칭호를 도위사와 도위첨사로 바꾼 이때의 조치는 바로 다음 달 기사에서 상장군이 등장하고[『태조실록』 권5, 태조 3년 3월 11일(경술)] 도위사와 도위첨사가 더 이상 실록에 나오지 않는 점을 고려하면 실행되지 않았거나 실행됐더라도 곧바로 원상복구가 된 듯하다.

은 判門下·領三司로부터 9품에 이르기까지 520여 자리이며, 西班은 상장
군·대장군으로부터 대장·대부에 이르기까지 4,170여 자리이다."라고 밝
혔다.[163) 이를 보면 태조 초에 비해 위령직이 50~60자리 줄어들었음을
알 수 있다.

이처럼 태조~정종 때의 위령직은 4,200자리 안팎의 규모를 유지했다.
이때의 위령직은 고려 말부터 진행되어온 府兵 내실화 작업의 영향으로
군사적 능력이 있는 자로 채워지기 시작했고, 1394년에 정도전이 10위
를 10사로 바꾸면서 이를 4개의 侍衛司와 6개의 巡衛司로 구분한 데서
알 수 있듯이 10사 내에서 어느 정도의 역할 분담이 존재했다.

그런데 태종이 즉위한 이후 위령직 규모가 자주 변화하기 시작했다.
태종 때부터 15세기 중반 五衛制가 성립하기 전까지 隊長·隊副를 줄여
갑사를 위한 부병직을 늘린다거나, 평화기라는 이유로 갑사 정액을
3,000명에서 1,000명으로 대폭 축소하거나, 3軍이나 10司(12사) 소속의
위령직을 증감하는 등 여러 차례 軍制 개정을 단행했기 때문이다.

1436년(세종 18) 윤6월에는 서반에 9품이 있지만 隊長과 隊副가 流外
의 庶人職이어서 初入仕者를 서반에 제수할 때 8품에 除拜해 行資法에
위배된다는 이유로 3軍과 50領에 9품직을 설치했다. 그리하여 各 軍마다
사직 4, 부사직 10, 사정 14, 부사정 52 총 80자리를 없애고 정9품과 종9
품 각각 80자리씩을 설치하며, 各 領마다 부사직·사정 각 1, 부사정 5 총
7자리를 없애고 정9품과 종9품 각각 7자리씩을 설치하게 했다. 이에 따
라 위령직이 상위직은 줄어든 반면 하위직은 늘어나 전체 정원이 415자
리 증액되었다.[164) 이상의 내용을 포함하여 15세기 전반 위령직 규모의
변화를 정리한 것이 [표 2-7]이다.

[표 2-7] 五衛制 성립 이전의 衛領職 규모 변화 (단위: 員)

시기	職名 上將軍 上護軍	大將軍 大護軍	將軍 護軍	中郎將 司直	郎將 副司直	別將 司正	散員 副司正	尉 隊長	正 隊副	총계
태조 010728	10	20	52	150	300	300	400	1,000	2,000	4,232
태조 030229	10	20	53	153	253	256	359	1,060	2,060	4,224
태종 020406	서반은 상장군·대장군으로부터 隊長·隊副에 이르기까지 4,170여 명임									4,170
태종 030104	隊長·隊副 900자리를 혁파해 甲士 500자리를 더 설치함									3,770
태종 081027	隊長 500명을 선발해 갑사에 충당하고, 隊長·隊副 600명을 革去함									3,670
태종 09윤0422	革去했던 隊長·隊副 650명으로 하여금 隨領하게 함									4,270
태종 090609	內侍衛 3番을 설치하고 번마다 40명을 정액으로 하고 3군에 분속시킴									
태종 091027	20	30	50	250	甲士 2,000 400	550	800	200	400	2,700
태종 100512				300	갑사 3,000(2,000侍衛) 600	900	1200			
태종 120725	갑사 3,000명을 2번으로 나누고 1년마다 번갈아 가며 侍衛하게 함									
태종 140821	10사의 호군 각각 1자리씩을 없애고, 3,000명 갑사 중 2,000명은 別牌로 삼아 番上侍衛하게 하고, 1,000명은 갑사로 삼아 2번으로 나누도록 함									
태종 141206	중군에 부사정 4, 좌군과 우군에 각각 3자리씩을 더 설치함									
태종 150325	중군에 隊長 4, 隊副 24, 좌군과 우군에 각각 대장 3과 대부 23자리씩을 더 설치함 10사 40령의 대장·대부 1,750자리에서 670자리를 줄임 3군에 사직 각 1, 부사직 각 2, 사정 각 3, 부사정 각 4자리씩을 加設함									
태종 150407	3군에 사직 각 2, 부사직 각 4, 사정 각 5, 부사정 각 6 등 총 51자리를 더 설치함									
태종 180607	10司 中領을 復立해 40령을 50령으로 만들고 각각 호군 1명씩을 둠 10사 50령의 隊長과 隊副 3,000명을 더 정함									
태종 180810	10사를 12사로 확대함 갑사를 현존 626자리에서 374자리를 더해 1,000자리로 늘리고, 호군 10과 대장·대부 350자리를 더함		60		갑사 1,000				대장·대부 2,000	
세종 051207	12사를 10사로 축소하고 혁파한 2사에 배정됐던 상호군 4, 대호군 6, 호군 10은 혁파하되, 사직 20, 부사직 30, 사정 30, 부사정 86, 대장 110, 대부 240을 10사의 各 領에 분속시킴									3,216 (3,196)

시기	職名									총계
	上將軍 上護軍	大將軍 大護軍	將軍 護軍	中郎將 司直	郎將 副司直	別將 司正	散員 副司正	尉 隊長	正 隊副	
	혁파한 2사를 기준으로 하면, 혁파 직전 12사의 위령직은 3,216자리가 됨 [(20+516)×6=3,216]. 2사를 혁파할 때 호군 이상 20자리만 혁파하고 사직 이하 는 10사에 분속했으므로 혁파 후 10사의 위령직은 3,196자리가 됨. 여기에 3군별 도총제부에 배정된 위령직을 더한 수가 당시 위령직의 총수임										

세종 110104	10司								3,718
	甲士				隊長	隊副	攝隊長	攝隊副	
	司直	副司直	司正	副司正					
	100	150	250	500	500	1,000	200	400	
	三軍								
	五員				近仗				
	司直	副司直	司正	副司正	隊長		隊副		
	63	90	120	165	60		120		
	소계: 438				소계: 180				

세종 18윤0619	각 軍마다 사직 4, 부사직 10, 사정 14, 부사정 52를 없애고 정9품과 종9품 각각 80자리씩을 설치, 또 각 領마다 부사정·사정 각 1, 부사정 5자리를 없애고 정9품과 종9품 각 7자리를 설치해 전체 위령직이 415자리 늘어남

비고: 1. 태조010728은 태조 1년 7월 28일을 의미하며 이하도 같음.
　　　2. 職名 가운데 위의 것은 고려 때부터의 직명이고 아래의 것은 이후 변경된 직명임.
　　　3. 호군은 都護八衛將軍 2자리를 포함한 수치임.
　　　4. 세종110104의 총계는 상호군, 대호군, 호군을 제외한 수치임.

여러 차례 변화된 위령직은 『경국대전』에서 종2품 衛將 12자리와 종6 품 部將 25자리를 포함해 총 3,248자리로 정해졌다. 5위를 관장하는 五 衛將과 25司의 지휘를 담당하는 부장이 새롭게 추가되고, 그동안 步兵이 나 勞役軍 등에게 제수하던 대장과 대부 등의 9품직이 8품 이상과 동일 하게 武官에게 주는 관직으로 성격이 바뀌었다. 고려 때 品外였던 正은 1392년(태조 1) 문무백관 제도를 정할 때 이미 종9품인 것으로 나오지 만, 실제로는 9품으로 기능하지 못하는 庶人之職이었다가 1436년(세종 18)이 되어서야 司勇으로 개칭되면서 정식의 9품직으로 기능하기 시작 했다.165) 『경국대전』의 五衛職166)을 정리하면 [표 2-8]과 같다.

165) 『태조실록』 권1, 태조 1년 7월 28일(정미); 『세종실록』 권73, 세종 18년 윤6월 18일(계미).
166) 이 책에서는 1457년(세조 3) 5사가 5위로 개칭된 때를 기준으로 그 이전은 衛

[표 2-8] 『경국대전』 五衛職의 품계별 職名과 정원 (단위: 員)

품계	직명	정원	품계	직명	정원	품계	직명	정원
종2품	將	12	정5품	司直	14	종7품	副司正	309
정3품	上護軍	9	종5품	副司直	123	정8품	司猛	16
종3품	大護軍	14	정6품	司果	15	종8품	副司猛	483
정4품	護軍	12	종6품	部將 副司果	25 176	정9품	司勇	42
종4품	副護軍	54	정7품	司正	5	종9품	副司勇	1,939
정원 합계: 3,248								

전거: 『경국대전』 권4, 병전, 종이품아문, 오위.

조선 초에는 위령직의 운영방식에도 변화가 일어났다. 먼저 고려후기 府兵職 상황부터 살펴보자. 고려 전성기에는 府兵 외에 별도의 다른 軍號가 없었다.[167] 府兵이 府兵職을 받고 부병 업무를 수행했던 것이다. 그런데 몽골과 강화한 이후 부병직이 실제로 부병 역할을 수행하지 않는 자에게도 주어지기 시작했다. 정도전은 이를 "忠烈王이 원나라를 섬긴 이래로 매번 중국 조정의 宦侍와 婦女, 사신으로 온 자들의 청탁으로 인해 官爵이 汎濫해졌는데, 모두 청탁 받은 자들로써 府衛職에 제수하니 (이들이) 세력을 믿고 교만하여 宿衛를 하려고 하지 않아서 이로부터 府衛法이 무너지기 시작했다. 숙위하도록 관직을 받은 자들이 天祿을 徒食하며 자신의 업무를 하지 않으므로 마침내 나라를 잃기에 이르렀다."라고 비판했다.[168]

원 간섭기를 거치면서 成衆愛馬와 巡軍萬戶府가 등장해 2군 6위의 역할을 대신하고 군사적 능력이 없는 인물들이 청탁 등을 통해 부병직을 차지하게 되자, 2군 6위의 경우 校尉·隊正 같은 하급 장교직은 종래 군

領職, 그 이후는 五衛職이라고 칭하도록 한다.

167) 정도전, 『삼봉집』 권10, 經濟文鑑 下, 衛兵, "本朝府兵之制 大抵承前朝之舊 然前朝盛時 唯府兵外無他軍號"

168) 위와 같음, "自忠烈王事元以來 每因中朝宦寺婦女奉使者之請 官爵泛濫 皆以 所託之人除府衛職 恃勢驕蹇 莫肯宿衛 由是府衛法始壞 凡受宿衛之職者 徒 食天祿 不事其事 遂至失國"

사들이 수행하던 역할까지 담당하게 되어 苦役化되고, 상장군·대장군·장군 같은 상층 장교직은 관직체계의 일부로만 기능하게 되었다.[169] 이에 고려 말에는 李崇仁·鄭摠 같은 文翰을 전담하던 文臣까지도 상호군·대호군에 임명됐으며,[170] 1389년(공양왕 1) 憲司에서 近侍·司門·司楯·忠勇 등의 愛馬를 그 성격에 따라 諸衛에 병합하는 방안을 제시하기도 했다.[171] 그렇지만 부병직을 받은 자들이 부병 역할을 수행하지 않는 상황은 크게 개선되지 않은 채 조선의 개혁 과제로 넘겨졌고, 태조 때에 이를 바로잡기 위해 여러 차례 개혁을 시도하게 된 것이다.[172]

그런데 부병의 내실화를 기하던 1394년(태조 3) 이에 역행하는 조치가 취해졌다.[173] 위령직을 받았지만 자신의 업무 때문에 隨領하지 못하는 愛馬에게 아예 그들 몫으로 위령직의 일부를 떼어주게 한 것이다. 많은 수의 애마가 궁중 업무를 수행하던 당시 상황을 고려하면 불가피한 측면이 있지만 이는 위령직의 他 官職으로의 轉用을 공식화한 조치였다. 태조~태종 때의 위령직은 성중애마를 비롯해 그들과 업무가 비슷한 尙衣院·司宰監 등 궁중 실무를 담당하는 관청, 義勇巡禁司(義禁府) 같은 軍職과 유사한 업무를 수행하는 관청, 그리고 野人과 倭人 등 向化人에게 주로 제수되는 경향을 보였다.[174]

---

169) 권영국, 앞의 논문, 36~41쪽.

170) 『태조실록』 권1, 태조 1년 8월 23일(임신); 『태조실록』 권12, 태조 6년 11월 30일(무인).

171) 『고려사』, 권81, 兵志1, 兵制, 공양왕 원년 12월, "(恭讓王) 十二月 憲司上疏 … 伏願倂近侍於左右衛 司門於監門衛 司楯於備巡衛 忠勇於神虎衛 其餘各愛馬 以類倂於諸衛 使之番日入直 考其勤怠 各以尉(衛의 誤記-인용자 주)內護軍以下至於尉正之職 隨品錄用 使食其祿而勤其職 則人樂仕而國祿省 禁衛嚴而武備張矣"

172) 태조 때의 府兵制 개혁에 대한 논의는 이 책 1장 1절의 '1) 상주병 중심에서 번상군 중심으로 중앙군 정책의 전환' 참고.

173) 『태조실록』 권5, 태조 3년 2월 29일(기해).

174) 『태종실록』 권17, 태종 9년 5월 20일(신묘), "(李)之誠已受中訓司宰監行司直

1451년(문종 1) 대대적으로 軍制를 개편할 때 호군을 60명에서 75명으로, 상호군·대호군을 각각 24명씩에서 25명씩으로 증액하면서 새로 설치한 호군과 상호군·대호군에게 녹봉을 지급하기 위해 다른 관청에 배정했던 遞兒職을 대폭 줄이는 조치를 취했다. 이때 줄어들기 이전 각 관청·관직의 경우 忠順衛 36, 濟州子弟 2, 濟生院 訓導 1, 風水學 5, 司饔院 別坐 11, 圖畵院 별좌 2, 內醫院 16, 倭通事 3, 醫員 5자리가 배정되어 체아직이 총 9개의 관청·관직에 81자리가 있었다.[175] 이를 통해서도 이미 15세기 중반 이전에 위령직 중 많은 자리가 다른 관청·관직에 녹봉을 주기 위한 자리로 배정돼 있었음을 알 수 있다.

위령직은 갑사를 비롯한 여러 兵種에도 배정되었다. 특히 정액이 2,000명에 달하고 모두 녹봉을 받는 갑사의 復立은 위령직 운영방식의 변화에 결정적인 역할을 했다. 복립된 갑사들이 司直·司正 같은 위령직을 受職하면서도 衛領職名으로 활동하는 것이 아니라 자신의 兵種名으로 활동하면서 위령직은 다만 그들에게 녹봉을 주기 위한 자리라는 점이 더욱 뚜렷해진 것이다. 이전에도 성중애마처럼 위령직이 다른 관직에 녹봉을 주기 위한 자리로 활용된 사례는 있었지만 복립된 갑사 2,000명에게 위령직이 배정되면서[176] 위령직의 이런 경향성이 더욱 확고해

矣";『태종실록』권5, 태종 3년 6월 29일(을해), "改巡衛府爲義勇巡禁司 置節制使僉節制使護軍司直副司直";『태종실록』권7, 태종 4년 3월 13일(을해), "童猛哥帖木兒爲上護軍";『태종실록』권29, 태종 15년 6월 12일(정축), "上護軍平道全"

175) 『문종실록』권8, 문종 1년 6월 7일(갑술). 충순위는 兵種名이므로 이를 제외하더라도 45자리가 배정된 셈이다. 그리고 당시에 위령직이 81자리만 타 관청·관직에 배정됐던 것은 아니며, 汰革한 通禮門 奉禮 5자리를 軍職으로 겸하게 한 조치에서 알 수 있듯이[『세종실록』권22, 세종 5년 12월 7일(갑인)] 훨씬 더 많은 수의 위령직이 다른 관청·관직에 배정돼 있었을 것으로 추정된다.

176) 『정종실록』권6, 태종 즉위년 12월 1일(신묘). 복립된 갑사 중 1,000명만 위령직에 충당하게 했지만 실제로 갑사에게 번상제가 적용된 것은 한참 뒤의 일이므로 이 책에서는 복립된 갑사 2,000명 모두에게 위령직을 부여한 것으로 이

진 것이다. 태종 때 창설한 別侍衛·鷹揚衛·內禁衛·內侍衛 등도 마찬가지였다. 그들도 갑사처럼 사직·사정 같은 위령직을 받으면서도 자신의 병종명으로 활동했다.

3군에 소속되어 사직·사정 등의 衛領職名으로 활동하는 府兵이 있는가 하면 갑사·내금위처럼 위령직을 받으면서도 자신의 兵種名으로 활동하는 군사가 병존한 것은 녹봉을 줄 수 있는 4,000자리 안팎의 위령직이 있는데도 별도의 자리를 마련해 녹봉을 지급하면 재정 지출이 과다해지기 때문이었다. 재정 절감을 위해 녹봉이 있는 위령직을 갑사·내금위 등에게 주었던 것이다. 그리고 양자의 병존은 시간이 흐를수록 위령직명으로 활동하는 부병은 줄어들고 병종명으로 활동하는 군사는 늘어나 결국 3軍이 소멸한 15세기 중후반이 되면 위령직 전체가 타 관직이나 병종을 위한 자리로 변하게 되었다.

갑사에게 배정된 위령직은 "甲士之職"으로 인식되기도 했다. 갑사에게 녹봉을 주기 위해 배정했던 위령직의 司直~副司正 자리가 시간이 흐르면서 본래부터 갑사를 위해 만든 자리였던 것처럼 받아들여지게 된 것이다.[177] 그리하여 1428년(세종 10)에는 내금위·충의위 등이 갑사 자리에 충원되어 隨領하는 갑사가 적다는 이유로 갑사 1,000자리 중에서 800자리는 갑사에게 나머지 200자리는 내금위 등에게 주도록 했다.[178] 1434년(세종 16) 우의정 崔潤德도 "지금 내금위·鎭撫·충의위 등을 모두 甲士之職에 제수해 번상하는 (갑사) 수가 비록 1,000명이라 하지만 그 실상은 500~600명에 불과하다."라고 지적하기도 했다.[179]

해했다.

177) 조선 건국 후 150년이 지난 1543년(중종 38)에 편찬된 『大典後續錄』에서는 갑사에게 주는 五衛職을 아예 甲士遞兒라고 기재했다(권4, 병전, 체아, "預差內禁衛 副司果三 副司正四 副司猛八 副司勇一百三十五〈加設遞兒〉 又一百〈甲士遞兒〉").
178) 『세종실록』 권42, 세종 10년 12월 25일(임인).
179) 『세종실록』 권63, 세종 16년 3월 17일(갑오).

군사 측면에서 볼 때, 위령직은 다른 업무를 수행하는 관청·관직을 위해 녹봉을 지급하기 위한 자리로 변질·활용되면서 虛設化되기 시작했다. 위령직에 연원을 둔 五衛職과 五衛制가 허설화된 것은 15세기 후반부터 본격화한 代立 때문이 아니라 위령직이 조선 초부터 다른 관직이나 병종에 녹봉을 주기 위한 자리로 변모했기 때문이다. 오위직이 형성된 이후 허설화된 것이 아니라 이미 허설화돼 있던 위령직이 오위직으로 轉化한 것에 불과한 것이다. 이처럼 衛領職(五衛職)의 성격이 일찍부터 변모하게 된 것은 고려후기에 2군 6위가 동질적인 존재로 변하여 8위로 통칭된 이래로 조선 초의 10위 역시 별도의 임무를 수행한 것이 아니라는 점, 그리고 동일 임무를 수행하는 위령직(오위직)이 3,248자리([표 2-8] 참고)로 전체 관직 5,605자리[180]의 60% 가까이 되어 녹봉 지급에서 큰 비중을 차지함에 따라 재정이 부족하면 정부는 위령직을 타 관직의 녹봉 지급 자리로 활용했고, 이것이 일찍부터 官制 운영에서 하나의 관행으로 자리 잡았기 때문이다.

그리고 15세기 중반에 이르러 "지금 호군인 자는 모두 잡류이다.", "호군은 바로 잡류들이 거관하는 자리이다."라는 표현처럼[181] 譯官(金汗·李藝), 畵員(安堅), 樂學(朴堧[182])·南汲), 醫員(楊弘遂), 기술자(蔣英實), 風水學(鄭秧) 등으로 구성된 雜類들이 위령직, 특히 상호군·대호군·호군에 자주 임명되자 본래 상호군 등이 수행하는 임무에 차질을 빚게 되었다. 이에 정부에서는 직접 군사들을 통솔하는 호군(兼護軍)에는 "파계가 훌륭하고 분명한"[派系顯明] 자만 임명하되, 군사를 직접 통솔하지 않는

---

180) 이존희, 1994 「통치구조」『한국사』 23(조선초기의 정치구조), 국사편찬위원회, 23쪽.

181) 『문종실록』 권6, 문종 1년 3월 20일(기미), "今護軍者 皆雜類";『문종실록』 권7, 문종 1년 5월 27일(갑자), "護軍乃雜類去官之地"

182) 박연은 文科 출신이지만 上護軍 자리에 있으면서 雅樂을 제작해 상을 받기도 했다[『세종실록』 권50, 세종 12년 12월 27일(계사)].

상호군·대호군의 경우 1명은 임명할 만한 자[可任之人], 1명은 雜類로 차정하도록 아예 규정을 만들기도 했다.[183]

위령직을 받은 야인과 왜인 등 향화인도 그 수가 많아지자 정부에서는 이들에게도 궁궐直宿의 임무를 부과하고자 했다. 그런데 이들은 紗帽品帶와 말이 없고 騶從도 지급되지 않아서 軍裝·器械를 가지고 수종할 자도 없을 뿐더러 우리말을 잘 하지 못하고 술주정을 하지 않는 자가 없다는 이유로 이 계획을 철회했다. 대신 그들에게 줄 遞兒職의 종류와 수를 호군 2, 사직 2, 부사직 5, 사정 11, 부사정 12 등 총 32자리로 제한하는 조치를 취했다.[184]

이처럼 부병을 위해 설치한 위령직은 재정 절감 차원에서 일찍부터 갑사·내금위 등 다른 병종에게 녹봉을 주기 위한 자리로 변했으며, 더 나아가 상의원·사재감 같은 관청이나 향화인 등 軍職과 무관한 자들에게도 배정되는 등 초기부터 허설화 경향을 보였다.

4. 군사훈련 거행과 규정 정비

1) 세종 때의 군사훈련 거행과 규정 정비

(1) 觀射 실시와 규정 정비

세종 때에도 태종 때 궁궐 안에서의 禁軍 습사를 허용한 조치를 계승해 군사들의 활쏘기 능력 향상에 더욱 주의를 기울였다. 먼저 射廳 건립과 射場 확대부터 살펴보자. 1424년(세종 6) 2월 입직 將士들이 습사할

---

183) 『문종실록』 권7, 문종 1년 5월 27일(갑자); 『문종실록』 권8, 문종 1년 6월 3일(경오).
184) 『세종실록』 권123, 세종 31년 3월 9일(기축); 『세조실록』 권13, 세조 4년 6월 7일(계해).

수 있도록 창덕궁의 서쪽 담장 문[西墻門] 안에 射廳을 건립했다.185) 이
에 대해 대간들이 궁궐 안에 사청을 세우는 것, 군사들이 떠들어 宮禁이
엄숙하지 않게 되는 것, 군사들이 把直하지 않고 왕래하여 侍衛가 허술
해지는 것 등을 이유로 내세우며 여러 차례 반대 상소를 올렸지만 세종
은 이를 거부했다. 같은 해 3월에는 입직 금군인 내금위·내시위·별시
위·司禁과 상호군·대호군·호군 등을 반으로 나누어 돌아가며 습사하게
했으며, 며칠 후에는 병조와 鎭撫所가 주관해 처음으로 금군 이외의 입
직 군사를 대상으로 습사하게 하고 宣醞 15병을 하사하기도 했다.186)
1435년(세종 17) 1월에도 訓鍊觀이 좁아 하루에 습사하는 인원이 수십
명에 불과하다는 이유로 京城 안에 射場을 8곳 설치해 출번 군사가 근
처 사장에서 습사하게 하고, 궁궐 안에도 사장 2곳을 더 설치했다.187)
射場을 훈련관과 궁궐 각각 1곳씩에서 경성에는 훈련관을 포함해 9곳,
궁궐에는 3곳으로 대폭 확대한 것이다.

　습사와 관련한 규정도 마련했다. 1441년(세종 23)에는 取才와 習射 때
木鏃 대신에 鐵鏃을 쓰도록 했다. 오발로 인한 살상을 막기 위해 평상시
나무로 만든 살촉을 써 왔는데 실전에서는 쇠로 만든 살촉을 쓰기 때문
에 평소에 익힌 것과 실전에 사용하는 것이 달라 문제가 되었고, 또 老
將이나 宿卒조차 철촉으로 능숙하게 쏠 줄 아는 자가 드물었기 때문이
다. 그리하여 세종은 광화문에 임어해 철촉 쏘는 것을 觀射한 후, 240步
만 기존대로 木矢를 쓰고 180보 이하에서는 모두 鐵矢를 竝用하게 하는
한편 화살 무게도 정했다.188)

---

185) 『세종실록』 권23, 세종 6년 2월 8일(갑인). 창덕궁 西墻門 안은 조선초기 오위
　　도총부가 위치한 곳이다.
186) 『세종실록』 권23, 세종 6년 2월 12일(무오)·13일(기미), 3월 9일(을유)·12일(무
　　자)·17일(계사).
187) 『세종실록』 권67, 세종 17년 1월 6일(무인).
188) 『세종실록』 권93, 세종 23년 7월 15일(기유); 『세종실록』 권94, 세종 23년 10월
　　4일(정묘).

1447년(세종 29)에는 군사의 습사 규정을 더욱 상세하게 정했다. 첫째, 입직한 내금위·별시위·갑사는 3번으로 나누어 初日에는 제1번 군사를, 中日에는 제2번 군사를, 終日에는 제3번 군사를 입직한 鎭撫가 영솔해 습사하게 하되 비바람이 불거나 有故하여 활을 쏠 수 없으면 다음 날 追射하게 했다. 둘째, 출번 군사의 경우 별시위는 3일, 갑사·내금위는 2일 동안 射場에 나아가되, 30명을 1統으로 삼고 통마다 摠牌를 정해서 그의 영솔 아래 습사하게 했다. 셋째, (궁성) 안팎의 사장에서는 50步 거리에 小的을 설치해 활을 쏘고, 봄가을에는 20巡을, 겨울에는 15순을 돌되 1순마다 4발을 쏘며, 盛暑·酷寒인 6·7월과 11·12월은 습사를 중지하게 했다.[189] 그 결과는 월말에 병조에 보고해 給到하게 했다. 넷째, 當番 侍衛牌도 射場에 분속시켜 습사하게 하되, 점수가 많은 자는 充補甲士를 취재할 때 片箭 3矢의 入格 例에 준해 계산하게 했다.[190]

또한 경성 안팎에서 모여 사사로이 활쏘기 하는 것을 사헌부에서 금하기 때문에 翌射가 드물게 됐다고 비판하면서 금주령을 내린 때가 아니면 私射하며 음주하는 것을 금하지 않게 하고, 射場도 定處에 구애받지 않고 임의대로 모여서 활쏘기 하는 것을 허용했다.[191] 습사를 장려하기 위해 私射도 허용하고 射場 아닌 곳에서도 활을 쏠 수 있게 한 것이다.[192] 그렇지만 이때의 私射 허용 조치는 이내 철회되고 이전 상태로 돌아간 것 같다. 1450년(문종 즉위년) 9월 기사를 보면 "도성 안팎에서

---

189) 3軍 군사는 겨울철에 습사를 면제하는 대신 훈련관에 모여서 陣說을 강하고 陣圖를 익히게 했는데, 1430년(세종 12) 侍衛牌도 이들처럼 훈련관에 모여 진법을 익히게 했다[『세종실록』 권50, 세종 12년 12월 4일(경오)].

190) 『세종실록』 권118, 세종 29년 12월 15일(계유).

191) 위와 같음.

192) 중종 때 翌射 도중 화살에 맞아 죽는 자가 종종 나오고 화살이 人家에 들어가기도 하여 取才할 때 외에는 私射를 금지한 적도 있다[『중종실록』 권78, 중종 29년 10월 29일(임술)]. 그렇지만 습사는 중요한 軍務이므로 이때의 금지 조치는 지속되지는 않았을 것으로 보인다.

5~6명 이상이 사사로이 모여 習射하며 음주하면" 사헌부에서 會飮으로 推劾하고 있기 때문이다. 처벌 이유가 私射가 아닌 會飮이지만 보통 활쏘기와 회음이 결합된다는 점에서 음주 처벌은 習射 쇠퇴로 이어지기 마련이었다. 이에 따라 잔치를 벌이는 것이 아니라 단지 술과 고기를 가지고 가서 마시며 활쏘기 하는 것은 금하지 않게 했다.193) 활쏘기는 이처럼 음주와 결합돼 있었기 때문에 흉년·가뭄 등의 이유로 禁酒가 조정의 관심사가 될 때에도 대체로 금주 대상에서 제외되곤 했다.194) 그렇지만 재해가 심한 경우에는 試射 자체를 중지하자는 논의가 있기도 했다.195)

세종 때에도 試射와 함께 관사를 꾸준하게 거행했다. 특히 야인들이 평안도 閭延을 侵寇한 이후 세종은 邊事에 더욱 유의해 무사들을 대상으로 후원에서 자주 관사를 거행했다.196) 1436년(세종 18) 8월에도 후원에서 관사를 했는데,197) 실록에서 이 기록에 이어 "이날부터 일상이 되었다."[自是日以爲常]라고 하여 이제 더 이상 관사가 특기 사항이 아닌 일상사가 됐음을 밝힐 정도였다. 1446년(세종 28)에 내금위 勸勵策을 마련했는데 거기에 "觀射 때의 성적을 장부에 명백히 기록하고 물건을 하사하거나 給到한다."198)라고 되어 있어, 세종 때 관사를 거행하면 그 결과를 장부에 기록하고 賞賜를 베풀었음을 알 수 있다. 세종 때 거행한 試射·관사 내역을 정리한 것이 [부표 2]이다. 세종의 병이 깊어진 1443년(세종 25)부터는 세자가 관사를 대행했다.

---

193) 『문종실록』 권3, 문종 즉위년 9월 14일(을묘).
194) 『세조실록』 권20, 세조 6년 5월 29일(갑진), "傳旨司憲府曰 今旱甚 所當修省
之時 … 自今 因射侯等事飮酒外 一禁"; 『중종실록』 권59, 중종 22년 5월 25일
(신축), "傳曰 近者 命禁酒 而於射侯處及老病服藥 則勿禁事 前已傳敎矣"
195) 『중종실록』 권65, 중종 24년 5월 19일(계축).
196) 『세종실록』 권59, 세종 15년 2월 8일(임진).
197) 『세종실록』 권74, 세종 18년 8월 21일(갑신).
198) 『세종실록』 권111, 세종 28년 2월 15일(계축).

세종은 종친들의 활쏘기도 자주 관람했다. 처음 세종은 종친들의 활
쏘기를 관람할 때 혹 바깥에서 '戱謔'이라 여기지 않을까 염려했는데,
知申事 郭存中의 "활쏘기는 6藝의 하나이며 활을 쏘아서 덕을 살펴보는
것이 古制이니 戱謔과는 같지 않습니다."라는 조언을 듣고 비로소 종친
과 宰樞들의 활쏘기를 관람했다.[199] 이때부터 종친관사를 자주 실시했
는데, 특히 1431년(세종 13)의 경우 실록에서 확인되는 觀射(射侯)는 거
의 대부분 종친을 대상으로 거행한 것이었다.

(2) 習陣·大閱 거행과 규정 정비

세종 때에도 태종 때 재개된 진법훈련을 계승해 습진을 거행했다.
1421년(세종 3) 우의정 李原 등이 3군을 거느리고 盤松亭에서 습진한 사
례에서 알 수 있듯이 세종 때에도 습진은 親臨하지 않고 命將하거나 병
조에 명해 거행했다. 그리고 陣說 講習 같은 일상적인 것은 3군 鎭撫들
이 담당했다.[200]

모든 군사훈련이 그렇지만 진법을 익히는 습진의 경우 특히 반복해
실시하는 것이 중요했다. 이에 1417년(태종 17) 입직 군사로 하여금 날
마다 馬兒를 가지고 陣圖를 익히게 한 데 이어 1430년(세종 12) 12월에
는 번상한 시위패도 갑사처럼 겨울철이 되면 훈련관에 모여 陣說을 강
하고 진도를 익히게 했다.[201] 1436년에는 陣說만 읽고 陣圖를 익히지 않
으면 전투에 임할 때 精熟하지 못하게 된다는 이유로 병조 당상과 삼군
도진무, 훈련관 제조의 주관 아래 四仲月마다 閑曠地에서 진도를 익히게
했다.[202] 1437년에는 사중월 외에도 출번 군사는 매월 2일 盤松亭에서

---

199) 『세종실록』 권27, 세종 7년 1월 18일(기축).
200) 『세종실록』 권12, 세종 3년 5월 8일(기사); 『세종실록』 권18, 세종 4년 11월 14
     일(정묘); 『세종실록』 권106, 세종 26년 10월 11일(병진).
201) 『세종실록』 권50, 세종 12년 12월 4일(경오).
202) 『세종실록』 권63, 세종 16년 1월 8일(병술).

습진하게 했는데, 1448년(세종 30) 외방 군사는 매월 세 차례 습진하도록 한 것으로 보아 중앙군도 이때 매월 3회 습진하는 것으로 변경됐을 것으로 추정된다.[203]

1433년(세종 15) 判中樞院事 河敬復, 형조판서 鄭欽之, 藝文館 大提學 鄭招, 兵曹右參判 皇甫仁이 왕명을 받들어『陣書』를 편찬해 바쳤다.[204]『계축진설』이라 불리는 새로운 진서가 만들어지자 진법훈련은 더욱 강조되었다. 같은 달『계축진설』과 陣圖를 주자소에서 함께 인쇄해 중외에 반포하게 했으며, 이듬해 1월에는 군사와 성중애마로 하여금『계축진설』을 習讀하게 하고 매년 봄가을에 병조와 훈련관 제조가 講하여 우수한 자에게 給到·給仕하여 진도 습득을 권장케 했다.[205] 이처럼 세종 말이 되면 중앙군은 매월 세 차례 습진을 거행하고, 사중월마다 閑曠地에서 진도를 익히며, 겨울철에 훈련관에 모여 진설을 강하고 진도를 익히고, 봄가을로 두 차례 진설을 강하는 시험을 치르게 되었다.

외방 군사의 진법 이해도를 높이기 위한 조치도 강구했다. 1421년 7월 각 도 節制使가 농한기에 수령을 差使員으로, 品官을 訓導官으로 삼아 別牌·侍衛軍·營鎭屬·守城軍 등의 군사를 거주지 근처로 모아 진법훈련을 실시하게 했으며, 習陣訓導官을 파견하기도 하고, 陣說과 陣圖을 인쇄해 반포하기도 했다.[206] 또한 같은 달에 諸道陣法訓導事目을 제정했다. 이를 통해 습진할 때 犯法한 자에 대한 처벌 방식, 양계와 留後司에서 습진하는 방법 등을 규정하는 한편 23개의 진법을 일시에 敎閱하는 것은 어려우므로 方陣·圓陣·曲陣·直陣·銳陣의 5개 진법과 行陣을 교습

---

203)『세종실록』권78, 세종 19년 9월 27일(갑인);『세종실록』권122, 세종 30년 10월 28일(신사).
204)『세종실록』권61, 세종 15년 7월 4일(을묘).『계축진설』에 대해서는 하차대, 1989「조선초기 軍事정책과 병법서의 발전」『군사』19, 122~134쪽 참고.
205)『세종실록』권63, 세종 16년 1월 8일(병술).
206)『세종실록』권12, 세종 3년 7월 9일(기사)·28일(무자);『세종실록』권122, 세종 30년 10월 28일(신사).

하도록 했다.[207] 1448년(세종 30)에는 各 道에서 습진하는 법이 『續典』
에 실려 있고 여러 차례 受敎했는데도 거행하지 않고 있다고 지적하면
서, 앞으로 매월 세 차례 습진하고 봄가을에 각각 한 차례씩 都會所에
모여 3일간 진법을 익히게 했다.[208]

大閱은 군사가 坐作進退의 절차와 진법을 익히는 習陣의 규모를 크게
확대한 군사훈련으로, 때로는 참여자의 軍器·衣甲을 점고하기도 했다.
대열 역시 전통적으로 거행하던 군사훈련의 하나로서, 1188년(명종 18)
東郊에서 10일간 대열을 거행했다[209]는 기록에서 알 수 있듯이 고려 때
에도 여러 차례 거행되었다. 고려시대 거행한 대열에서 외방 군사를 징
발했는지는 분명치 않다. 그렇지만 첫째, 외방 군사를 징발했다는 분명
한 기록이 없고, 둘째, 대열 후 강무를 거행했던 조선초기와 달리 대열
-강무로 이어지는 훈련 체계가 확립되지 않았으며, 셋째, 세종 전반까
지 중앙군만 동원했는데도 대열이라 불렀던[210] 사례를 고려하면 고려
시대의 대열은 외방 군사를 징발하지 않고 중앙군만 대상으로 거행했을
것으로 추정된다.

1416년(태종 16) 국왕 태종이 "『冊府元龜』를 보니 대열 때에는 君王이
친히 간다."라고 언급한 것처럼[211] 대열 때에는 국왕이 군사들이 모인
곳으로 거둥해 직접 열병하는 것이 규례였다. 대열을 거행할 때 국왕은
金甲을 입고 臨御했으며, 墠所에 도착한 국왕을 인도하는 병조판서도 甲
冑를 갖추고 대열에 참여했다.[212] 대열에 군사들만 참여하는 것은 아니

---

207) 『세종실록』 권12, 세종 3년 7월 28일(무자).
208) 『세종실록』 권122, 세종 30년 10월 28일(신사).
209) 『高麗史』, 권81, 兵志1, 五軍, 明宗 18년 10월, "大閱于東郊 凡十日 自庚寅以
　　來 國家多故 且懼有變 久廢不行 至是而復"
210) 『세종실록』 권66, 세종 16년 10월 8일(신해), "都承旨安崇善啓曰 前日大閱 只
　　用京中侍衛軍六千餘人 而稱大閱未便 上曰然 古用幾人而稱大閱乎 令集賢殿
　　考古制以啓"
211) 『태종실록』 권32, 태종 16년 7월 16일(을사).

었다. 2품 이상의 軍職을 띤 자들은 물론이고 百官들도 갑옷을 입고 대
열에 참여했다. 대열에 참여하는 백관들은 中衛의 5所에 분속시켰다.213)
의정부·敦寧府·諸君府·이조·병조·승정원·사헌부·사간원·삼군진무소와
그 예하 관청은 中所에, 예조와 그 예하 관청은 左所에, 형조와 그 예하
관청은 右所에, 호조와 그 예하 관청은 前所에, 공조와 그 예하 관청 및
한성부는 後所에 속하게 했다.214) 대열 때에는 참여한 종친들의 軍裝도
點考했다.215)

조선에서 최초의 대열은 1421년(세종 3) 5월 세종이 상왕과 함께 樂天
亭으로 거둥해 五衛陣을 사열하면서 시작되었다. 이에 앞서 우의정 李原
등에게 3군을 거느리고 盤松亭에서 習陣을 거행하게 했는데, 최초의 대
열을 원만히 거행하기 위해 사전 준비 차원에서 거행한 습진이었다.216)
세종 때에는 1421년 외에 1424년, 1426년, 1434년(세종 16) 세 차례 대열
을 더 거행했다. 이를 정리한 것이 [표 2-9]이다.

최초의 대열을 거행한 이후 실제로 대열을 거행할 때 문제가 됐던 점
들을 검토하면서 개선책을 강구했다. 먼저 군사훈련 성격이 강했던 대
열에 儀禮 성격을 더했다.217) 그리하여 1421년 6월 새로 大閱儀註가 만

---

212) 『세종실록』 권12, 세종 3년 6월 1일(임진), "禮曹啓大閱儀曰 … 車駕至埠所
兵曹判書甲冑乘馬 奉引入自都埠北和門 … 殿下被金甲出小次"

213) 1369년(공민왕 18) 12월 중앙의 各司와 愛馬, 5部의 閑良品官을 5軍에 分屬시
키되 旗幟와 衣服은 方位色에 따라 구별하도록 조치한 적이 있었다(『고려사』
권81, 兵志1, 공민왕 18년 12월). 기치와 의복을 방위색에 따라 구별하게 한 것
을 보면 1369년의 조치 역시 대열을 위한 것으로 이해된다.

214) 『세종실록』 권11, 세종 3년 4월 14일(병오). 백관도 대열에 참여하기 때문에
1424년(세종 6) 9월에 병조에서 군사들과 더불어 東西各品도 모아서 대열을
거행하자고 청했다[『세종실록』 권25, 세종 6년 9월 7일(기묘)].

215) 『성종실록』 권76, 성종 8년 2월 18일(정해), "上幸樂天亭大閱 分遣兵曹判書李
克培 都摠管洪常朴仲善李崇元 點檢宗親百官及諸將軍裝 遂還宮"

216) 『세종실록』 권12, 세종 3년 5월 18일(기묘)·8일(기사).

217) 세종 초 大閱儀註가 작성되고 개정되는 과정, 그 의주와 『세종실록』「五禮」
에 수록된 大閱儀와의 同異 분석에 대해서는 소순규, 2012 「조선초 大閱儀의

[표 2-9] 세종 때의 대열 거행과 중지 내역

연번	연월일	장소	거행 내용	비고
1	030518	樂天亭	上奉上王 … 大閱五衛陣	卞季良이 古制에 근거해 만든 五陣法에 따라 거행
2	060924	東郊	上大閱于東郊 文武群臣甲冑侍從 上被金甲 御壇上 … 其三軍將帥 各率其屬 坐作進退 一如其儀	군사 5,016명 참여(成衆愛馬 當番甲士防牌受田無受田牌 當番侍衛別牌)
3	080924	東郊	大閱于東郊如儀	군사 6,700명 참여
	090824		대열을 계획했다가 세종이 침을 맞고 뜸을 떴는데 이럴 경우 물을 건너는 것을 꺼린다는 이유로 중지함	
	150823		흉년, 서쪽의 파저강 야인 방어, 북쪽에서 야인이 침략한다는 말이 있어 京中 군사만으로 대열하기로 결정함(이후 중지 사유는 불명확함)	
4	160924	東郊	上率王世子宗室文武群臣 幸東郊 大閱軍士如儀	세자 동행

비고: 030518은 세종 3년 5월 18일을 의미하며 이하도 같음.

들어져 대열이 의식으로 정비됐으며, 당시의 대열의주는 1424년 다시 한 번 개정·시행되면서 이후 대열의식의 전범으로 자리 잡았다. 그 의례의 구체적 모습은 軍에 대한 국왕의 통수권을 드러내는 장치들로 구성돼 있었다.[218]

군사들의 복색도 문제가 되었다. 1421년 8월 諸道 군사가 5衛에 분속되지 않아서 대열할 때 衣甲과 章色이 서로 뒤섞여 體統이 없다는 이유로 경기·경상·전라도는 中衛에, 평안도는 前衛에, 충청도는 左衛에, 황해도는 右衛에, 강원·함길도는 後衛에 속하게 하고 해당 방위색의 옷을 입도록 했다.[219] 그런데 5위에 소속된 군사가 五方色을 입을 경우 陣形을 변화시킬 때 그 곡절을 분별하기가 어려웠다. 이 때문에 두 번째 대

의례 구조와 정치적 의미」『사총』75, 46~65쪽이 참고된다. 그는 "세종 3년 6월의 의주 및 세종 6년의 의주에 비하여『세종실록』「五禮」의 대열의주는 국왕권을 더욱 강하게 표방하고 대열의식의 격을 높이는 방향으로 변화했다."라고 지적했다(위의 논문, 64쪽).

218) 소순규, 위의 논문, 59쪽.

219)『세종실록』권13, 세종 3년 8월 12일(임인).

열을 거행하기 직전인 1424년 9월 陣圖畫形에 따라 각 衛마다 5색을 두게 했다.[220] 또 세종 때는 아니지만 1459년(세조 4) 梁誠之는 衛·部·統의 旗麾 색깔 문제를 지적하기도 했다. 그는 현재 5위 中部의 깃발이 모두 황색이고, 5部의 步戰(統) 깃발은 모두 청색이어서 움직이지 않을 때에는 구별할 수 있지만 흩어졌다 합쳐지고 軍陣을 바꿀 때에는 어느 衛의 中部이고 어느 部의 戰統인지 구별할 수 없으므로, 中衛 中部는 黃衿黃旗로, 中部 步戰統은 黃衿靑旗로 하되 다른 衛와 部의 경우도 이렇게 하기를 요청했다.[221]

세종 때에는 대열 규모에 대한 논의도 있었다. 1432년(세종 14) 12월 세종이 명년의 번상시위를 중지하고 9월에 諸道兵을 징발해 대열을 거행하자고 제안하자 영의정 黃喜가 매년 번상 군사만 閱兵해도 諸道兵이 서로 교체되니 陣法을 肄習하지 않음이 없게 된다고 답변했다.[222] 여기에서 알 수 있듯이 당시까지만 해도 대열은 중앙군만 동원하는 것이 관례여서 참여 군사가 5,000~6,000명에 불과했다. 세종은 정승들의 의견이 자신의 제안과 부합하지 않자 병조 당상과 삼군 도진무를 불러 다시 논의를 진행했다. 논의 결과 鄭欽之·河敬復·崔潤德 등의 "당번 군사만 써서 대열을 거행하는 것은 아이들 장난과 같아 심히 불가하며, 여러 도에서 병사를 징발하는 것이 옳다."라는 주장을 따랐다.[223] 그런데 1434년(세종 16) 9월 거행한 대열 때에도 이전처럼 참여 군사는 京中 시위군 6,000명만 동원했다. 이에 대해 도승지 安崇善이 이를 대열이라 칭하는 것은 未便하다고 하자, 세종도 이에 동의하면서 몇 명을 동원해야 대열이라 칭할 수 있는지 집현전으로 하여금 古制를 고찰해 아뢰게 했다.[224]

---

220) 『세종실록』 권25, 세종 6년 9월 12일(갑신). 衛에는 中部·左部·右部·前部·後部의 5部가 있는데, 부마다 군사의 복색을 달리하게 한 것이다.
221) 『세조실록』 권14, 세조 4년 9월 26일(경술).
222) 『세종실록』 권58, 세종 14년 12월 9일(갑오).
223) 『세종실록』 권58, 세종 14년 12월 11일(병신).
224) 『세종실록』 권65, 세종 16년 9월 24일(무술);『세종실록』 권66, 세종 16년 10월

이처럼 1432년(세종 14) 12월의 대열 때 諸道兵을 징발하기로 한 결정은 세종 당시에는 실현되지 못했지만 이후의 대열에 참여 군사 수가 대폭 늘어나는 출발점이 됐다는 점에서 주목된다 하겠다.

(3) 講武 거행과 규정 정비

세종 때 강무와 관련한 특징 중 하나는 대간을 비롯한 신료들이 흉년, 막대한 비용 등을 이유로 강무 중지를 자주 요청하고 종종 議政까지도 이에 동조했음에도 국왕 세종의 의지에 따라 강무를 지속적으로 거행했다는 점이다.

세종은 무장 출신으로 사냥과 擊毬를 즐긴 祖父 태조와 伯父 정종, 그리고 문과 출신이지만 사냥을 좋아했던 父王 태종을 보고 자랐지만 그들과 달리 즉위하기 전에 군을 통솔한 경험이 없었다. 건국 초창기에는 종친뿐 아니라 부마와 王子들도 軍權에 참여했다.[225] 그런데 1409년(태종 9) 사헌부에서 平壤君 趙大臨의 병권을 내놓게 하자고 건의하자 태종은 진노하며 "사람들이 王子는 병사를 장악해선 안 된다."라고 말한다고 지적한 데서 알 수 있듯이[226] 일단 태종 때가 되면 부마는 아니더라도 최소한 親子는 군권을 잡아서는 안 된다는 인식이 신료 사이에 자리하기 시작했다. 이 때문에 세종과 그 형제들은 군권에서 배제됐고, 이 점은 태종이 세종에게 양위하면서도 세종이 壯年이 될 때까지 자신이 軍事를 聽斷하겠다고 밝힌 것과도 연결된다.[227] 사정이 이러하고 더욱이 세종 자신이 사냥을 좋아하지 않으면서도[228] 강무의 중요성을 강조하

8일(신해).

225) 태조 때 종친·부마·왕자들의 군권 참여에 대해서는 이 책 122~123쪽 참고.

226) 『태종실록』 권17, 태종 9년 4월 2일(갑술).

227) 『태종실록』 권36, 태종 18년 8월 10일(정해).

228) 『세종실록』 권76, 세종 19년 2월 10일(경오), "上謂承旨等曰 … 予性不喜遊畋 雖當講武 不御弓矢" 또 1432년(세종 14) 형조참판 高若海가 강무는 옛 大閱의 遺制이지만 遊戲에 가깝다고 비판하자, 세종은 강무는 유희가 아니며, 종묘를

고 이를 지속적으로 거행한 것은 다음과 같은 이유가 있었기 때문이다.

1418년(세종 즉위년) 당시 상왕 태종은 "주상이 遊田을 좋아하지 않지만 육중하므로 때때로 밖으로 나가서 계절을 즐기는[遊節] 것이 마땅하고 또 文과 武는 한 쪽을 폐할 수 없는 것이므로 주상과 함께 강무하고자 한다."라고 밝혔다.229) 자신의 건강을 염려하는 父王의 遺旨230)와 文武不可偏廢라는 원칙 때문에 강무를 정기적으로 거행한 것이다. 세종은, 강무는 父王인 태종이 자손들이 지켜야 할 成憲으로 삼았으므로 폐할 수 없다고 했는데,231) 이 점도 세종이 꾸준히 강무를 거행하고자 노력했던 이유 중에 하나였다. 세종은 자신이 맏아들로서 왕위를 계승한 것이 아니라 태종의 선택에 의해 왕위에 올랐기 때문에 자신 왕권의 원천이 부왕의 '擇賢'에 있음을 잘 인식하고 있었다.232) 이 때문에 부왕이 준수하도록 제시한 강무를 재위기간 동안 꾸준히 거행하고자 노력했던 것이다.

강무에 대한 세종의 인식과 태도가 이러했으므로, 1433년(세종 15) 윤8월 세종은, 강무는 국가 大事이므로 그 거행에 있어서 농사의 풍흉을 따지는 것이 옳지 않은데도 人民들이 강무의 거행 여부를 병조의 受敎를 본 후에야 알게 된다는 이유로 앞으로 병조는 강무 형편에 대해서는 계하지 말고 강무할 장소와 기일만 啓하는 것으로 立法하게 했다.233) 그

받들고 빈객을 접대하며 무예를 익히므로 폐할 수 없는 것이니 자신이 즐기는 바는 아니지만 부득이한 것이라고 밝혔다[『세종실록』 권55, 세종 14년 1월 24일(갑신)]. 세종 자신은 강무를 좋아하지 않지만 그 효용성을 인정해 부득불 거행한다고 밝힌 것이다.

229) 『세종실록』 권1, 세종 즉위년 10월 9일(을유).
230) 『세종실록』 권86, 세종 21년 7월 4일(경술), "況講武之法 予親承命於太宗乎"
231) 『세종실록』 권63, 세종 16년 1월 15일(계사), "講武一節 軍國重事 是乃太宗爲子孫成憲 不可廢也"
232) 태종 말의 세자 廢立과 충녕대군의 세자 책봉에 대해서는 최승희, 2002 「태종 말 세자폐립사건의 정치사적 의의」, 『조선초기 정치사연구』, 지식산업사 참고.
233) 『세종실록』 권61, 세종 15년 윤8월 23일(계유)·25일(을해).

동안 대간을 중심으로 한 신료들이 흉년·使臣 支待 등을 이유로 강무
중지를 요청하는 사례가 종종 있었고, 병조에서 강무를 거행할 형편인
지를 啓하여 受敎한 연후에야 강무를 거행했기 때문에 인민들이 강무
거행 여부를 미리 알 수는 없는 형편이었다. 세종은 이런 문제점을 해소
하고자 강무는 풍흉과 관계없이 거행해야만 하는 軍國 重事임을 강조하
면서 병조로 하여금 강무를 할 수 있는 형편인지에 대해서는 계하지 못
하게 하고 다만 강무할 장소와 기일만 계하도록 명령했던 것이다. 春秋
강무는 풍흉과 관계없이 거행한다고 천명한 셈이다. 이에 따라 이듬해
1월 사간원에서 또 흉년을 이유로 춘등 강무의 중지를 청하자 세종은
"강무는 重事이므로 흉년이라도 하지 않을 수 없다."라는 논리를 내세우
며 강무를 강행했던 것이다.234) 이처럼 세종 때에 강무를 자주 거행하
자 1436년(세종 18)에는 강무할 때 짐승들이 어가에 충돌하는 것을 막기
위해 獅子衛라는 부대를 별도로 조직하기도 했다.235)

　세종 때 거행한 강무 내역을 정리한 것이 [표 2-10]이다. 세종 때에 강
무는 총 31회 거행했는데, 춘등 강무가 18회이고 추등 강무가 13회였다.
태종이 홍서한 1422년(세종 4)까지의 6차례 강무는 태종이 주도하고 세
종이 따라가는 형식으로 거행했으며, 세종의 병이 깊어진 1442년(세종
24)의 추등 강무부터의 3차례는 세자가 代行하는 형식으로 거행했다. 태
종이 주도하던 강무 때에는 그 기간이 22일에 달한 경우도 있었지만, 세
종이 주도한 강무는 대개 10일 안팎이었으며, 세자가 대행한 강무는 4~6
일 정도 짧게 거행했다. 강무 장소는 원근의 여러 장소를 이용했던 태종
때와 달리 講武場으로 정해진 廣州·楊州·豊壤·鐵原·平康·伊川·橫城 등
특정한 지역으로 고정되는 경향을 보여주는데 특히 철원·평강에 자주
거둥했다.

---

234)『세종실록』권63, 세종 16년 1월 14일(임진).
235)『세종실록』권71, 세종 18년 3월 8일(갑술). 사자위에 대해서는 이 책 2장 1절
　　의 '1) 중앙군 군액 증가와 禁軍·衛兵의 분화' 참고.

[표 2-10] 세종 때의 강무 거행 내역

연도	봄/가을	기간	일수	장소	동원병력/비고
세종 01년	봄	03.10~03.20	11일	京畿 鐵原 江原道 平康	老上王·上王 동행
	가을	11.03~11.13	11일	京畿 鐵原 江原道 平康	상왕 동행 甲士·別牌·侍衛牌 2千餘人 馬 萬餘匹 別軍·防牌 數千人驅 軍 6,000명
세종 02년	봄	02.01~02.22	22일	豊海道 海州	상왕 동행 驅軍: 三軍甲士·騎軍 1千人 步 軍 2千人
세종 03년	봄	02.13~02.15	03일	京畿 鐵原	霖雨로 중단
	봄	02.25~03.12	17일	江原道 珍富	상왕 동행
세종 04년	봄	03.09~03.16	08일	京畿 牛峯·臨江	齊陵 참배 겸함
1422년(세종 4) 4월 태종이 승하함에 따라 그해 가을부터 1424년 봄까지 강무를 중단함					
세종 06년	가을	09.27~10.05	08일	京畿 鐵原 江原道 平康	明使 入國으로 중단
세종 07년	봄	03.09~03.19	11일	京畿 鐵原 江原道 平康	
	가을	09.28~10.02	04일	京畿 廣州	
세종 08년	봄	02.13~02.19	07일	江原道 橫城	
	가을	10.04~10.11	08일	江原道 平康	
세종 09년	가을	10.01~10.05	05일	京畿 廣州	
세종 10년	봄	03.09~03.12	04일	京畿 楊州	
	가을	10.04~10.12	09일	京畿 鐵原	
세종 11년	봄	02.26~03.06	11일	江原道 平康	
세종 12년	봄	03.09~03.17	09일	江原道 平康	
세종 12년	가을	豊壤에서 강무를 거행하려다가, 명나라 사신이 함길도에서 돌아와 京畿 의 供費가 甚煩하다는 이유로 중지함(세종120923)			
세종 13년	봄	02.12~02.21	10일	江原道 平康	
세종 14년	봄	02.19~03.02	14일	江原道 平康	
	가을	09.27~10.02	06일	京畿 楊州	
세종 15년	가을	09.27~10.05	09일	江原道 平康	봄에 온천 다녀옴 橫城에서 平康으로 변경

연도	봄/가을	기간	일수	장소	동원병력/비고
세종 16년	봄	02.06~02.19	14일	京畿 鐵原·永平 江原道 平康	세자 동행 驅軍: 경기·강원·충청·경상·전라 군사
	가을	09.28~10.06	08일	京畿 鐵原 江原道 平康	
세종 17년	봄	02.13~02.22	10일	江原道 鐵原	철원, 강원도 편입 (세종161101)
	가을	10.10~10.14	05일	京畿 廣州·水原	천둥번개가 치고 비가 내려 환궁함
세종 18년	봄	03.08~03.19	12일	江原道 鐵原·淮陽	
	가을			年歉으로 인해 중지	
세종 19년	가을	10.02~10.12	11일	江原道 鐵原·平康	
세종 20년	가을	윤02.19~윤02.28	10일	江原道 鐵原·平康	
세종 21년	봄	가뭄으로 인해 중지(세종220826)			
	가을	10.01~10.10	10일	江原道 鐵原·平康	忠淸·慶尙·全羅上道軍士 징발
세종 23년	봄	停春等講武(세종230203)			
세종 24년	봄	03.03~03.15	13일	江原道 鐵原·伊川	溫浴兼行(03.15~05.01)
	가을	10.07~10.10	04일	京畿 楊州	세자 代行
세종 25년	봄	傳旨曰 今春等講武 勿用驅軍 只率禁兵 令世子代行(세종250103) 命停春等講武(세종250110)			
세종 26년	가을	가뭄으로 인해 중지함(세종26윤0702)			
세종 27년	봄	가뭄으로 인해 중지함(세종26윤0702)			
	가을	09.29~10.06	08일	江原道 平康	세자 대행
세종 28년	봄	以年饑 停春等代行講武(세종280226)			
	가을	昭憲王后 國喪으로 인해 중지함(세종280324)			
세종 29년	봄	소헌왕후 국상으로 인해 중지함			
	가을				
세종 30년	봄	소헌왕후 국상으로 인해 중지함			
	가을	秋則日短氣寒 姑停今秋講武(세종300914) 傳旨兵曹 今秋等東宮代行講武 以十月初八日爲定 竟停之(세종300922)			
세종 31년	봄	02.28~03.04	06일	京畿 豊壤	세자 대행

출처: 이현수, 2002 「조선초기 강무 시행사례와 군사적 기능」『군사』 45, 243쪽 [표 2]
     참고해 필자 재작성.
비고: 세종120923은 『세종실록』의 세종 12년 9월 23일에 나옴을 의미하며 이하도 같음.

세종 때에는 태종 때의 강무 常所를 선정하려는 논의를 계승해 강무
장소를 일정한 곳으로 정하는 한편 강무장을 혁파하거나 禁令을 완화하
는 조치도 취했다. 1420년(세종 2) 2월 경기의 廣州·楊根 등을 1곳, 鐵原·
安峽 등을 1곳, 강원도의 平康·伊川 등을 1곳, 橫城·珍寶 등을 1곳으로
삼고, 標內에 이전부터 거주하던 사람과 이미 경작하고 있는 토지 외에
새로 들어가 거주하거나 경작하는 행위, 벌목과 私獵 등은 모두 금하게
했다.236) 이후 세종이 강무했던 장소를 살펴보면 대체로 이때 결정한
장소에서 벗어나지 않는다. 이들 지역을 포함해 강무장으로 설정된 곳
이 여러 지역에 있었는데, 세종 때에는 백성들의 流亡이나 민폐 등을 이
유로 해서 강무장 자체를 혁파하거나 강무장은 그대로 두더라도 刈草나
경작, 노루·사슴을 제외한 사냥 등을 허용하는 조치를 여러 차례 취하
기도 했다. [표 2-11]은 세종 때 강무장을 혁파하거나 강무장 관련 금령
을 완화한 조치를 정리한 것이다.

[표 2-11] 세종 때의 강무장 혁파와 완화 조치

연월일	지역	내용	비고
001106	槌峴東月羅田及加平之野	勿禁民樵牧耕田	
020215	(海州登山串鑰串)	聽民耕稼	
060916	京畿 漣川·安峽·朔寧·臨江, 江原道 金化·金城·淮陽, 黃海道 牛峯	講武場 革除 許民耕墾	江原道취소 (061026)
081214	海州 講武場	勿禁伐木耕田	
091018	京畿 漣川 城隍堂山, 朔寧 將軍寺山·往被古介·柴古介·玄壁·歧伊·晋秃·同家·北山等處, 鐵原 南山北邊·水淸山·冠山, 永平 支石北遠山·松林·東南西村·大德山等處, 海豊 東南北村, 開城, 金浦 甘露·木村平等處, 平康 珍衣村, 淮陽任內 嵐谷·星北, 金化 山站·末訖川, 江陵珍寶驛東·洪溪驛洞口, 伊川, 黃海道 平山, 海州等處	講武場 革除	
100526	京畿 永平·鐵原·朔寧·廣州·楊根 江原道 平康·淮陽等處 講武場	勿禁耕墾山田 但 禁私獵	

236) 『세종실록』 권7, 세종 2년 2월 22일(경신).

연월일	지역	내용	비고
110901	廣州·楊根等處 講武場	刈草者勿禁	
130725	江原道 江陵府 方林 洪溪驛等處 講武場	聽民居住耕種 獐鹿外熊猪虎豹勿禁捕捉	
161224	江原道 伊川縣 19處 講武場	已墾田勿禁 雖標內 非驅場 則亦許耕種	
301210	三軍鎭撫所에서 豊壤縣 入串山·居叱乙山, 積城縣 山泉站山·城山·注乙洞山·榛伐山·直等洞山·妙寂山·高羅山·禿干山·白達西山·多只山·井邑山·所伊山·猪積山·古邑洞山·道峰山·林堂山, 楊州 洪福山·達伊山·長興山·牛塊洞山·大母城山·凡金陵洞山·寺洞山·山幕洞山·大郞洞山·西乙谷山, 抱川縣 無屯山·注葉山·熊前山, 加平縣 於里內山·馬山·全佐山·所也洞山·松峴山·深谷山, 原平府 高嶺山·中山, 高陽縣 惠陰山·大慈庵山·未末山, 廣州 李夫山·榛伐山·胎藏山·儉丹山·靑溪山·鞋掛山을 講武場으로 삼기를 청함	기존 강무장 이외의 산은 벌목은 허용하되 私獵은 금함	
310718	今年旱氣太甚 禾穀不登 而講武場禽獸害穀 許民捕豕		

비고: 001106은 『세종실록』의 세종 즉위년 11월 6일에 나옴을 의미하며 이하도 같음.

　한편 세종 때에는 태종 때를 이어 강무가 지속적으로 거행되자 강무와 관련한 관직이 출현하고 각종 규정이나 제도가 여러 차례에 걸쳐 정비되기도 했다. 태종 때 강무가 정기적으로 거행되자 이의 원활한 운영을 위해 行宮支應都差使員과 行宮支應使라는 관직이 등장했다. 행궁지응도차사원은 강원도 관찰사가 春川府使를 이에 지명한 데서 알 수 있듯이 강무가 거행되는 道의 관찰사가 강무장 근처의 수령을 지정해 강무에 따른 현지의 支應을 책임지고 수행하게 한 자리였다.[237] 반면 행궁지

───────────

237) 『태종실록』 권30, 태종 15년 9월 29일(계해). 支應은 수령이 행궁지응도차사원에 지정된 고을에서만 담당하는 것은 아니었다. 강무는 많은 물력과 인력이 필요했으므로 거행 지역의 근처 몇 개 고을에서 함께 지응을 담당했다[『세종실록』 권51, 세종 13년 2월 16일(신해)].

응사는 중앙에서 임명하는 관직으로, 司僕寺·司饔院·內資寺·內贍寺 등의 京各司로부터 강무 거행에 필요한 물품 등을 확보하고 進排하는 역할을 담당했던 것으로 보인다. 이들 직책은 '行宮'이라는 접두사에서 유추할 수 있듯이 강무 전반에 걸친 필요한 사항을 준비·점검하는 주체라기보다는 강무 때 국왕이 머무는 행궁에 필요한 물품을 조달하는 역할을 주로 수행했던 것으로 추정된다.[238]

그런데 세종 때가 되면 행궁지응사 대신에 講武支應使라는 관직이 출현했다.[239] 강무지응사는 행궁지응사가 수행하던 역할 외에도 강무 때각 도에서 올리는 進上物 처리, 도로와 교량 정비, 관찰사·수령의 來進여부, 감사·수령이 민간에서 물품을 거두는 문제 등 병력 징발 외의 강무와 관련한 제반 사항을 준비하고 점검하는 역할을 담당했다. 강무지응사 외에 苑囿提調도 임명했는데, 중국 황제가 강무하는 곳을 '苑囿'라했고 조선에서도 강무장을 '원유'로도 불렀다는 점[240]과 후대의 원유제조 기사가 모두 강무장 관리와 관련돼 있다는 점에서[241] 원유제조는 강무장 관리를 전담하는 관직이었던 것으로 추정된다. 그리고 태종 때부터 강무를 거행할 때마다 行宮察訪을 임명하여 군율을 어긴 자를 적발해 처벌하게 했다.[242]

강무 참여자의 기강을 확립하고자 章標를 부착하고 肖旗를 꽂게 하는 조치도 추진했다. 1430년(세종 12) 3월 병조참판 李中至는 강무할 때 갑사와 內禁衛가 抄旗를 標識로 삼지만 짐승을 쫓아 멀리 갈 때 간혹 뽑아

---

238) 『태종실록』 권31, 태종 16년 1월 4일(정유).
239) 『세종실록』 권25, 세종 6년 9월 14일(병술).
240) 『태종실록』 권2, 태종 1년 7월 23일(경술);『문종실록』 권6, 문종 1년 3월 3일(임인).
241) 『단종실록』 권2, 단종 즉위년 7월 25일(병진);『성종실록』 권218, 성종 19년 7월 9일(경오);『성종실록』 권229, 성종 20년 6월 14일(신축).
242) 『태종실록』 권19, 태종 10년 3월 13일(기묘);『세종실록』 권60, 세종 15년 4월 9일(임진).

버리는 경우가 있어 군법이 엄하지 않게 된다는 이유로 앞으로는 이들
과 伴人 모두 등에 '某軍 某番 某'라고 쓴 章標를 붙일 것을 청하니 啓目
을 갖춰 아뢰도록 했다.243) 이에 따라 다음 달 병조에서 강무 참여 군사
들에게 붙일 장표의 종류와 색깔, 붙일 위치 등을 아뢰어 승낙을 받았
다.244) 내용이 조금 많지만 세종 때 강무에 참여하는 군사와 병종이 잘
나와 있어 이를 정리하면 [표 2-12]와 같다.

[표 2-12] 1430년(세종 12)에 결정한 강무 때의 章標와 肖旗

3군	군사·병종	章標		肖旗
		장표	부착 위치	
中軍	司禁 司僕 三軍鎭撫 內禁衛 忠義衛 速古赤 鷹師 向化人 隨駕吹螺赤 僉摠制以上의 各品 伴人	紅章	胸	
	중군에 속한 上護軍 大護軍 護軍 別侍衛의 左一番 과 右一番 甲士 侍衛牌 別侍衛節制使와 掌軍節制 使의 伴人 吹螺赤 太平簫	紅章	背	
左軍	좌군에 속한 상호군 대호군 호군 별시위의 左二番 갑사 시위패 별시위절제사와 장군절제사의 반인 취라치 태평소	靑章	左肩	
右軍	우군에 속한 상호군 대호군 호군 별시위의 右二番 갑사 시위패 별시위절제사와 장군절제사의 반인 취라치 태평소	白章	右肩	
중군	司禁 司僕 三軍鎭撫 內禁衛一番 忠義衛一·二番 속고치 응사 향화인 隨駕취라치 各品의 반인			紅肖旗
중군	內禁衛二番 忠義衛三番			靑肖旗
중군	內禁衛三番 忠義衛四番			白肖旗
중군	驅獸軍士 취라치 태평소 節制使의 伴人			홍초기
좌군	구수군사 취라치 태평소 절제사의 반인			청초기
우군	구수군사 취라치 태평소 절제사의 반인			백초기

출처:『세종실록』권47, 세종 12년 3월 24일(갑자).

이를 보면 司禁, 司僕, 3軍 鎭撫, 內禁衛, 忠義衛, 速古赤, 鷹師, 向化人,
隨駕 吹螺赤 같이 국왕侍衛와 국왕의 군사지휘를 위한 실무 담당 군사

---

243)『세종실록』권47, 세종 12년 3월 24일(갑자).
244)『세종실록』권47, 세종 12년 4월 23일(임진).

들은 紅章을 가슴에 부착하게 했고, 각각 中軍, 左軍, 右軍에 속한 上護軍, 大護軍, 護軍, 別侍衛(左1番과 右1番, 좌2번, 우2번), 甲士, 侍衛牌, 別侍衛節制使와 掌軍節制使의 伴人, 吹螺赤, 太平簫는 각각 홍장, 靑章, 白章을 각각 등, 왼쪽 어깨, 오른쪽 어깨에 부착하게 했다. 그리고 隨駕한 군사 중에 사금, 사복, 3군 진무, 내금위 1番, 충의위 1·2번은 紅肖旗를, 내금위 2번과 충의위 3번은 靑肖旗를, 내금위 3번과 충의위 4번은 白肖旗를 꽂게 했다. 짐승 몰이하는 군사와 3군의 취라치·태평소·節制使의 伴人은 소속된 중군·좌군·우군에 따라 각각 홍초기·청초기·백초기를 꽂되 職名과 성명을 쓰게 하고, 隨駕한 속고치·응사·향화인·취라치와 각품의 반인은 홍초기를 꽂되 역시 직명과 성명을 쓰게 했다. 이처럼 강무 참여 군사와 各人들에게 章標를 부착하고 肖旗를 꽂게 함으로써 짐승 몰이나 사냥을 할 때 흐트러지기 쉬운 군사 기강을 잡고자 했던 것이다.[245]

강무할 때에는 국왕이 중앙군 대부분을 이끌고 외방으로 나가기 때문에 서울의 경비가 소홀해져 도적이 발생할 가능성이 높았고, 화재 위험도 상존했다. 이에 이를 예방하기 위한 방안도 강구했다. 1431년(세종 13) 한성부로 하여금 각 坊의 가로에 防護所를 적절하게 설치하되 禁火都監에서 규찰을 專掌하게 했으며, 1450년(문종 즉위년)에는 5家作統法을 활용해 5家마다 警守所를 1곳 두고 경수소마다 건장한 5~6명이 윤번으로 直宿·坐更하게 했다.[246] 한편 강무로 인해 국왕이 궁궐을 비울 때 밤중에 궁문을 개폐할 일이 있으면 모두 中宮의 명령을 받아 시행하도

---

245) 1438년(세종 20) 도성 밖으로 거둥할 때 강무의 예에 따라 4衛의 군사들이 쏜 上에 작은 標旗를 꽂는 것을 恒式으로 삼은 것으로 보아[『세종실록』 권80, 세종 20년 3월 25일(기유)], 1430년의 강무 때 肖旗를 꽂게 한 조치는 계속 이어진 것으로 보인다.

246) 『세종실록』 권51, 세종 13년 2월 8일(계묘); 『문종실록』 권2, 문종 즉위년 6월 7일(기묘).

록 했다.247)

강무 때의 도성巡綽은 都城衛가 담당하도록 했다.248) 도성위는 1409
년(태종 9) 受田牌를 고쳐 만든 병종인데,249) 1423년(세종 5) 1월 서울에
거주하는 無受田牌 448명과 別牌 74명 총 522명을 도성위에 분속시켰
다.250) 이에 따라 도성위에는 기존의 수전패 외에 서울에 거주하는 무
수전패와 별패도 속하게 되었다. 도성위에 속한 별패는 1427년(세종 9)
별패를 시위패에 합속시킨 조치로 인해251) 京侍衛牌로 그 명칭이 바뀌
었다. 1414년(태종 14) 갑사 수를 줄이면서 汰去된 갑사를 별패로 재편
한 바 있는데, 1423년(세종 5) 도성위에 분속됐던 별패는 이들 중에서
서울에 거주하는 자들로 구성된 존재였다. 이처럼 수전패, 무수전패, 경
시위패 등 서로 出自가 다른 세 병종으로 이루어진 도성위는 강무 때의
도성순작 외에 중국 사신이 오고 갈 때 그들을 侍衛하는 역할도 수행
했다.

한편, 세종은 재위 중반 이후 병이 들어 몸이 쇠약해지고 또 강무 거
행이 자주 신료들의 반대에 부딪히자 대안을 모색하기 시작했다. 세종
은, 강무는 古制에도 나와 있고 祖宗들이 후손들이 준수하도록 만든 成
憲으로 軍國 重事인데도 불구하고 軍士들이 安逸에 젖어 강무는 폐단이
있다고 선동하고 대간이 이를 받아 흉년이나 소요 비용을 문제 삼아 강
무 중지나 기간 축소를 요구하고 심지어 大臣들까지 종종 이에 동조해

---

247) 『세종실록』 권63, 세종 16년 1월 15일(계사).
248) 『세종실록』 권50, 세종 12년 12월 6일(임신), "兵曹據都城衛節制使手本啓 無
受田牌等 皆以前銜 留京三朔 相遞立番 四仲朔點閱 使臣時侍衛 及講武時巡
綽等事 並依京侍衛牌例 爲之"
249) 『태종실록』 권18, 태종 9년 12월 25일(임술), "改受田牌 爲都城衛"
250) 『세종실록』 권19, 세종 5년 1월 9일(신묘).
251) 『세종실록』 권35, 세종 9년 6월 8일(을축), "兵曹擧各品陳言可行之條啓 別牌
侍衛牌 均是侍衛軍士 而戶內徭役 別牌則減 侍衛牌則不減 豈無不均之嘆 請
別牌合屬侍衛牌 使之歲一番上 … 從之"

강무 중지를 청한다고 인식했다.[252] 세종은 신료들의 강무 중지 요구에 대해서 불만이 많았지만 그들의 의도 자체는 善한 것으로 인정해[253] 대안을 모색했다. 錬士卒·備不虞, 薦禽, 爲民除害라는 강무의 효과는 살리면서도 비용은 줄이는 방안을 강구했던 것이다. 첫 번째로 생각했던 것은 將臣이나 세자, 왕자로 하여금 강무를 대신 거행하도록 하는 방안이었는데, 이는 兵權의 소재와 관련되기 때문에 大臣과 승지들이 반대해 무산되었다.[254]

이에 세종은 두 번째 방안을 강구했다. 그것은 병조에서 臨時 啓聞하여 도성 밖의 獐鹿이 있는 곳에 군사를 보내 사냥하게 하는 방안으로 1437년(세종 19) 9월 이를 항식으로 삼았다.[255] 다음 달에는 이 조치에 근거해 都鎭撫 李順蒙과 朴信生 등이 500명의 군사를 거느리고 廣州에서 사냥을 했다.[256] 강무 때에는 중앙군 대부분을 영솔하여 외방으로 나가고, 세종이 세자가 강무를 대행하는 방식을 제안했을 때 2/3에 달하는 군사를 거느리게 한 것에서 알 수 있듯이 강무는 정권 안위를 좌우할 만한 대규모 병력을 동원하기 때문에 '兵權'과 '末流의 폐단'[257] 등이 운위될 수 있었지만, 수백 명 정도의 군사를 동원하는 사냥은 크게 문제되지 않았던 것이다. 이 방안은 1439년(세종 21) 7월 강무를 중지할 경우 京中 군사를 3번으로 나누어 돌아가며 파견해 사냥하게 하는 방안으로 구체화했다.[258] 경중 병력의 1/3이 사냥하러 나가더라도 경중에는 2/3의

---

252) 『세종실록』 권78, 세종 19년 9월 11일(무술)·14일(신축).
253) 『세종실록』 권63, 세종 16년 1월 20일(무술).
254) 이에 대한 자세한 내용은 이 책 1장 4절의 '1) 군사훈련에서 국왕 주도권 확립' 참고.
255) 『세종실록』 권78, 세종 19년 9월 27일(갑인).
256) 『세종실록』 권78, 세종 19년 10월 6일(임진).
257) 『세종실록』 권75, 세종 18년 11월 16일(정미); 『세종실록』 권97, 세종 24년 9월 4일(신유).
258) 『세종실록』 권861, 세종 21년 7월 21일(정묘).

군사가 머물러 있기 때문에 '兵權'과 '末流의 폐단'에 있어서 크게 문제
가 되지 않기 때문이었다. 또한 1449년(세종 31) 4월에는, 5월에 入番하
는 군사는 강무에 참여하지 않고, 정월이나 9월에 입번하는 군사의 경
우 강무를 중지하게 되면 단지 入直만 할 뿐이어서 훈련하는 의미가 없
다 하여, 정월 입번 군사는 2월 보름 후 또는 3월 보름 전에 한 차례,[259]
5월 입번 군사는 5월 보름 전이나 8월 보름 후에 한 차례, 9월 입번 군사
는 10월 보름 전후에 한 차례씩 朔寧·安峽·伊川·金化·金城·嵐谷·狼川·
春川·洪川·横川·芳林·珍富·原州·砥平 등지에서 해마다 풍흉에 관계없
이 돌아가며 打獵하도록 결정했다.[260]

　세종 때 강무와 관련해 마지막으로 다룰 것은 강무와 大閱의 결합을
예고하는 논의이다. 1448년(세종 30) 7월 승정원 건의에 따라 大閱을 행
하고자 했다. 세종은 세자가 대신할 추등 강무를 위해 8월부터 12월까
지 번상해야 할 下三道 군사의 번상을 면제하고 이들을 徵聚할 기한을
정하게 했다. 여기까지가 강무를 거행할 때 취하는 일반적인 사전 조치
였다. 그런데 세종은 여기서 더 나아가 먼저 京中 군사를 教閱하고 기한
이 되어 하삼도 군사가 다 올라오면 곧바로 大閱을 거행한 다음 이어서
강무를 거행하는 방식을 제안했다. 이에 대해 병조 당상들은 찬성을 표
했지만, 의정부에서 대열과 강무 모두 국가 大事인데 현재 하삼도의 人
馬가 모두 瘦困하므로 대열을 거행하면 강무를 행할 수 없고 강무를 행
하면 대열을 거행할 수 없다는 논리로 반대해 무산되었다.[261] 이처럼

---

259) 2월 보름 후에 거행하는 사냥에 참여했으면 3월 보름 전에 행하는 사냥에는
　　참여하지 않게 했다. 국왕이 도성에 머물러 있기 때문에 번상군이 다수인 중
　　앙군의 반수 이상이 외방으로 나가는 것을 방지하기 위한 조치였다.

260) 『세종실록』 권124, 세종 31년 4월 17일(병인).

261) 『세종실록』 권121, 세종 30년 7월 3일(정해)·11일(을미). 이후 세조 때 거행한
　　대열을 보면 대열 후 강무를 거행해[『세조실록』 권14, 세조 4년 9월 27일(신
　　해); 『세조실록』 권18, 세조 6년 10월 11일(기미)] 세종의 제안이 현실화했음을
　　알 수 있다.

이때에는 대열과 강무의 연속적인 거행이 이뤄지지 않았지만 이후 대열
과 강무의 결합을 예고하는 선구적인 논의라는 점에서 의미가 있다 하
겠다.

2) 문종~단종 때의 觀射·親閱 거행

　문종과 단종 때에는 國喪으로 인해 강무 같이 규모도 크고 시간도 오
래 걸리는 군사훈련은 거행하지 못했다. 대신 習射·觀射 같은 소규모 군
사훈련은, 상중이라는 이유로 親臨을 삼가라는 대간의 비판에도[262] 자
주 거행했다. 특히 문종은 3~4일 연속으로 경복궁 후원에 있는 序賢亭에
거둥하여 관사를 거행하곤 했다. 그는 1451년(문종 1) 1월 초하루에 "僉
知中樞府事로부터 갑사·별시위에 이르기까지 射御에 능한 자를 선발해
계문하면 내가 그들의 활쏘기를 親閱하겠다."라는 명령을 승정원에 내
릴 정도로 무사들의 習射에 관심이 많았다.[263] 즉위 전부터 軍事 방면에
조예가 깊었던 그는 국상으로 인해 대규모 군사훈련을 거행하기 어려운
조건에서 자신이 주재할 수 있는 군사훈련을 관사·習陣 정도로 파악하
고 이에 집중했던 것이다. 그도 상중이므로 관사·습진 같은 군사훈련에
친림하는 것이 부적절하다는 점을 알고 있었지만 당시 계속되었던 邊境
聲息을 명분으로 내세우며 이를 강행했다.[264]
　문종~단종 때의 試射·觀射 내역을 정리한 것이 [부표 3]이다. 단종 때
한 차례 慕華館에 거둥한 경우를 제외하면 모두 머물고 있던 경복궁 안
의 경회루 아래, 후원 또는 후원에 있는 序賢亭에서 시사·관사를 거행했
다. 특히 문종은 관사를 시작한 1450년(문종 즉위년) 9월의 기사에 "이

262)『문종실록』권3, 문종 즉위년 9월 17일(무오).
263)『문종실록』권5, 문종 1년 1월 1일(신축). 다음 달에도 승정원에 유사한 명을
　　내렸다[『문종실록』권6, 문종 1년 2월 13일(임오)].
264)『문종실록』권8, 문종 1년 6월 5일(임신).

때 이후로부터 혹은 경회루 아래 혹은 서현정에 臨御했고 그렇지 않는 날이 거의 없었다."265)라고 기록될 만큼 관사에 열심이었다. 또한 문종 때에는 종종 2일 혹은 3~4일 연속해 관사를 거행하곤 했는데, 이는 성종 때 常例化한 三日試射의 선구적 모습으로 주목된다. 한편 문종은 즉위한 해 11월 東郊에 거둥하여 군사들의 진법훈련을 親閱했다.266) 習陣의 경우 세종 때까지는 국왕이 친림하지 않았는데, 이때 문종이 친림하면서부터 습진도 국왕이 친림하기도 하는 군사훈련으로 성격이 바뀌었다. 세종의 국상 때문에 대열·강무를 거행할 수 없는 조건에서 문종은 관사·습진에 집중할 수밖에 없었고 이에 관사뿐 아니라 습진에도 친림하게 된 것이다. 국왕이 친림하면서 그 명칭도 국왕의 친림을 강조하는 '親閱'이라는 용어가 사용되기 시작했다.

　습진 횟수는 문종이 "습진을 전에는 달마다 3회 실시했는데 지금 2회 실시하는 것으로 개정했다. 그런데 2회라도 번거롭지 않은가?"라고 언급하자 회의 참석자들이 모두 1회하는 것이 편리하며 聲息이 있으면 그때 다시 논의하자고 하여 습진 횟수는 월 3회에서 월 1회로 축소되었다.267) 그렇지만 이 조치는 이내 철회되었는지 이듬해(1452) 3월 의정부에서 "습진은 한 달에 이틀을 넘지 않는다."라고 언급했다.268) 이를 보면 문종 때에는 습진을 월 3회 실시하다가 월 2회 거행하는 것으로 축소했음을 알 수 있다. 세종 때 월 2회 실시하던 습진이 1450년(문종 즉위년) 8월 월 3회로 늘어났다가269) 다시 2회로 환원된 것이다. 3회 실시하였을 때에는 매월 2·12·22일이 습진하는 날이었고, 2회 때에는 2일과 16일 또는 2일과 22일이 그 날이었다.270) 이 중 2일과 16일 2회 습진이

---

265) 『문종실록』 권3, 문종 즉위년 9월 17일(무오).
266) 『문종실록』 권4, 문종 즉위년 11월 20일(경신).
267) 『문종실록』 권10, 문종 1년 10월 17일(임오).
268) 『문종실록』 권20, 문종 2년 3월 5일(무술).
269) 『문종실록』 권3, 문종 즉위년 8월 23일(갑오), "召議政府都鎭撫等 議習陣節目 其一 出入番軍士 每月初二日十二日二十二日習陣"

『경국대전』에 기재돼 법제화했다.271)

문종 때에는 習陣節目을 제정하기도 했다.272) 절목에 따르면, 出番과 入番 군사 모두 매월 2·12·22일에 습진하고, 出番 군사는 훈련관에서, 입직 군사는 鎭撫所에서 分掌하며, 글을 아는 자는 陣說을 강하게 하고, 글을 모르는 자는 馬兒로써 시험하되 통하지 못할 때마다 仕到 1日을 깎도록 했다. 1445년(세종 27)에 창설된 忠順衛도 습진하고 陣說을 강하게 했다. 1452년(문종 2)에는 입직한 별시위와 갑사가 습진에 참여할 때에는 충순위와 銃筒衛가 그 업무를 대신하게 했다.273)

한편 단종 때에는 외방 군사들의 春秋習陣 거행방식을 개정하기도 했다. 기존에는 병마도절제사가 都會官을 정하고 그 부근의 여러 고을을 적절히 소속시켜 농한기에 군사를 모아 진법을 연습했는데, 이 방식은 군사들이 양식을 싸가지고 도회관까지 왕복하는 폐단이 있다 하여 都會官을 정하지 않고 각 고을마다 수령의 감독 아래 습진하는 것으로 변경했다. 그리고 습진 단위가 도회관에서 각 고을로 축소됨에 따라 形名을 다 갖추기도 어렵고 군사 수도 적기 때문에 陣書를 간략하게 요약한 『略抄陣書』를 주자소에서 인쇄해 나누어 보내 이에 의거해 습진하도록 했다.274)

단종 때에도 한 차례 친열을 거행했다. 문종의 국상을 마친 1454년(단종 2) 4월 箭串牧場에 거둥하여 친열했는데, 의정부·육조의 당상과 낭청 각 1명, 諸司에서 각 1명, 대간과 侍臣이 모두 扈從했고, 左·右廂의 군사 3,541명과 訓導 189명, 侍衛軍士 850명이 참여했다. 이때의 친열은 국왕 단종이 참석했지만, 문종의 명을 받아 陣法을 찬술했던 세조가 中外兵馬

---

270) 『문종실록』 권3, 문종 즉위년 8월 23일(갑오); 『단종실록』 권10, 단종 2년 3월 10일(신유).
271) 『경국대전』 권4, 병전, 敎閱. "每月初二日十六日習陣"
272) 『문종실록』 권3, 문종 즉위년 8월 23일(갑오).
273) 『문종실록』 권12, 문종 2년 3월 5일(무술).
274) 『단종실록』 권10, 단종 2년 3월 10일(신유).

都統使의 자격으로 친열을 총괄했다.275)

[표 2-13]은 문종~단종 때 거행했던 친열(습진) 내역을 정리한 것이다. 문종과 단종 때 총 4회의 친열을 거행했는데 모화관에서 1회, 箭串平과 箭串牧場이 있는 東郊에서 3회 거행했다.

[표 2-13] 문종~단종 때의 親閱(習陣) 거행 내역

연번	연월일	거행 내용
1	문종001120	上親閱于東郊 馬步兵 摠二千五百人
2	문종010116	上幸慕華館 觀習陣
3	문종010828	親閱于箭串平
4	단종020402	親閱兵于箭串牧場

비고: 문종001120은 『문종실록』의 문종 즉위년 11월 20일에 나옴을 의미하며 이하도 같음.

세종의 뒤를 이은 문종과 단종 때에는 국상으로 인해 강무를 거행할 수 없었지만 강무장과 관련해 중요한 결정이 있었다. 1451년(문종 1) 2월 右獻納 宋處儉은, 당시 강무장이 근래의 建白으로 인해 園囿를 넓게 차지해 사방으로 10여 고을에 달하고, 그 가운데 경작할 만한 토지도 묵힌 것이 많으며, 경계 밖의 개간한 토지도 짐승들의 밥이 되고 있다고 지적하여 세종 말에 강무장 면적이 확대된 사실을 전하고 있다.276) 문종 때에는 이처럼 지나치게 넓고 또 경작 가능한 토지까지 포함된 강무장의 면적을 대폭 축소하는 조치를 취했다. 넓게 설정된 강무장으로 인해 流移民이 발생하자 이들을 安集시키기 위해서였다.277) 諸道의 강무

---

275) 『단종실록』 권11, 단종 2년 4월 2일(계미). 이때의 친열을 大閱로 인식하기도 했다[『세조실록』 권41, 세조 13년 3월 21일(병술), "淸城君韓從孫卒 從孫 淸州人 選入內禁衛 中武擧 世祖爲中外都統使 大閱于東郊 從孫爲中衛將"].

276) 『문종실록』 권6, 문종 1년 2월 3일(임신). 1448년(세종 30) 12월 삼군진무소의 요청에 따라 경기의 풍양·積城·양주·포천·가평·原平·고양·광주에 소재한 수십 개의 산을 강무장으로 삼았다[『세종실록』 권122, 세종 30년 12월 10일(임술)].

277) 『문종실록』 권7, 문종 1년 5월 15일(임자), 7월 16일(임자).

장을 巡審하고 돌아온 圍圄提調의 상언에 따라 경기의 砥平·朔寧·漣川, 강원도의 淮陽·金城·原州·江陵·洪川·春川·平康·伊川·安峽, 황해도의 新溪·兎山 등 여러 산에 있는 수십 개의 강무장을 모두 혁파하게 한 것이다.278)

3) 세조 때의 疊鐘·疊鼓 실시와 군사훈련 거행

세조 때의 군사훈련에 대해서는 먼저 비상대비훈련인 疊鐘·疊鼓를 검토하고 관사, 습진, 대열, 강무 순서로 살펴보도록 한다. 세조는 정변과 즉위 전후로 많은 정적을 살해한 만큼279) 즉위 초기에 자신과 비슷한 처지였던 태종이 고안한 吹角令에 관심을 보였다. 그리하여 즉위한 지 몇 달 후 취각령의 施行條件을 개정하고 한 차례 거행하기도 했다.280) 세조 때의 취각령은 세종 때의 火器 발달을 반영하여 임금이 경복궁 弘禮門에 임어해 大角을 불면 후원에서 神機箭을 발사하고 이에 호응해 白岳, 南山, 興仁門, 成均館의 북쪽 고개, 仁王洞의 서쪽 고개, 敦義門에서 대각을 불고 신기전을 발사하도록 했다. 그런데 이런 형식의 취각령은 호응할 지역에 미리 군사를 배치하고 신기전을 비치해야 하는 등 사전 준비가 필요하여 비상대비훈련으로 적합하지 않아서인지 이후

---

278) 『문종실록』 권6, 문종 1년 3월 17일(병진). 그런데 이때의 강무장 혁파 결정이 실천에 옮겨지지 않았는지 같은 해 11월 집현전 교리 梁誠之가 또다시 강무장 혁파를 청하기도 했다[『문종실록』 권10, 문종 1년 11월 25일(기미)].

279) 세조는 정변으로 집권한 만큼 官僚制의 정상적인 운영을 통하기보다는 자신과 밀접히 연결돼 있는 공신을 중용하는 한편 宗親들도 적극 등용해 자신의 왕권을 뒷받침하게 했다. 세조 때의 종친들은 습진·강무 때 大將·衛將 등으로 활동했고, 후반에는 진법과 궁술에 관련된 종친을 陣宗·射宗으로 칭하며 활용하기도 했다. 세조 때의 종친 등용과 군사 분야에서 그들의 역할에 대해서는 박진, 2009 「조선 세조의 종친 양성과 군사적 역할」 『군사』 72 참고.

280) 『세조실록』 권2, 세조 1년 10월 20일(임술), 11월 13일(갑신).

에는 이에 대한 기록이 보이지 않는다. 대신 세조는 疊鐘과 疊鼓라는 새
로운 제도를 고안해 실시했다.

첩종은 선전관을 시켜 궁궐에 있는 大鐘을 치면『兵政』281)에 의거해
백관과 군사들이 정해진 위치에 모여 점고를 받는 훈련으로 태종 때의
취각령과 매우 흡사했다. 1461년(세조 7) 9월과 1464년(세조 10) 9월,
1469년(예종 1) 6월 세 차례 거행했다.282) 세조 때에는 집결한 백관과 군
사를 이끌고 산에서 몰이하며 사냥을 했다. 예종 때의 첩종에서는 5위
의 군사 수와 군장을 점검하는 한편, 백관들을 闕內諸司, 迎秋門 밖에 모
인 侍臣, 東西 朝房에 모인 자, 도성 밖 諸司 관원 중에 미처 성문에 들
어오지 못한 자로 구분해 점고했다.283)

반면 첩고는 북을 쳐서 궐내에 입직한 군사만 국왕이 머무는 전각 앞
으로 집결시키는 소규모 훈련이었다. 이 때문에 첩고를 첩종보다 더 많
이 실시하고 그 시행 여부도 더 많이 논의했다. 첩고는 세조 2회, 예종
1회, 중종 2회 총 다섯 차례 실시했다.284)

첩종과 첩고는 세조 때 편찬에 착수한『경국대전』병전에 모두 수록
되었다.『경국대전』에 수록된 첩종과 첩고는 실록 기사보다 그 거행 방
식을 좀 더 자세하고 정제된 형태로 알려주고 있는데, 이를 정리하면 다
음과 같다. 먼저 첩고부터 살펴보면, 첩고 거행은 다음의 순서를 따르고

---

281)『병정』은 1459년(세조 5) 申叔舟 등에게 陣法을 商確하게 하고 세조가 친히
　　裁決해 만든 병서이다[『세조실록』권18, 세조 5년 10월 7일(을묘)].『병정』에
　　대한 좀 더 자세한 설명은 이 책 193쪽의 각주 132) 참고.
282)『세조실록』권25, 세조 7년 9월 5일(임인);『세조실록』권34, 세조 10년 9월 19
　　일(기사);『예종실록』권6, 예종 1년 6월 2일(갑인).
283) 위와 같음. 예종 때 첩종을 거행해 파악된 인원은 내금위가 120명, 諸色 軍士
　　가 5,970명, 坊里人이 3,786명, 5위의 五員이 172명, 궐내 입직 군사가 2,163명,
　　諸司 관원이 68명, 闕外 諸司 관원이 446명이었다.
284)『세조실록』권34, 세조 10년 12월 13일(임진);『세조실록』권39, 세조 12년 7월
　　13일(임오);『예종실록』권4, 예종 1년 3월 12일(병신);『중종실록』권39, 중종
　　15년 6월 11일(정묘);『중종실록』권59, 중종 22년 10월 15일(기미).

있다. ① 국왕이 거처인 大內에서 大鼓를 거듭해서 친다. ② 궁궐 문을 지키는 자 외에 입직한 여러 衛의 군사는 勤政殿 뜰에 모여 각각 해당하는 방위에 도열한다. ③ 병조는 동쪽 閤門(합문은 사정전의 남쪽 문과 그 좌우의 挾門을 말한다.)에, 오위도총부는 그 다음에, 상호군·대호군·호군은 그 다음에 서며, 내금위는 서쪽 합문 밖에, (겸)사복은 그 앞에 선다.

첩종은 다음과 같은 방식으로 거행하도록 규정했다. ① 大鐘을 거듭 친다. ② 입직한 여러 위의 군사는 疊鼓의 例와 같이 모이되 국왕이 임어하는 전각 앞의 뜰에 모인다. ③ (출번한) 5위는 광화문 앞길로부터 鐘樓와 興仁門에 이르기까지 序立한다. 義興衛의 左部가 광화문 앞에 서고, 後部·中部·前部·右部 순서로 선다. 龍驤衛·虎賁衛·忠佐衛·忠武衛도 차례대로 서되 部의 순서는 의흥위와 같다. ④ 衛將 이하가 왕명을 받고 가서 (예하 군사를) 영솔한다. ⑤ 백관은 本司에 머무는 1명을 제외하고 甲冑를 착용하고 戎器를 구비한 채 각각 朝房에 모여 명령을 기다린다. 闕內 諸司와 도성 밖 諸司는 해당 관청에서 명령을 기다린다. ⑥ 侍臣은 (경복궁의) 建春門과 迎秋門 밖에서 명령을 기다린다. ⑦ 出直한 병조·도총부·위장·部將·선전관·(겸)사복·내금위·訓鍊院·軍器寺는 본사에 머무는 관원을 제외하고 광화문 앞에 모여 명령을 기다린다. ⑧ 宮城의 4개 문과 도성의 여러 문은 標信을 소지했는지를 살펴서 출입하게 하되, 국왕이 문밖으로 거둥했으면 고찰하지 않는다.

세조 이후 첩종·첩고의 실시 사례는 몇 차례에 불과하지만 조정에서 그 실시 여부를 계속 논의했던 것은 첩종·첩고가 "萬世成法"[285]의 위상을 지닌 『경국대전』에 기재됐다는 점과 첩종·첩고가 대열·강무처럼 대규모 인력 동원에 따른 민심 동요가 상대적으로 적어 실시하기에 용이하다는 점 등이 그 원인이었던 것으로 짐작된다.

---

285) 『경국대전』序.

다음으로 세조 때의 觀射를 살펴보자. 세조는 관사를, 이후에 살펴볼 성종처럼 武士를 파악하거나, 文武竝用의 명분 아래 문신에게 참여를 강제하거나, 종친의 승진 수단으로 활용하지 않았다. 세조가 관사 장소로 애용하던 경복궁의 경회루·忠順堂·序賢亭·華韡堂, 모화관에서의 거행 기사를 보면 측근 신료들과의 회합, 閱武, 設宴 등이 주목적이고 관사는 이에 따른 부수적·놀이적 성격을 지녔던 것 같다. 1462년(세조 8) 5월에 열렸던 관사를 예로 들면, 이날 세조는 모화관에 거둥해 열무한 뒤 "국가 大事는 제사와 軍事에 있다. 내가 지금 先王께 제사를 올리고 軍旅를 閱武했는데 때마침 令節(단오)을 만났으니 경들은 痛飮極歡하라."라고 말한 뒤 이어서 관사를 거행했다.[286] 관사가 일종의 유희로 거행된 것이다. 또 야인이나 왜인이 궁궐을 방문하면 이들로 하여금 射侯하게 하고 상을 내리기도 했다.[287] 그런데 세조 때에는 관사를 매우 자주 거행하여 이것이 하나의 의례로 자리 잡았기 때문인지 병조판서 金師禹는 이를 "觀射儀'로 표현하기도 했다.[288]

세조 때의 경우 군사들이 활쏘기를 익히는 습사는 국왕이 親臨하는 관사보다 정규적인 습사 규정을 통해 해결하고자 한 듯하다. 즉 입직 군사는 궁궐에 건립한 射廳에서, 출번 군사는 훈련관 등 도성 안에 세운 8개의 사청이나 너른 공터에서 활쏘기를 익혔다. 1462년 9월에는 입직한 병조 당상과 도진무 각각 1명씩이 날마다 내금위와 군사 100명을 거느리고 후원에서 騎射를 익히도록 조치하여 입직 군사의 습사 규정을 강화했다.[289] 한편 1469년(예종 1) 6월 궁궐 4所에 입직한 군사들로 하여

---

286) 『세조실록』 권28, 세조 8년 5월 5일(기해). 1465년(세조 11) 6월 기사에 兼司僕·내금위·破敵衛 등의 爭走·爭力뿐 아니라 射小革도 雜戱로 표현하고 있어 주목된다[『세조실록』 권36, 세조 11년 6월 18일(갑오)].

287) 『세조실록』 권23, 세조 7년 3월 16일(정사).

288) 『세조실록』 권26, 세조 7년 12월 15일(신사), "(兵曹判書金)師禹啓 徵聚軍士爲難 今軍士已集 請往慕華館 肆十八日觀射儀 從之"; 『세조실록』 권26, 세조 7년 12월 17일(계미), "命桂陽君璔 … 往慕華館習觀射儀"

금 날마다 20명씩 돌아가며 射侯하고 그 결과를 장부에 기록하게 했는데,290) 이것은 賞給을 위한 부가조치가 더해졌다는 점에서 1462년 9월의 조치를 더욱 구체화한 것으로 볼 수 있다. 세조~예종 때 거행한 試射·관사 내역을 정리한 것이 [부표 4]이다.

　1461년(세조 7) 10월에는 그동안 국왕이 주재하던 習陣을 命將하여 거행할 수 있게 했다. 한 달에 2회 실시하는 습진은 親閱하는 경우가 아니면 取旨命將하여 거행하게 한 것이다.291) 이에 따라 1463년(세조 9) 4월, 세조는 친열하려다가 上體가 未寧하다는 이유로 調攝하기를 청하는 승정원 건의를 받아들여 命將하여 습진하게 했다.292) 1467년(세조 13) 7월의 사례처럼 命將하지 않고 세자에게 대행하게 한 경우도 있었다. 1461년(세조 7)의 조치는 『경국대전』에 "매월 2일과 16일에 습진하되 친열을 중지하면 병조에서 諸將을 낙점 받고 제장이 出直한 將士를 모아 교외에서 습진한다."라는 조항으로 반영되었다.293)

　세조 때부터는 小形名을 사용해 후원에서 습진을 거행하기도 했다.294) 이때의 습진은 1467년 2월 후원에서 습진할 때 左廂과 右廂의 규모를 각각 4衛로 하고 위는 50명으로 편성한 사례에서 알 수 있는 것처럼 수백명 정도의 소규모 군사를 동원해 약식으로 거행한 것으로, 1454년(단종 2) 3월에 외방의 습진 단위를 都會官에서 각 고을로 축소할 때 습진 지침으로 내려 보낸 『略抄陣書』에 따라 거행했을 것으로 보인다.295)

　세조 때 거행한 습진(친열) 내역을 정리한 것이 [표 2-14]이다. 이를

---

289) 『세조실록』 권29, 세조 8년 9월 8일(기해).

290) 『예종실록』 권6, 예종 1년 6월 9일(신유).

291) 『세조실록』 권26, 세조 7년 10월 14일(경진), "傳旨兵曹曰 … 一月二度習陣 非 親閱則取旨命將"

292) 『세조실록』 권30, 세조 9년 4월 1일(경신).

293) 『경국대전』 권4, 병전, 教閱.

294) 『세조실록』 권41, 세조 13년 2월 25일(신유).

295) 『단종실록』 권10, 단종 2년 3월 10일(신유).

보면 세조는 재위 14년 간 15회의 습진(친열)을 거행해 연 평균 1.07회를 기록했다.

[표 2-14] 세조 때의 習陣(親閱) 거행 내역

연번	연월일	거행 내용
1	050519	命判中樞院事洪達孫 爲大將 習陣
2	050928	御後苑 用小形名 習陣
3	070911	幸慕華館 觀射 … 以信川君康袞爲大將 帥諸衛軍 驅南山 迭用形名 訓鍊將卒
4	071014	於後苑 用小形名 習陣
5	080505	幸慕華館前峰頭 以右贊成具致寬爲左廂大將 吏曹判書李克培爲右廂大將 閱武
6	090416	幸慕華館 親閱
7	090803	上幸西郊 … 觀獵 還駕至慕華館 命習陣
8	090907	幸東郊 觀獵 …上登彌勒洞峰頭 設酌 用小形名 習陣
9	090925	御序賢亭 令入直騎士 用小形名 習陣
10	100930	上與中宮幸昌德宮後苑 觀習陣
11	130302	御後苑 … 仍召諸將與司僕等 習陣
12	130603	幸慕華館 閱兵
14	130813	幸慕華館前山頂 分軍爲十八衛 屬於左右二廂 … 凡一萬一千三百九十六人
15	130709	命靑城尉沈安義 都摠管尹士昕 分左右廂 各帥屯綠楊 … 上欲親閱 尋命世子代之

비고: 050519는 『세조실록』의 세조 5년 5월 19일에 나옴을 의미하며 이하도 같음.

세조 때에는 1458년(세조 4)과 이듬해 가을에 두 차례만 대열을 거행했지만, 세종 말 논의만 하고 실행하지 못했던 대열과 강무를 연속해 거행하는 방식이 현실화했다. 1458년 9월 동교에 거둥해 樂天亭에서 대열하고 다음날부터 강무를 거행했고, 1459년 10월에도 동교의 華陽亭에 거둥해 대열하고 역시 다음날부터 강무를 시작했다. 그런데 대열을 거행한 후 환궁했다가 며칠 뒤 다시 출궁해 강무를 거행한 성종 때와 달리 대열을 거행한 날 저녁에 근처의 離宮이나 忠良浦(지금의 중랑천)에서 묵고 바로 다음날부터 강무를 거행한 특색을 보이고 있다. 세조는 국가 차원에서 大事로 중시한 대열에 세자뿐 아니라 중궁도 동행하게 했다.

이는 아래에서 살펴볼 강무 때에도 마찬가지였는데 세자의 동행은 軍國
大事를 미리 익힌다는 점에서 이해되지만, 중궁까지 동행시킨 이유는
명확치 않다. 세조 때 거행한 대열 내역을 정리한 것이 [표 2-15]이다.

[표 2-15] 세조 때의 대열 거행 내역

연번	연월일	장소	거행 내용	비고
1	040926	樂天亭	幸東郊 ··· 至樂天亭大閱 ··· 夕次于 峨嵯山下離宮	中宮·世子 동행 다음날부터 강무 거행
2	051010	華陽亭	上與中宮世子幸華陽亭大閱 夕次于 忠良浦	중궁·세자 동행 다음날부터 강무 거행

비고: 040926은 세조 4년 9월 26일을 의미하며 이하도 같음.

한편 세조 때 거행된 강무 내역을 정리한 것이 [표 2-16]인데, 이를
보면 세조 때의 경우 세종 때와 비교할 때 거행 빈도가 줄어들었음
을 알 수 있다. 횟수도 재위 14년 동안 10회에 그쳤고, 거행 기간도 1456
년(세조 2) 가을, 1462년(세조 8) 가을(2회), 1468년(세조 14) 봄 강무를
제외하면 2~5일로 짧으며, 거행한 지역도 위의 네 사례를 제외하면
모두 포천·풍양·양주·청계산·아차산으로 서울 근방의 경기 지역에 국
한되는 모습을 보였다. 반면 동원한 군사 규모는 대략 1만~1만 5천 명
정도로 세종 때보다 늘어났다. 군사 규모의 확대는 거행 빈도의 축소와
연결된다. 정부 입장에서는 동원할 인력이 늘어나면 그만큼 자주 징발
하는 것이 부담이 되기 때문이다. 이는 강무 규모가 더욱 확대된 성종
때의 경우 재위 25년 간 거행한 강무가 8회에 불과한 것에서도 알 수
있다.

[표 2-16] 세조 때의 강무 거행 내역

연도	봄/가을	기간	일수	장소	비고
1456년 (세조 02)	가을	09.27~10.12	16일	江原道 平康·鐵原	齊陵 참배 겸함
1458년	가을	09.27~10.01	05일	京畿 廣州·	中宮·世子 동행

연도	봄/가을	기간	일수	장소	비고
(세조 04)				豊壤	대열 시행(09.26)하고 아차산 離宮에서 하루를 머문 후 거행
1459년 (세조 05)	가을	10.11~10.19	09일	京畿 豊壤·抱川	중궁·세자 동행 대열 시행(10.10)하고 忠良浦에서 하루를 묵은 후 거행
1461년 (세조 07)	봄	02.29~03.03	05일	京畿 抱川	병력편제: 2廂-6衛-24部-96統 경기·개성부·下三道의 기병 8,840명과 보병 800명 참여
	가을	10.10~10.12	03일	京畿 豊壤	2상-8위-32부
1462년 (세조 08)	가을	09.27~10.06	10일	江原道 平康·鐵原	2상-10위-50부-200統 전라·경상·황해도의 기병 7,800여 명과 보병 3,400여 명, 서울의 기병 2,400여 명과 보병 3,600여 명 참여
	가을	10.27~11.05	08일	京畿 楊州·豊壤	중궁·세자 동행 3상-9위-45부-180통 경기·개성부·충청도의 기병과 보병 14,361명 참여 箭串平에 집결(10.26)
1463년 (세조 09)	봄	02.18~02.19	02일	京畿 淸溪山	觀獵에 가까움
	가을	10.03~10.07	05일	京畿 豊壤	중궁·세자 동행
1464년 (세조 10)	가을	10.02~10.04	03일	京畿 豊壤·峨嵯山	중궁·세자 동행 2상
1468년 (세조 14)	봄	01.27~03.12	44일	忠淸道 溫陽	중궁·세자 동행 4상-16위 溫行 겸함. 支應使

출처: 이현수, 2002, 앞의 논문, 246쪽 [표 3] 참고해 필자 재작성.

『세조실록』에는 강무를 거행하기 전에 취한 조치와 강무를 위해 임명된 직책, 그리고 隨駕한 관원들이 자세히 실려 있어 강무의 실상을 이해하는 데 도움을 주므로 1461년(세조 7) 2월과 1462년 9월의 강무296)를 사례로 삼아 이를 검토하도록 한다. 세조 때 강무는 거행이 결정되면 먼저 군사를 징발할 道의 관찰사·節度使에게 관원을 파견해 군사 징발을

---

296) 『세조실록』 권23, 세조 7년 2월 28일(기해); 『세조실록』 권29, 세조 8년 9월 27일(무오). 이하의 서술은 여기에 근거했다.

통지했다. 이어 강무 때의 국왕侍衛를 담당할 선전관과 군사들을 현장
에서 지휘할 衛將·部將 등을 정하고 그들을 불러『兵政』과 形名을 쓰는
절차를 강하게 했다.297) 강무 때 필요한 물품 조달을 책임지는 支應使와
그의 從事官을 정하고, 雜類將·獅子衛將 등 특수부대의 지휘관과 도성에
머물며 도성과 궁궐을 지킬 인원도 임명했다. 1461년 2월의 강무에서는
전체 병력을 2廂-6衛-24部-96統으로, 1462년 9월의 강무 때에는 2상-10위
-50부-200통으로 편제하고, 각 단위 병력을 지휘할 大將·衛將·部將·統將
을 임명했다.

1461년 2월의 강무에서는 좌찬성 黃守身을 支應使로 삼고,298) 花川君
權恭을 左廂大將으로, 判漢城府事 金師禹를 右廂大將으로 임명했다. 行上
護軍 李允孫·金處義·韓終孫·鄭種, 信川君 康袞, 僉知中樞院事 權警을 위
장으로 삼고, 부장 24명과 통장 96명도 선정했다. 또한 행상호군 金澣을
雜類將으로, 閔發을 捉虎將으로, 李俊生을 壯勇隊將으로, 金處禮를 獅子
衛將으로, 李澄珪를 射隊將으로 삼았다.299) 영중추원사 洪達孫, 병조판서
韓明澮, 楊山君 楊汀, 예조판서 洪允成, 中樞院副使 權摯, 병조참판 金磧,
前 滿浦節制使 成貴達 등 7명을 兼宣傳官으로 임명했다.

국왕이 도성을 비운 동안 도성과 궁궐 경비를 책임질 인원으로 蓬原
府院君 鄭昌孫, 우의정 權擥, 鈴川府院君 尹師路, 좌참찬 李承孫, 지중추
원사 崔恒·李純之, 공조판서 尹士昀을 守相으로 삼고, 中樞院使 沈澮, 형
조판서 朴元亨, 행상호군 黃致身, 靑城尉 沈安義, 호조판서 曹錫文, 한성
부윤 黃孝源, 행상호군 金漑를 守將으로 삼았다. 이조참의 金係熙, 형조

---

297)『세조실록』권23, 세조 7년 2월 15일(병술)·21일(임진).

298) 1462년(세조 8)의 추등 강무 때에는 병조정랑 李恕長을 支應使 從事官에 임명
했다.

299) 1462년의 추등 강무 때에는 이러한 將帥 외에 한성부윤 權攀을 (兼)司僕將으
로, 信川君 康袞을 控弦衛將으로, 행상호군 權躽을 彎强隊將으로, 李孟孫을
破敵衛將으로 임명했다.

참의 申自準, 예조참의 徐居正을 守門將으로 삼고, 좌승지 金從舜과 좌부
승지 柳自煥을 守宮으로 삼았다.

정해진 날짜에 諸道兵이 東郊에 집결하면 1458년(세조 4)의 추등 강무
때처럼 국왕이 친림해 大閱을 거행하기도 하고 또는 1462년(세조 8)의
추등 강무 때처럼 대열은 생략하고 위장에게 명하여 집결한 군사를 이
끌고 강무의 시작 장소로 활용하던 양주의 綠楊平에 주둔하게 하기도
했다.300) 이후 국왕이 궁궐을 나와 前部와 後部의 鼓吹를 갖추고, 종친·
부마·영의정·판서·승지 등을 대동하고 군사들의 주둔지로 출발했는데,
1462년 가을의 경우 尙衣院 2명, 忠扈衛 3명, 香室 1명, 尙瑞司 2명, 書雲
觀 2명, 禁漏 1명, 司僕寺의 祿官 4명과 兼官 31명, 臺諫 각 1명, 이조낭청
1명, 병조낭청 4명, 의정부 舍人 1명, 鎭撫 8명, 의금부낭청 4명, 軍器監
2명, 司膳署 1명이 어가를 수행했다.

---

300) 국왕 친림하여 대열을 거행하지 않을 때에는 左廂과 右廂 大將 등이 간단한
    인원 점검이나 군장 점고 등을 행했을 것이다.

Ⅲ. 예종~성종 때의 禁軍 확대와 중앙군 중심 군사훈련 거행

1. 禁軍 확대와 代立 확산

1) 금군 확대와 預差제도 적용

예종 때가 되면 내금위·검사복이 있는데도 또 하나의 금군 병종이 창설되었다. 1469년(예종 1) 5월 병조에서 試取 절차를 아뢰었던 鷹揚衛가 그것이다.[1] 이때의 응양위는 1404년(태종 4) 설치됐다가 1419년(세종 1) 혁파된 鷹揚衛와 명칭도 같고 역할도 비슷하지만 서로 다른 병종이다. 응양위는 1469년(예종 1) 8월, 200명을 4번으로 나누어 番當 50명으로 하고 그 將은 내금위의 예에 따라 3명을 차정하게 했다.[2]

예종 때의 응양위 신설은 南怡 역모 사건과 관련이 있는 듯하다. 1468년(예종 즉위년) 10월에 일어난 이 사건은 이듬해 5월 예종이 武靈君 柳子光 등에게 翊戴功臣 교서를 내려주는 것으로 마무리되었다.[3] 익대공신에게 교서를 내려주기 10일 전에 응양위의 시취 절차를 논하는 기사가 나오는데 이를 보면 응양위 설치는 그 이전에 결정된 것으로 보는 것이 타당하다. 남이는 親鞫 때 어떻게 난을 일으키려 했는지 묻자 "臣과 康純이 일시에 입직하기로 약속하고 신은 입직 검사복을 이끌고 강순은 입직 군사를 인솔해 거사하려 했습니다."라고 답변했다.[4] 당시 남이는 兼司僕將이고 강순은 도총부 摠管으로 이 지위를 이용해 거사를 도모하고자 했던 것이다.[5] 입직 군사를 이용하려 한 역모가 드러나자

---

1) 『예종실록』 권5, 예종 1년 5월 10일(계사).
2) 『예종실록』 권7, 예종 1년 8월 6일(정사).
3) 『예종실록』 권1, 예종 즉위년 10월 24일(경술)~28일(갑인); 『예종실록』 권5, 예종 1년 5월 20일(계묘).
4) 『예종실록』 권1, 예종 즉위년 10월 27일(계축).

궁궐숙위를 맡은 병력 자체를 강화하는 한편 입직 병종을 확대해 서로 간의 연결 가능성을 낮추기 위해 응양위를 창설한 것으로 추정된다.

응양위는 宿衛 강화가 창설 목적이기 때문에 탁월한 武才만을 선발 기준으로 삼아 世系도 함께 중시했던 내금위와 달리 서얼의 試才 참여도 허용됐고,6) 선발 기준도 내금위보다 강하고 위상도 내금위보다 높았다.7) 鷹揚衛將은 南所衛將·내금위장과 함께 교대로 궁궐 南邊의 밤 순라를 담당했다.8) 그런데 성종이 즉위한 후 응양위는 내금위와 함께 그 정원이 200명에서 100명으로 축소되었다.9) 병조에서 밝힌 대로 군액 축소 차원에서 단행된 조치이지만 역모를 경험하고 응양위를 창설했던 예종이 승하한 것도 한 원인으로 작용했을 것이다.

응양위는 1474년(성종 5) 윤6월 군액을 논의할 때 李克培 등이 庚寅年 (성종 1)에 응양위 100명을 혁파했다고10) 언급한 것을 보면 1474년 윤6

---

5) 『예종실록』 권1, 예종 즉위년 10월 24일(경술), "南怡亦以兼司僕將入直"; 『예종실록』 권1, 예종 즉위년 10월 27일(계축), "(康)純與密城君入直都摠府 臣往見之"

6) 『예종실록』 권7, 예종 1년 8월 20일(신미). 이에 따라 영의정 黃守身의 妾子 黃眞의 응양위 시재 참여를 허용했다. 응양위는 본래부터 世系를 따지지 않았는데[『예종실록』 권5, 예종 1년 5월 10일(계사)] 중간에 병조가 이의를 제기하고 韓明澮가 이에 동조하자 내금위처럼 世系를 논하는 것으로 개정됐다가[『예종실록』 권6, 예종 1년 6월 12일(갑자)] 이날의 결정에 따라 세계를 논하지 않는 것으로 최종 정리된 것이다.

7) 『예종실록』 권5, 예종 1년 5월 10일(계사), "兵曹啓 鷹揚衛試取節次 六兩九十步 二矢以上 二百五十二矢以上 騎射五發四中以上 槍勢具二中以上 筒箭百步一 中以上 雖不準規矩 連十一矢者試取 幷擇世系 舊內禁衛改取節次 六兩八十步 二矢以上 二百四十步二矢以上 騎射五發三中以上 槍勢具二中以上 筒箭百步一 中以上試取 命鷹揚衛 勿論世系"; 『예종실록』 권6, 예종 1년 6월 12일(갑자), "(韓)明澮啓曰 今設此衛 欲掄才能者 置諸內禁衛之上"

8) 『성종실록』 권2, 성종 1년 1월 8일(정해).

9) 『성종실록』 권3, 성종 1년 2월 30일(기묘).

10) 『성종실록』 권44, 성종 5년 윤6월 17일(경자), 文城君柳洙 左參贊李克培 … 去 庚寅年 革鷹揚衛一百 加定內禁衛一百爲二百 其試才一依大典之法 則不可謂 不精 況禁兵不宜輕減" 앞서 본 대로 경인년의 실록에는 응양위와 내금위 정원

월 이전에 혁파되어 내금위에 합쳐진 것으로 보인다. 1424년(세종 6) 內
侍衛를 내금위로 통합시킬 때처럼[11] 응양위와 내금위 모두 100명 정도
에 불과한데도 그 將이 각각 3명씩이나 된다는 점이 부담으로 작용했던
것으로 추정된다.

성종 때에는 淸路隊·別軍이라는 새로운 侍衛 부대도 만들고 羽林衛라
는 금군도 창설했다. 청로대는 1484년(성종 15)에 창설된 부대로, 성종이
行幸할 때 駕前 侍衛가 엄하지 않아 외부에서 儀仗에 충돌하는 경우가
생기자 彭排·隊卒·破敵衛 중에서 연소하고 壯實한 자 40명을 선발해서
편성했다. 그들은 일반 시위 군사와 복색을 달리하고[12] 朱杖을 지닌 채
로 국왕이 탄 輦을 옆에서 호위하며 수행했다.[13] 창설 목적이 御駕 호위
라는 점은 세종 때의 獅子衛와 비슷하고, 주장을 들고 외부인의 어가 접
근을 막는 역할은 태종~세종 때의 司禁과 유사했다. 청로위는 隊卒과 같
은 액수인 月料 3두를 지급받았다.[14]

1489년(성종 20)에는 청로대에 試才 규정이 없어서 市井 무뢰배들이
入屬해 近侍에 합당치 않다는 이유로 청로대의 試才·除職·番上과 관련
한 절목을 제정하기도 했다. 이에 따르면, 청로위는 壯勇衛의 예에 따라
240步 1矢 이상, 1走, 1力 세 가지 試才에 합격한 자만 입속할 수 있고,
200명을 5번으로 나누어 번당 40명이 4개월 근무한 뒤 교대했다. 장용위
체아직 15자리 중에서 정7품 1, 정8품 1, 정9품 4자리를 移給받아 仕到의
다소에 따라 돌아가며 除投하되 제수되지 못한 자에게는 이전대로 月俸

을 각각 200명에서 100명으로 줄였다는 기록만 있으므로 이극배 등의 언급은
사실과 부합하지 않지만, 그의 언급을 통해 1474년(성종 5) 당시에 응양위는 혁
파되어 존재하지 않다는 점은 확인할 수 있다.
11) 『세종실록』 권24, 세종 6년 5월 6일(경진).
12) 『광해군일기』에 따르면 청로대는 吹螺赤·牽馬衛와 더불어 黃衣를 입는다고
했다[권146, 광해군 11년 11월 26일(을사)].
13) 『성종실록』 권171, 성종 15년 10월 9일(계해).
14) 『성종실록』 권185, 성종 16년 11월 21일(무진).

을 지급하고, 仕到 126을 채우면 加階하되 종5품 影職에서 去官하며, 팽
배·대졸의 예에 따라 保人 1保(2丁)를 지급했다.[15] 청로대는 성종 이후
에도 국왕 거둥 때 호위하는 역할을 수행했는데, 실록을 보면 1619년(광
해군 11)까지 등장하고 있다.[16]

　別軍도 1489년(성종 20) 거둥할 때 시위를 강화할 목적으로 만든 부대
로서, 領別軍將이라 불리는 3품 당상관 2명이 통솔했다. 별군은 기병
100명과 보병 100명으로 구성됐는데, 국왕이 거둥할 때 영별군장 2명이
각각 반씩 거느리고 御駕 가까이에 있는 淸路隊 바깥에서 호위했다.[17]
이후 별군은 성종이 거둥할 때면 늘 호위에 참여했고, 강무 때에도 참여
했다.[18] 그러나 성종 사후에는 관련 기록이 없는 것으로 보아 성종 때
만 존재한 시위 부대였던 것으로 보인다.

　羽林衛는 1492년(성종 23) 武才가 있는 妾子 50명으로 창설된 금군이
었다.[19] 우림위는 관원들의 妾子 중에 武才가 있는 자들이 많은데 甲士
외에 속할 곳이 없어 국가에서 등용할 길이 없다는 이유로 만들어졌
다.[20] 이러한 첩자손 등용 외에 전년(1491) 10월 단행한 야인 정벌에 내
금위·겸사복 등의 금군이 출정하고 정벌 후에도 야인 침입에 대비하기
위해 국경 지역에 금군을 계속 배치함에 따라 서울의 금군이 부족하게

---

15) 『성종실록』 권230, 성종 20년 7월 22일(무인).
16) 『연산군일기』 권56, 연산군 10년 10월 1일(무오);『중종실록』 권26, 중종 11년
　　8월 4일(계축);『명종실록』 권34, 명종 22년 6월 28일(신해);『선조실록』 권43,
　　선조 26년 10월 2일(임오);『광해군일기』 권146, 광해군 11년 11월 26일(을사).
17) 『성종실록』 권226, 성종 20년 3월 28일(병술).
18) 1489년(성종 20) 10월에 거행한 강무 때의 노고를 치하하기 위해 諸將과 從事
　　官에게 내려준 잔치에 보이는 別軍將이 바로 領別軍將이었을 것이다[『성종실
　　록』 권234, 성종 20년 11월 3일(정사)].
19) 『성종실록』 권264, 성종 23년 4월 8일(무신);『성종실록』 권266, 성종 23년 6월
　　28일(정묘). 우림위에 대해서는 최효식, 1981「조선시대 우림위의 성립과 그 편
　　제」『동국사학』 15·16합집 참고.
20) 『성종실록』 권264, 성종 23년 4월 5일(을사).

된 것도 우림위 창설의 주요한 이유가 되었다.[21]

우림위는 『경국대전』을 편찬한 이후에 창설되었기 때문에 우림위와 관련한 규정은 『大典續錄』(1493년 시행)과 『大典後續錄』[1543년(중종 38) 편찬]에 수록돼 있다. 이에 따르면, 우림위 50명은 전원이 체아직을 받고, 1保(2丁)의 보인을 지급받으며, 試才에서 탈락하면 갑사로 강등되었다. 종2품의 羽林衛將은 정원이 3명이며 모두 他官이 겸직했다. 우림위 장에게 錄事 2명을, 羽林衛廳에 書吏 3명을 차정해 우림위와 관련한 행정 업무를 처리하게 했다.[22]

그런데 우림위는 금군임에도 내금위·겸사복과 달리 5衛의 하나인 忠佐衛에 속했다.[23] 이 점은 우림위 창설 당시 그들에게 주기 위해 마련한 체아직을 충좌위에 속하게 한데서 비롯한 것으로 보인다.[24] 겸사복에 배정된 서얼 자리는 우림위 중에서 무재가 卓異한 자를 승격시켜 차정한다는 규정[25]에서 알 수 있듯이 우림위가 다른 금군에 비해 격이 떨어지는 병종이었다는 점도 이와 관련이 있는 것 같다. 성종 말에 만들어진 우림위는 1504년(연산군 10) 혁파됐다가 1506년(중종 1) 復立되어[26] 내금위·겸사복과 더불어 금군을 구성하는 3대 병종이 되었다.

한편 1480년(성종 11)에는 定虜衛라는 새로운 부대를 창설하기도 했다.[27] 전국의 무사들을 대상으로 시험을 치러 선발했는데, "이들은 군사

---

21) 최효식, 앞의 논문, 173~174쪽 참고.

22) 『大典後續錄』 권4, 병전, 給保·鍊才;『大典續錄』 권1, 이전, 差定; 같은 책, 권4, 병전, 官職.

23) 『대전속록』 권4, 병전, 試取.

24) 『성종실록』 권264, 성종 23년 4월 5일(을사), "兵曹啓 … 一 武才卓異者 依兼司僕五十員定額 … 一 上項權設遞兒 屬於忠佐衛"

25) 『대전후속록』, 권4, 병전, 雜令, "兼司僕額內 兩界十人〈大典〉向化六人 庶孽九人外 其餘二十五人 依內禁衛例 完議入屬〈庶孽 則羽林衛中 武才卓異者 陞差〉"

26) 『연산군일기』 권55, 연산군 10년 8월 16일(계유);『중종실록』 권1, 중종 1년 9월 24일(경자), 10월 10일(을묘).

27) 『성종실록』 권123, 성종 11년 11월 23일(기해). 이때 신설한 정로위는 1512년(중

의 保率이 되어 시골에서 편안히 살며 번상하는 노고를 회피하려는 자'
라는 한명회의 언급에서 알 수 있듯이 양인 상층에 해당하는 자들이었
다. 정로위 절목에 따르면, 절도사들이 순행하면서 富實하고 武才가 있
는 자를 試才하여 6矢 이상인 자를 정로위로 선발했다. 3번으로 나누어
입직하게 하고 6개월이 되면 교대하게 하며, 별시위·壯勇隊의 체아직과
팽배·대졸의 領職 일부를 덜어내 이들에게 줄 체아직으로 삼고, 仕日
108을 채우면 加階하되 정3품에 그치게 했다. 5위 중 龍驤衛에 소속시키
고 내금위의 예에 따라 巡綽을 면제해 주었다.[28] 선발 대상이 "富實武
才"한 양인 상층이고 순작을 면제해 준 점은 금군과 동일하지만 내금위
등의 금군과 달리 衛兵처럼 5위에 소속시킨 것을 고려하면 정로위는 금
군과 위병의 중간쯤의 대우를 받았던 것으로 보인다. 1484년(성종 15)까
지만 등장하는 것으로 보아 정로위도 別軍처럼 성종 때만 존재했던 부
대로 이해할 수 있다.

이처럼 세조~성종 때 새로운 금군을 창설하고 行幸을 위한 시위 부대
를 별도로 조직한 것은 15세기 후반이 되면 正兵의 번상이 자주 중단되
고 彭排·隊卒 등이 勞役軍으로 변하고 중앙군의 代立이 확산되는 등 국
왕의 시위 병력이 약화된 데 따른 대응 조치로 이해할 수 있다. 그동안
국왕侍衛와 行幸時 陪從에서 금군과 함께 한 축을 이루던 위병이 약화
되어가자 그 대응으로 금군을 확대하는 한편 행행을 위한 별도의 부대
를 조직해 국왕시위 병력을 강화하고자 했던 것이다.

금군은 국왕을 최측근에서 호위하는 것에서 알 수 있듯이 위병보다
상위에 위치한 병종이었다. 그래서 『대전후속록』에는 금군과 위병의 병
종 간 서열을 반영하는 조항이 실려 있다. 겸사복·내금위였다가 作散된

종 2)에 창설한 정로위와 명칭은 같지만 다른 부대이다. 중종 때 신설한 정로위
에 대해서는 차문섭, 1973 「Ⅴ. 中宗朝의 定虜衛」『조선시대 軍制 연구』, 단국
대 출판부 참고.
28) 『성종실록』 권123, 성종 11년 11월 23일(기해).

자는 別侍衛에, 별시위에서 작산된 자는 갑사에, 갑사에서 작산된 자는 騎正兵에, 捉虎甲士에서 작산된 자는 步正兵에 소속시키고 바로 立番하게 한 것이 그것이다.29)

한편 세조 때부터 금군 확대에 預差제도를 적용하기 시작했다. 1460년(세조 6) 預差內禁衛 100명을 설치한 것이 그것이다.30) 예차제도는 내금위뿐 아니라 衛兵인 갑사에게도 적용했고,31) 예차에 차정된 군사는 實差와 마찬가지로 侍衛·入直·赴防 등의 업무를 동일하게 수행했다.32) 다만 내금위의 경우 실차는 전원이 체아직을 받는데 비해 예차에 배정된 체아직은 정원의 반에 불과했다. 1460년에 예차내금위 100명을 둘 때에도 체아직은 종9품 50자리만 마련했으며, 1510년(중종 5) 예차내금위를 200명으로 늘릴 때에도 체아직은 100자리를 주도록 했다.33)

세조 때부터 예차제도를 적용받기 시작한 내금위는 1505년(연산군 11) 정원이 190명에서 500명으로 대폭 늘어났다가 중종반정 후 환원되었다.34) 그러나 정병 등 衛兵의 부실화에 따른 금군 증원의 필요성이 상

---

29) 『대전후속록』 권4, 병전, 鍊才, "兼司僕內禁衛應散者 屬別侍衛〈兼司僕不應屬別侍衛者 屬甲士〉別侍衛應散者 屬甲士 甲士應散者 屬騎正兵 捉虎甲士應散者 屬步正兵 卽令入番"

30) 『세조실록』 권21, 세조 6년 8월 1일(갑진). '預差'란 '미리 差定한다.'라는 뜻으로 '실제로 차정하다.'라는 의미의 '實差'와 짝이 되는 용어이다. 예차가 있는 관직의 경우 예차가 아닌 본 관직을 實差라 했다. 예차는 실차와 동일하게 해당 관직의 업무를 수행했으며, 실차에 빈자리가 생기면 예차 중에서 우수한 자를 실차로 올렸다.

31) 『예종실록』 권4, 예종 1년 윤2월 24일(기묘).

32) 『세조실록』 권21, 세조 6년 8월 1일(갑진);『성종실록』 권191, 성종 17년 5월 21일(을축).

33) 『세조실록』 권21, 세조 6년 8월 1일(갑진);『중종실록』 권11, 중종 5년 6월 30일(갑인).

34) 내금위 정원 500명은 10명이 증액된 내금위 200명과 내금위 휘하에 설치한 掃敵衛 300명을 합친 것이다[『연산군일기』 권58, 연산군 11년 5월 15일(기해);『중종실록』 권7, 중종 3년 10월 26일(경인)]. 내금위는 1505년(연산군 11) 5월 衛

존하고, 1491년(성종 22)의 야인 정벌 이후 금군이 계속 北道에 別赴防하고 있었으며, 남쪽 또한 倭寇의 염려로 인해 금군이 별부방하고 있었기 때문에[35] 내금위 정원은 중종 때가 되면 다시 확장되기 시작했다. 1510년(중종 5) 預差內禁衛 100명을 증액해 기존의 100명에 더해 예차내금위가 200명으로 늘어났으며,[36] 1516년(중종 11)이 되면 實差와 預差는 그대로 190명과 200명이지만 假預差 100명이 있어 내금위 정원은 총 490명이 되었다.[37] 이후 약간의 조정을 거쳐 『대전후속록』에는 예차내금위 체아직을 250자리로 규정해[38] 내금위는 실차 190명과 예차 250명 합쳐 440명이 되었다.

그런데 예차제도는 16세기에 들어와 갑자기 등장한 것이 아니라 조선 초기부터 있던 제도였다. 1409년(태종 9) 실록 기사에 보이는 司宰監 權知直長의 實差와 預差가 그것이고, 군사의 경우에는 1451년(문종 1)의 吹螺赤와 大平簫의 예차가 처음이다.[39]

정부에서 預差와 假預差제도를 금군에 적용한 것은 관직을 늘린다는 부담을 덜기 위한 목적, 금군의 別赴防 및 萬戶·兼管 差遣에 따른 국왕 侍衛의 보완, 그리고 재정 절감 등이 그 원인으로 보인다. 관직의 수가 많으므로 冗官을 淘汰해야 한다는 주장은 조선초기부터 줄기차게 제기됐기 때문에[40] 관직 증액은 생각보다 쉽지 않은 일이었으므로 예차제

鐵衛로 개칭됐다가 1507년(중종 2) 2월 이전에 환원되었다[『연산군일기』 권58, 연산군 11년 5월 13일(정유);『중종실록』 권2, 중종 2년 2월 23일(정유)].

35)『중종실록』 권15, 중종 7년 5월 13일(병진);『중종실록』 권12, 중종 5년 8월 14일(정유).

36)『중종실록』 권11, 중종 5년 6월 30일(갑인).

37)『중종실록』 권25, 중종 11년 5월 27일(정미).

38)『대전후속록』 권4, 병전, 체아, "預差內禁衛 副司果三 副司正四 副司猛八 副司勇一百三十五〈加設遞兒〉 又一百〈甲士遞兒〉" 예차내금위 250자리에 본래의 내금위 정액 190자리를 더하면 440자리가 된다.

39)『태종실록』 권17, 태종 9년 4월 16일(무자);『문종실록』 권9, 문종 1년 8월 10일(을해).

도를 통해 관직 운영의 원활을 기하고자 했던 것이다. 邊釁 우려 때문에 내금위와 겸사복, 우림위 등이 남북으로 별부방하고 또 만호·兼管에 임명돼 외방으로 나감에 따라[41] 국왕시위가 소홀해진 점도 내금위를 비롯한 금군 확대의 한 원인이 되었다. 또 예차와 가예차는 1460년(세조 6) 예차내금위 100명을 둘 때 체아직은 50자리만, 그것도 가장 낮은 품계의 종9품으로 한 것에서 알 수 있듯이 실차에 비해 녹봉 지급액이 현격하게 차이가 나므로[42] 재정을 절감하려는 것도 이런 제도를 운영하게 된 한 원인으로 볼 수 있다.

　마지막으로 예종~성종 때 중앙군을 구성한 병종들의 내역을 표로 간략히 정리하는 것으로 본 소절을 마무리하도록 하겠다. 예종~성종 때에는 이전부터 있던 內禁衛와 더불어 兼司僕, 鷹揚衛, 羽林衛가 금군으로 활동했으며, 定虜衛는 금군에 준하는 병종이었다. 국왕시위의 강화를 위해 기존의 獅子衛 외에 淸路隊와 別軍이라는 부대를 편성하기도 했다. 이 시기 위병으로는 甲士, 別侍衛, 平虜衛, 破敵衛, 正兵, 彭排, 隊卒, 近仗, 壯勇衛 등이 있었다. 특수군으로는 우대 병종인 親軍衛·忠義衛·忠順衛(勵精衛)·忠贊衛·族親衛·拱宸衛, 신분 관계 병종인 補充隊·彎强隊·壯勇隊, 火器와 관련된 破陣軍 등이 있었다. 이 외에 吹螺赤·太平簫도 특수군으로 활동했는데, 1470년(성종 1) 內吹螺赤는 長番임에 반해 外吹螺赤는 上·下番이어서 취라치에 배정된 30개 체아직을 내취라치가 많이 차지해 문제가 되기도 했다.[43] 이에 따라『경국대전』에서는 30개 체아직 중에서 종6품, 종7품, 종8품, 종9품 각 한 자리씩만 내취라치와 태평소에 배

---

40)『태종실록』권11, 태종 6년 2월 5일(병인) 등.
41)『중종실록』권25, 중종 11년 5월 27일(정미), "(特進官 高)荊山曰 今內禁衛 實差一百九十 預差二百 假預差一百 而一番只有五六十 餘皆爲別赴防之軍及權管萬戶"
42)『세조실록』권21, 세조 6년 8월 1일(갑진).
43)『성종실록』권3, 성종 1년 2월 17일(병인).

정했다.44)

[표 3-1]은 예종~성종 때 중앙군으로 활동한 병종들의 창설, 정원, 番次, 혁파 등의 내역을 간략히 정리한 것이다.

[표 3-1] 예종~성종 때의 중앙군 구성 병종 (단위: 명)

병종명	창설	정원	番次	기능	혁파	비고
內禁衛	태종071021	100 성종010230	長番	禁軍		未施行(推) 참고-성종040301
		190 성종121021				
		190				經國大典
兼司僕	태종090512 以前	60 예종010919	長番	禁軍		
		50				經國大典
鷹揚衛	예종010510 以前	200 예종010806	長番	禁軍	성종5년 以前	내금위에 병합(推)
		100 성종010230				
羽林衛	성종230408	50 성종230408	長番	禁軍		대상: 兩班 庶孼
定虜衛	성종111123	123 성종111123	2番6朔	準禁軍	성종151116 以後	依內禁衛 除巡綽
獅子衛	세조180308			侍衛	성종140403	講武·習陣·궁궐숙위 때 他兵種을 대상으로 편성
淸路隊	성종151009	40 성종151009		侍衛	광해111126 以後	彭排·隊卒·破敵衛 중 年少壯實者 40명 선발
		200 성종200722	5番4朔			
別軍	성종200328	200 성종200328		侍衛	성종 死後 (推)	領別軍將 2명이 각각 騎兵 50, 步兵 50 領率
甲士	태종001201	20000 성종01이전	5番4朔	衛兵		
		10000 성종010230	5番4朔			
		10000 성종020111	5番6朔			
		14800 성종060908	5番4朔			兩界 各 3400
		14800	5番6朔			經國大典: 捉虎 440 兩界 各 3400
別侍衛	태종001219	5000 세조040621	3番1年	衛兵		
		5000 세조050818	2番6朔			
		5000 세조120708	3番6朔			
		5000 예종010910	3番4朔			
		2400 성종01이전				
		1500 성종010230	5番4朔			
		1500 성종021122	5番6朔			經國大典
平虜衛	세조050825	세조050914	5番	衛兵	성종050104 以後	他道自願者로 확대

44) 『경국대전』 권4, 병전, 番次都目, 吹螺赤·大平簫.

병종명	창설	정원	番次	기능	혁파	비고
破敵衛	세조050915	2500 성종010230	5番4朔	衛兵	명종080121 以後	經國大典
正兵		세조080709	7番2朔	衛兵		
		74200 성종010230	7番2朔			
		無定數	8番2朔			經國大典 番上正兵
		無定數	4番1朔			留防正兵
別軍		세조080709	7番2朔			
彭排		5000 성종010230	5番4朔	衛兵 ↓ 勞役軍		步兵 經國大典 팽배·대졸을 汰減해 정 병에 속하게 함
		성종041026				
隊卒	세종040504 以前	3000 성종010230	5番4朔	衛兵 ↓ 勞役軍		經國大典 팽배·대졸을 汰減해 정 병에 속하게 함
		성종041026				
近仗		600 세종270718	3番6朔	府兵→ 使令軍		
		1000 세종300128	5番4朔			
壯勇衛	성종061216	600 성종061216	5番4朔	衛兵	광해100613 以後	良人만 入屬 壯勇隊 후신
		600	5番6朔			經國大典
親軍衛	太宗代	40 성종010230	2番1年	特殊軍- 優待		經國大典
忠義衛	세종001103	無定數성종010230	長番	特殊軍- 優待		經國大典 功臣子孫
忠贊衛	세조021220	無定數성종010230	5番4朔	特殊軍- 優待		經國大典 原從功臣과 子孫
族親衛	세조140503 以前	無定數성종010230	長番	特殊軍 -優待		經國大典
拱宸衛	세조080709			特殊軍 -優待	未詳	京外住居閑散三品以下 朝士及有蔭子弟內無科 田者(세조080709)
勵精衛	예종010125		4番	特殊軍 -優待	忠順衛 改稱 예종010204	東班六品以上 西班四品 以上 文武科出身 生員 進士 有蔭子孫
忠順衛	예종010204	無定數성종010230	5番4朔	特殊軍 -優待		勵精衛 후신
		성종021122	7番2朔			經國大典
彎強隊	세조040329	合600 성종010230		特殊軍- 身分	성종010230 以後	彎强隊壯勇隊합게
壯勇隊	세조050918	合600 성종010230	長番	特殊軍- 身分	壯勇衛 改稱 성종061216	彎强隊壯勇隊합게
破陣軍	성종060402 以前	성종080129		特殊軍 -火器	선조391007 以後	藥匠에서 改稱
		180				經國大典

병종명	창설	정원	番次	기능	혁파	비고
吹螺赤		성종021122	5番4朔	特殊軍		
		640				5番4朔
太平簫		성종021122	5番4朔	特殊軍		
		60	5番4朔			經國大典
補充隊	예종010416	예종010416		特殊軍 -身分 -使令		補充軍 후신
		無定數	4番4朔			經國大典

비고: 태종071021은《태종실록》의 태종 7년 10월 21일에 나옴을 의미하며 이하도 같음

2) 대립 확산과 정부 대응

代立은 군사 분야에만 나타났던 현상이 아니다. 苦役에 시달리는 其人·選上奴처럼 중앙으로 번상하는 有役人에게서 먼저 성행했으며,[45] 번상제를 적용받는 분야에서는 보편적으로 나타난 현상이었다.[46]

군사들의 대립도 이미 조선초기부터 특히 苦役이던 騎船軍을 중심으로 행해지고 있었다.[47] 세종 초반 孝子를 표창할 때 그가 군사임에도 다른 사람을 고용해 대신 근무하게 하고 자신은 3년 간 墳墓를 지킨 점이 오히려 그가 효자임을 입증하는 사례로 인용되기도 했다.[48] 侍衛牌도

---

45) 선상노와 諸員의 경우 세조 때 號牌 대여를 금지해 이전처럼 대립할 수 없게 되자 형조의 요청에 따라 代立者와 代役者 양편의 情願을 들은 후 대립할 수 있게 했다[『세조실록』 권14, 세조 4년 11월 4일(무자)].

46) 15세기 후반 이후의 대립 확산과 정부 대응에 대해서는 이태진, 1968「군역의 변질과 納布制 실시」『한국군제사』(근세조선전기편), 육군본부, 235~253쪽; 김종수, 2003「훈련도감 설립이전 중앙군제의 실태」『조선후기 중앙군제연구』, 혜안, 62~70쪽; 임용한, 2012「군역제도와 신분제」『한국군사사』5(조선전기Ⅰ), 육군본부 군사연구소, 491~499쪽 참고.

47) 苦役으로 인한 기선군(수군) 대립은 조선초기부터 나타나는 구조화된 대립이지만, 수군은 중앙군에 해당하지 않기 때문에 이 책에서는 다루지 않는다. 조선초기의 수군 대립에 대해서는 이재룡, 「조선초기의 수군」『조선초기 사회구조연구』, 일조각, 1984, 132~133쪽 참고. 이재룡은 수군 대립이 세종 때부터 尤甚했고, 수군의 放軍收布가 행해지기 시작한 것은 문종 때부터였다고 했다.

48) 『세종실록』 권7, 세종 2년 1월 21일(경신).

개인 차원에서 代立을 행하기도 했다.[49] 그러나 여기서 검토하는 대립
은 이러한 일회적인 행위가 아니라 구조화·관행화된 대립이다. 그러므
로 15세기 전반의 일회적·우연적인 대립보다는 15세기 후반부터 등장
하는 구조화·관행화된 대립에 초점을 맞춰 검토하고자 한다.

　軍事 분야에서 代立은 군사가 다른 사람에게 대가를 지급하고 군역을
대신 수행하게 하는 것이다. 처음에는 개별 군사의 편의를 위해 등장했
지만 나중에는 중앙 各司의 吏奴들이 개입해 이득을 취하는 방편이 되
었고 직업적인 代立者까지 등장했다. 또 정부의 공인 아래 군사가 거주
하는 고을이나 복무처에 포를 납부하면 고을이나 복무처에서 대립자를
고용하는 방식으로까지 진전했다.[50]

　이러한 대립은 軍士의 役卒化(軍役의 苦役化), 保法의 모순, 군사의 도
망과 軍籍 부실 등이 원인이 되어 확산돼 갔다.[51] 그런데 이런 원인 외
에도 15세기 후반 이후 관료층의 수입 감소도 대립 발생의 원인은 아니
지만 그 확산에 기여한 것으로 보인다. 科田法에서는 관청뿐 아니라 職
役 담당자에게도 田地를 지급하고, 현직 외에 전직 관원에게도 科田을
주었다. 그렇지만 과전법 실시 후 새로 관직에 진출한 관원에게 지급할
과전이 부족해지자 1466년(세조 12) 과전 지급대상을 현직 관원으로 축
소하는 職田法을 실시했다.[52] 성종 때에는 과전에서 稅를 거두는 과정
에서 과전 수급자의 濫徵이 문제되자 官에서 세를 거둬 해당 관원에게
지급하는 官收官給制를 채택했다.[53] 이런 과정을 거치면서 관원의 경제

---

49) 『세종실록』 권55, 세종 14년 2월 23일(임자), "次于乃文 有鹿潰圍 觸傷侍衛牌
　　金得富高貴忠等 … 上曰 得富正軍乎 代立乎 若正軍 則歸葬於其妻子所居可也
　　間之 果正軍也"
50) 임용한, 앞의 논문, 491쪽.
51) 이태진, 앞의 논문, 234~239쪽; 임용한, 위의 논문, 491~495쪽.
52) 『세조실록』 권39, 세조 12년 8월 25일(갑자), "革科田 置職田";『경국대전』 권2,
　　호전, 諸田, 職田.
53) 『성종실록』 권94, 성종 9년 7월 20일(기묘).

적 기반에서 科田(職田)이 차지하는 비중은 점차 축소돼 갔다.[54] 이에
더해 성종 때부터 흉년이 들면 과전의 세를 州倉에 납부해 다음 해의 種
子穀으로 활용하고 그 대신 京倉의 묵은 곡식을 지급하거나,[55] 代物 없
이 과전의 세를 진휼곡으로 轉用하는 관행이 자리 잡았다.[56] 더욱이 과
전의 세를 활용하는 것으로도 진휼곡 마련이 어렵게 되면 정부는 녹봉
마저 줄이는 극단적인 조치를 단행하기도 했다.

　이에 따라 관료층은 줄어든 수입을 만회할 방법을 스스로 강구할 수
밖에 없는 처지에 놓이게 되었다. 그들이 강구한 방법 중의 하나가 자신
의 奴를 대립 행위에 활용하는 것이었다. 성종 때를 경과하면서 정부에
서 步正兵과 選上奴, 皂隷와 羅將, 諸員 등의 대립을 허용하자 이들은 줄
어든 수입을 만회하기 위해 이를 적극적으로 활용하게 된 것이다. 자신
의 奴를 활용한 또 다른 방법은 관원으로서 품위를 유지할 수 있게 품
계에 따라 배정했던 丘史를 價布를 받고 놓아주고 대신 자신의 노에게
그 역할을 맡기는 것이었다. 성종 때만 하더라도 이런 행위는 비판의 대
상이 되곤 했지만 중종 때가 되면 관료 사회의 일반적인 관행으로 인정
받게 되었다. 이에 따라 1543년(중종 38)의 기사를 보면,[57] 처음부터 관
원에게 구사를 배정하지 않고 司贍寺에서 選上奴로부터 일괄적으로 價
布를 거둔 후 이를 관원에게 分給하는 것이 관행이 됐음을 알 수 있다.

---

54) 과전법과 직전법에 대해서는 송수환, 1994「조선전기의 과전법체제와 수취제도」
　　『한국사』7(중세사회의 발전 1), 한길사, 236~246쪽 참고. 송수환은 職田稅의 官
　　收官給制에 대해 "수조권에 근거한 관인의 토지 및 농민에 대한 지배권이 해소
　　되고, 토지와 농민에 대한 국가의 직접지배권을 확립하려는 것이었다."라고 평
　　가했다(위의 논문, 244쪽).

55) 『성종실록』권7, 성종 1년 9월 3일(무인).

56) 과전 외에 功臣田이나 寺社田도 정부의 이런 조치의 주된 대상이 되곤 했다.
　　흉년이 들 때 科田의 세를 公收하는 것은 이전에도 시행된 적은 있었지만『태
　　조실록』권12, 태조 6년 10월 13일(신묘)], 성종 때처럼 이런 조치가 관행화된
　　것은 아니었다.

57) 『중종실록』권100, 중종 38년 2월 27일(신축).

대립이 발생해 문제가 되자 정부는 대립 행위를 처벌하는 방식으로
대응했다. 1471년(성종 2) 당번 군사들이 사사로이 대립하면『大明律』의
'宿衛人私自代替及替之者'를 처벌하는 규정에 따라 각각 장 100대를 치
고 代立價는 沒官한다. 그런데도 무뢰배들이 두려워하지 않고 몰래 價物
을 받고 冒名하여 대립하는 자가 많다는 이유로 앞으로는 『대명률』의
해당 형률로 죄를 주되 대립한 자가 양인이면 변방 먼 곳에 充軍하고 公
私賤이면 流 3,000리를 贖바치게 했다. 본래의 형률을 적용하는 것에 더
해 부가형으로 邊遠充軍이나 流 3,000리를 속바치게 한 것이다. 대립 행
위가 생기는 원인을 규명하고 이를 해소하는 근원적인 해결책보다는 처
벌 수위를 높이는 엄벌주의를 채택하는 쪽으로 방향을 잡은 것이다.
1486년(성종 17)에는 실천에 옮겨지지 않았지만 대립 방지를 위해 병조
에서 정병들에게 생김새와 나이를 기록한 圓牌를 패용하게 하는 방안을
제시하기도 했다.[58]

처벌 형량의 강화와 더불어 정부는 대립을 일부 용인하는 조치도 병
행했다. 먼저 1469년(예종 1) 保人들이 군사에게 제공하는 비용인 助役
價를 公定했다. 번상하는 군사가 보인 1명당 면포를 8~9필씩이나 거둬
보인들이 파산하거나 도망하는 지경에까지 이르렀기 때문이다. 그리하
여 보인 1명당 3日程되는 近道는 2필을, 遠道인 경우에는 4필만 지급하
게 했다.[59]

1493년(성종 24) 5월에는 助役價 公定에서 더 나아가 代立價 자체도
公定했다. 이때의 대립가 공정은 같은 해 3월 좌부승지 鄭誠謹이 병조에
서 伺候 명목으로 都摠府에 定送하는 正兵을 도총부 당상들이 價布를 받
고 退立한 다음 대립하게 한다고 고발한 것이 발단이 되었다.[60] 정성근

---

58) 『성종실록』 권197, 성종 17년 11월 28일(기사).
59) 『예종실록』 권4, 예종 1년 3월 10일(갑오). 『경국대전』에서는 보인 한 명이 내
　는 조역가를 매달 면포 1필을 넘지 않게 했다(권4, 병전, 給保, "一人每朔毋過
　綿布一匹")

의 고발로 도총부 당상들을 조사하다가 都摠管인 李鐵堅과 儀賓 任光載
등이 정성근의 비리를 들춰냄에 따라 정성근과 이철견·임광재의 처벌
을 둘러싸고 상당 기간 조정이 소란해졌다. 이 사건은 정성근을 유배하
고 이철견과 임광재는 처벌하지 않는 것으로 종결됐지만, 정부에서 정
병의 代立價를 公定하는 계기가 되었다. 같은 해 5월, 領事 盧思愼이 古
制에 軍卒役價의 제도가 있다고 지적하며 정병의 대립을 허용하고 價物
을 酌定하기를 청해 국왕의 승낙을 받은 것이다.61) 이후 役處가 있는 정
병에 한해 대립을 허용하되 대립가는 한 달에 3필로 하고 대립가가 지
나치면 隊正을 죄주도록 했다.62)

    그렇지만 대립가 공정은 별 효과를 거두지 못하고 오히려 대립가만
상승하는 결과를 가져왔다. 대립은 또한 중앙 各司의 吏奴들이 중간에
개입해 이득을 취하는 방편으로 악용되어 번상 정병에게 대립을 강요하
는 상황이 전개되었다. 이에 정부는 전라도 관찰사 金正國의 건의를 받
아들여 대립 절차를 개선했다. 해당 고을에서 보병 番價를 일괄 수합해
踏印 監封하여 병조로 올려 보내면 병조에서 各處로 分送하게 하여 吏奴
들의 중간 개입을 막게 한 것이다.63) 이 개선책은 1541년(중종 36) 2월
이 업무를 담당할 주체를 호조 屬衙門인 司瞻寺로 결정함으로써 실행에
옮겨지게 되었다.64)

    한편 정부는 대립에 대한 간접적인 대응책으로 금군 및 侍衛부대의
확대와 京居人65) 중심의 중앙군 충원 정책을 추진하기도 했다.

---

60) 『성종실록』 권275, 성종 24년 3월 27일(임진).
61) 『성종실록』 권277, 성종 24년 5월 25일(무자).
62) 『성종실록』 권278, 성종 24년 윤5월 8일(신축).
63) 『중종실록』 권88, 중종 33년 10월 13일(계축).
64) 『중종실록』 권94, 중종 36년 2월 15일(임신).
65) '서울 사는 사람'을 뜻하는 한자어로는 '京居人'과 '居京人'이 있다. 실록에서
    두 단어를 검색하면 居京人은 1회[문종 즉위년 8월 8일(기묘)]만 나오는 반면
    京居人은 24회 출현한다. 이에 이 책에서는 서울 사는 사람이라는 의미의 한자

15세기 후반 금군 확대66)에 이어 중종 초반 새로운 시위 병종으로 定
虜衛를 창설했다.67) 1510년(중종 5)의 庚午倭變을 겪으면서 하삼도 유력
자들을 군역체계 속에 편입시키고자 1,500명을 정액으로 한 定虜衛를
창설한 것이다. 정로위 창설 목적이 이러하기 때문에 병조판서 高荊山
은 당시 정로위에 입속하고자 無役陳省을 바친 500여 명을 모두 정로위
에 입속시켜 번상하지 않고 本道에 赴防하게 하면 첫째, 금군이 別赴防
하는 폐단을 없앨 수 있고, 둘째, (별부방하는 금군이 없으므로 외방에
서) 금군을 供饋하는 비용이 자연스레 줄어들며, 셋째, (서울의) 금군이
충실해지는 一擧三得의 효과가 있다고 주장하기도 했다.68) 이처럼 정로
위는 西北方의 위급 등 변방에 일이 생기면 赴防하고 평상시에는 예비
금군으로 番上侍衛하는 존재였다. 창설 당시 재주가 뛰어난 자를 겸사
복·우림위에 試補하게 한 조치, 定虜衛·羽林衛 鍊才에서 탈락한 자를 甲
士에 降定하라는 규정, 預差內禁衛·정로위 중 재주가 부족한 자는 별시
위에 降充하라는 조치 등은 정로위가 별시위·갑사보다 상위의 병종이
며 내금위·겸사복·우림위 같은 금군은 아니지만 예차내금위와 같은 급
의 일종의 예비 금군임을 짐작하게 한다.69)

서울이나 서울 근처 거주자를 중앙군에 우선적으로 충원하는 정책은
조선 초부터 여러 차례 제기되었다. 외방민의 상경과 하향에 따른 시간
적·경제적 부담이 클 뿐 아니라 외방에 거주하는 정예병인 侍衛軍이 상
경하는 동안 현지 방어력이 약화되는 문제가 생기기 때문이었다. 1404

어로 출현 빈도가 높은 '경거인'을 사용하고자 한다.
66) 15세기 후반 금군과 시위부대 확대에 대해서는 이 책 3장 1절의 '1) 금군 확대
    와 預差제도 적용' 참고.
67) 『중종실록』 권16, 중종 7년 6월 3일(을사).
68) 『중종실록』 권25, 중종 11년 5월 16일(병신).
69) 『중종실록』 권16, 중종 7년 6월 3일(을사);『대전후속록』 권4, 병전, 鍊才;『명종
    실록』 권10, 명종 5년 6월 10일(계묘). 정로위의 위상에 대해서는 차문섭, 1973
    「中宗朝의 정로위」『조선시대 군제연구』, 단국대 출판부, 152~157쪽 참고.

년(태종 4) 檢校漢城尹 兪瓚 등이 "번상하여 시위하는 먼 외방 사람들은 놓아 보내 농사에 힘쓰면서 鎭에 소속되어 왜구를 막게 하고, 대신에 서울 근처에 거주하는 軍官을 輪番으로 시위하게 하자."라고 陳言했다.[70] 유찬 등은 외방 군사의 번상을 중지함으로써 번상에 따른 사회적 비용을 줄이고 농업 종사자 수를 늘려 농업생산력을 확충하는 한편 왜구를 막을 현지 군사의 충실도를 향상시킬 목적에서 이러한 진언을 한 것이다. 외방 군사의 번상 중지에 따라 수도방위 병력이 축소되는 문제에 대해서는 "京近處軍官", 즉 서울 근처에 사는 군관을 윤번으로 번상하게 함으로써 해결하고자 했다. 서울과 외방을 분리해 각각의 방위를 자체적으로 해결하자는 일견 타당해 보이는 진언에 대해 국왕 태종은 불허했다. 외방 군사를 번상하게 한 것은 수도방위를 위한 병력 확보라는 이유 외에도 외방에 산재한 有力者를 통제하기 위한 목적도 아울러 지니고 있었기 때문이다. 유찬 등의 진언은 번상제가 지닌 후자의 측면을 도외시한 것이므로, 외방 통제에도 유의해야 하는 국왕의 입장에서는 이를 수용하기 어려웠을 것이다.

1417년(태종 17) 사간원에서 상소하여 보충군의 70~80%가 외방에 사는데 식량을 가지고 서울로 올라와 立役하는 것이 힘들어 장차 파산할 지경이라는 이유로 서울에 사는 자 외에 일찍이 외방에 거주했던 자들은 놓아 보내 外軍으로 삼되 서울에 사는 자가 적어 使令이 부족하게 되면 隊長·隊副 수를 늘릴 것을 청했다.[71] 이후에도 보충군이 여전히 번상하고 있으므로 사간원의 건의는 수용되지 않았던 것 같다. 그런데 이 기사에서 주목되는 것은 번상제 적용을 받던 보충군을 京居人 중심으로 재편하자는 주장이다. 번상제가 보충군의 경제력을 약화시키기 때문에 외방에 거주하는 보충군은 外軍에 편입시켜 경제력을 유지할 수 있게

---

70) 『태종실록』 권8, 태조 4년 9월 19일(정사).
71) 『태종실록』 권33, 태종 17년 윤5월 28일(계미).

해주고 대신 서울에 거주하는 자만으로 보충군을 편성하되 그 수가 부족하면 보충군 설립 이전에 그 역할을 수행하던 대장·대부의 수를 늘리고자 했던 것이다. 그러나 이러한 사간원의 주장은 보충군을 설립해 고려 말 이래로 대장·대부가 수행하던 고위 武官의 使令이나 勞役軍 역할을 대신하게 하고 대장·대부는 府兵 본래의 역할을 수행하는 존재로 환원시키려는 정부의 입장과 어긋나기 때문에 수용되기 어려웠다. 다만 조선 초부터 경거인 중심으로 중앙군을 편성하려는 시도의 한 사례로서 의미가 있다 하겠다.

경거인을 중심으로 중앙군을 편성한 사례로서 세조 때 賤人으로 편성했던 壯勇隊를 들 수 있다. 장용대는 1459년(세조 5) 공사천 중에서 100근의 활을 당기고 놋쇠로 만든 병의 물이 다할 때까지[鍮壺水渴間] 270보를 달리거나, 100근의 활을 당기고 步射하여 3矢 중 1矢가 200보에 달한 자 125명을 선발해 조직한 부대였다.[72] 그런데 이듬해(1460년) 병조에서 "(그동안) 장용대는 단지 京中과 兩界에서만 試取하여 하삼도에 등용되지 못한 날래고 용감한 자들이 많으므로 양계의 예에 따라 사람을 보내 試取하되 番上侍衛는 면제하자."라고 건의해 국왕의 승낙을 받았다.[73] 병조의 건의에서 알 수 있듯이 그동안 京中에서 궁궐숙위와 行幸時 국왕시위를 담당하는 장용대는 서울 거주민, 즉 京居人으로만 구성된 병종이었던 것이다.

1484년(성종 15) 창설한 淸路隊도 처음에는 경거인으로 구성했다. 처음 청로대의 창설을 논의했을 때에는 彭排·隊卒·破敵衛 중에서 年少하고 壯實한 자를 선발하게 했다. 그런데 1489년(성종 20) 병조에서 청로대의 試才節目 제정을 요청하면서 그 이유로 "(청로대에) 입속한 자들이 대부분 市井無賴之徒여서 近侍에 합당하지 않다."라는 점을 들었다. 초

---

72) 『세조실록』 권17, 세조 5년 9월 18일(정유). 장용대는 忠武衛의 5部에 分屬되어 1隊(=25명)씩 돌아가며 입직했다(위와 같음).
73) 『세조실록』 권21, 세조 6년 8월 27일(경오).

창기 청로대 구성원은 인구가 밀집한 서울 市井에서 생활하는 무뢰배들이었던 것이다. 또 군사는 아니지만 羅將·皂隷도 먼 곳에 사는 자는 번상에 어려움이 많다는 이유로 서울 근처 고을[京近官]의 步正兵이나 京畿人으로 충정하자는 의견이 제시되기도 했다.[74)]

이처럼 서울이나 서울 근처의 군사들로 중앙군을 충원할 수 있었던 것은 15세기 전반을 경유하면서 시위패와 갑사의 사회적 지위가 낮아졌기에 가능했다. 15세기 전반 갑사는 일정한 토지와 노비를 소유해야만 入屬이 가능한 병종이었고, 시위패도 軍官으로 칭해질 정도로 사회적 지위가 높았다. 이 두 병종은 이 시기 외방에 거주하는 토착 지배층을 모집단으로 하는 존재들이었다. 그런데 15세기 중후반을 거치면서 시위패는 군관의 지위를 상실하고 營鎭軍과 그 사회적 지위가 비슷해져 명칭도 正兵으로 일원화했다. 갑사는 정병에 비해 여전히 우수한 군사력을 갖춘 병종이었지만 그 수가 대폭 늘어나자 사실상 관직 진출이 막히게 되었다. 또 사회 전반에 학문을 숭상하는 분위기가 조성돼 가면서 외방의 토착 지배층들이 武보다는 儒學을 익히는 방향으로 선회하자 갑사 入屬者의 사회적 지위가 이전에 비해 더욱 低落하게 되었다. 이처럼 시위패와 갑사 입속자들이 외방 토착 지배층이라는 지위를 벗어나게 되자, 정부에서는 번상제 운영에서 외방 통제라는 측면에 크게 유의할 필요가 없게 되었고 이에 따라 서울이나 서울 근처에 사는 자를 중앙군으로 충원하는 정책을 채택할 수 있게 된 것이다.

이상에서 본 바와 같이 대립이 확산돼 가자 정부는 대립 행위 처벌을 강화하기도 하고 代立價 공인 등 대립을 일부 용인하는 정책도 취하다가 결국 1541년(중종 36) 해당 고을에서 番價를 수합해 병조로 올려 보내는 방식의 納布制를 실시했다. 한편 금군 확대와 京居人 중심의 중앙군 충원 정책도 대립 확산으로 인한 衛兵 약화의 대책이라는 성격을 지

---

74) 『중종실록』 권7, 중종 4년 1월 13일(병오).

녔다는 점에서 이 시기의 대립 확산과 무관한 조치는 아니었다.

마지막으로 대립 관련 대책은 아니지만 대립을 포함한 조선전기의 번상제 운영 상황을 일목요연하게 정리한 기사가『선조수정실록』에 실려 있어 이를 인용하는 것으로 대립을 중심으로 한 15세기 후반 번상제 운영방식 변화를 다룬 이 소절을 마무리하고자 한다.

　國朝에서 당나라 제도를 본받아 병사를 농민에 깃들게 하고[寓兵於農] 서울로 상번하는 자들은 守衛만 맡게 했다. 그들에게 필요한 비용과 장비는 3명의 保人에게서 염출하게 했다. 번을 서게 되면 仕日을 계산해 (사일이) 쌓이면 祿秩에 붙였으니 병사를 양성하는 도리가 넉넉했다. 賤人 從母法을 시행하면서부터 良民들이 점점 賤籍에 들어가게 되어 軍額이 크게 줄어들었다. 昇平한 시대가 되고 국법이 폐해져서 한가롭게 놀면서 군역에서 빠져나간 자들을 관에서 군적에 올리지 못하고 군직은 사대부의 祿科로 귀속돼 버렸다. 또 각사 노비들이 역을 피해 도망갔기 때문에 상번한 군사가 모두 各司의 立役에 배정돼 날마다 吏胥들의 독한 채찍을 맞고 있는데 보인이 갖추어지지 않아서 自給할 길이 없게 되었다. 그래서 도망을 가면 그 친족과 이웃이 받는 폐해가 더욱 불어나게 되었고, 수령은 그 闕額을 채울 길이 없어서 마침내 (군역이) 어린 아이까지 미치게 되었다. 또한 水軍・館軍・皂隷 등의 役이 正軍에 비해 더욱 괴롭기 때문에 正軍 스스로 어린 아들의 나이를 늘려 고하여 (정군에) 충역시켜 다른 역을 피하고 있으니 군정의 폐단이 이에 이르러 가장 심하게 된 것이다.[75]

정리하면 ① 조선은 당나라 제도를 본받아 兵農一致의 府兵制를 채택해 농민이 상번하여 守衛를 맡고, 그 비용은 보인이 부담하며, 근무일수를 계산해 벼슬을 주었다. 그런데 ② 賤人 從母法 시행 이후 良人이 줄어들어 軍額 역시 크게 줄었다. ③ 閑遊者들이 군역에서 빠지는데도 관에서는 이들을 군적에 올리지 못한다. ④ (五衛職인) 군직은 사대부의 祿科가 되어버렸다. ⑤ 각사 노비들이 도망가서 상번 군사가 그 역을 대

---

75)『宣祖修正實錄』권12, 선조 11년 8월 1일(경진).

신하고 있으며, 보인이 갖추어 있지 않아 自給할 길이 없어 도망가면 친척과 이웃이 그 폐해를 받는다. ⑥ 수령이 궐액을 채우기 위해 어린 아이까지 군역에 편성한다. ⑦ 皀隷 등의 역이 苦役이어서 正軍이 자발적으로 어린 아들의 나이를 늘려 정군의 역에 충당하는 경우도 있다.

군역 자원의 감소와 군역 회피를 번상제 운영이 변질되는 직접적인 원인으로 파악하고 있다. 16세기에 들어 권력자들의 壓良爲賤 행위와 良役 회피를 위한 양인들의 자발적인 投託으로 인해 양인 수는 더욱 줄어들었다. 여기에 더해 군역과 벼슬길과의 연계가 사실상 끊어지고 또 儒學 이해의 심화에 따라 武보다 文을 선호하는 경향이 커지면서 양인 상층들이 군역을 회피하며 外方 閑遊者로 남게 되었다. 그런데도 이들의 저항으로 군적 등재가 어려워지면서[76] 군역은 점차 상층 양인을 제외한 중하층 양인들만이 담당하는 역으로 고정돼 갔다.

양인 상층이 빠져나간 빈자리는 결국 하층민에게 전가될 수밖에 없었고 이것은 군사의 질적 저하로 이어졌다. 도망간 각사 노비들의 역할을 상번한 군사가 대신하게 된 것은 이러한 번상 군사들의 질적 저하가 있었기 때문에 가능한 일이었다. 그런데 상번 군사가 각사 노비의 역할을 대행하자 군사의 역은 더욱 고역이 되었고 이것은 군사들의 代立 더 나아가서는 立役 자체를 하지 않는 闕立으로 이어졌다. 이러한 궐립은 군액 충정을 어렵게 해 어린 아이까지 군역에 편성되는 결과를 가져왔다. 그렇지만 아직 도망하지 않은 군사들은 皀隷 같은 苦役을 피하기 위해 아들의 나이를 늘리면서까지 正軍에 편입되기를 시도하는 역설도 나타나게 된 것이다.

---

76) 16세기의 경우 軍籍 작성이 시도될 때마다 양인 상층의 입장을 대변하는 朝官을 중심으로 校生들의 군적 등재를 반대하는 입장이 종종 표출되곤 했다[『선조실록』 권7, 6년 10월 5일(임자)].

2. 오위도총부 역할과 五衛職 운영

1) 오위도총부의 구성원과 역할

오위도총부(이하 '도총부'로 약칭)의 구성원은 크게 官員, 京衙前, 徒隷 세 부류로 이루어졌다. 관원으로는 당상관인 都摠管과 副摠管, 당하관인 經歷과 都事, 그리고 醫員이 배치돼 있었다.『경국대전』에 따르면 도총관과 부총관은 품계가 각각 정2품과 종2품이고 정원은 합쳐서 10명이고,[77] 다른 관원이 겸직하는 兼職制로 운영되며, 1년이 되면 교체되었다. 경력과 도사는 품계가 각각 종4품과 종5품이고 정원은 각각 4명씩이었다.[78] 이들은 5위 군무와 관련한 행정을 처리하는 한편 궁궐숙위를 마치고 나온 5위 군사가 도성을 순작할 때 監軍 역할을 담당했다.[79] 이들 당상관 10명과 당하관 8명 총 18명의 관원이 도총부 운영을 책임지는 주체였다. 국왕이 遠方으로 行幸할 때 궁궐숙위를 보강하기 위해, 또는 입직 총관의 부족에 대비하기 위해[80] 假堂上과 假郎官을 임명하기도 했는데, 그럴 경우 본래의 당상과 낭관은 實堂上과 實郎官으로 표기해 가당상·가낭관과 구별했다.[81] 도총부 업무를 직접적으로 담당하는 관원 외에 宗親府·의정부·忠勳府·육조처럼 醫員도 배치해 도총부 구성원

---

77) 총관의 전신은 三軍鎭撫所 都鎭撫인데, 태종 때 都鎭撫·上鎭撫·副鎭撫 각각 1명씩으로 시작해 이후 6명으로 늘어났다가 1456년(세조 2) 9월 이전에 10명으로 확정되었다(이재훈, 앞의 논문, 28쪽).

78) 『경국대전』권4, 병전, 경관직, 정이품아문, 오위도총부.

79) 『세조실록』권37, 세조 11년 12월 2일(을해), "傳旨兵曹 自今巡廳分二所 每所巡將一人監軍一人 同坐點檢 宣傳官兵曹鎭撫所郎廳中一人 受點監軍"; 『예종실록』권7, 예종 1년 9월 24일(갑진), "上命院相尹子雲 鞫一所巡將閔懰 監軍兵曹佐郎李曾門 二所巡將曹孟春 監軍都摠府都事閔信達 三所巡將金淡 監軍宣傳官蓬城副守恒等 皆下義禁府"

80) 『중종실록』권10, 중종 4년 11월 10일(무진).

81) 『중종실록』권80, 중종 30년 9월 2일(경신).

과 궁궐에 입직한 군사들의 치료를 담당하게 했다.[82) 도총부에는 의원 2명이 배정됐는데, 이들은 종8품 체아직 1자리를 遞受했고 900일 또는 450일의 仕日을 채우면 加階되었다.[83)

　문서 작성과 보관 등의 실무 행정을 원활하게 수행하기 위해 錄事와 書吏, 羅將 등의 京衛前도 도총부에 배치했다. 총관마다 녹사와 서리를 각각 1명씩 배정했고, 도총부 자체에도 녹사와 서리,[84) 나장을 각각 8명·30명·20명 배정했다.[85) 나장은 使令으로도 불렸다.[86) 1491년(성종 22) 北征으로 인한 侍衛 虛疎를 막기 위해 御書로 宿衛節目을 작성해 승정원에 내렸는데, 이에 대한 논의 결과 도총부 사령 40명을 入番하게 하고 또 다른 40명으로 遞直하게 했다.[87) 이를 보면 도총부에는 법전에 규정된 20명보다 많은 수의 사령(나장)이 배정됐던 것으로 추정된다. 사령

---

82) 『중종실록』 권75, 중종 28년 7월 1일(임인). 의원이 배정된 관청에는 약재를 저장하기 위한 藥庫와 약고를 지키는 庫直, 약재를 담당하는 藥色吏가 있었다고 한다(김성수, 「16·17세기 중앙의료기구의 운영실태」 『서울학연구』 20, 2003, 88쪽).

83) 『경국대전』 권4, 병전, 番次都目, 醫員, "議政府六曹各三貟 宗親府忠勳府都摠府各二貟 … 遞兒 從八品七〈一宗親府 二議政府 二六曹 一忠勳府 一都摠府〉 … 加階 仕滿九百〈七品以下四百五十〉"

84) 도총부에는 실무를 책임지는 掌務書吏가 있었다[『중종실록』 권56, 중종 21년 3월 11일(갑오)]. 이로 미뤄보면 녹사의 경우에도 掌務錄事가 있었을 것으로 추정된다. 3軍의 경우 녹사를 대표하는 行首와 실무를 책임지는 掌務가 있었다 [『태종실록』 권11, 태종 11년 4월 11일(신미), "三軍錄事行首李甸掌務金得剛 仍用舊例 以新屬錄事 稱爲凶物 多索布貨 以充酒食之資]"

85) 『경국대전』 권1, 이전, 경아전; 『경국대전』 권4, 병전, 경아전. 나장은 실제로는 녹사·서리에 비해 아래 신분으로 간주되지만 『경국대전』에서는 경아전으로 분류했다. 이 책에서도 이에 근거해 경아전으로 취급했다. 『경국대전』 단계에서는 良賤制를 기본으로 하기 때문에 賤身分인 跟隨와 구별해 良身分인 녹사·서리·나장을 하나의 범주로 다룬 것으로 보인다.

86) 『續大典』 권4, 병전, 경아전, "羅將 今司憲府稱所由 本曹刑曹都摠府稱使令 並自本曹給價 … 今司諫院稱喝道" 사령은 良身分으로 노비 같은 천인과는 신분적으로 구별되는 존재였다[『태종실록』 권30, 태종 15년 10월 25일(기축)].

87) 『성종실록』 권257, 성종 22년 9월 14일(정해).

들은 도총부의 문서 수발 같은 일을 수행하는 한편 국왕이 行幸할 때 觀光 나온 사람들이 행차에 접근하는 것을 막는 역할도 수행했다.[88]

경아전 아래에는 徒隷가 있어 도총부의 허드렛일을 수행했다. 雜役에 종사하는 差備奴 26명과 관원들이 이동할 때 수행하는 根隨奴 11명을 도총부에 배정했는데, 차비노와 근수노는 京奴와 選上奴 중에서 充定했다.[89]

도총부가 출현한 이후 총관과 도총부의 위상에 대해 여러 차례 논의가 전개되었다. 1508년(중종 3) 9월 사간원에서는 靖國功臣 金敬義의 총관 제수를 비판하면서 도총부에 도총관과 부총관을 설치한 것은 外兵뿐 아니라 禁兵도 관장하기 위해서이며, 반드시 총관 2명을 입직하게 한 것은 입직 군사를 左廂과 右廂으로 나누어 不虞의 변에 대비하기 위해서라고 밝혔다.[90] 이를 통해 도총부가 궁궐숙위를 총괄하는 주체임을 알 수 있다. 다만, 입직 군사를 분배하는 分軍은 당일 입직한 병조에서 담당했으며,[91] 또 입직할 衛將의 落點과 軍號 封進 등의 행정 사무도 병조에서 처리했다.[92] 한 기관이 병권을 독점할 때 혹 있을지 모를 불상사를 예방하기 위해 위장의 낙점과 분군 등은 병조에, 衛將·部將을 지휘하며 실질적인 궁궐숙위를 총괄하는 업무는 도총부에 나누어 맡긴 것이다. 궁궐숙위를 총괄하는 도총부의 총관을 1명이 아닌 반드시 2명이 입직하게 한 것도 동일한 이유에서였다.[93]

---

88) 『성종실록』 권212, 성종 19년 윤1월 21일(병술).
89) 『경국대전』 권5, 형전, 諸司差備奴跟隨奴定額.
90) 『중종실록』 권6, 중종 3년 9월 16일(신해).
91) 『懸吐完譯 海東小學』(성백효 역주, 전통문화연구회, 1996) 221쪽의 劉克良 기사에서는 병조·도총부·위장이 함께 분군하는 것으로 묘사하고 있다("嘗爲衛將 分軍 洪相(-劉克良의 주인인 洪暹을 가리킴)入直禁中 有所言 以小紙 書數字招 之 公卽欲起去 兵曹摠府官曰 分軍國之大事 子何輕去 公曰 舊主見招 不敢遲 延 一座驚歎").
92) 『燃藜室記述』, 권3, 世宗朝故事本末, 姜尙仁之獄, "蓋舊制都摠府主管軍兵 本 兵則參判佐郞例兼軍色 判書不與焉 … (朴)習曰 本兵之事 各有所掌 衛士則入 直堂郞分排 本不關稟於長官";『경국대전』 권4, 병전, 啓省記.

이조판서가 도총관을 겸임하는 문제도 권력 집중이라는 이유 때문에 문제가 되었다. 1478년(성종 9) 대사헌 李克基가 도총부는 兵權이 있는 곳인데 이조판서가 도총관을 겸임하는 것은 吏權과 兵權을 함께 장악하는 것이라고 비판하고 이조판서 朴仲善이 겸임한 도총관 직책을 풀어줄 것을 건의하니 이를 따랐다.94) 조선 건국 이래로 경계해 왔던 政權과 兵權이 한쪽으로 쏠리는 현상을 예방하고자 이조판서의 도총관 겸직을 풀어준 것이다.

그런데 1509년(중종 4) 이조판서 申用漑는 별다른 문제제기 없이 도총관에 임명되었다. 이때가 되면 도총부의 위상이 하락해 그 역할 중에서 邊報議論 참여, 盜賊 逮捕, 傳命 등이 없어지고 입직 군사를 담당하는 데 그치게 됐기 때문이다.95) 『경국대전』에서는 도총부가 "掌治五衛軍務"라 하여 禁軍을 제외한 중앙군 전체의 업무를 관장하는 것으로 규정하고 있다. 그렇지만 15세기 후반을 경유하면서 중앙군 중에서 도총부 권한 밖에 있는 금군 비중은 점차 확대된 반면 番上軍이 주축을 이루는 5위 군사는 代立 확산과 빈번한 번상 중지로 인해 군사적 측면에서 큰 의미를 지니지 못하게 되었다. 그러므로 도총부의 "掌治五衛軍務"는 그 실내용을 채우지 못한 채 文句化되어 갔다. 더욱이 이때가 되면 세조~성종 초반 활발하던 도총부 총관들의 邊報論議 참여도 知邊事宰相이 출현해 이들을 대신함으로써 배제되었고, 도총부 낭청들이 수행해 왔던 도적 체포를 위한 외방 파견은 신설된 捕盜將으로 옮겨갔으며,96) 傳命 기능

---

93) 같은 이유로 『경국대전』에서는 궁궐에 입직하는 병조와 도총부의 당상관, 內禁衛將, 兼司僕將, 五衛將은 같은 衙門이 아닌데도 서로 相避하도록 규정했다(권 1, 이전, 상피).

94) 『성종실록』 권97, 성종 9년 10월 29일(정사).

95) 이재훈은 도총부 기능을 入直·侍衛 및 行巡에 대한 監督, 取才·訓練 및 點考 機能, 軍令機關으로서의 역할 등으로 구분해 정리했다(앞의 논문, 30~41쪽).

96) 성종 때 도적 체포를 위한 捕盜將의 외방 파견과 중종 때 이를 상설기구화하여 捕盜廳을 창설한 것에 대해서는 차인배, 2007 「조선시대 포도청 연구」, 동국대

은 宣傳官이 독점함에 따라 도총부의 역할 내지 위상은 점차 축소돼 갔
다. 이 때문에 이조판서가 도총관을 겸임해도 별다른 문제제기가 없었
던 것이다.

15세기 후반의 총관 임용과 관련한 특징 중 하나는 儀賓이나 종친을
총관에 종종 기용했다는 점인데,97) 이는 세조 때 정치의 '파행성'과 관
련이 있는 것으로 추정된다. 총관이 등장한 때부터 의빈·종친들이 총관
에 임명돼 이것이 일종의 관행으로 자리 잡았고 대간들의 비판 대상도
되지 않았다. 그런데 16세기 전반을 거치면서 명종 때 中宗의 부마 韓景
祿(懿惠公主 남편)의 사례에서98) 보듯이 총관 직책도 '조정의 일에 관
여'[干與朝政]하는 것이라는 이유로 비판의 대상이 되기 시작했다.

『경국대전』에 수록된 총관 규정이 반드시 준수된 것도 아니었다. 『경
국대전』에서 "도총관과 부총관은 他官이 겸직한다."라고 했는데,99)『경
국대전』반포 이후 실록 기사를 보면 타관 겸직 규정은 엄격하게 적용
되지 않았다. 성종~연산군 때에는 종친·의빈을 총관에 임명하는 것이
常例였기 때문이다.

중종 초반에는 총관의 1년 임기 규정도 제대로 지켜지지 않았다. 반
정 공신들이 총관직을 통해 계속 병권을 장악하고 있었기 때문이다.
1507년(중종 2) 대간은 다음과 같이 啓했다.

박사학위논문, 17~36쪽 참고.
97) 세조~성종 연간에 春陽副尹 李徠(孝寧大君 손자), 龜城君 李浚(세종 손자), 密
城君 李琛(세종 아들), 寶城君 李㝏(효령대군 아들), 洪常(德宗 女 明淑公主 남
편), 任光載(睿宗 女 顯淑公主 남편) 등이 摠管으로 활동했다(이재훈, 2000, 앞
의 논문, 42~58쪽의 [표 2] '도진무·도총관 역임자' 참고). 세조가 종친을 주로
군사 방면에 등용한 이유와 그 내역, 그리고 그들의 군사적 활동에 대해서는
박진, 2009「조선 세조의 종친 양성과 군사적 역할」『군사』72 참고.
98) 『명종실록』권12, 명종 6년 9월 23일(무신).
99) 『경국대전』권4, 병전, 경관직, 정이품아문, 오위도총부.

대간이 계했다. "…· 祖宗朝에서 도총부 당상은 周年이 넘으면 교체했는데, 병권을 오랫동안 관장하게 하는 것이 옳지 않기 때문이었습니다. 전하께서는 先王의 成憲을 준수해 병권을 관장하는 자를 주년이 되면 교체하는 것이 마땅합니다." 전교했다. "도총관 중에서 임기가 지난 자는 교체하라."[100]

대간이 총관의 임기 준수를 촉구하자 중종이 이를 수용해 임기가 지난 도총관을 교체하게 한 것이다. 그렇지만 이때의 결정은 얼마 후 철회되었다. 반정 1등 공신으로 병권을 장악하고 있던 成希顔이 임기가 지난 도총관도 그대로 두기를 청하자 중종은 이를 받아들였다.[101] 즉위한 지 얼마 되지 않은 중종의 입장에서는 실권을 장악해 왕권을 제약하고 있던 반정공신들의 의견을 무시할 수 없었기 때문이다. 반정공신은 왕권을 제약하기도 했지만 동시에 국왕 중종의 권력을 뒷받침하는 존재이기도 했다. 더욱이 告變이 빈발하던[102] 즉위 초의 상황을 감안하면 중종이 그들의 의견을 거부하기는 더욱 어려웠을 것이다. 그러므로 총관직이 규정대로 운영된 것은 반정 1등 공신인 朴元宗·柳順汀·성희안 등이 사망하고[103] 중종이 스스로 국정을 운영하기 시작한 때부터라고 볼 수 있다.

1508년(중종 3) 9월 사헌부에서는 일반 관원을 총관에 임명할 때 도총관은 三公이 겸하고 부총관은 참판 이상의 관직을 역임한 자를 임명하는 것이 祖宗朝 관행이라고 밝히기도 했다.[104] 정치집단을 총관에 임명해 도총부 위상을 강화하기 위한 조치였던 것으로 보이는데, 이런 관행에 따라 1514년(중종 9) 육조의 참판 이상과 한성부 당상 다수를 도총부 총관에 兼差하게 했다.[105] 기묘사화 이듬해인 1520년(중종 15)에도 의정

---

100) 『중종실록』 권3, 중종 2년 8월 10일(신사).
101) 『중종실록』 권3, 중종 2년 8월 23일(갑오).
102) 『중종실록』 권2, 중종 2년 2월 1일(을해); 『중종실록』 권3, 중종 2년 8월 26일(정유)·28일(기해); 『중종실록』 권9, 중종 4년 10월 28일(병진) 등.
103) 박원종은 1510년(중종 6), 유순정은 1512년, 성희안은 1513년(중종 9)에 사망했다.
104) 『중종실록』 권6, 중종 3년 9월 16일(신해).
105) 『중종실록』 권76, 중종 29년 1월 1일(무술), "甲戌年承傳內 都摠府 以六曹參

부와 6조 당상이 도총관과 부총관을 通謙하게 했다.106) 이들 당상들이
총관을 겸임하는 이유로 "도총부가 禁兵을 典攝하여 소임이 중대하므로
비록 문무관이라도 구차하게 서용할 수 없고 반드시 重望 있는 사람을
택해야 한다."라는 명분을 내세웠다.107) 육조와 한성부 당상들이 重望
있고 국왕의 신임을 받는 고위 관원이란 측면에서 어느 정도 이유 있는
설명이다.

그런데 이들이 총관을 겸임하게 되자 또 다른 문제가 생겼고, 이에
1520년 윤8월 주강 때 이 문제를 논의하게 되었다. 參贊官 金希壽는 이
전에는 감히 낮 근무[晝仕]를 啓請하지 못했는데 지금은 도총부 당상들
이 晝仕를 위해 계청하여 궁궐 밖으로 나가기 때문에 禁衛가 엄하지 않
게 된다면서 계청을 못하도록 청했다. 육조와 한성부는 사무가 번잡해
총관을 겸임한 당상들이 부득이 업무 처리를 위해 낮에 해당 관서가 있
는 궁궐 밖으로 나갈 수밖에 없었다. 이에 대해 중종은 그들의 계청은
함께 입직하는 다른 당상관이 있기 때문이라고 그 이유를 밝히면서도
宮禁 宿衛가 엄하지 않게 된다는 이유로 앞으로는 도총부 당상들이 晝
仕할 필요는 없다고 했다.108) 그런데 인조 때의 『承政院日記』를 보면,
입직 총관이 낮 근무 때문에 궁궐 밖으로 나가고자 標信을 청하는 기사
가 종종 나온다.109) 이를 보면 1520년의 낮 근무 면제 조치는 이후 얼마

判以上及漢城府堂上 多數兼差"
106) 『중종실록』 권41, 중종 15년 12월 15일(기해), "都攝管洪景舟啓曰 本府入直堂
上 勿令晝仕 此甚未便 夫都攝管副攝管 不計職掌 以六曹議政府堂上 通兼其
職 是重其任也"
107) 『중종실록』 권5, 중종 3년 1월 26일(갑자).
108) 『중종실록』 권40, 중종 15년 윤8월 23일(무신). 총관을 겸임하는 육조 당상의
晝仕는 1492년(성종 23) 대사헌 金升卿이 세조 때 사례를 거론하며 요청해 허
락을 받은 적이 있었다[『성종실록』 권264, 성종 23년 4월 20일(경신), "(大司憲
金)升卿又啓曰 臣見世祖朝以刑曹判書兼都攝管 夜則入直 晝則出而治事 請
依故事 兼攝管者 若本司事緊 皆令晝仕 上曰可"].
109) 『승정원일기』 1책, 인조 3년 2월 6일(을유), "金蓍國 以都攝府言啓曰 … 副攝

안 되어 철회된 것으로 보인다.

1534년(중종 29) 1월 1일 朝賀를 마친 뒤에도 위의 사례와 이유는 다르지만 육조·한성부 당상의 총관 兼差 문제를 다시 논의했다. 참판 이상의 종2품 관원 다수가 摠管에 겸차되어 班列에 나오는 宰相 수가 부족해 客人에게 朝賀를 보여주기에 민망스런 상황이 연출됐기 때문이다. 이에 의정부에서 앞으로는 諸曹 참판과 한성부 당상은 3명을 넘지 않는 수준에서 도총부 총관에 差下하도록 건의하자 중종은 이런 내용을 承傳으로 받들도록 했다.110) 이처럼 중종 전반을 경유하면서 육조와 한성부 당상이 도총부 총관을 겸임하는 것이 관례화되어 갔다.

1514년(중종 9) 9월 성균관 藏經閣에 화재가 발생했는데 화재를 진압할 인원이 부족해 중종은 선전관에게 標信을 주어 곧바로 입직 군사들이 머물던 軍所로 가서 군사를 출동시키게 했다. 그런데 군사를 출동시킨 당일에 입직했던 도총관 安潤德과 尹珣이

어제 밤에 존경각에서 발생한 화재를 진압하고자 궁궐에 직숙했던 군사를 출동시켰는데, 本府(오위도총부-필자 주)는 (군사를 출동시킨 일을) 알지 못했으니 (본부가 입직) 군사를 총괄하는 本意가 없게 되었습니다. 앞으로 標信을 내줄 때 먼저 본부에 諭示하기를 청합니다.111)

라고 계하니, 이에 대해 중종은

모든 군령은 한결같이 主將의 명령을 따라야 한다. 그러므로 선전관이 (국왕으로부터) 표신을 받아서 곧바로 軍所에 이르러 군사를 출동시키는 것이 規例이다. 軍機 같은 중요한 사항을 이처럼 啓請했으니 안윤덕 등을 사헌부로 하여금 추고하게 하라.112)

管權盡己 刑曹坐起畫仕 請出標信 傳曰知道"
110) 『중종실록』 권76, 중종 29년 1월 1일(무술).
111) 『중종실록』 권21, 중종 9년 12월 4일(임진).

는 전교를 내렸다. 도총관들은 입직 군사를 출동시키고자 할 때에는 먼
저 도총부에 알려서 도총부가 입직 군사를 총괄하는 취지를 살려야 한
다고 판단했다. 반면 국왕 중종은 그렇게 하는 것은 "軍令은 한결같이
主將의 명령을 따라야 한다."라는 원칙에 어긋나며 국왕 자신이 主將이
므로 다른 곳을 경유할 필요 없이 표신을 내어 군사를 출동시키는 것이
정당하다고 판단했다. 조선초기 兵權을 發命權, 發兵權, 掌兵權 등으로
나누어 논의한 적이 있는데,[113] 이를 기준으로 보면 당시 도총관들은
도총부가 입직 군사를 대상으로 한 발명권 또는 발병권에 관여해야 한
다고 판단한 반면 중종은 이러한 발명권과 발병권 모두 국왕 권한으로
인식했다고 볼 수 있다.[114] 16세기 들어와 **邊報論議**에서 배제되는 등 위
상이 위축돼 가던 도총부는 입직 군사를 총괄하는 권한마저도 선전관을
활용한 국왕의 군사 출동권 행사로 인해 제약을 받기에 이른 것이다.
즉, 유사시를 제외한 평상시의 입직 군사에 대한 총괄 권한만을 보유하
게 된 것이다.

도총부 낭청의 정액과 대우, 자격과 관련해서도 논의가 전개되고 관
련 규정이 마련되기도 했다. 1473년(성종 4) 8월 대사헌 徐居正 등이 상
소하여, 나라에서 별도로 도총부의 도총관 10명과 僚佐 8명을 설치해 軍
旅를 전적으로 管掌하게 한 것은 中樞府(樞密院)를 두었던 古宜에 부합
하지 않다는 이유로 도총부를 혁파하고 도총부가 관장하던 機務는 중추
부에 맡기며 적합한 자를 선발해 총관 임무를 대신하게 하고 도총부와
중추부 요좌를 하나로 합치기를 청했다.[115] 이전 달인 7월에는 藝文館

---

112) 위와 같음.
113) 『태조실록』권2, 태조 1년 9월 21일(기해); 『정종실록』권4, 정종 2년 4월 6일
(신축).
114) 軍事 분야에서 국왕 주도권 확립에 대해서는 이 책 1장 4절의 '1) 군사훈련에
서 국왕 주도권 확립' 참고.
115) 『성종실록』권33, 성종 4년 8월 4일(계해).

副提學 李克基 등이 상소하여, 병조는 한 나라의 군무를 總攝하는데도 낭청이 8명에 불과하지만 의논하는 자들이 오히려 많다고 한다고 전제하면서 도총부는 병조 屬官으로 그 사무의 緊簡輕重이 현격하게 차이가 나는데도 僚佐는 도리어 더 많다고 비판하며 이를 汰去할 만한 冗官으로 규정하기도 했다.116) 이들의 주장에 따르면 세조~성종 초반의 경우 도총부의 낭청 정액이『경국대전』에서 규정한 8명보다 더 많았던 것이 된다. 이는 도총부 낭청의 전신인 三軍鎭撫所(五衛鎭撫所)의 鎭撫 수가 15~40명에 달했다는 점에 연유한 것으로 보인다.117)

　한편 도총부 낭청은 국왕이 머무는 궁궐숙위라는 막중한 軍事行政을 담당하기 때문에 동급의 다른 관직에 비해 그 중요성이 인정되어 의정부·銓曹·三司 등 주요 관서의 낭청과 함께 內外 4祖와 당사자의 痕咎 여부를 고찰해 署經하도록 했으며, 銓曹·삼사·部將·宣傳官을 역임한 자처럼 그 아들이 蔭子弟 取才에 응시할 수 있는 특권을 부여하기도 했다.118) 이처럼 도총부 낭청은 아들에게 承蔭 기회가 부여되는 淸要職이기 때문에 문신과 蔭官들이 이를 차지하고자 하여,119) 아래에서 살펴볼 규정과 함께 도총부 낭청직에서 무신의 입지가 좁아지게 되는 배경이 되었다.

　『경국대전』에서는 행정 실무에 능숙한[吏才諳鍊] 자는 取才를 면제하고 도총부 낭청에 등용하게 했다.120) 이 조항은 도총부 경력과 도사에

---

116) 『성종실록』 권32, 성종 4년 7월 30일(기미).
117) 三軍鎭撫所(五衛鎭撫所)의 낭청 수에 대해서는 이재훈, 앞의 논문, 30쪽 참고.
118) 『경국대전』 권1, 이전, 告身; 같은 책, 권1, 이전, 取才, 蔭子弟. 도총부 낭청[鎭撫]은 본래 선전관·부장과 함께 손자까지도 承蔭할 수 있었는데[『세조실록』 권7, 세조 3년 4월 1일(갑오), "宣傳官鎭撫部將 依臺省政曹例 子孫襲蔭"],『경국대전』에서는 아들로 그 범위가 축소되었다.
119) 박홍갑, 1994『조선시대 문음제도 연구』, 탐구당, 258쪽.
120) 『경국대전』 권4, 병전, 경관직, 정이품아문, 오위도총부, "堂下官 有吏才諳鍊者 除取才兼用 部將同"

무신뿐 아니라 문신이나 蔭官도 기용할 수 있는 법적 근거가 됐으며, 실
제로도 조선초기의 실록에서 무신이 아닌 자가 경력과 도사로 활동하거
나 임명되는 사례를 자주 볼 수 있다.[121]

이 조항에서 언급한 取才는 『경국대전』에 법제화돼 있는 守令이나 驛
丞, 蔭子弟 또는 雜織 등을 위한 취재가 아니라 武將을 선발하기 위한
취재로서 『경국대전』에 간략하게 실려 있다.[122] 다음의 인용문은 조선
초기 실시했던 무장 선발을 위한 여러 방법들의 상호관계를 잘 보여준다.

> 병조에서 계하기를 "諸將取才에 입격한 자는 다시 武藝(取才)에서 시험
> 하지 않고 通用하는 것이 어떻겠습니까?"라고 했다. … 盧思愼이 의논하기
> 를 "武科 出身者를 다시 試才하지 않고 諸將이나 萬戶에 임용하는 것은 그
> 가 (무과에서) 시험받았던 재주가 저들(제장·만호-인용자 주)보다 우수하
> 기 때문입니다. 諸將의 재주가 武藝보다 위에 있으니 다시 試才할 필요 없
> 이 등용할 수 있습니다. …"라고 했다. 李克培가 의논하기를 "武藝取才라
> 는 것은 본래 沿邊 萬戶(의 선발)를 위해 설치한 것이며, 諸將取才는 본래
> 宣傳官·都摠府郎廳·部將을 위해 설치한 것입니다. …"라고 했다.[123]

이를 보면 무과에 급제한 자가 가장 우수하고, 京官職인 선전관과 도
총부 낭청, 部將을 선발하기 위한 諸將取才가 그 다음이며, 外官職인 연
변의 만호에 임용할 자를 선발하는 武藝取才가 가장 낮은 등급임을 알
수 있다. 제장취재와 무예취재는 內禁衛의 경우 평상시에 射御를 연습
하므로 武才 시험은 다시 볼 필요가 없으니 講書만 시험하도록 한 조치
로 볼 때[124] 이들 취재에서는 武才와 講書 두 가지를 시험했음을 알 수

---

121) 문신 중에서도 우수한 자만 선발되는 賜暇讀書 대상자에 도총부 都事 申鏛이
　　뽑히기도 했다『중종실록』 권1, 중종 1년 12월 3일(정미)].
122) 『경국대전』 권4, 병전, 外官職, "僉節制使萬戶 以試武藝者差之〈武科兼司僕內
　　禁衛不在此限〉"
123) 『성종실록』 권168, 성종 15년 7월 18일(임인).
124) 『성종실록』 권23, 성종 3년 10월 1일(갑자).

있다.125) 諸將의 범주에는 5위 책임자인 衛將도 포함되지만126) 위장은 2품 이상의 고위 관원들이 겸하는 관직이기 때문에 제장취재와는 무관했다. 이처럼 행정 실무에 능숙한 자는 취재를 면제하고 도총부 당하관에 임용한다는 조항이 법제화됨에 따라 경관직 중에서 무신들을 임명하는 訓鍊院·도총부127) 두 관서 중에서 도총부에 문신이나 음관들이 '吏才諳鍊'이라는 명목으로 임명될 수 있었고 자연히 무신 몫의 당하 경관직은 줄어들게 되었다.

도총부 낭청에서 무신 비중이 낮아짐에 따라 군사훈련을 거행할 때 문제가 되기도 했다. 1478년(성종 9) 도총부 낭청이 모두 문신이고 5위 부장도 다 무신은 아니어서 閱武할 때 그들이 어떻게 조치할지 몰라 문제가 되었다. 그리하여 당시 초기 士林派에 속한 執義 李則조차도 이를 문제 삼으며 앞으로 도총부 낭청과 5위 부장은 문신과 무신을 반반씩 임명하자고 건의할 정도였다.128) 이에 따라 도총부 낭청에 일정한 수의 무신을 배치하기 위해 1489년(성종 20) 4월 도총부 낭청은 文武交差하는 자리로 정하기도 했다.129) 도총부 낭청은 實職을 역임한 경력이

---

125) 諸將取才를 『경국대전』에서는 '宣傳官'과 '都摠府堂下官部將武藝'로 구분해 규정했다(권4, 병전, 試取, 宣傳官, "〈四矢以上及講書入者取 ○ 見任內禁衛只取講書 武藝同〉 兵政陣法兵將說中一書 通武經七書兵要中自願一書 略以上"; 같은 책, 권4, 병전, 試取, 都摠府堂下官部將武藝, "五矢以上及講書入者取 兼取身言書"). 선전관은 군사 관련 傳令과 符信 출납 등을 담당하므로 상대적으로 講書 비중이 높고, 도총부낭청·부장은 군사 통솔과 함께 군사 행정도 처리해야 하므로 身長과 더불어 '言·書'도 함께 선발 기준으로 삼았다. '言·書'가 吏才諳鍊의 일부였을 것이다.

126) 『세조실록』 권3, 세조 2년 2월 21일(경신); 『경국대전』 권4, 병전, 경관직, 정이품아문, 오위도총부, "周年相遞〈諸將同〉"

127) 『중종실록』 권25, 중종 11년 5월 30일(경술), "(領議政鄭)光弼曰 … 不用武臣之意 臣曾啓之矣 此無他 用武臣之地不多 只有都摠府訓鍊院部將宣傳官而已"

128) 『성종실록』 권91, 성종 9년 4월 11일(임인).

129) 『성종실록』 권227, 성종 20년 4월 23일(신해), "都摠府軍務緊關 郎廳擇用之 且以文武交差"

없더라도 제장취재에 입격하면 제수될 수 있었는데, 1472년(성종 3) 10월부터 西班職도 실직 유무를 고찰하라는 傳敎에 따라 도총부 經歷은 5품, 都事는 6품 실직을 역임한 자만 취재를 통과한 후에 제수될 수 있게 바뀌었다.130)

도총부가 병조와 함께 수행하는 입직 군사 점고는 입직한 당상관들이 직접 하는 것은 아니었다. 당상관이 낭청에게 軍裝 점고를 지시하면 낭청은 서리들로 하여금 검찰하게 하고 범한 자는 장 80대에 해당하는 贖을 거두도록 했다.131) 이때 거둔 贖은 도총부 운영비[供億之費]로 쓰였기 때문에 도총부가 갈수록 각박하게 군장 점고를 시행해 종종 문제가 되곤 했다. 1528년(중종 23)경이 되면 도총부의 가혹한 점고를 '도총부 사냥'[摠府山行]132)이라 부를 정도로 입직 군사들의 徵贖 문제는 심각해졌다. 그러나 1502년(연산군 8) 8월 경연 석상에서 同知事 姜龜孫이 "성종께서 지나친 징속을 염려해 檢察 받은 단련되지 않은 軍器를 大內로 들이게 한 뒤 과연 군기가 虛疎한 것을 알았던 까닭에 다시는 징속을 금하지 않았습니다."라고 지적한 데서 알 수 있듯이,133) 15세기 말부터 입직 군사들의 군장과 군기 상태가 매우 부실해졌기 때문에 점고를 그만 둘 수도 없는 형편이었다.

입직 군사에 대한 도총부의 점고는 개선되지 않고 이후에도 계속 문제가 되었다. 法司에서도 그 폐단을 논하고 국왕도 여러 차례 傳敎를 내렸음에도 개선되지 않았다. 법사는 까다로운 점고 때문에 군사들이 徵贖당하는 폐단에만 주목했지만 국왕 입장에서는 군사들의 어려움도

---

130) 『성종실록』 권20, 성종 3년 7월 19일(갑인), "上黨府院君韓明澮啓曰 如萬戶部將 雖無實職 一切以取才除授 都摠府郞廳 亦此例也"; 『성종실록』 권23, 성종 3년 10월 1일(갑자).
131) 『연산군일기』 권45, 연산군 8년 8월 9일(무신).
132) 『중종실록』 권619, 중종 23년 4월 14일(을묘).
133) 『연산군일기』 권45, 연산군 8년 8월 9일(무신).

고려하면서도 입직 군사의 군장 부실은 궁궐숙위의 약화로 직결되므로 이러한 점도 신경 쓰지 않을 수 없었다. 결국 1540년(중종 35) 6월 국왕 중종은 낭청과 당상이 軍裝을 점고해 문제 있는 군장을 승정원에 보내면 자신이 직접 점검하겠다는 전교까지 내렸다.[134] 그러나 국왕이 이런 전교를 내렸음에도 도총부의 군장 점고는 이후에도 계속 문제가 되었다. 심지어 壯勇衛 朴命建이 東小門 밖에서 목을 매 죽은 사건이 있었는데, 이에 대해 史官은 "혹자는 도총부에서 徵贖을 지나치게 독촉해 목을 맸다고 운운한다."라고 비판할 정도로 심각했다.[135] 도총부 징속은 明宗 때에도 문제가 되어 이에 대한 국왕 전교와 규제책이 취해지기도 했다.[136]

거듭된 국왕 전교에도 도총부의 가혹한 徵贖이 그치지 않는 것은 도총부에서 거두는 贖物이 도총부 의원·녹사·서리들의 所食 등 운영비로 쓰였기 때문이다.[137] 그러므로 이에 대한 별도 대책이 마련되지 않는 한 도총부 징속은 국왕 전교에 따라 일시적으로 완화될 수는 있어도 본질적으로 해결되기 어려운 문제였다.

도총부는 입직 군사의 점고뿐 아니라 有故 군사의 退立 업무도 병조와 함께 담당했었다. 1528년(중종 23) 경연 석상에서 崔漢洪은 군사들의 有故를 이전에는 병조와 도총부에 보고해 두 곳에서 도망 군사를 推捉하고 在喪 여부 등을 考閱했는데, 근래에는 군사 유고를 병조에만 보고하는데 병조는 사무가 많아 조사를 하지 못해 退立하는 군사가 없어 侍衛가 虛疎해진다고 지적했다.[138] 이처럼 도총부가 有故 군사의 退立 업

---

134) 『중종실록』 권93, 중종 35년 6월 9일(기사).
135) 『중종실록』 권95, 중종 36년 6월 11일(병인).
136) 『명종실록』 권9, 명종 4년 1월 1일(임신); 『명종실록』 권17, 명종 9년 11월 18일(을묘).
137) 『명종실록』 권14, 명종 8년 1월 21일(무술), "戶曹啓曰 … 橫看相考 則都摠府 醫貝錄事書吏 … 漢城府書吏所食 皆用其司贖物"
138) 『중종실록』 권60, 중종 23년 2월 4일(병오).

무에서 배제된 것을 통해서도 16세기 들어와 도총부 위상이 낮아진 것을 다시 한 번 확인할 수 있다.

이상에서 살펴본 것처럼 도총부 구성원은 관원, 경아전, 徒隷 세 부류로 구성되었다. 도총부 역할의 핵심은 궁궐숙위였는데, 뜻밖의 사태를 예방하기 위해 위장 낙점 같은 행정 사무는 병조에서 처리하고 총관도 반드시 2명이 입직하게 했다. 15세기 후반에는 이조판서의 총관 겸직이 금지되고 의빈·종친의 총관 기용이 관행으로 자리 잡았다. 16세기가 되면 도총부 위상이 낮아져 이조판서의 총관 겸직도 문제되지 않았고, 도총부의 입직 군사에 대한 총괄 권한도 평상시로 제한되었다. 의정부·육조·한성부 당상의 총관 겸직은 晝仕 啓請 등의 문제가 있었음에도 16세기를 거치며 관행화되었다. 궁궐숙위라는 막중한 군사행정을 담당하는 도총부 낭청은 그 아들에게 承蔭 기회가 부여된 淸要職으로, 제장취재에 입격해야 임명될 수 있었다. 그러나 '吏才諳鍊'한 자는 취재를 면제하고 임명할 수 있게 입법하여 도총부 낭청에서 무신 비중이 줄어들었다. 도총부의 입직 군사에 대한 점고는 거둔 贖物이 도총부 운영비로 쓰였기 때문에 국왕 전교나 규제책에도 불구하고 15세기 후반 이후 계속 문제가 되었다.

2) 衛將·部將의 역할과 五衛職 변질

五衛職은 五衛將과 部將, 정3품 上護軍부터 종9품 副司勇이 이에 해당한다. 오위장(이하 '위장'으로 약칭)은 품계가 종2품이고, 정원은 12명이며, 다른 관원이 겸하는 겸직제로 운영됐고, 周年이 되면 교체되었다.[139] 위장의 주된 역할은 국왕侍衛와 궁궐宿衛였다. 궁궐에서 大小 朝賀나 宴

---

139) 『경국대전』 권4, 병전, 경관직, 정이품아문, 오위도총부, "周年相遞〈諸將同〉"; 같은 책, 권4, 병전, 종이품아문, 오위, "從二品 將十二員〈以他官兼〉"

享이 베풀어질 때 위장은 衛兵인 5위 군사를 인솔해 조정 뜰에 列立하는 방식으로 국왕시위를 담당했다.[140]

궁궐숙위의 경우, 먼저 병조에서 入直 전날 저녁에 입직 將士들이 근무할 장소[所]와 시간[更]을 국왕에게 보고해 허락을 받고, 그들을 지휘할 위장의 낙점을 받은 뒤 이를 도총부에 關文을 보내 통보하면, 해당 위장은 입직 將士 수를 병조에 보고했다.[141] 입직하러 궁궐에 들어간 위장은 먼저 謝恩肅拜를 행한 후 입직한 병조 관원이 담당하는 分軍을 통해 지휘할 將士를 배분 받아 정해진 장소에서 3일 동안 근무했다.

위장이 궐내에 출입할 때 跟隨를 대동할 수 있었다.[142] 근수 외에도 陪從하는 令史와 皂隷 각각 1명씩도 위장마다 배정됐으며,[143] 12명의 위장에게 差備奴 20명도 배정되었다.[144] 위장들이 근무하는 衛將廳에도 영사와 사령 각각 10명씩과 螺匠 3명이 별도로 배정되었다.[145] 위장도 도총부 假堂上·假郎官처럼 假衛將이 임명되기도 했으며,[146] 총관처럼 세조~예종 때에는 종친들이 종종 위장에 임명되기도 했다.[147]

한편 1530년(중종 25) 1월 한성부 左尹으로 있던 西所 위장 黃琛이 本司의 晝仕를 위해 啓請한 것을 계기로 중종은 현재 正職에 있으면서 위장을 겸임하는 자는 속히 개정하고 앞으로 정직에 있는 자는 위장을 겸임하지 못하도록 承傳하게 했다.[148] 위장은 궁궐숙위를 총괄하는 총관과 달리 입직 군사를 거느리고 궁궐을 순행하는 등 궁궐숙위를 실질적

---

140) 『경국대전』 권4, 병전, 侍衛.
141) 『경국대전』 권4, 병전, 入直; 같은 책 권4, 병전, 啓省記, "〈諸將各具入直將士 之數報本曹〉"
142) 『경국대전』 권5, 형전, 根隨.
143) 『세조실록』 권7, 세조 3년 4월 1일(갑오).
144) 『경국대전』 권5, 형전, 諸司差備奴根隨奴定額, "差備奴 五衛將 二十"
145) 『세조실록』 권7, 세조 3년 4월 1일(갑오).
146) 『성종실록』 권13, 성종 2년 12월 12일(기묘).
147) 『예종실록』 권5, 예종 1년 5월 7일(경인).
148) 『중종실록』 권67, 중종 25년 1월 3일(갑오).

으로 수행하는 존재였기 때문이다.

5위 部將은 1466년(세조 12) 1월의 官制 개정으로 兼部將이라는 兼職 형태에서 탈피해 정식 祿官이 되었다.[149] 정액이 25명인 부장은 국왕이 머무는 궁궐숙위라는 막중한 업무를 담당하기 때문에 자주 체임되는 것을 막기 위해 근무 일수를 채워야만 다른 관직으로 옮길 수 있게 했다.[150]

부장도 假衛將처럼 假部將이 임명되기도 했다.[151] 1515년(중종 10) 7 월 장령 金瑛은 부장도 諸將이며 자손이 承蔭하고 대간의 署經도 받기 때문에 그 중요함이 도총부 관직과 같은데, 근래 庸雜한 자를 부장으로 임명해 행행 때에 形名을 쓸 줄 몰라 부득이 가부장을 차출한다고 비판 했다.[152] 이처럼 인원이 부족하거나 부장 중에 적합한 자가 없을 때 가 부장을 임명했다.

1492년(성종 25) 2월, 경연 석상에서 特進官 卞宗仁이 이전에 내금위 와 겸사복 중에서 글을 아는 자를 뽑아서 陣法을 아는 훈련원 習讀官으 로 하여금 가르치게 하니 이를 통해 부장으로 선발된 자가 있었다고 밝 혔다.[153] 이를 보면 금군인 내금위와 겸사복이 부장의 모집단 역할을 수행한 것을 알 수 있는데, 이들도 앞에서 살펴본 諸將取才를 거쳐 부장 으로 선발됐을 것이다.

부장에게도 위장처럼 驅使 2명과 陪從하는 令史와 皂隷 각각 1명씩이 배정됐으며, 部將廳에도 영사와 使令 각각 5명씩과 螺匠 2명이 배정돼 있었다.[154] 부장에 대한 포폄은 위장들이 함께 의논해 결정한 후 曹司衛 將이 도총관에 보고하는 방식으로 수행했다.[155]

---

149) 『세조실록』 권38, 세조 12년 1월 15일(무오).
150) 『경국대전』 권4, 병전, 경관직, "中樞府一員 訓鍊院正及主簿以上一員 都摠府 部將外 並不待滿仕遷官"
151) 『성종실록』 권156, 성종 14년 7월 14일(갑진).
152) 『중종실록』 권22, 중종 10년 7월 22일(정미).
153) 『성종실록』 권287, 성종 25년 2월 23일(임오).
154) 『세조실록』 권7, 세조 3년 4월 1일(갑오).

위장이 머무는 衛將所와 부장 근무처인 部將所(部將廳)156)도 도총부처럼 궁궐 안에 마련돼 있었다. 부장소는 궁궐에 입직하러 들어온 부장이 아닌 다른 부장들이 書員 등의 조력을 받으며 업무를 처리하는 청사였던 것 같다.157) 반면 입직하러 들어온 부장은 부장소가 아닌 4所에 머물며 입직 군사를 지휘했다.158) 입직 군사가 부장 지휘 하에 머무는 4개의 所, 즉 東所·西所·南所·北所로 구성된 4所는 주로 宮城에 붙어 있는 行廊에 배치돼 있었다. 4所 외에 中所도 있었다. 중소에는 衛將·部將이 아닌 궁궐숙위를 총괄하는 도총부 당상관 2명과 궁궐숙위 관련 행정을 담당하는 병조 당상관 1명이 각각 별도로 衛門을 설치하고 直宿했다.159) 19세기 자료이지만 「동궐도」와 조선전기의 실록 기사를 함께 검토해 東闕 안의 위장소와 부장청, 4소 위치를 살펴보면 다음과 같다.160)

---

155) 『성종실록』 권229, 성종 20년 6월 16일(계묘).
156) 「東闕圖」에는 '部將廳'으로 표기돼 있으며, 부장청 외에 '部將直所'도 9첩 2면에 그려져 있다.
157) 『세조실록』 권37, 세조 11년 10월 2일(병자); 『세조실록』 권45, 세조 14년 1월 16일(정축).
158) 『중종실록』 권63, 중종 23년 10월 74일(을사), "傳于政院曰 英陵行幸時 … 行幸後 闕內入直兵曹都撫府 四所衛部將 及入直宣傳官 宮城門都城門守門將等 幷書名以啓"
159) 『경국대전』 권4, 병전, 入直, "本曹堂上官一員都撫府堂上官二員直中所各設衛門〈諸衛直所外 別置中所 司僕內禁衛亦各直中所之側〉"
160) 1464년(세조 10) 8월 양성지가 올린 上書에 따르면, 경복궁의 前所에는 내금위가 입직하는데 이곳은 大內 동남쪽이며, 대내 서북쪽에는 兼司僕이 입직한다고 했다(『세조실록』 권34, 세조 10년 8월 1일(임오)]. 이를 보면 세조 후반 경복궁의 전소는 萬春殿과 동궁 사이에, 서소 또는 북소는 경회루 근처에 있던 것으로 보인다.
한편 1808년(순조 8) 편찬된 『萬機要覽』에서는 동궐의 4소 위치를 다음과 같이 밝히고 있다(軍政篇1, 五衛, 衛將所). "南所는 (창덕궁의) 金虎門 안에 있으며 옛날 左衛인 龍驤衛이다. 西所는 (창덕궁의) 曜金門 안에 있으며 옛날 右衛인 虎賁衛이다. 東所는 (창경궁의) 宣仁門 안에 있으며 옛날 前衛인 忠佐衛이다. 北所는 (창경궁의) 景化門 동쪽에 있으며 옛날 後衛인 忠武衛이다."

·위장소: 창덕궁 金虎門 위쪽 행랑
·부장청: 창경궁 宣仁門 위쪽 행랑
·동소: 부장청 바로 위쪽 행랑
·서소: 북소 근처161)
·남소: 위장소 바로 위쪽 행랑
·북소: 위장소와 曜金門 사이162)

4소는 1459년(세조 5) 8월 병조에서 입직한 將士들의 宿衛에 대해 계하면서 "東·西·南 3소를 설치하자."163)라고 건의한 것으로 보아 세조 때 처음 설치한 것으로 추정된다. 그런데 1468년(예종 1) 5월 도총관인 좌찬성 金國光은 "궁궐 안의 各所가 자못 좁아서 입직하는 군사들이 비가 올 때나 한겨울에도 한 데서 거처하는 자가 자못 많습니다."라고 아뢰었다. 이에 예종은 繕工監으로 하여금 東所와 北所, 西所 근처에 假家인 草家를 지어 각소에 들어가지 못하는 입직 군사를 수용하게 했다.164) 이를 보면 세조 때의 궁궐 안 4소는 초가였고 그것도 입직 군사를 다 수용

---

161) 1504년(연산군 10) 5월 西所와 北所가 大內와 가깝다는 이유로 曜金門 바깥에 서로 멀지 않게 조성하게 했다[『연산군일기』 권53, 연산군 10년 5월 30일(기미), "傳曰 都摠府及藥房火藥庫西所北所皆近大內 其令移設 … 西北所則各別造成于曜金門外 使距距不遠"]. 이를 보면 서소와 북소는 원래부터 서로 가까운 거리에 있었다고 추정된다

162) 북소는 「동궐도」에 표시되어 있지 않다. 그런데 『연산군일기』에 북소가 위장소와 요금문 사이에 있음을 알려주는 기사가 수록돼 있어 주목된다[권51, 연산군 9년 11월 11일(갑술), "傳曰 軍器寺紫門監南門 都摠府西門 並閉 使不得出入 自紫門監西至都摠府 自衛將所北所至曜金門 高築墻 使不得通望後苑 今方寒凍 姑設籬"].

163) 『세조실록』 권17, 세조 5년 8월 15일(갑자).

164) 『예종실록』 권5, 예종 1년 5월 7일(경인). 궁궐에 입직한 군사들이 잠을 잘 때에는 丁若鏞이 '藁匡'이라 언급한 현재의 침낭 비슷한 것을 침구로 이용했을 것으로 보인다(정약용, 「民堡警夜之法」 『民堡議』, "藁匡者如我闕內守門之卒 所寝者也〈結藁爲匡圍內可容臥〉"(文獻出版委員會, 1961 『丁茶山全書』(中), 弘益人間社, 1119쪽에서 인용).

하지 못할 만큼 매우 협소했음을 알 수 있다. 부장은 4소에 입직하는 것
외에, 국왕이 외방으로 行幸하는 특수한 경우이지만 궁궐의 특정한 문
에 입직하기도 했다.[165]

도총부에서 部將을 牌召하는 것이 그동안의 관례였는데 이것이 문제
되기도 했다. 1493년(성종 24) 6월, 御牌를 받은 守門將을 도총부에서 牌
召하는 것이 타당한 것인가에 대해 의견을 수렴한 성종은 部將과 함께
守門將, 守鍾將, 어패를 받고 입직한 모든 관원, 입직한 겸사복 등은 句
問할 일이 있더라도 이전처럼 도총부에서 牌召하지 못하게 하고 그들이
出直하는 날에 牌召해 句問하되 긴급한 경우에만 국왕에게 宣傳標信을
청해 그들을 진퇴할 수 있게 했다.[166] 부장·수문장 등이 입직한 곳을 벗
어날 경우 반드시 국왕의 허락을 받도록 하여 궁궐숙위를 강화하는 한
편, 국왕이 궁궐입직 군사의 主將이라는 점을 부각시킨 조치로 보인다.

한편 1466년(세조 12) 1월의 관제 개정으로 五衛鎭撫所는 오위도총부,
都鎭撫는 도총관으로 바뀌고 5위의 兼部將은 정식 祿官이 되었다. 이때
하위 五衛職名도 많은 변화를 보였는데 이를 정리한 것이 [표 3-2]이다.
이때의 조치로 攝職[167]은 관직 체계에서 사라지게 됐으며, 이때 바뀐 부
호군 등의 오위직명은 조선시대 내내 유지되었다.

---

165) 『중종실록』 권63, 중종 23년 10월 74일(을사), "傳于政院曰 英陵行幸時 … 行
　　幸後 闕內入直兵曹都摠府 四所衛部將 及入直宣傳官 宮城門都城門守門將等
　　幷書名以啓 且協陽門入直部將 差定 可也"
166) 『성종실록』 권279, 성종 24년 6월 15일(정축).
167) 박용운은, 攝職은 '대신하여 어떤 일을 처리하는 직위'로서 고려후기에는 주
　　로 武班職에 설치되어 정규적인 관직체계 내에 위치했으며, 官制 운영의 탄력
　　성 확보와 祿俸 절감이 그 설치 목적이라고 밝혔다(1997 『고려시대 官階·官
　　職 연구』, 고려대 출판부, 184~202쪽).

[표 3-2] 1466년(세조 12)의 하위 五衛職名 변화

이전 명칭	개정 명칭	이전 명칭	개정 명칭
攝護軍	副護軍	攝司正	副司正
攝司直	副司直	副司正	司猛
副司直	司果	攝副司正	副司猛
攝副司直	副司果	攝司勇	副司勇

전거: 『세조실록』 권38, 세조 12년 1월 15일(무오).

앞서 본 바와 같이 위령직은 일찍부터 갑사 같은 병종에게 녹봉을 주기 위한 자리로 활용되었다. 고려시대의 府兵은 中郎將·郎將·別將·散員·校尉·隊正 등 자신의 職名을 가지고 군사로서 활동했다. 반면에 조선 태조~태종 초반 부병 내실화를 기하던 시기가 지나면서 상호군·대호군·호군 같은 상급 위령직을 제외한 司直 이하의 하급 위령직은 갑사·별시위·내금위 같은 試取를 통해 선발되는 군사들에게 녹봉을 주기 위한 자리로 변질되었다. 갑사·별시위 등이 더 이상 衛領職名이 아닌 자신들의 兵種名으로 활동하면서 그들에게 부여된 위령직은 단순히 녹봉을 타기 위한 관직으로만 기능하게 된 것이다. 15세기 후반에도 이런 현상은 여전했다. 더욱이 이때가 되면 이전부터 있어 왔던 軍職이 아닌 관원·관직에 녹봉을 주기 위해 오위직을 활용하는 경향이 더욱 심화되었다. 1464년(세조 10) 四部學堂 敎官에게 다시 오위직인 西班職을 주도록 한 조치가 그 사례이다.[168]

오위직이 주로 녹봉 지급을 위한 자리로 기능하게 되자[169] 오위직은 당시의 관직 운영 체계와 맞물려 다양하게 활용됐으며, 또한 우대 병종과 그렇지 못한 병종의 균형을 맞추기 위한 수단으로도 활용되기 시작했다. 양자의 균형을 맞추기 위해 그들에게 배정했던 오위직의 품계를

---

168) 『세조실록』 권34, 세조 10년 10월 12일(임진).

169) 조선전기 軍制의 문제점을 요약 정리한 『宣祖修正實錄』의 선조 11년 기사에서는 이를 "軍職은 사대부의 祿科에 돌아갔다."라고 표현했다[권12, 선조 11년 8월 1일(경진)].

고려해 그 수효를 재조정한 것이다. 1502년(연산군 8) 8월, 羽林衛는 겸
사복·내금위와 같은 禁軍인데도 이들에 비해 대우가 박하다는 이유로,
겸사복 체아직인 부호군(종3품) 2·부사직(종5품) 1·부사과(종6품) 2자리
와 우림위의 부사용(종9품) 5자리를 교환하고, 또 내금위의 부사직 1·부
사과 2자리와 우림위의 부사용 3자리를 교환하게 했다.[170] 이처럼 한 병
종의 상급 체아직과 다른 병종의 하급 체아직을 교환하거나 아예 한 병
종의 체아직을 덜어내어 다른 병종으로 移給하는 방식은 병종 간 균형
을 맞추기 위해 종종 시행하는 방식이었다.

오위직이 武職이 아닌 官職에 녹봉을 주는 자리로 변질되자 이를 받
는 당상관과 문신들은 자신과 그렇지 않은 오위직 受職者와의 차별성을
꾀하기도 했다. "서반은 職事가 없이 다만 서로 돌아가며 녹봉을 받는
다."[171]라는 평가처럼 당상관이 받는 군직의 위상은 시간이 흐를수록
낮아졌다. 군직은 資級 하나하나가 중요한 동반과 달리 그 자리가 "본래
올리고 내리는 관직[本是陞降之職]"이기 때문에 1469년(예종 1) 10월의
사례처럼 당상관 수가 360여 명이나 되어 임명할 빈자리가 부족해지자
그들을 종9품인 副司勇에 제수하는 경우까지 생기게 되었다.[172] 이에
당상관의 품위 유지를 위해 이들을 司正 이상에만 제수하고 跟隨도 지
급하자는 건의가 올라오기도 했다.[173] 또한 군직의 위상이 낮아짐에 따
라 다른 관직처럼 3望을 갖추지 않은 채 單望으로 제수하는 것이 관행
화되어 사간원으로부터 "이것은 전하가 사람들에게 벼슬을 내리는 것
이 아니라 벼슬을 주는 자가 바로 銓曹"라는 비판을 받기도 했다.[174]

1458년(세조 4) 6월에는 당상관 빈자리가 부족해 일을 맡은 당상관도

---

170) 『연산군일기』 권45, 연산군 8년 8월 12일(신해). 이 규정은 『大典後續錄』, 권4,
   병전, 遞兒條에 등재되었다.
171) 『성종실록』 권14, 성종 3년 1월 30일(정묘).
172) 『예종실록』 권8, 예종 1년 10월 4일(갑인).
173) 『성종실록』 권199, 성종 18년 1월 23일(갑자).
174) 위와 같음.

상호군·대호군·호군이라고만 칭하고 行職에 제수하여 職秩이 낮은 (실제의) 상호군·대호군과 차이가 없게 된다는 이유로 당상관은 실제 품계에 따라 '中樞院使行上護軍', '同知中樞院行上護軍' 등으로 칭하게 했다.175) 오위직을 받은 문신 당상관들이 녹봉을 받는 데 만족하지 않고 자신의 품계와 相等한 中樞院 관직을 冠添하여 자신의 지위를 드러내고자 취한 조치였다. 이러한 시도는 16세기에도 나타났다. 1546년(명종 1) 3월, 參贊官 宋世珩은 세력 있는 雜職들이 호군·사직을 차지해 홍문관의 博士(정7품)·著作(정8품)보다 많은 녹을 받아 국가 재정을 虛喝하게 만든다고 비판하면서 守門將·學官과 더불어 軍職은 6품 이하의 직으로 내릴 것을 청했다.176) 무신·잡직보다 우월한 문신의 사회적 지위를 다시 확인받고자 한 건의로 보인다.

15세기 후반 문신들이 호군 이상의 오위직에 자주 임명되자 이를 지칭하는 '送西'라는 용어가 등장했다.177) 같은 행위가 반복돼 관행으로 자리 잡자 이를 지칭하는 용어까지 생기게 된 것이다. 송서 행위가 빈번해지면서 오위직을 實職으로 인정할 수 있느냐의 문제를 둘러싸고 논의가 전개되기도 했다. 조선 초에 만든 循資法에 따라 관원을 遷轉시키는 것이 인사행정의 대원칙인데, 西班 오위직을 東班 관직처럼 실제 업무를 수행하는 관직으로 인정할 수 있는지를 문제 삼은 것이다. 오위직이 문신·음관에게는 녹봉을 받는 자리로, 무신에게는 仕日에 따라 升降하는 자리로 바뀌었기 때문이다. 1495년(연산군 1) 5월, 승지 金應箕는 李止崗과 柳大承이 동반 5~6품의 실직을 역임했을 뿐인데 忠義衛로서 대호군을 역임했다 하여 정3품 당하관인 准職에 제수한 것을 비판했다. 즉 대호군은 실직이 아니라는 주장이다. 반면 국왕과 銓曹에서는 대체로

---

175) 『세조실록』 권13, 세조 4년 6월 7일(계해).
176) 『명종실록』 권3, 명종 1년 3월 27일(갑신).
177) 『성종실록』 권291, 성종 25년 6월 1일(무오), "傳曰 (李)昌臣 可用之人 然今言
　　有病 其令送西 而准職除授 又給藥"

오위직을 실직으로 인식하는 경향성을 보였다.[178) 국왕과 인사 담당자
들은 서반 위령직도 정식 관직의 하나로 인정하려는 반면 대간 등은 이
들이 실제 업무를 수행하는 것이 아닌 체아직에 불과하므로 동서반의
實職과 峻別하고자 한 것으로, 16세기 오위직 운영의 한 단면을 보여준
다 하겠다.

한편 1508년(중종 3) 10월, 지평 申鏜은 국가에서 군직을 설치한 것은
'屬處'가 없는 宰相과 '所歸'가 없는 朝官으로 하여금 녹봉을 받게 하기
위해서라고 언급했다.[179) 입직과 侍衛를 담당하는 將士들을 위해 설치
한 군직이 당초의 설치 목적에서 벗어나 소속처 없는 관원들에게 녹봉
을 주기 위한 자리로 변질되고 더 나아가 그것을 당연한 것으로 여기게
된 것이다. 이처럼 군직을 올리고 내리는[升降] 자리로 인식하면서 한
사람이 한 자리를 오래 차지하는 것도 비판의 대상이 되었다.[180) 1497년
(연산군 3) 당시 통정대부가 90여 명, 가선대부로부터 1품까지가 또 90
여 명이나 있었기 때문이다.

중종 때가 되면 병조에서 군직 승강을 임의로 한다는 비판도 제기되
었다. 1532년(중종 27) 5월, 司諫 梁淵이 병조에서 軍職 升降을 임의대로
한다고 비판하자 병조판서 洪彦弼은 "군직이 고르지 못한 것은 그 유래
가 오래됐다."라고 자인하며 자신도 공정하게 하고자 하나 그렇지 못하
다는 어려움을 토로했다.[181) 군직이 이미 녹봉만을 지급하기 위한 자리
로 변질되어 이를 제수하는 데 뚜렷한 기준이 없었기 때문에 그 승강에
서 임의성을 배제하기 어려웠던 것이다.

---

178) 『연산군일기』권5, 연산군 1년 5월 9일(신묘);『연산군일기』권45, 연산군 8년
　　7월 19일(기축).
179) 『중종실록』권7, 중종 3년 10월 19일(계미), "司諫李希孟 持平申鏜 論啓前事
　　鏜又曰 國家設軍職者 爲宰相無屬處者 與朝官無所歸者 使之受祿也"
180) 『연산군일기』권21, 연산군 3년 1월 4일(병오).
181) 『중종실록』권73, 중종 27년 5월 27일(갑술).

이상에서 살펴본 것처럼 위장과 부장, 정3품 상호군부터 종9품 부사
용이 오위직에 해당했다. 위장과 부장은 입직 군사를 인솔하고 궁궐숙
위를 수행했으며, 이들의 근무처인 위장청과 부장청, 입직 군사가 머무
는 4소가 궐내에 세워져 있었다. 위령직을 타 관직에 녹봉을 주기 위한
자리로 활용하던 관행은 위령직이 오위직으로 바뀐 15세기 후반에 더욱
심화되었다. 이에 이를 지칭하는 '送西'라는 용어까지 등장했다. 오위직
이 병종 간 균형을 맞추기 위한 수단으로도 활용됐으며, 오위직을 받은
당상관·문신들은 자신과 일반 오위직 受職者와 차별을 꾀하기도 했다.

3. 중앙군 중심의 군사훈련 거행

1) 習射 장려와 觀射의 세분화

예종 때의 관사는 종친을 대상으로 한 관사가 주목된다. 1469년(예종
1) 4월 序賢亭에 거둥하여 藥城君 魚有沼, 新宗君 孝伯, 行副護軍 具文信
등 40여 명에게 射侯하도록 했는데, 그중에서 曲江令 坥기가 활을 잘 쏘
자 예종이 그의 자급과 除職 久近을 물은 뒤 "후일 한 자급을 더하겠다."
라는 언질을 주었다. 그리고 며칠 뒤에 다시 서현정에 거둥하여 종친을
대상으로 관사를 실시하고 5발을 다 맞힌 孝伯·孝昌과 활을 잘 쏜 孝叔
에게 加資 혜택을 베풀었다.[182] 성종 때처럼 연말에 합산해 그 성적에
따라 가자하는 방식으로 제도화된 것이 아니라 세조 때처럼 관사 때 즉
자적인 賞給으로 시행한 가자라는 점에서 한계는 있었지만, 예종이 관
사를 종친의 승급 수단으로 이용한 모습은 다음 국왕인 성종 때 그것의
선구적 형태라는 점에서 주목된다. 예종은 입직 군사의 習射에도 유의

---

182) 『예종실록』 권5, 예종 1년 4월 11일(갑자)·15일(무진).

하여 4所에 입직한 군사들이 매일 20명씩 돌아가며 射侯하게 하고 그 결과를 장부에 기재하라는 전교를 병조와 도총부에 내리기도 했다.[183]

성종 때 중앙군을 대상으로 한 習射는 국왕 친림 하에 거행하는 觀射, 국왕 명령에 따라 활 쏘는 대상자만 참여하는 射侯, 입직 武士를 대상으로 정례화한 習射·試射, 그리고 출번 군사들이 訓鍊院에 모여 거행하는 습사 등으로 구분할 수 있다.[184] 이 중에서 관사는 성종 때부터 본래 성격을 유지하면서도 또 다른 의미를 가지게 되었다. 문신 중에서 武事를 익히는 자를 선발하거나 종친들과의 친목을 강화하는 수단으로 활용된 것이다. 조선시대의 경우 한 道의 군사를 총괄하는 節度使까지는 무신을 등용하지만 그 이상의 고위 군사지휘관은 대부분 문신이 담당했다. 그러므로 문신 중에서 武事를 익히거나 능한 자를 미리 선발해 평상시에도 계속 軍事에 관심을 갖도록 유도하는 수단이 필요했는데 성종 때에는 관사를 이 목적에 활용하기 시작한 것이다.

또한 陞轉과 관련한 규례가 없었던 종친들을 위해 經書를 講讀하는 殿講과 함께 관사를 종친의 승전 수단으로도 활용했다. 종친을 대상으로 관사를 실시하고 그 점수를 연말에 합산해 1등에게 加資의 혜택을 준 것이다.[185] 성종은 고려 毅宗 때와 중국 송나라를 언급하면서 자신이 활쏘기를 중시하게 된 까닭을 밝히기도 했다. 고려 의종 때에는 서북방에 병란이 있었는데도 날마다 金敦中 무리와 詩酒를 일삼아서 당시 여론이 좋지 않게 여겼고, 송나라의 경우 文治는 융성했지만 武略은 쇠퇴했다는 평가가 있어 자신은 무를 강조하기 위해 활쏘기를 중시하게 되었다고 밝혔다.[186] 더욱이 조선은 삼면이 적의 침입을 받으므로 잠시라

---

183) 『예종실록』 권6, 예종 1년 6월 9일(신유).
184) 성종 때의 군사훈련 내역에 대해서는 김웅호, 2014 「조선전기 군사훈련과 성남」 『城南學研究』 21.
185) 『성종실록』 권69, 성종 7년 7월 12일(계축).
186) 『성종실록』 권91, 성종 9년 4월 4일(을미).

도 무비를 게을리할 수 없는데도 평화기가 오래되어 무신들은 당상관에
오르자마자 활쏘기를 좋아하지 않고 문신들은 스스로 儒者라 생각해서
활쏘기를 즐겨하지 않는다고 지적하며 자신이 직접 종친, 문신, 재상들
과 함께 활쏘기를 하여 將士들을 격려하고자 한다는 취지를 밝히기도
했으며,[187] 자신이 이렇게 관사를 함으로써 지금은 문신들도 활쏘기를
잘하게 되었다고 자화자찬하기도 했다.[188]

　성종 때의 관사는 그 대상자에 따라 武士관사, 宗親관사,[189] 文臣관사
로 구분할 수 있는데, 점차 그 대상이 세분화했다. 무사관사는 무신 또
는 무신 당상관, 금군, 갑사, 정병으로 그 대상을 세분했으며, 武士들의
활쏘기 능력을 높이는 한편 무사들에 대한 국왕의 인지도를 제고할 목
적으로 거행했다.[190] 종친관사는 종친에 대한 국왕의 親親을 드러내고
종친들에게 陞資 기회를 제공할 목적으로 거행했다. 1474년(성종 5)부터
시작한[191] 문신관사는 정승·판서 등의 고위 문신과 승지·홍문관원·사
관·注書 등의 侍從臣으로 구분해 거행했다. 문신관사는 문신의 활쏘기

---

187) 『성종실록』 권91, 성종 9년 4월 22일(계축).
188) 『성종실록』 권102, 성종 10년 3월 28일(갑신).
189) 종친관사 때 儀賓이 참여하는 경우도 많았지만 종친에 비해 그 수가 매우 적
　　었으므로 별도로 범주화하지 않고 종친관사 속에 넣어 파악했다. 성종 때의
　　종친 수는 500명에 달했다[『연산군일기』 권34, 연산군 5년 8월 22일(기유)]. 반
　　면 성종 때 생존하던 의빈은 姜子順(文宗 女 敬淑翁主 남편), 鄭顯祖(世祖 女
　　懿淑公主 남편), 洪常(德宗 女 明淑公主 남편), 任光載(睿宗 女 顯肅公主 남
　　편), 申沆(成宗 女 惠淑翁主 남편), 任崇載(成宗 女 徽淑翁主 남편), 韓景琛(成
　　宗 女 恭愼翁主 남편), 南致元(成宗 女 慶順翁主 남편) 등에 불과했다.
190) 성종은 이처럼 관사 등을 통해 무신과의 접촉을 강화해 그들의 능력을 파악하
　　고 있었기 때문에, 1491년(성종 22) 야인 침입에 대한 대책을 논의할 때 "今之
　　有武才者 予豈不知"라고 언급할 수 있었다[『성종실록』 권250, 성종 22년 2월
　　8일(갑인)].
191) 『성종실록』 권45, 성종 5년 7월 7일(경신), "御後苑 觀射 … 上問曰 文臣亦有
　　能射者乎 (申)叔舟對曰 有之 請後日試射", 15일(무진), "御後苑 觀射 命文臣
　　曹幹南潤宗等七人"

에 대한 관심을 높임으로써 武에 대한 긍정적 인식을 유도하는 한편, 永安道 五鎭의 判官 후보자를 확보하고 더 나아가 儒將을 양성할 목적에서 거행했다.[192]

그런데 흥미로운 것은 성종이 문신관사를 무신을 흥기시키기 위한 수단으로 이해했다는 점이다. 성종은 "때때로 문신들에게 활을 쏘게 하는데, (문신들이 활쏘기를) 어찌 능숙하게 할 수 있겠는가? 그럼에도 이를 행하는 것은 무신들을 興起시키기 위해서이다."라고 밝혔다.[193] 이처럼 무신을 흥기시키고자 하는 성종의 의도는 "文武는 並用해야 하며[194] 한 쪽을 폐기시켜서는 안 된다."라는 그의 지론과 일맥상통한 것이었다. 이런 목적에서 성종은 무신을 東班에 서용했을 뿐 아니라 더 나아가 무신을 承旨職에 적극적으로 제수하기도 했다.[195] 무신을 승지에 임명한 조치는 당시에 좋은 평가를 받지 못하고 대간들의 심한 비판 대상이 되기도 했지만 성종은 자신의 의지를 그대로 관철시켰다.[196]

성종 때의 활쏘기와 관련해 三日試射가 常例化했다는 점도 주목할 만하다. 1487년(성종 18) 3월, 晝講에서 侍讀官 李承健이 무신의 경우 당하관은 都試·鍊才가 있어 무예를 계속 익히지만 당상관은 별도 규정이 없어 武事 보기를 筌蹄처럼 여긴다고 지적하며 당상관을 권장할 수 있는 별도 규정을 만들도록 건의했다.[197] 이에 성종은 며칠 후 병조에 전교

---

192) 『성종실록』 권263, 성종 23년 3월 25일(을미), "兵曹啓曰 世祖於文臣得許琮李克均 以授將帥之任 故二人能知行陣間事 今文臣稍知射侯者 皆授五鎭判官 故人皆厭之 不習射藝 請擇文臣之能射者 以爲兼宣傳 儲養待用 從之"

193) 『성종실록』 권146, 성종 13년 9월 16일(신해).

194) 『성종실록』 권157, 성종 14년 8월 19일(기묘), "傳于吏兵曹曰 文武之材 固當並用"

195) 조선초기의 승지에 대해서는 한충희, 1987 「조선초기 승정원연구」 『한국사연구』 59 참고.

196) 성종은 여기에서 더 나아가 무신 李德良을 大司憲에 임명하기도 했다[『성종실록』 권157, 성종 14년 8월 27일(정해)].

197) 『성종실록』 권201, 성종 18년 3월 1일(신축). 이때의 당상관은 정3품 折衝將軍

하여 앞으로 무신 당상관은 달마다 연 5일이나 3일간 射侯하여 武業을
익히도록 절목을 議定하게 했다.[198] 이때부터 시작한 무신을 대상으로
한 試射는 사흘간 계속 試射를 한다 하여 三日試射[199] 또는 무신을 대상
으로 하기 때문에 武臣試射라고 불렀다.[200]

처음 삼일시사는 무신 당상관을 대상으로 했지만, 이후 무신 能射者
전체로 그 대상이 확대되고 매월 20일부터 兩所로 나누어 사흘간 시사
하며 居首者에게 弓矢를 下賜하는 것으로 常例化했다.[201] 처음 거수자에
게 궁시를 賞賜하던 것을 이후 加資하는 것으로 상사 비중을 높이자,[202]
대간은 이를 官爵 猥濫으로 인식해 계속 문제를 제기했다.[203] 삼일시사
에서는 활 쏘는 능력을 의미하는 弓品이 비슷한 10명을 하나의 組[耦]로
편성하고 조마다 거수자에게 가자하는 방식을 취했다. 이 때문에 활 쏘
는 능력이 부족하더라도 가자 대상이 될 수 있었고 더욱이 거수자가 資
窮이면 바로 당상관으로 陞級시켰기 때문에 대간의 비판은 상당히 설득
력이 있었다. 그렇지만 무신을 豫養하려는 성종의 강력한 의지에 부딪

부터 종2품 下階인 嘉善大夫까지의 무신을 가리키는 것으로 보인다[『중종실
　　록』 권41, 중종 15년 11월 18일(임신), "武臣觀射則嘉善亦皆入試"].
198) 『성종실록』 권201, 성종 18년 3월 5일(을사).
199) 『성종실록』 권266, 성종 23년 6월 14일(계축), "傳曰 三日試射居首金四守 陞
　　授堂上階";『성종실록』 권267, 성종 23년 7월 5일(계유), "中日習射 例以都摠
　　府堂上監試 臣謂 政曹當知人物 每習射日 令兵曹入直堂上 同都摠府 試射 至
　　於三日試射 承旨二員 分所監試"
200) 『성종실록』 권275, 성종 24년 3월 16일(신사), "(持平)閔壽福啓曰 今武臣試射
　　從弓品高下 每以十人爲一類 每類居首者加資 如此則加資者必多 爵賞猥濫
　　甚不可" 이 책에서는 三日試射로 통일해 호칭하기로 한다. 성종 후반부에 常
　　例化한 이 조치의 핵심 내용은 연 사흘간 집중적으로 試射한다는 점에 있고,
　　또 武臣試射로 호칭하면 이전부터 무신을 대상으로 거행해 왔던 試射와 혼동
　　될 우려가 있기 때문이다.
201) 『성종실록』 권235, 성종 20년 12월 20일(계묘).
202) 『성종실록』 권266, 성종 23년 6월 9일(무신), "中直以上擇爲五耦 連三日試射
　　居首者 通訓陞堂上 中直陞通訓"
203) 『성종실록』 권275, 성종 24년 3월 16일(신사)·17일(임오)·19일(갑신).

혀 대간의 주장은 받아들여지지 않았다. 삼일시사는 국왕이 친림하지는 않지만 거수자에게 가자라는 대단히 큰 특전이 주어졌기 때문에 무신들의 활쏘기 능력을 유지하고 높이는 데 매우 유효한 수단으로 기능했다.

애초 무신 당상관만 대상으로 한 삼일시사가 무신 전체로 확대되자, 무신 당상관은 시사할 때 年老 등을 이유로 내세우며 이전처럼 規避했다.204) 이에 성종은 무신 당상관을 법이나 제도로 규제하기보다는 그들이 會射할 때마다 반드시 국왕에게 보고하게 하고 中官이나 승지를 보내 宣醞을 하사하는 등 은혜를 베푸는 유화책을 구사해 그들의 활쏘기 능력이 계속 유지될 수 있도록 했다.205)

다른 관사와 달리 종친을 대상으로 관사할 때에는 '親親'을 강조하기 위해 음악을 연주하고 덧붙여 잔치까지 베풀기도 했다.206) 종친관사에 女樂을 동원해 대간에서 이를 문제 삼기도 했는데, 다른 관사에서는 男樂을 사용하였기 때문이다.207) 성종은 임금과 신하의 관계는 엄격함을 위주로 하지만[主嚴] 친척은 화합을 위주로 한다[主和]는 논리로 대응하면서, 종친관사에서 여악을 사용해도 무방하다는 입장을 취했다.208)

관사 때 대간과 사관의 입시 여부도 논란거리가 되었다. 신하들은 관사 때 종친들이 술을 마시고 무례를 저지를 우려가 있는데209) 법을 관장하는 대간이 참여하면 이를 방지할 수 있다는 점에서, 그리고 국왕의

---

204) 『성종실록』 권219, 성종 19년 8월 24일(을묘).
205) 『성종실록』 권287, 성종 25년 2월 13일(임신).
206) 『성종실록』 권91, 성종 9년 4월 4일(을미).
207) 『성종실록』 권107, 성종 10년 8월 3일(병술).
208) 『성종실록』 권103, 성종 10년 4월 26일(임자);『성종실록』 권107, 성종 10년 8월 2일(을유). 종친관사에 대한 이러한 성종의 입장은 그가 지은 글에도 잘 드러난다(『燃藜室記述』 권6, 成宗朝故事本末, 成宗, "期會親戚 聘招佳妓 義雖君臣 恩則兄弟").
209) 연산군 때의 종친관사에서 종친들이 실례하는 경우가 많다는 기사를 보면 [『연산군일기』 권58, 연산군 11년 6월 10일(계해)] 이러한 대간의 우려는 현실성이 있었다.

동정은 반드시 사관이 기록한다는 점에서 대간과 사간 입시에 그 정당성을 부여했다.[210] 반면 성종은 궁궐 後苑에서 관사할 때 대간이 입시한 前例가 없었다는 이유로 대간 입시에 부정적 입장을 보였으며, 사관 입시에 대해서도 祖宗朝에 입시하지 않은 전례가 있다며 역시 부정적 시각을 유지했다.[211]

초기 士林派는 관사를 놀이인 '嬉事'로 규정하며 비판적 입장을 보였는데, 특히 종친관사에 비판을 집중했다.[212] 이런 비판에 맞서 성종은 조선은 삼면에서 적이 침입하므로 武備를 게을리할 수 없다는 논리를 제시하며 觀射는 武備의 일환임을 강조했다. 勳舊派는 백관 탄핵을 담당하는 언론 기관에 포진한 사림파를 의식해서인지 대간의 지적이 옳다고 수긍하면서도 관사는 결코 嬉事가 아니라는 점을 들어 국왕 입장에 동조하는 자세를 취했다.[213]

연산군 때가 되면 종친관사에 대한 대간의 비판은 종친들의 국왕에 대한 무례를 염려하는 데서 더 나아가 국왕이 종친과 짝을 지어 활을 쏘는 행위 자체를 비판하는 데까지 이어졌다.[214] 대간들은 그 근거로서 국왕은 신하들과 재능을 다투지 않으므로 大射禮 때에도 혼자서 활을 쏜다는 점을 제시했다.[215]

종친관사에 대한 대간의 비판이 지속적으로 강화되자 이에 맞서 한동안 국왕이 종친을 불러서 관사를 자주 거행하기도 했지만, 결국 대간의 비판은 수용되었다. 이에 따라 무비의 일환으로 진행되던 성종 때의

---

210) 『성종실록』 권108, 성종 10년 9월 4일(정사).
211) 『성종실록』 권102, 성종 10년 3월 28일(갑신), 4월 26일(임자).
212) 『성종실록』 권115, 성종 11년 3월 3일(계미).
213) 위와 같음. 종친을 대상으로 한 관사를 놀이로 보는 시각은 세종 때에도 있었다. 세종 스스로도 종친들의 활쏘기를 관람할 때 혹 바깥에서 '戲謔'이라 여기지 않을까 염려하기도 했다[『세종실록』 권27, 세종 7년 1월 18일(기축)].
214) 『연산군일기』 권27, 연산군 3년 9월 11일(기유).
215) 『연산군일기』 권27, 연산군 3년 9월 12일(경술).

관사는 그 성격이 변화해 점차 놀이화·형식화되어 갔다. 특히 활쏘기와 더불어 投壺를 병행하고 또 兒馬 등을 걸고 내기를 하도록 한 것은[216] 관사가 놀이화하는 데 주요한 계기로 작용했다.

성종 때 다양한 목적을 지닌 관사는 그 중반까지 꾸준히 거행되었다. 그러나 관사의 놀이적 성격에 대한 대간의 비판이 거세지고, 중반 이후 성종이 자신의 治世를 '小康'으로 인식해 得意의 모습을 보이며, 종친관사를 자주 設行하면서부터 관사는 점차 儀式化·놀이화되어 갔다. 특히 잔치를 베푼 후 여러 부류의 신하들을 한 곳에 모아 관사를 거행하고 또 활을 쏘지 못하는 자를 위해 投壺를 병행하면서[217] 성종 때의 관사는 武事를 익히는 본래의 목적보다 놀이나 유흥에 따르는 부차적 행위로 전락하게 되었다.

습사나 관사는 들판 같이 광활한 곳이 아니더라도 가능하므로, 국왕이 머무는 궁궐의 후원이나 경복궁의 경회루 아래 같은 곳에서 가장 많이 열렸다. 궁궐 밖에서 관사를 거행할 때에는 관사 자체만 하는 사례는 드물고 대부분 주목적인 閱武(習陣)에 따르는 부수적인 조치로서 시행되곤 했다. 궁궐 밖 관사 장소로는 敦義門 밖의 모화관을 가장 많이 이용했으며, 한강변의 七德亭과 살곶이 목장이 있던 東郊의 箭串坪 등에서 실시하기도 했다.[218]

성종 때 거행한 시사·관사 내역을 정리한 것이 [부표 5]이다. 성종은 재위 25년간 206회의 시사·관사를 거행해 연 평균 7.92회를 기록했다.

---

216) 『성종실록』 권218, 성종 19년 7월 30일(신묘).
217) 投壺는 바둑과 더불어 손님과 함께 하는 놀이의 일종이었다(『연려실기술』 권 9, 中宗朝故事本末, 中宗朝名臣, 任由謙, "客至 或設棋 或投壺 以極其娛").
218) 『중종실록』 권78, 중종 29년 9월 25일(무자);『세종실록』 권27, 세종 7년 3월 27일(정유).

2) 習陣 강조와 閱武의 典型化

習射가 무사 개개인의 군사적 능력을 높이기 위한 개인훈련인데 반해, 閱武(習陣)는 개인이 아닌 무리로서의 군사들을 대상으로 한 집단훈련의 일종이다. 이러한 집단훈련은 軍陣을 치거나 行軍할 때, 그리고 전투할 때 필요한 집단행동을 익히기 위한 목적에서 실시했다. 사료에서는 대개 坐作進退를 익히는 것으로 나오며,219) 집단훈련을 실시한 후에 개별 군사들이 말이나 무기, 雨具 등의 장비를 제대로 갖췄는지를 검열하는 경우도 있었다.220)

陣法을 익히는 집단훈련은 陣圖·習陣·閱武·親閱 등 여러 용어로 표현되었다. 태조~태종 때에는 진법훈련을 시작한 초창기였기 때문인지 진법을 그림으로 묘사한 것이 들어 있는221) ‘陣圖’로 주로 표현했는데, 이흐름이 세종 때까지 이어졌다.222) 세조 때에는 ‘진법을 익힌다.’라는 의미의 ‘習陣’이 활발하게 쓰였으며,223) ‘閱武’는 세조 때부터 사용하기 시작해 성종~연산군 때에 압도적으로 많이 쓰였다.224) 국왕이 열무에 親臨했다는 사실을 강조하는 용어인 ‘親閱’은 문종이 열무에 친림한 이후

---

219) 『성종실록』 권271, 성종 23년 11월 19일(병술), “上幸慕華館閱武 上曰 閱武 以士卒不知坐作進退之節 故欲其預習也”
220) 『성종실록』 권285, 성종 24년 12월 17일(정축), “上幸慕華館閱武 … 兵曹啓曰還宮後 請點兵 傳曰 同都摠府爲之”
221) 『세종실록』 권25, 세종 6년 9월 12일(갑신), “兵曹啓大閱陣圖儀註 五衛各有五色 去辛丑年親閱五衛 只服靑黃赤白黑色之衣 非徒有乖於陣圖畫形 每於變陣之際 曲折未得分辨 一依陣圖畫形 令各衛各有五色 從之”
222) 『태조실록』 권4, 태조 2년 11월 9일(경술), “判三司事鄭道傳言於上 擇諸節制使所領軍士有武略者 敎陣圖”; 『세종실록』 권18, 세종 4년 11월 14일(정묘), “命兵曹 聚軍士習陣圖 以待來春敎閱”
223) 『세조실록』 권2, 세조 1년 9월 7일(기묘), “上與世子拜健元陵顯陵 還至峨嵯山觀獵 遂習陣”
224) 『세조실록』 권9, 세조 3년 10월 23일(계축), “上閱武於後苑 分禁軍爲左右廂 命將節制”

본격적으로 쓰이기 시작했는데, 친열 자체가 반드시 열무를 의미하는 것은 아니었다. 열무를 대규모로 실시할 경우 '대규모 열무'라는 의미에서 '大閱'이라 칭했다.225) 조선초기 실록에서 이 용어들의 출현 빈도를 왕대별로 정리한 것이 [표 3-3]이다.

[표 3-3] 조선초기 왕대별 陣圖·習陣·閱武·親閱의 빈도수

	태조	정종	태종	세종	문종	단종	세조	예종	성종	연산	합계
陣圖	17	-	5	16	5	2	1	-	-	1	47
習陣	1	-	1	5	6	5	78	10	39	3	148
閱武	-	-	-	-	-	-	14	4	106	33	157
합계	18	-	6	21	11	7	93	14	145	37	448
親閱	-	-	3	13(4)	12(10)	3(3)	7(6)	9(8)	18(16)	21(19)	

비고: 1. 국사편찬위원회에서 제공하는 조선왕조실록 홈페이지에서 해당 한자로 검색한 후 무관한 경우는 제외하였음.
2. 親閱의 괄호 안 숫자는 습진의 의미로 사용된 친열 수를 의미함.

진법훈련은 陣說·陣圖에 의거해 거행했다.226) 태조~태종 때에는 정도전이 편찬한 『陣說』을 사용하다가, 1421년(세종 3)부터는 상왕인 태종의 명에 따라 卞季良이 古制에 근거해 만든 五陣法에 따라 거행했다.227) 1433년(세종 15) 7월에는 河敬復 등이 왕명에 따라 기존의 『진설』을 개정한 『癸丑陣說』을 편찬하면서228) 이를 진법훈련의 기준으로 삼았다.

---

225) 『세종실록』 권66, 세종 16년 10월 8일(신해), "都承旨安崇善啓曰 前日大閱 只用京中侍衛軍六千餘人 而稱大閱未便 上曰然 古用幾人而稱大閱乎 令集賢殿考古制以啓"
226) 진설은 "글을 아는 자에게 진설을 강하게 한다."라는 기사에서 알 수 있듯이 陣法을 설명하는 글이 중심이고[『문종실록』 권3, 문종 즉위년 8월 23일(갑오), "解文者講陣說 不解文者 試以馬見"], 陣圖는 명칭에서 유추할 수 있는 것처럼 진법 내용을 그림으로 표현한 것을 포함했다.
227) 『세종실록』 권12, 세종 3년 5월 18일(기묘).
228) 『세종실록』 권61, 세종 15년 7월 4일(을묘)·18일(기사). 윤훈표는 『계축진설』에 대해 "이전의 진법서와 비교할 때 실제 전투[1433년(세종 15)의 파저강 정벌 - 인용자 주]를 통해 얻은 교훈을 토대로 하여 실전적인 내용이 추가됐으

진법은 1451년(문종 1) 또 한 차례 개정되었다. 군사 분야에 관심이 많고
조예가 깊었던 국왕 문종이 친히 『五衛陣法』[229]을 짓고 首陽大君·金宗
瑞·鄭麟趾 등에게 교정하게 하여 완성했다. 이때는 평상시 군사 조직인
12司와 전투 조직인 5衛가 서로 맞지 않는 문제점을 개선하기 위해 12
사를 5司로 바꾸는 軍制 개편도 함께 단행했다.[230] 5사는 몇 년 후인
1457년(세조 3) 3월 5위로 변경되어[231] 이후 궁궐숙위와 수도의 치안·방
위를 담당하는 주체로 활동했다.

열무는 국왕이 금군과 번상하러 올라온 군사를 이끌고 넓은 공간으
로 이동해 진법을 연습하는 군사훈련이면서 동시에 말과 무기, 장비 등
을 점검하는 검열의 성격도 아울러 지녔다. 활발하게 열무를 거행했던
성종 때를 보면, 진법훈련만 거행할 때도 있지만 다른 훈련을 겸하는 경
우가 많았다([표 3-4] 참고). 관사를 거행하기도 하고, 擊毬를 실시하기도
했다.[232] 또한 군사를 세 그룹으로 나눈 후 첫째 그룹이 둘째 그룹을,
둘째 그룹은 셋째 그룹을, 셋째 그룹은 첫째 그룹을, 다치지 않도록 겉
을 가죽으로 싼 활이나 창으로 공격하는 三甲射나 三甲槍을 실시하기도

며, 군사훈련 체계가 한 단계 나아갔다."라고 평가했다(2012, 「『병장설』의 체
계적 분석과 조선 병학의 새로운 이해」, 『역사와 실학』 48).

229) 실록에는 '新陣法'으로 기재되어 있는데, 현재 학계에서 일반적으로 『오위진
법』으로 표기하므로 이 책에서도 이를 따른다. 김동경은 문종 때 편찬된 『오
위진법』에 대해 "(騎兵을 활용한 기동전에 능숙한) 藩兵과 (궁시를 활용한 지
구전에 능숙한) 漢兵의 장점을 겸했다."(2010 「조선초기의 군사전통 변화와
진법훈련」, 『軍史』 74, 134쪽)라고 평가했고, 곽상훈은 "조선초기 『진법』이 편
찬된 이래로 축적된 군사이론과 파저강 정벌의 실제 전쟁수행 경험을 모두 수
용한 책으로 조선초기 꾸준히 진행된 진법서 편찬작업의 결과물이었다.", "조
선전기 군사체제의 근간이 되는 것이었다."(2015 「조선초기 진법서의 편찬 배
경과 활용」, 『역사와 현실』 97, 212·220쪽)라고 평가했다.

230) 『문종실록』 권8, 문종 1년 7월 2일(무술).

231) 『세조실록』 권7, 세조 3년 3월 6일(기사).

232) 『성종실록』 권10, 성종 2년 4월 16일(무오);『성종실록』 권27, 성종 4년 2월 2
일(계해).

했으며,233) 열무를 마친 후 인근의 산으로 이동해 사냥을 하는 경우도
있었다.234)

　열무는 북소리와 징소리에 따라 전진과 후퇴를 반복하고 깃발의 움
직임에 따라 다양한 형태의 진을 구성하는 진법훈련이 핵심으로, 관사
에 비해 상대적으로 넓은 공간을 필요로 했다. 모화관 일대는 궁궐과 가
까워 국왕이 거둥하기 편리할 뿐 아니라 모화관 앞쪽으로 넓은 공간이
마련돼 있어 열무를 거행하기에 적합한 장소였다. 더욱이 주변에 毋岳
(鞍山)과 인왕산이 있고 좀 더 서쪽으로 가면 睿宗의 昌陵과 德宗의 敬陵
이 조성된 수목이 울창한 지역이 있어 사냥까지도 겸할 수 있는 곳이라
는 장점도 지녔다. 이 때문에 조선초기 국왕들은 주로 모화관에서 열무
를 거행했다.235) 이곳 외에도 箭串坪이나 樂天亭 일대 등의 너른 들판이
있는 東郊 그리고 한강변의 七德亭에서 열무를 거행하기도 했다.236)

　열무 규모가 작으면 궁궐 후원에서 거행하기도 했다.237) 건립 시기는
확인되지 않지만 세조 때부터 창덕궁 후원에 있는 閱武亭 기사가 나타
나고 있어 주목된다.238) 이름에서 알 수 있듯이 후원에서 관사·습진 등
의 군사훈련을 거행하게 되자 이를 관람하거나 지휘할 공간으로 특별히

---

233) 『성종실록』 권10, 성종 2년 5월 7일(기묘).
234) 『성종실록』 권103, 성종 10년 4월 16일(임인).
235) 『성종실록』 권14, 성종 3년 1월 16일(계축), "幸慕華館 閱武" 盤松亭도 習陣하
　　는 장소로 등장하는데[『세종실록』 권12, 세종 3년 5월 8일(기사)], 「都城圖」(이
　　찬·양보경 편, 1995 『서울의 옛 지도』, 서울학연구소, 65쪽)에 반송정이 위치
　　한 盤松坊이 모화관 아래로 나온다. 그러므로 반송정은 크게 보면 모화관 영
　　역에 포함되는 것으로 이해된다.
236) 『성종실록』 권12, 성종 2년 윤9월 16일(을묘), "幸東郊 閱武";『예종실록』 권3,
　　예종 1년 2월 15일(경자), "遂幸七德亭 閱武"
237) 『세조실록』 권9, 세조 3년 10월 23일(계축), "上閱武於後苑"
238) 『세조실록』 권27, 세조 8년 2월 12일(정축), "御閱武亭 觀射設酌";『예종실록』
　　권4, 예종 1년 윤2월 2일(정사), "幸閱武亭 … 以武靈君柳子光爲中廂大將 辛
　　鑄左廂大將 李鐵堅右廂大將 聚慶尙道徵來軍士 習陣于後苑"

조성한 건물이었다.239) 1561년(명종 16) 국왕이 열무정에 거동해 신하들에게 잔치를 베풀고 유생들에게 製述을 시험하고 무사들에게 관사를 시행했다. 이때 참석자가 3公·6卿·侍從臣과 兩司·侍講院 관원, 嘉善大夫와 通政大夫 등 80여 명이 넘었다는 내용이 나온다.240) 참여자들이 고위직이거나 주요 관원이라는 점을 고려할 때 이들 80여 명이 들어가 잔치에 참여하고 시 짓는 등의 행위를 할 수 있을 만큼 열무정 규모는 꽤 컸던 것으로 추정된다. 또한 열무정이 열무·관사를 위한 공간으로 건립됐지만, 잔치, 유생 시험 등 다양한 용도로 활용했음도 알 수 있다.

한편 성종 때 열무를 활발히 거행하면서 경연을 자주 거르게 되자, 이에 대한 비판도 있었다. 1473년(성종 4) 7월 경연에서 正言 李堪은 親閱 때문에 경연을 중지하는 날이 매우 많다고 지적하면서 지금부터 門外 열무는 朝講을 한 후에 거행하자고 건의해, 성종으로부터 부득이한 일이 없으면 경연에 임하겠다는 답변을 얻어냈다.241)

[표 3-4]와 [표 3-5]는 예종과 성종 때 거행한 열무 내역이다. 성종은 재위 25년간 37회 열무를 거행해 연평균 1.48회를 기록했다. 그런데 1473년(성종 4)에 11회, 1474년(성종 5)에 5회 거행한 데서 알 수 있듯이 貞熹王后가 수렴청정하던 성종 초반에 열무를 집중적으로 거행해 연평균 3.5회에 달했다. 특히 1473년의 2~4월과 9월의 경우 한 달 안에 두 번이나 열무를 거행했다. 이때의 열무 거행에 대한 기억이 강렬했는지 성종의 行狀에 매월 두 차례 열무를 거행했다고 기록했고 또 성종 때 대표적 무신 중 한 명인 李叔琦도 같은 언급을 했다.242) 이처럼 성종 초에

---

239) 閱武亭은 궁궐뿐 아니라 兵營이 있던 황해도 海州에도 세워져 있었다(『중종실록』권65, 중종 24년 7월 28일(신유), "黃海道海州 烈風暴雨交作 … 閱武亭顚覆 二人壓死 人家十七戶傾頹"). 병마절도사가 도내 군사를 대상으로 열무를 거행하기 위해 세웠던 듯하다. 이런 추정이 가능하다면 다른 도 역시 열무를 지휘하기 위한 건축물이 존재했을 가능성이 높다.

240) 『명종실록』권27, 명종 16년 7월 13일(신축).

241) 『성종실록』권32, 성종 4년 7월 23일(임자).

는 국왕이 한 달에 두 번씩 금군을 중심으로 한 중앙군을 영솔해 모화
관 등에서 거행하는 방식으로 열무가 典型化했다. 그렇지만 親政한 이
후인 1476(성종 7)부터 승하한 1494년(성종 25)까지 18년 동안은 거행 횟
수가 연평균 0.88회에 불과했다.

[표 3-4] 예종 때의 閱武 거행 내역

연번	국왕/연월일	거행 내용
1	예종01윤0202	幸閱武亭 … 聚慶尙道徵來軍士 習陣于後苑
2	예종010802	幸慕華館南岡 親閱
3	예종010825	親閱于七德亭 命扈駕百官軍裝闕一物者 皆置散仍仕
4	예종011116	上御忠順堂 聚入直軍士於後苑 親閱

[표 3-5] 성종 때의 閱武 거행 내역

연번	국왕/연월일	거행 내용
1	성종020507	閱武 仍試武士擊毬三甲射
2	성종02윤0902	閱武
3	성종030116	閱武
4	성종030914	閱武 仍觀武臣射
5	성종040116	閱武 仍觀射
6	성종040202	閱武 觀武臣擊毬射侯三甲射等藝
7	성종040215	閱武
8	성종040302	閱武 又觀武士擊毬騎射三甲射
9	성종040320	閱武 仍觀射侯
10	성종040407	閱武 仍試武臣藝
11	성종040416	閱武 仍試武臣藝
12	성종040518	閱武 仍觀武臣射
13	성종040905	閱武 仍觀射
14	성종040929	閱武 令武士射毛毬
15	성종041103	閱武 仍觀射
16	성종050116	閱武
17	성종050302	閱武 仍試武士騎射擊毬

242)『성종실록』권297, 行狀, "其申禮部行狀曰 … 月再閱武 歲講蒐獮以嚴武備 …
　　或於後苑較射 以勸勵成就之";『성종실록』권219 성종 19년 8월 28일(기미),
　　"知中樞府事李叔琦書啓曰 伏覩聖上注意兵事 每月二次習陣 罰其失律者 歲
　　以爲常 其敎閱預養之意 至深切矣"

연번	국왕/연월일	거행 내용
18	성종050402	閱武 仍試武臣毛毬三甲射
19	성종050802	閱武 仍試武臣騎射毛毬
20	성종050826	閱武 仍試武士騎射擊毬
21	성종061202	閱武 觀放火 命武臣放火箭…仍命宗親雲水君孝誠等十六人 武臣金堅壽等三十六人射侯 又選三甲射毛毬
22	성종070316	閱武 仍試武臣騎射…又命武臣堂上官三甲射
23	성종070818	閱武 又試武士射騎三甲射三甲槍射毬
24	성종070917	閱武 又試武士騎射三甲射三甲槍擊毬
25	성종080402	閱武 仍試武士騎射 觀放炮 試淸風郡產出石硫黃 與舊藥無異
26	성종090802	命將閱武于慕華館
27	성종090816	閱武 仍命破陣軍放火箭
28	성종100305	幸慕華館 閱武 遂幸月山大君婷家 命選宗親 觀射于北園閱武
29	성종110202	閱武 命選兼司僕內禁衛及武臣堂上 試三甲槍射
30	성종110316	閱武
31	성종130816	閱武
32	성종190802	閱武
33	성종210317	閱武
34	성종221103	閱武 一次試放炮
35	성종231119	閱武
36	성종241217	閱武
37	성종250302	閱武

비고: 예종01윤0202는 『예종실록』의 예종 1년 윤2월 2일에 나옴을 의미하며 이하도 같음.

3) 大閱·講武 거행과 규모의 확대

실전훈련인 강무는 개인훈련과 집단훈련을 익힌 군사들을 징발해 실제 전투에 비견되는 사냥을 거행하는 것이다. 그런데 세조 때부터 집단훈련인 대열과 실전훈련인 강무가 연속해서 거행하는 방식으로 바뀌었으므로 성종 때의 경우 대열과 강무를 함께 다루도록 하겠다.[243)

243) 강무에 앞서 대열을 실시하는 것이 관례화했기 때문에 1490년(성종 21) 성종이 "강무는 대열을 먼저 행하는 것인데 (대열과 관련한) 여러 사무를 왜 미리 준비하지 않았느냐?"라고 병조에 질문했던 것이다[『성종실록』 권245, 성종 21년 윤9월 8일(정해), "傳曰 凡講武 先行大閱 諸事何不預備乎 兵曹啓曰 今因拜陵而行講武 故大閱諸事 不爲之備 傳曰 知道"].

대열부터 살펴보자. 성종 때 거행한 대열을 정리한 것이 [표 3-6]이다.
이 표에서 알 수 있듯이 성종 때에는 총 6회 대열을 거행했다. 廣州 定
今院 근처에서 대열을 할 때에는 樂生驛 波吾達에서 하루를 묵은 뒤 바
로 다음날부터 강무인 사냥을 거행했다. 하루 사이에 한강을 건너 대열
을 하고 또다시 건너오기가 불편할 뿐더러 그렇게 하면 야간에 도강해
야 하는 위험이 있었기 때문이다. 동교에서 대열할 때에는 대열 후 환궁
했다가 며칠 뒤에 군사들이 結陣한 곳으로 거둥해 강무를 거행하는 방
식을 취했다. 국왕의 대열에 앞서 병조판서나 左·右廂 大將이 먼저 군사
들을 점검하기도 했으며, 부득이하여 대열을 거행할 수 없을 때에는 命
將하여 거행하고 군사를 放送한 경우도 있었다.

[표 3-6] 성종 때의 대열 거행 내역

연번	연월일	장소	거행 내용	비고
1	060926	定今院平	動駕…行大閱 左右廂軍 摠二萬八千一百十五人 已而動駕至同州樂生驛前平波吾達	左·右廂 군사 28,115명 참여. 대열 후 廣州·龍仁 등에서 강무 거행
2	080218	樂天亭	上幸樂天亭大閱 分遣兵曹判書…都摠管…點檢宗親百官及諸將軍裝 遂還宮 命左右廂移陣于楊州綠楊平	강무하려다가 元子의 병으로 중단
3	081003	定金院之野	上御戎服出興仁門…駕至廣州定金院之野 大閱 令三廂交戰 夕至樂生驛前平波吾達	대열 후 果川·광주·豊壤 등에서 강무 거행
4	100929	箭串坪	幸箭串坪大閱 命點考百官軍裝	대열 후 楊州·풍양·永平·抱川 등에서 강무 거행
	180929	"今日大將已閱大軍 則與講武大閱何以異哉"		황제 부음으로 인해 성종이 친림하지 않고 大將이 閱兵. 강무도 天使出來·上體未寧을 이유로 중지(181002)
5	190924	箭串	命左議政洪應爲主將 大閱于箭串	仁粹大妃 병환으로 命將하여 大閱 거행, 강무 중지
6	200928	箭串	上幸箭串 御樂天亭 大閱	대열 후 경기·강원도에서 강무 거행

비고: 060926은 『성종실록』의 성종 6년 9월 26일에 나옴을 의미하며 이하도 같음.

대열 때에는 조정 관원들도 軍裝을 갖추고 점검을 받아야 했다. 그런데 1487년(성종 18) 9월 마침 대열과 諸陵 제사가 겹치게 되자 執事로 차출된 관원의 군장은 해당 관사의 衙前이 가지고 와서 點閱을 받도록 하고, 궁궐 4所에 입직한 군사는 선전관을 보내 考閱하게 했다.244) 군장을 빌리거나 빌려주는 행위를 막기 위해 일시에 점검하고자 했기 때문이다.

대열 때 국왕 명령을 현장 지휘관에게 전달하는 방식도 수정했다. 1477년(성종 8) 10월, 성종은 국왕 명령을 전달하는 傳令 때 標信만 사용해 '신뢰할 만한 符驗'[無合符可信之驗]이 없다는 점을 지적하면서 새로 傳令符 18개를 만들어 대열을 지휘하는 諸將에게 나눠주었다.245) 이전까지 제장들은 선전관이 국왕으로부터 받아 온 표신을 보고 그가 전하는 말에 따라 행동했는데, 이제부터는 전령부를 미리 받아 보관하고 있다가 전령이 내려오면 합쳐본 뒤 행동하는 것으로 바뀐 것이다.

한편 1475년(성종 6) 10월에는 9월에 거행한 대열의 지휘관에 대한 論賞을 진행했다. 병조판서와 잘못을 범하지 않은[無謬] 右廂大將에게 鞍具馬 각각 1필씩을, 병조참판과 兵房승지, 無謬 衛將 6명에게 熟馬 각각 1필씩을 하사하고, 無謬 從事官·部將·선전관에게 각각 한 자급씩을 더하되 資窮이면 子壻弟姪에게 代加하게 했다. 이에 대해 대간들이 지나친 賞賜라고 비판하면서 加資 철회를 주장했다. 領事 金礩이 대열 후의 상사는 세종 때에는 없었는데 세조 때부터 일시의 特恩으로 베푼 것이므로 弓矢를 주는 것이 옳다고 하니 성종은 商量하겠다고 답하는 것으로 이때의 문제제기는 마무리되었다.246) 이때의 논란은 세조 때 국왕의 자의적인 官爵 濫授를 시정할 목적에서 제기된 것 같다. 세조의 즉자적인 관직 임명이나 작위 남발은 관료제의 정상적인 운영을 저해하는 요소여서 세조 사후에 정리가 필요한 문제였기 때문이다. 이 뒤로 대열에 따른

---

244)『성종실록』권207, 성종 18년 9월 23일(기미).
245)『성종실록』권85, 성종 8년 10월 1일(을미).
246)『성종실록』, 권60, 성종 6년 10월 13일(기축)·18일(갑오)·20일(병신).

상사 기록이 없는 것으로 보아 상사하지 않았거나 했더라도 대간이나
金礩의 주장처럼 兒馬나 弓矢 정도만을 하사했을 것으로 보인다.

성종은 재위 25년간 8회의 추등 강무를 거행했다.[247) 그런데 강무 거
행을 위해 징발한 諸道兵이 서울 근교에 집결했으나 사정상 강무를 거
행하지 못하고 放送한 경우가 네 차례나 있었다([표 3-7] 참고). 이 경우
실제 강무를 거행하지 못했으므로 강무로 계산하기는 곤란하지만, 이
취소된 경우까지 합산하면 성종 때의 강무는 총 12회에 달한다.

성종 때 거행한 강무와 준비했던 강무를 취소한 내역을 정리한 것이
[표 3-7]이다. 이를 보면 취소된 1474년(성종 6)과 1479년(성종 10)을 제
외하면 모두 가을에만 강무를 거행했다. 거행 기간은 3~5일로 짧은 경
우도 있었지만 재위 중후반에는 12·16일에 달한 경우도 있었다.

동원 병력은 초반의 경우 2만 8천 명을 징발한 사례도 있지만 대체로
만 명 정도였는데, 중후반에는 2만 5천에서 3만~4만 명에 달할 정도로
대규모화했다. 1489년(성종 20) 추등 강무 때에는 애초에 2만 5천 명을
징발하기로 결정했다. 그런데 성종이 "근래 국가에 사고가 많아 오랫동
안 대열·강무를 거행하지 못해 軍政이 해이해졌고 병졸들이 나태해졌
다. 올해는 풍년이 들 것 같으니 군사 수를 늘리는 것이 어떠한가."라고
제의하자 이에 대해 尹弼商·盧思愼·洪應·孫舜孝·許琮 등이 의견을 제출
했다. 그중 윤필상과 노사신은 "올 가을 강무의 군졸 수는 2만 5천인데,
만약 輜重까지 아울러 계산하면 그 수가 6만~7만을 밑돌지 않으니 적다

---

247) 이현수는 성종 때 강무를 6회 거행했는데 이처럼 강무 빈도가 줄어든 원인으
로 武備 중요성에 대한 인식 둔화를 들었다(2002 「조선초기 강무 시행사례와
군사적 기능」 『軍史』 45, 242~250쪽). 그렇지만 성종 때에는 12회의 강무 거행
및 군사 징발 후 취소 사례가 있었고, 두 차례나 대규모로 여진 정벌을 단행했
다. 또한 모화관 등에 자주 거둥해 열무를 거행했으며, 말년인 1489년(성종 20)
에 '본국 士兵이 중국만 못한 것에 대한 개선책'을 策問 주제로 낼 정도로[『성
종실록』 권227, 성종 20년 4월 6일(갑오)] 성종도 이전 국왕들처럼 무비의 중
요성을 잘 인식하고 있었던 것으로 보인다.

고 할 수 없습니다."라고 했다. 강무 때에는 軍裝·식량 운반과 말 관리 등을 위해 군사들의 保人 1~3명 정도가 率從으로 따라오는 경우가 일반 적인데 이들까지 계산할 경우 강무에 참여하는 인원수가 엄청나게 증가 하게 된다. 1504년(연산군 10) 8월 당시 병조판서였던 任士洪도 "대열 때 징발한 군사가 3만이고 率從이 8만~9만이나 된다."라고 하여 군사 1명당 3명의 솔종이 따라온다고 밝혔다.[248] 대규모로 징발할 경우 실제로 강 무에 참여하는 인원이 10만 명을 상회했던 것이다.

징발 대상 지역을 보면, 초반에는 양계를 제외한 지역에서 군사를 징 발하다가, 중후반에는 양계 외에 황해도도 제외 대상이 되었고 경기와 하삼도를 중심으로 군사를 징발했다. 1479년(성종 10)의 추등 강무 때처 럼 양계와 황해도를 제외한 전 지역에서 군사를 징발한 경우도 있었다. 징발 대상 군사는 留防軍을 제외한 休番인 군사 모두가 대상이었다. 그 렇지만 강무 전 달에 下鄕한 군사, 강무 다음 달에 번상할 군사, 그리고 재해를 입은 고을의 군사는 징발하지 않게 했다.[249]

[표 3-7] 성종 때의 강무 거행과 취소 내역

연도	봄/가을	기간	일수	장소	비고
성종 2년		병조와 院相이 강무 거행을 청했으나, 예종의 국상 3년이 아직 끝나지 않았는데 강무에 친림하는 것이 마음에 미안하다는 이유로 중지하게 함(08.04)			
성종 4년	가을	10.18~10.20	03일	豊壤	대열 없이 강무 거행 諸司一員隨駕
성종 5년	봄	강무 거행 위해 징발할 군사 배정(경기 2,000, 충청도 7,000, 강원도 300, 황해도 1,500명)(01.17) 병조에서 습진하다가 정병 1명이 벼락을 맞아 사망하고 말 2필이 벼락을 맞았다고 보고하니 강무를 중지하고 군사들을 놓아 보내게 함(02.03)			
	가을	09.24~10.01	08일	開城府	경기 군사 4,700, 개성부 700, 황해도 4,100명 징발(09.01) 개성 방문(09.27)과 齊陵 親祭 겸행 (09.28) 大臣 成奉祖의 사망으로 강무 중지, 환궁

---

248) 『연산군일기』 권55, 연산군 10년 8월 27일(갑신).
249) 『성종실록』 권83, 성종 8년 8월 20일(갑인).

연도	봄/가을	기간	일수	장소	비고
성종 6년	가을	09.27~10.01	05일	廣州·龍仁	(10.01) 09.27 하루만 觀獵 군사 28,115명 참여. 대열 시행하고(09.26) 樂生驛 前平에서 하루를 묵은 후 다음날부터 거행
성종 8년	가을	10.04~10.08	05일	果川·廣州·豊壤	성종은 기간을 연장하고자 했으나, 애초 정한 기한이 5일이라 하여 연장하지 않음
성종 10년	봄	樂天亭에 거동해 대열을 거행했는데(02.18), 元子가 痘疹에 걸려 강무를 중지함			
	가을	10.02~10.17	16일	楊州·豊壤·永平·抱川	황해·양계 제외한 모든 도에서 徵兵 (07.08) 대열 시행(09.29) 후 환궁, 戎服을 입고 出宮해 강무 거행(10.02)
성종 18년	군사 4만 명 동원 예정 강무를 준비했다가 명나라 사신이 입국하고 上體가 未寧하다는 이유로 취소함(10.02)				
성종 19년	경기와 하삼도에서 군사 (3만~4만)를 징발. 대열(09.24)과 강무(09.28)를 계획했으나, 仁粹大妃 병환으로 강무를 중지하기로 결정하고(09.14), 命將(좌의정 洪應)하여 大閱만 거행함(09.24).				
성종 20년	가을	10.02~10.13	12일	楊州·永平·金化·平康	군사 25,000명 동원, 15일 간 거행하기로 결정 (07.01, 07.05, 07.07) 3일 앞당겨 환궁 강무 참여한 諸將들에게 잔치 베풂(11.03)
성종 21년	가을	윤09.12~윤09.20	09일	果川 淸溪山 (22.04.19)	驪州 英陵을 참배하고 돌아오는 길에 打 圍 거행
성종 23년	가을	10.12~10.16	05일	豊壤	左右廂에 명해 點兵罷陣

출처: 이현수, 2002, 앞의 논문, 248쪽 [표 4] 참고해 필자 재작성.

비고: 성종 21년 가을의 경우 英陵 참배가 주목적이고 단 하루만 청계산에서 打圍했다. 그러나 注書를 보내 사냥해서 잡은 짐승을 종묘에 바쳤고(윤09.19) 성종 자신이 이를 강무로 인식하고 있어 이 책에서도 강무로 파악했다[『성종실록』 권252, 성종 22년 4월 19일(갑자), "傳曰近日驪州講武時 軍士等皆率保人二名"].

강무는 대규모 군사훈련이기 때문에 철저한 사전 준비를 위해 판서급 인물을 講武支應使로, 병조낭청을 支應使 從事官으로 임명하기도 했다.[250] 성종 때부터 苑囿司(使)라는 기구 내지 관직이 출현해 병조와 더

---

250) 『세조실록』 권26, 세조 7년 10월 9일(을해). 支應使는 어떤 행사에 필요한 물건 따위를 준비하는 총 책임자로서 講武 때만 임명한 것은 아니었다. 1468년 (세조 14) 溫陽으로 거동할 때에도 左贊成 金國光을 지응사로 임명했다[『세조실록』 권45, 세조 14년 1월 16일(정축)].

불어 강무와 관련한 사항을 처리했다.251) 이 원유사는 세종 때 처음 등
장한 苑囿提調와 동일한 존재이거나 원유제조가 속한 기구였던 것 같다.
연산군 때 苑囿使提調라는 명칭이, 중종 때 苑囿司提調·苑囿司從事官이
란 명칭이 등장하기 때문이다.252) 성종 때에는 苑囿提調 외에도 강무장
관리의 실무를 맡은 것으로 보이는 苑囿別監이라는 존재도 보인다.253)
한편 1536년(중종 21) 6월에는 오랜만에 강무를 준비해서인지 이전에는
보이지 않던 徵兵司라는 기구가 등장하기도 했다.254)

성종 때에는 강무를 마친 후 罷陣하기 전에 행하는 點軍을 위해 별도
의 관원을 파견하기도 했다. 이전에는 左·右廂 大將들이 자신들이 통솔
했던 군사들을 점검하고 놓아 보냈다. 그런데 1475년(성종 6) 10월 병조
판서 李克培의 요청에 따라 左廂과 右廂에 별도로 사람을 보내 大將과
함께 點名한 후 군사들을 放遣하게 했다.255) 강무 참여 군사를 직접 지
휘하는 대장은 강무 거행 중에 발생한 군사들의 도망이나 사망이 자신
의 책임이어서 실상대로 보고하지 않을 가능성이 있었기 때문이다. 이
때의 조치는 이후의 강무에서도 준행되었다.256)

---

251) 『성종실록』 권109, 성종 10년 10월 7일(기축);『연산군일기』 권59, 연산군 11년
    9월 24일(을사). 苑囿使는 園囿使라고도 표기했다[『연산군일기』 권50, 연산군
    9년 8월 18일(임자), "傳曰 名爲射場 而無禽獸 則勞而無益 須擇多禽獸處 或
    射獸 或放鷹 須令兩便 其遣園囿使李秉正 更審以啓"]. 성종 때의 원유사는 태
    종 때 강무장 관리를 담당하던 苑囿提調를 계승한 존재로 추정된다.
252) 『연산군일기』 권595, 연산군 11년 9월 24일(을사);『중종실록』 권78, 중종 29년
    10월 10일(계묘);『중종실록』 권16, 중종 7년 7월 6일(정축).
253) 『성종실록』 권218, 성종 19년 7월 9일(경오);『성종실록』 권205, 성종 18년 7월
    17일(갑진).
254) 『중종실록』 권82, 중종 31년 6월 28일(신해).
255) 『성종실록』 권60, 성종 6년 10월 1일(정축);『성종실록』 권109, 성종 10년 10월
    14일(병신).
256) 그러나 1492년(성종 23)의 강무 때 左·右廂에 명해 點兵하고 罷陣하게 한 것
    을 보면 이 조치는 반드시 준수해야 하는 것은 아니었던 것 같다[『성종실록』
    권270, 성종 23년 10월 16일(계축)].

성종 때의 강무 거행방식은 연산군 때가 되면 다소의 변경이 가해졌
다. 특히 1504년(연산군 10) 가을에 거행한 강무는 그 거행방식이 일반
적인 강무와 달라 주목된다.257) 당시 강무에서는 외방에서 3만 명의 正
軍과 8만~9만 명의 率從을 징발하고 또 승려들을 推刷해 몰이꾼[驅軍]으
로 활용했다. 일반적인 강무는 징발된 군사가 올라와 서울 근처에서 집
결하면 국왕이 친히 가서 대열하고 일단 환궁했다가, 며칠 뒤에 국왕이
서울을 출발해 징발된 군사를 이끌고 강무 장소로 이동하여 정해진 기
간 동안 장소를 바꿔가며 打圍를 거행한 후 동원 기간이 끝날 무렵 點考
한 뒤 罷陣하고 군사를 還鄕시키는 순서로 진행된다. 그런데 1504년 강
무의 경우 연산군이 광주 定今院平으로 가서 대열하고 환궁한 점은 일
반적인 강무 때와 같았지만, 타위하는 방식은 달랐다. 북쪽의 경우 경기
북부와 황해도, 동쪽의 경우 경기 동부와 강원도를 타위 장소로 택했던
일반적인 강무와 달리 이 강무에서는 泉岾(포천 소재), 淸溪山, 羢嵯山
등 서울 주변에서만 타위를 거행했다.258) 더욱이 연산군이 타위를 마치
면 바로 환궁했다가 며칠 뒤에 다시 출궁해 타위를 거행하고 또다시 환
궁하는 방식으로 타위를 행했다는 점은 일반적인 강무 형식과 다른 매
우 특이한 점이었다.259)

이상에서 살펴본 성종 때의 대열·강무는 다음과 같은 특징을 지녔다.

---

257) 이현수는 연산군 때에는 강무를 거행하지 않았다고 이해했다(앞의 논문, 249~
250쪽). 본문에 서술하는 것처럼 연산군 때에는 강무를 안 한 것이 아니라 강
무를 하되 거행 방식이 바뀌었다. 그러므로 중종 때부터는 강무가 거행되지
못했지만 연산군 때까지는 강무를 거행한 것으로 보는 것이 타당하다.

258) 타위하는 당일 환궁하기 위해, 연산군은 강무 장소가 멀면 폐단이 많다는 이
유로 반드시 하루 사이에 다녀올 수 있는 곳을 택하라는 전교를 내리기도 했
다[『연산군일기』 권54, 연산군 10년 7월 19일(정미)].

259) 연산군 때 강무가 이처럼 打圍에 초점이 맞춰져 있었기 때문인지, 講武支應使
를 打圍支應使로 표기하기도 했다[『연산군일기』 권55, 연산군 10년 8월 24일
(신사), "以姜龜孫金勘爲打圍支應使"].

첫째, 대열과 강무에 참여하는 군사 규모가 이전 시기에 비해 대폭 늘어났다. 군사훈련이 대규모화한 것이다. 태종~세종 때의 강무는 중앙의 상주병력과 當番 번상군을 중심으로 거행했는데 몰이꾼까지 계산해도 만여 명 정도였다. 세종 때의 대열 역시 중앙군만 동원해 5,000~6,000명 수준이었다. 외방 군사를 본격적으로 징발하기 시작한 세조 때의 강무는 1만 5,000명 안팎의 군사가 참여했다. 그런데 성종 때에는 양계(와 황해도)를 제외한 전 지역에서 군사를 징발해 참여 병력이 2만 5,000명에서 4만 명에 달했다. 성종 때가 되면 代立의 公正價를 논의할 정도로 대립이 점차 확산되어 번상제의 원활한 운영이 어렵게 되었다. 이런 조건 속에서 정부는 유사시 勤王兵으로 올라올 번상군의 군장을 점검하고 실전 감각도 제고할 수 있도록 한번 징발할 때 가급적 동원 가능한 병력을 다 징발하는 방향으로 대열과 강무의 운영방식을 변경했고 이에 따라 대열과 강무 같은 군사훈련이 대규모화한 것으로 추정된다. 이에 따라 1489년(성종 20)의 추등 강무 때처럼 풍년이 들 조짐이 보이자 오랫동안 대열·강무를 거행하지 못해 군정이 해이해졌다는 이유로 징발 군사 수를 늘리고자 논의를 진행했던 것이다.

둘째, 강무의 거행 시기가 가을로 단일화했다. 처음 강무 제도를 정할 때에는 古制를 損益하여 서울은 사계절의 끝 달에, 외방은 봄가을에 강무를 거행하도록 규정했다.[260] 서울은 연 4회, 외방은 연 2회 거행하게 한 것이다. 그런데 조선에서 본격적인 강무가 처음으로 거행된 1403년(태종 3) 국왕 태종은 "강무의 법은 일찍이 상왕 때 세웠는데 봄가을에만 거행하도록 하여 四時에 사냥하는 古制에 비해 오히려 未備했다. 봄가을 두 계절에도 그 폐단을 염려해 가을에 수확이 끝나고 기후가 춥지 않을 때인 10월을 쓴 것은 고금을 참작해 폐단이 없게 한 것이다."라고 언급했다. 봄가을 두 차례로 입법했지만 실제로는 10월에만 거행하게

---

260) 『태조실록』 권10, 태조 5년 11월 30일(갑신).

했다고 밝혔다. 그렇지만 태종 때 거행한 강무를 보면 춘등 강무가 13
회, 추등 강무가 11회로 봄과 가을에 모두 거행하되 봄에 더 많이 거행
했다. 세종 때 역시 춘등 강무가 18회, 추등 강무가 13회로 태종 때와 비
슷한 경향성을 보였다. 그런데 세조 때부터 봄에 3회, 가을에 8회로 강
무를 주로 가을에 거행하는 현상이 나타났다. 성종 때의 경우 강무를 계
획했다가 사정이 생겨 거행하지 못했던 2회를 제외한 6회 모두 가을에
거행했다. 이처럼 봄과 가을에 거행하다가 점차 가을인 10월로 강무의
거행 시기가 단일화해 간 것은 태종이 밝힌 것처럼 수확을 마치고 아직
본격적인 추위가 시작되지 않은 10월이 강무를 거행하기에 적합하고 또
대열과 강무의 규모가 점차 확대되면서 대규모 병력을 두 차례나 동원
하는 데 따른 부담도 작용했을 것으로 보인다.

　셋째, 대열과 강무의 전형적인 모습을 창출했다. 태종 때부터 성종 때
까지 여러 차례 대열과 강무를 거행하는 과정에서 미비점을 보완하고
개선책을 강구하면서 대열과 강무의 전형적인 모습이 마련된 것이다.
세종 때부터 시작된 대열 때에는 징발된 군사들이 광주 定金院平에 집
결했다가 東郊로 이동해 結陣하면 국왕이 이곳으로 거둥해 대열을 행했
다. 그리고 국왕의 대열에 앞서 병조판서나 大將으로 지명된 자가 먼저
군사들을 점검했다. 대열에는 군사뿐 아니라 종친·백관도 참여해 함께
軍裝 점고를 받았다.

　강무를 거행할 때에는 미리 선전관을 파견해 통지했다. 이때 관찰사
와 절도사는 선전관 등이 가져온 兵符를 자신이 소지한 병부와 합쳐본
뒤 정해진 수만큼 군사를 징발했다.[261] 園囿使(司)를 두어 평상시의 강
무장을 관리하도록 했으며, 강무를 거행할 때에는 판서급 고위 관원을
支應使에 임명해 강무에 따른 제반 물품의 준비, 특히 국왕의 供億에 차
질이 없도록 했다. 앞서 세조 때 강무에서 본 것처럼 侍衛 인원, 隨駕 인

---

261) 『성종실록』 권38, 성종 5년 1월 19일(을사).

원, 留都 인원들도 사전에 지정했다. 거행 시기도 가을 10월로 단일화하고, 기간도 대략 5~10일 정도로 이전에 비해 기간이 단축되었다. 거행 장소로는 태종·세종 때 자주 이용하던 강원도보다는 서울과 가까운 풍양·광주·양주 등을, 특히 풍양과 그 주변 지역을 강무 장소로 자주 활용했다. 강무가 대열과 연계되어 국왕이 대열을 거행한 후 일단 환궁했다가 며칠 후에 다시 출궁해 군사들이 결진한 곳으로 거동하는 방식을 취했다. 국왕은 군사를 거느리고 강무장으로 결정된 곳으로 이동해 5~10일 정도 장소를 바꿔가며 사냥을 거행했다. 동원 기간이 끝날 무렵 별도로 관원을 보내 大將과 함께 군사들을 점고한 후 罷陣하여 군사들을 거주지로 돌려보내고 국왕 일행은 서울로 돌아오는 것으로 강무는 종료되었다. 그리고 환궁한 다음 강무에 참여한 諸將과 從事官의 노고를 치하하기 위해 이들을 궁궐 뜰에 모아 酒樂을 내려주고 兒馬와 胡椒, 弓 등을 상으로 하사하기도 했다.[262]

---

262) 『성종실록』 권234, 성종 20년 11월 3일(정사).

結論

지금까지 조선초기 중앙군 운용을 중앙군 정책과 禁軍을 중심으로 한 중앙군 병종, 番上制, 五衛制, 군사훈련의 네 가지 측면에 초점을 맞추고 태조~태종 때, 세종~세조 때, 예종~성종 때로 시기를 구분해 검토했다.

정부가 중앙군 정책을 番上軍 중심으로 전환해 禁軍을 포함한 소수의 常駐兵 이외의 중앙군에게 番上制를 적용하면서 번상제는 중앙군을 확보하는 주된 통로가 되었다. 衛兵은 병종별 특성을 유지하면서 5위에 분속된 형식으로 존재했고, 禁軍은 위병 약화에 따라 확대 추세를 보였다. 중앙군 지휘기관과 조직 편제는 오위도총부와 5위로 귀결됐으며 전국 군사를 5위에 분속하고 이를 법제화했다. '전국 군사의 5위 분속'은 대열을 위한 규정일 뿐 아니라 유사시 지방군을 근왕병으로 동원하려는 목적을 지닌 것이었다. 태종~세종 때를 거치며 군사훈련에서 국왕 주도권이 확립되었다. 태조 때 陣法훈련 실시로 시작된 조선초기 군사훈련은 태종 때부터 본격적으로 講武를 거행했으며, 세종 초반부터 大閱도 거행했다. 이후 관련 규정을 정비하는 한편 국왕 주도로 개인훈련인 習射·觀射, 집단훈련인 習陣(閱武)·大閱, 실전훈련인 講武 등을 각 국왕대별로 특색 있게 거행했다. 성종 때가 되면 觀射가 武士(武臣)관사·宗親관사·文臣관사 등으로 세분화했고, 중앙군을 동원한 열무는 월 1~2회 거행하는 것으로 典型化했으며, 대열과 강무가 연속적으로 거행되고 참여 인원이 10만 명을 상회할 정도로 규모가 확대되었다. 한편 정변으로 집권한 태종과 세조 때에는 吹角令과 疊鐘·疊鼓라는 비상대비훈련을 실시하기도 했다. 이상의 연구결과를 정리하면 다음과 같다.

제1장에서는 중앙군 정책 전환과 번상제 운영방식 형성, 전국의 중앙 분속 제기와 중앙군 지휘기관 변천, 그리고 군사훈련에서 국왕 주도권 확립과 태조~태종 때의 군사훈련 양상에 대해 살펴보았다.

조선초기 중앙군 정책에는 두 가지 흐름이 존재했다. 中央軍인 府兵의 내실화와 외방의 3軍 分屬을 통한 '다수의 常駐兵과 소수의 番上軍

형식', 禁軍 창설과 番上制 적용 병종의 확대를 통한 '소수의 상주병과 다수의 번상군 형식'이 그것이다. 전자는 고려 말 외침에 따른 국가적 위기상황의 타개책으로 등장해 태종 전반까지 주된 흐름을 형성했다. 반면 후자는 1410년(태종 10) 甲士에 대한 번상제 적용을 계기로 하여 대세로 자리 잡았다. 이 정책은 전자의 '외방의 3군 분속'을 '전국 군사의 5衛 분속'이라는 형식으로 수렴하면서 조선초기 중앙군 정책의 기조를 형성했다.

두 차례 정변으로 집권한 태종은 사병 혁파를 단행하고 奔競 금지를 일반 군사에게까지 확대하는 등 사병 혁파의 후속 조치도 추진했다. 태조 때에는 義興親軍衛, (內)甲士, 成衆愛馬, (別)司禁 등이 금군 역할을 수행했고 태종 때에는 復立한 갑사와 신설한 別侍衛·鷹揚衛·內禁衛·內侍衛 등이 그 역할을 담당했다.

15세기 초반 번상제는 중앙군 확보의 주된 방식으로 자리 잡았다. 軍官 대우를 받던 侍衛牌는 그 위상이 저하되고 번상도 빈번히 중지되었다. 甲士·別侍衛 등 官職과 연계된 병종들이 창설되자 시위패들이 그곳으로 入屬하며 나타난 현상이었다. 長番으로 근무하던 갑사·별시위에게 번상제를 적용하자 중앙군 대부분은 當番 때만 上京해 중앙군으로 활동하고, 소수의 상주병을 제외한 중앙군이 번상제 적용 대상이 되어 번상제는 중앙군 확보의 주된 방식이 되었다. 侍衛軍과 留防軍인 營鎭軍, 연해 방어를 맡은 水軍 사이에 통합과 분리도 진행했다. 이는 한정된 군역 자원으로 수도와 외방, 연해를 동시에 지켜야 하는 데서 비롯한 선택의 문제였다.

전국의 중앙 分屬은 공민왕 말엽 나주목사 李進修의 상소에서 비롯했다. 그의 방안은 홍건적에 의한 수도 함락과 왜구에 의한 수도 위협이라는 역사적 배경에서 나온 것으로, 전국의 중앙 분속을 제기한 최초의 사례였다. 그의 방안은 중앙군 지휘체계를 세우는 한편 외침으로 수도가 위협을 받을 때 지방군을 근왕병으로 동원하기 위한 방안이기도 했다.

당대에 실현되지 못했던 그의 방안은 정도전의 건의에 따라 1394년(태조 3) '전국의 3軍 분속'으로 현실화했다.

중앙군 지휘체계를 둘러싼 조선초기 국왕과 집권세력의 고민은 병권의 분산과 독점을 방지할 지휘체계 수립에 초점이 맞춰져 있었다. 태조 때 등장한 義興三軍府와 3軍-10衛(10司)-50領은 명칭 변경을 포함한 여러 차례의 變改에도 그 기본 성격이 유지됐으며, 세조 때에 五衛都摠府와 5衛-25部로 최종 결정될 때까지 중앙군 지휘기관과 조직 편제로 기능했다.

군사훈련에서 국왕의 친림 여부는 군사훈련의 실제 내용을 규정하는 매우 중요한 문제였다. 태조 때에는 義興三軍府 재상이 중심이 되어 군사훈련을 실시했다. 태종이 집권하면서 군사훈련 주도권이 宰相으로부터 국왕에게로 옮겨갔다. 태종 때 틀이 잡히기 시작한 국왕 주도의 군사훈련은 세종 때를 거치면서 祖宗成憲으로 자리 잡았다. 조선초기 국왕들은 개인훈련인 習射·觀射, 집단훈련인 閱武(習陣)·大閱, 실전훈련인 講武를 직접 주관하면서 군사훈련에서 국왕 주도권을 적극적으로 행사했다. 이러한 국왕 주도의 군사훈련은 조선초기 국왕과 신료 모두가 동의하는 군사훈련의 주된 방식이었다.

태조 때의 군사훈련은 1393년(태조 2)부터 본격화했다. 특히 진법훈련을 강도 높게 실시했는데, 이것은 군사들의 능력 제고라는 군사적 목적 외에 私兵을 거느린 節制使 통제라는 정치적 목적도 함께 지닌 것이었다. 태조 때에는 講武도 한 차례 거행했다. 강무는 군사를 훈련시켜 군사적 능력을 높이고 뜻밖의 사태에 대비하는 鍊士卒·備不虞, 강무를 통해 잡은 짐승을 종묘에 바치는 薦禽, 백성과 농작물을 해치는 짐승을 제거하는 爲民除害에 그 목적이 있었다.

태종 때에도 개인훈련인 習射·觀射·試射를 실시했다. 태종은 정변을 통해 집권한 만큼 吹角令이라는 비상대비 훈련방식을 제정하고 이를 세 차례 거행했으며, 관련 규정을 時宜에 맞게 계속 보완했다. 강무는 1403

년(태종 3) 봄부터 본격적으로 거행했다. 태종은 총 24회 강무를 거행했으며, 강무 기간은 평균 10일 정도였다. 태종 때의 강무는 아직 大閱과 연결되지 않아서 사냥 중심으로 운영되었고, 강무가 소수 병력을 중심으로 거행됐으며, 일정한 강무 장소를 선정하려는 논의가 활발하게 진행된 점이 특징이었다. 정치적 이유로 중단되었던 진법훈련도 1409년(태종 9)부터 재개했다.

제2장에서는 禁軍과 衛兵의 분화, 갑사·별시위의 衛兵化 과정, 양계 군사의 번상 중지와 軍額 조정, 五衛制의 법제화, 그리고 세종~세조 때 군사훈련의 양상과 관련 규정 정비에 대해 살펴보았다.

인구증가를 바탕으로 군액을 늘리려는 정부의 의도와 仕宦이 보장되는 병종에 입속하려는 良人 상층의 욕구가 결합해 세종 후반에 중앙군 군액이 폭증했다. 이에 수만 명의 중앙군이 잠시 上京宿衛하고 대부분 기간 외방에 머무는 것으로 그 성격이 변화했고, 금군과 위병 역할을 동시에 수행하던 갑사·별시위는 위병으로 轉化되어 금군과 위병의 분화가 나타났다.

세종 초반에는 左禁衛·右禁衛라는 새로운 금군을 창설했다가 이내 혁파하고 그 구성원을 내금위와 내시위에 移屬시켰다. 기존 금군의 통합도 단행하여 1419년(세종 1) 鷹揚衛를 혁파해 甲士와 별시위에 移差했으며, 1424년(세종 6)에는 內侍衛를 內禁衛에 통합했다. 강무를 위해 기존 병력을 활용한 獅子衛라는 특수 부대를 편성하기도 했다. 세조 때에는 兼司僕이 금군 병종으로 공식화했다. 세조도 行幸 때의 국왕侍衛를 강화할 목적으로 步兵인 彎强隊와 기병인 控絃衛라는 임시部隊를 편성했다.

위병은 궁궐숙위 때 4所에 배정되었고, 국왕 殿座時 殿庭에서 序立했으며, 도성巡綽을 전적으로 책임졌고, 御駕 수행시 금군보다 외곽에서 侍衛를 담당했다. 그리고 금군과 달리 5위에 분속되었다. 15세기 후반의 갑사와 별시위가 이러한 위병의 대표적 병종이었으며, 이 시기에 위병인 시위패가 正兵으로 개칭되었다.

세종 때를 경유하며 野人과 충돌이 빈번해지자 兩界의 국방력 강화를 위해 양계 출신 군사의 번상을 중지했다. 남방 출신 군사가 북쪽으로 赴防하는 데 따른 폐단을 줄일 수 있을 뿐 아니라 그들은 그곳 지리에 익숙해 방어·공격에 유리하기 때문이었다. 세조 때의 號牌法 시행과 隱丁 색출, 保法 실시로 民이 감당하기 어려운 수준으로 군액이 폭증하자 성종 초반에 '田 5결=1丁' 규정 폐지 등의 보법 수정과 군액 조정을 단행했다.

전국의 중앙 분속은 1421년(세종 3) '전국의 5衛 분속'으로 이어졌고, 세조 초반 편찬된 『兵政』에도 수록됐으며, 『경국대전』에서 '전국 군사의 5위 분속'으로 法制化했다. 이러한 '전국 군사의 5위 분속'은 조선초기 집권세력의 수도방위를 포함하는 軍事 전반에 걸친 구상이라는 큰 틀에서 검토해야 그것이 지니는 의미를 제대로 이해할 수 있을 것이다.

1466년(세조 12) 등장한 오위도총부는 규정상 5衛를 지휘하는 한편 병조와 함께 軍令을 처리하는 기관의 위상을 지녔지만, 宣傳官과 知邊事宰相의 등장으로 입직 군사만 관할하는 것으로 그 역할이 축소되었다. 중앙군의 조직 편제인 12司 60領은 문종 때에 5司 25領으로, 세조 때에 5衛 25部로 변경되었다. 5위 25부는 예종 때의 조정을 거쳐 『경국대전』에서 법제화됐으며, 양계를 포함한 전국 군사도 5위 예하의 25部에 편제되었다.

조선 초 衛領職 규모는 4,000자리 안팎에서 변동하다가 『경국대전』에서 3,248자리로 정해졌으며 운영방식에도 변화가 생겼다. 1394년(태조 3) 위령직의 일부를 成衆愛馬의 몫으로 배정했는데 이는 위령직의 타 관직으로의 轉用을 공식화한 조치였다. 위령직을 배정받은 갑사를 비롯한 別侍衛·鷹揚衛·內禁衛 등이 衛領職名이 아닌 자신의 兵種名으로 활동하면서 위령직은 그들에게 녹봉을 주기 위한 자리라는 점이 더욱 분명해졌다.

세종 때 궁궐에 射廳을 건립하고 도성의 射場도 8곳으로 확대했다. 습사 절차를 상세히 규정하고 그 결과에 따라 給到했으며, 試射·觀射도 꾸준히 거행했다. 태종 때를 이어 習陣도 거행하고 관련 규정도 정비했다. 1433년(세종 15)『癸丑陣說』을 편찬하면서 진법훈련은 더욱 강조되었다. '대규모 閱武'라는 의미의 大閱은 국왕이 친림해 습진 때 익힌 坐作進退의 절차를 확인하고 때로는 군사들의 軍器·衣甲 점고도 병행하는 군사훈련이었다. 군사뿐 아니라 百官과 종친들도 갑옷을 입고 참여했다. 1421년(세종 3) 조선 최초의 대열을 거행했다. 세종은 신하들의 반대에도 지속적으로 강무를 거행했는데, 이것은 자신의 건강을 염려한 父王의 遺旨, 文武不可偏廢라는 원칙의 준수, 父王 태종이 강무를 자손들이 지켜야 하는 成憲으로 삼았기 때문이었다.

문종~단종 때에는 국상 때문에 소규모 훈련인 習射·觀射·習陣에 집중했다. 습진은 문종이 친림하면서 국왕이 친림하기도 하는 군사훈련으로 바뀌었고 친림 사실을 강조하는 '親閱'이란 용어도 쓰이기 시작했다.

정변을 통해 집권한 세조는 비상대비훈련인 疊鐘·疊鼓를 실시했다. 세조 때의 관사는 閱武·設宴 등에 따르는 부수적·놀이적 성격을 띠었다. 1461년(세조 6)에는 친열이 아니면 습진은 取旨命將하게 했다. 세조 때부터 小形名을 사용해 후원에서 습진을 거행하기도 했다. 세조는 두 차례 대열을 거행했는데, 세종 말에 논의만 하고 실행하지 못했던 대열과 강무를 연속해 거행하는 방식을 따랐다. 세조 때의 강무는 세종 때에 비해 위축됐지만 동원한 군사는 1만~1만 5천 명 정도로 오히려 늘어났다.

제3장에서는 예종~성종 때를 대상으로 금군 확대, 대립 확산과 정부의 대응, 오위도총부의 역할과 五衛職 변질, 그리고 중앙군 중심의 군사훈련 거행 등에 대해 살펴보았다.

예종~성종 때 鷹揚衛·羽林衛라는 금군 병종을 창설하는 한편 淸路隊·別軍이라는 侍衛부대도 만들었다. 代立 확산과 잦은 번상 중지, 勞軍化 등으로 국왕시위의 한 축을 형성했던 위병이 약화된 데 따른 조치였다.

금군 확대를 위해 預差제도도 적용했다. 관직을 늘린다는 부담을 덜기 위한 목적과 재정 절감 등이 그 이유였다.

15세기 후반이 되면 軍士의 役卒化, 保法의 모순 등으로 代立이 확산돼 갔다. 이 시기 관료층의 수입 감소도 그 확산에 기여한 것으로 보인다. 정부는 대립 행위에 대한 처벌을 강화하는 한편 助役價·代立價 公定 등으로 대립을 일부 용인하다가 1538년(중종 33) 외방 관원이 포를 거둬 중앙에 납부하는 방식으로 代立制를 공인했다. 세조 때의 壯勇隊, 성종 때의 淸路隊처럼 대립에 대한 간접 대응책으로 중앙군을 京居人 중심으로 충원하기도 했다.

오위도총부 구성원은 官貝·京衙前·徒隸 세 부류로 이루어졌다. 도총부의 핵심 역할은 궁궐숙위였는데, 뜻밖의 사태를 예방하기 위해 衛將 낙점과 分軍은 병조에서 담당하고 摠管도 반드시 2명이 입직하게 했다. 15세기 후반 이조판서의 총관 겸직이 금지되고 儀賓·종친의 총관 기용이 관행으로 자리 잡았다. 16세기가 되면 도총부 위상이 낮아져 이조판서의 총관 겸직도 문제되지 않았고, 도총부의 입직 군사에 대한 총괄 권한도 평상시로 제한되었다. 의정부·육조·한성부 당상의 총관 겸직은 晝仕 啓請 등의 문제가 있었음에도 16세기를 거치며 관행화했다. 도총부 낭청은 그 아들에게 承蔭 기회가 부여된 淸要職으로, 諸將取才에 합격해야 임명될 수 있었다. 그러나 '吏才諳鍊'한 자는 취재를 면제하고 임명할 수 있게 입법하여 도총부 낭청에서 무신 비중이 줄어들었다. 도총부의 입직 군사 점고는 거둔 贖物이 도총부 운영비로 쓰였기 때문에 여러 규제책에도 불구하고 개선되지 못한 채 계속 문제가 되었다.

五衛職은 五衛將과 部將, 정3품 上護軍으로부터 종9품 副司勇까지가 이에 해당했다. 오위장과 부장은 입직 군사를 인솔하고 궁궐숙위를 수행했으며, 근무처인 衛將廳과 部將廳, 입직 군사가 머무는 4所가 궐내에 세워져 있었다. 衛領職을 타 관직에 녹봉을 주기 위한 자리로 활용하던 관행은 15세기 후반에 더욱 심화되어 이를 지칭하는 '送西'라는 용어까지 등장했다.

성종 때의 관사는 武士(武臣)관사, 宗親관사, 文臣관사로 대별되는데, 참여 대상자에 따라 더욱 세분화했다. 습사·관사는 이전처럼 주로 궁궐 후원과 경복궁 경회루 아래에서 열렸으며, 매월 20일부터 3일간 활을 쏘는 三日試射가 常例化했다. 중앙군을 동원한 열무는 觀射·擊毬·사냥 등 다른 훈련을 겸하는 경우가 많았으며, 慕華館 등에서 월 1~2회 거행하는 것으로 典型化했다. 소규모인 경우 후원에서도 거행했는데, 열무의 지휘 또는 관람 장소로 창덕궁 후원에 閱武亭을 조성하기도 했다.

성종 때 대열은 6회 거행했고 강무로 이어졌다. 강무는 8회 가을에 거행했는데 징발한 군사가 東郊에 집결했지만 사정상 강무를 거행하지 못한 경우까지 합산하면 총 12회에 달했다. 성종 중후반이 되면 동원 병력이 3만~4만 명에 달할 정도로 규모가 커졌다. 率丁까지 포함하면 10만 명을 상회하는 대규모였다. 대립 확산 등으로 번상제 운영이 어렵게 되자 한번 징발할 때 동원 가능한 병력을 최대한 징발하는 방향으로 대열·강무의 운영방식을 변경했기 때문이다.

조선초기 활발하게 거행하던 군사훈련은 16세기 들어와 그 빈도와 규모가 대폭 축소되었다. 安民을 강조하는 士林세력의 영향력 확대와 이에 대한 국왕의 '동조', 목장의 농경지로의 전환과 馬價 상승이라는 구조적 요인, 그리고 장기간에 걸친 평화기의 도래, 변칙적인 왕위 계승으로 16세기 국왕들이 先王으로부터 국정운영 경험을 전수받지 못한 점, 나이 어린 명종과 선조 즉위라는 상황적 요인이 함께 작용한 결과였다.

마지막으로 이 책의 한계와 더불어 앞으로 모색돼야 할 과제를 제시하는 것으로 결론을 마무리하고자 한다. 중앙군 운용은 중앙군 자체의 내적 요인과 집권세력의 구상뿐 아니라 당대의 정치·사회경제적 상황과 국제관계 등 대내외적 조건과 연관을 가지며 변화해 간다. 이 책은 정부의 조치·정책·법규·제도 등의 검토를 통해 중앙군 자체의 내적 요인과 집권세력의 구상을 규명하는 데 초점을 맞추어 중앙군 운용과 대내외적 조건의 연관성을 제대로 반영하지 못하는 한계를 지니고 있다. 또한 당대의 군사 전략과 전술이 집약된 陣法과 陣法書는 군사훈련의 바탕이 되는 것임에도 군사훈련의 검토에서 이를 반영하지 못한 한계도 지니고 있다. 추후의 연구를 통해 보완하도록 하겠다.

조선초기 등장했던 다양한 중앙군 병종 상호간의 연계[1] 규명과 더불어 禁軍과 衛兵 외에 勞役軍·使令軍, 火器 전문부대, 신분·우대병종 등으로 구성된 特殊軍에 대한 검토는 중앙군 운용의 실상을 이해하는 데 반드시 필요하다. 상경한 번상군의 숙소이자 이들에 위한 군사행정 기관의 성격도 지녔던 軍營[2]도 조선초기 서울의 변화상을 염두에 두면서 번상군의 서울에서의 존재 형식과 관련해 연구할 필요가 있다. 이 책에서 살펴본 번상군 중심으로의 중앙군 정책 전환, 사병 혁파와 그 후속 조치 외에 조선초기 국왕들이 무신 등용의 논리로 강조했던 文武竝用 정책과 사병 혁파를 계기로 등장해 五衛將의 兼職制로 제도화한 將卒分離 정책도 검토돼야 한다. 또한 士林세력의 軍制 인식과 연산군 때 중앙군 운용의 변화는 16세기 중앙군 이해에 필수적인데, 이에 대한 검토 역시 추후의 연구 과제로 삼고자 한다.

---

1) 민현구는 병종 사이의 관계를 신분 상호 간의 流動 가능성을 염두에 두고 본격적으로 검토해야 한다고 지적한 바 있다(1983, 『조선초기의 군사제도와 정치』, 한국연구원, 13쪽).
2) 조선초기 서울에 설치된 군영에 대해서는 다음의 논문에서 부분적으로 언급했다. 윤훈표, 1994 「조선초기 경군의 편성에 관한 연구」 『서울학연구』 2, 224~225쪽; 이현수, 1997 「조선초기 군역제도 연구」, 한국정신문화연구원 박사학위논문, 127~129쪽; 김종수, 2003 『조선후기 중앙군제연구』, 혜안, 54~55쪽.

[부표]

1. 태종 때의 試射·觀射 거행 내역

연월일	거행장소	대상	施賞	비고
01.윤03.15갑진		義安大君和 安城君李叔蕃 淸平君李伯剛等		친히 쏨
01.윤03.20기유	馬巖	衛士	弓矢	
01.윤03.22신해	淸和亭	諸君		친히 쏨
02.02.17경오		諸君	牛角 箭箭 弓	친히 쏨
02.03.27경술	淸和亭	宗親武士		觀射
02.04.09신유	凉廳			觀射
02.09.08무자	淸和亭	宗親		觀射
03.02.02기유		宗親 諸君		친히 쏨
03.02.06계축		諸君 入直擁制	三中者賞之	
04.01.27기사	淸和亭	完山君李天祐 上黨君李佇		친히 쏨
04.03.05병오	淸和亭	宗親 諸君		친히 쏨
05.04.04기사		趙溫 趙涓 金南秀 等		觀射
05.04.12정축	凉廳			觀射
06.04.15을해	廣延樓	宗親		觀射
07.02.24기유	廣延樓	宗親		觀射
07.03.05기미	解慍亭	宗親		觀射
09.04.21계사	廣延樓	世子 宗親 入直擁制		
09.12.21무오	解慍亭	衛士 16人	弓	
10.01.16계미	解慍亭	宗親		觀射
10.02.17갑인	禁園	內禁衛 別侍衛		習射
10.03.08갑술	解慍亭	宗親		觀射
10.04.17계축	解慍亭	宗親		觀射
11.03.18무인	昌德宮	宗親		觀射擊毬
11.03.19기묘	昌德宮			觀射
14.04.16기미	宮垣之內	內禁衛 內侍衛 各 15人	廐馬 1匹	習射 觀之
16.07.18정미	慶會樓	甲士 防牌	正布 綿布 楮貨	騎射
17.04.03기미	慶會樓下	上王 等		친히 쏨
17.04.04경신		宗親		친히 쏨
17.04.17계유	仁德宮	上王 等	內帑弓箭	친히 쏨
17.05.05경인	慶會樓	宰樞 參議 僉擁制 上·大護軍 護軍 司僕官貝	內帑弓及箭箭	
17.05.26신해	景福宮	上王 等	內帑弓矢	친히 쏨
18.05.10기미	開城	世子		每日侍射

비고: 01.윤03.15갑진은 『태종실록』의 태종 1년 윤3월 15일 갑진을 의미함.

2. 세종 때의 試射·觀射 거행 내역

연월일	거행장소	대상	施賞	비고
01.11.09기유	原州	諸節制使 司僕官	弓 箭筒	賭射
02.03.20무자	東郊	侍衛武官 敬寧君 恭寧君		騎射
06.03.09을유	闕內	內禁衛 內侍衛 別侍衛 司禁 上護軍 大護軍 護軍		習射
06.03.12무자	闕東門內	入直軍士	宣醞十五瓶	習射
06.08.28경오	慶會樓	入直內禁衛 忠義衛 別侍衛 司禁 司僕 鎭撫	弓	騎射
06.11.13갑신	慶會樓	內禁衛 司禁 鎭撫 司僕 忠義衛 別侍衛 能射者	角弓	射二百步
06.11.27무술	慶會樓	軍士	角弓(步射過二百步 騎射五發三中者)	觀射
06.12.13갑인	慶會樓	軍士 向化兀良哈兀狄哈等	角弓(毛毯三發三中者)	觀射
07.01.18기축	慶會樓 慶會樓	軍士 宗親 宰樞	弓(三中者) 籭鞭 具弓箭及箭筒	騎射
07.03.04갑술	慶會樓		弓(射過二百步)	觀射
07.03.27정유	箭串平	隨駕內禁衛 司僕 甲士	箭筒	騎射
07.05.13임오	孝寧大君 別墅	軍士		騎射
07.09.18갑인	東郊	司僕 司禁 內禁衛		騎射
07.09.24경신	東郊	司僕 司禁 內禁衛		騎射
08.01.14기유	慶會樓下	內禁衛 忠義衛 別侍衛 訓鍊觀 司僕寺	內廐馬	觀射
08.01.23무오	樂天亭 前平	內禁衛 司僕 宰樞	角弓 箭筒	觀射
08.04.11갑술	慕華樓	武科會試入格具仁寬等		騎步射
08.09.08무술	南郊			觀射
08.09.12임인	南郊			觀射
08.12.19무인	鷺渡江邊	內禁衛 內侍衛 司僕官員 上·大護軍	箭筒 (三發三中者)	騎射
10.윤04.02계미	慕華樓			騎射
10.05.05병진	慕華樓	衛士		騎射
11.03.19을축	盤松亭	軍士		騎射
12.04.06을해	慶會樓	衛士		騎射

연월일	거행장소	대상	施賞	비고
13.01.10을해	慶會樓	衛士		騎射
13.01.27임진	慶會樓下	衛士	賜物有差	騎射
13.01.28계사	後園	宗親		觀射
13.02.09갑진	楊州	宗親		觀射 (講武中)
13.03.09계유	慕華樓		弓 衣	觀射 毛毬 擊毬 騎射
13.03.18임오	慕華館	軍士	賞賜有差	騎射 擊毬
13.03.22병술	慶會樓北	宗親		觀射
13.03.28임진	慶會樓北	宗親		觀射
13.05.04정묘	慶會樓下	晋平大君以下 宗親		射侯
13.05.05무진	慶會樓下	宗親		射侯
13.06.01계사	慶會樓下	宗親		
13.06.02갑오	慶會樓下	孝寧大君以下 宗親	內廐馬 20匹	射侯
13.06.06무술	慶會樓下	宗親		射侯
13.06.13을사	慶會樓	宗親	賜物有差	射侯
14.01.25을유	慕華館			觀射
14.04.03신묘	慶會樓	宗親		射侯
14.04.06갑오	慕華館			觀射
14.04.07을미	慶會樓	宗親		射侯
14.04.15계묘	慕華館		弓矢	觀射
15.01.02병진	慶會樓	王世子 三大君		射侯
15.02.08임진	慶會樓	上護軍洪師錫等 30人	弓	射侯
15.02.25기유	慶會樓下	宰樞 29人	弓 弓矢	觀射 騎射
15.05.14병인	慕華館			騎射 擊毬 弄槍 角力 習杖
16.03.08을유	慕華館	試武科		騎射
16.03.15임진	慕華館	宗親 宰相 軍士		騎射
16.03.24신축	慕華館	三大君 宗親 軍士		騎射 騎射
16.05.05신사	慶會樓北	2品以上 4人 3品以下 50人		騎射

연월일	거행장소	대상	施賞	비고
17.05.12계미	慶會樓	向化童未所等 20人	麻布	射侯
17.05.18기축	慕華館			騎射
18.08.21갑신	後園		自是日以爲常	觀射
18.10.09신미	後園	宗親 宰樞		觀射
19.03.29기미	慶會樓下		弓	觀射
19.10.29을유	慕華館		劍	觀射毛毬
19.11.02무자	慕華館		命世子往慕華館 觀射毛毬	觀射毛毬
20.02.09계해	慕華館		劍	觀射毛毬 擊毬
21.윤2.14임진	慕華館			騎射
21.08.20병신	慕華館			武擧騎射
21.08.21정유	慕華館			試射280步
22.02.19임진	慕華館			觀擊毬射毛毬
22.08.24계사	慕華館		還刀	騎射
23.02.18을유	慕華館			觀射
23.07.15기유	光化門		試射鐵鏃矢	觀射
23.11.25무오	序賢亭			觀射
25.09.02계축	後苑	武士	世子出後苑 觀武士射	世子代行
25.10.07무자	後苑			世子代行
27.05.07경진	慕華館		世子觀射于慕華館	世子代行
27.11.15병술	慕華館			世子代行
28.02.20무오	慕華館			世子代行
30.08.29임오	慕華館			世子代行
31.05.05갑신	後苑	宗親		世子代行

비고: 01.11.09기유는 ≪세종실록≫의 세종 1년 11월 9일 기유를 의미함.

3. 문종~단종 때의 試射·觀射 거행 내역

연월일	거행장소	대상	施賞	비고
문종 00.09.06정미	慶會樓下			觀射
문종 00.09.08기유	序賢亭			觀射
문종 00.09.17무오	序賢亭		弓矢	觀射
문종 00.11.17정사	序賢亭		仕到 50 (五發五中者)	騎射
문종 00.11.18무오	序賢亭			觀射
문종 00.11.19기미	序賢亭			觀射
문종 00.11.22임술	序賢亭			觀射
문종 00.11.23계해 ~00.11.26병인	序賢亭			4일 연속거행
문종 00.11.28무진 ~00.11.29기사	序賢亭			2일 연속거행
문종 00.12.01신미 ~00.12.04갑술	序賢亭			4일 연속거행
문종 00.12.06병자	序賢亭			觀射
문종 00.12.13계미	序賢亭			觀射
문종 00.12.16병술	序賢亭			觀射
문종 00.12.19기축 ~00.12.21신묘	序賢亭			3일 연속거행
문종 00.12.23계사 ~00.12.25을미	序賢亭			3일 연속거행
문종 00.12.29기해	序賢亭			觀射
문종 01.02.20기축	序賢亭	東西班各品		射侯 騎射
문종 01.02.21경인	序賢亭	司僕官員		射侯
문종 01.02.22신묘	序賢亭	東西班 成衆官 內禁衛		騎射 步射
문종 01.03.09무신	序賢亭		弓劍	
문종 01.03.10기유	序賢亭		弓矢	觀射
문종 01.03.11경술	序賢亭	堂上官以上		射侯
문종 01.03.12신해	序賢亭			觀射
문종 01.03.13임자	序賢亭	軍士	給到	騎射 步射
문종 01.03.15갑인	序賢亭			觀射
문종 01.03.20기미	序賢亭	軍士	給到	騎射 步射
문종 01.03.21경신	序賢亭	軍士	給到	

연월일	거행장소	대상	施賞	비고
문종 01.03.22신유	序賢亭	忠順衛	給仕	騎射步射
문종 01.03.25갑자	序賢亭	忠順衛	給仕	騎射步射
문종 01.03.26을축	序賢亭	李石貞等 10人	賜物有差	射侯
문종 01.04.01기사	序賢亭		給仕到有差 (中多者)	觀射
문종 01.04.09정축	慕華館	武科步射騎射		
문종 01.04.16갑신	序賢亭		給仕到有差 (中多者)	觀射
문종 01.04.17을유	序賢亭		給仕到有差 (中多者)	觀射
문종 01.09.04기해	序賢亭	領率護軍等 20人		騎射步射
문종 01.09.06신축	序賢亭	領率護軍等 20人		騎射步射
문종 01.09.07임인	序賢亭	善射人 兼司僕 領率護軍等 30人		射侯
문종 01.09.08계묘	序賢亭	領率護軍 內禁衛		騎射步射
문종 01.09.16신해	慶會樓下	內禁衛 向化人		騎射步射
문종 01.09.17임자	序賢亭	東西班各品 忠義衛 忠順衛 內直 司樽院	給到有差	騎射步射
문종 01.09.18계축	序賢亭	東班善射人 三軍鎭撫 忠義衛 忠順衛	給到有差	騎射步射
문종 01.09.28계해	序賢亭			觀射
문종 01.10.10을해	序賢亭			觀射
문종 02.03.27경신 ~02.03.28신해	慶會樓下	宗親 宦官		射侯
문종 02.03.30계해	慶會樓下	宦侍		
문종 02.04.05기사	慶會樓下	宦官		
문종 02.04.16경진	慶會樓下	宗親		閱射
단종 02.03.17무신	後苑			觀射
단종 02.04.21임인	後苑			觀射
단종 02.04.27무신	慕華館			觀射
단종 02.09.02경술	序賢亭			觀射
단종 02.10.23신축	序賢亭			觀射

비고: 문종 00.09.06정미는 『문종실록』의 문종 즉위년 9월 6일 정미를 의미함.

4. 세조 때의 試射·觀射 거행 내역

연월일	거행장소	대상	施賞	비고
01.12.14을묘	慶會樓下	野人	馬 角弓 刀子 등	
02.02.03임인	慶會樓下	野人	綿布 刀子 藥囊 등	
02.02.25갑자	慕華館 南門	僉知中樞院事閔發馬興貴 大護軍李㘽宋仲文 護軍辛以中 等		
03.04.25무오	慶會樓下	臨瀛大君 洪達孫 等	鹿皮 角弓 油芚	
03.09.25병술	後苑	上護軍金守溫 等	裘衣 弓矢 毛馬粧等物	
03.10.07정유	忠順堂	宗親 鄭麟趾 等		
04.01.17병자	後苑	臨瀛大君 鄭麟趾 等		
04.01.25갑신	後苑	讓寧大君 洪達孫 等		
04.01.26을유	後苑	內宗親 洪達孫 等		
04.02.10기해	後苑	讓寧大君 鄭麟趾 等	油鞍籠	
04.윤02.01기미	後苑	宗親 申叔舟 等		
04.07.26신해	慶會樓下	臨瀛大君 申叔舟 等	鷹子 虎皮	
04.09.24무신	慶會樓下	將爲將帥者 13人		
04.12.17신미	慶會樓下	宗親 內禁衛 兼司僕 等		
05.03.05정해	後苑	韓明澮 部將 等	弓 馬	
05.03.25정미	忠順堂	內禁衛 司僕		
05.05.02계미	慕華館	洪允成 等 7人	內廏馬	
05.05.05병술	慶會樓下	隨駕宗親 入番將士		觀射
05.05.19경자	慕華館			觀射
05.05.25병오	慶會樓下			觀射
05.05.26정미	慶會樓下			觀射
05.06.02임자	慶會樓下			觀射
05.06.10경신	慶會樓下			觀射
05.06.15을축	慶會樓下			觀射
05.06.23계유	慶會樓下			觀射
05.06.27정축	慶會樓下			觀射
05.06.28무인	慶會樓下			觀射
05.07.14계사	慶會樓下			觀射
05.07.22신축	慶會樓下			觀射
05.08.02신해	慶會樓下			觀射
05.08.03임자	慶會樓下			觀射
05.08.09무오	慶會樓下			觀射
05.08.10기미	慶會樓下			觀射
05.08.15갑자	慕華館			騎步射
05.08.19무진	慶會樓下			觀射

연월일	거행장소	대상	施賞	비고
05.09.04계미	慶會樓下			觀射
05.09.24계묘	後苑			觀射
05.09.28정미	後苑			觀射
05.10.29정축	後苑			觀射
05.11.03신사	忠順堂			觀射
05.11.12경인	忠順堂			觀射
05.11.21기해	忠順堂	行上護軍具文信 李坤 閔發 護軍崔適等		射侯
05.12.07을묘	忠順堂			觀射
05.12.09정사	慕華館			觀射
05.12.23신미	慶會樓下			觀射
06.01.06갑신	慕華館			觀射
06.01.18병신	慶會樓下			觀射
06.01.21기해	忠順堂			觀射
06.01.25계묘	忠順堂			觀射
06.02.01무신	忠順堂			觀射
06.02.03경술~06.02.04신해	忠順堂			觀射
06.02.06계축~06.02.07갑인	忠順堂			觀射
06.02.19병인	慶會樓下			觀射
06.02.22기사	忠順堂			觀射
06.03.18을미	慕華館門	內禁衛 兼司僕 武官		射侯 騎射
06.03.20정유	忠順堂	功臣		觀射
06.04.05신해	忠順堂			觀射
06.08.19임술	喜雨亭			觀射
06.08.20계해	忠順堂			射侯
06.08.30계유	忠順堂	內宗親 衛將 司僕官等		觀射
06.09.09임오	忠順堂		"試武擧 仍觀射"	觀射
06.09.16기축	忠順堂			觀射
06.09.18신묘	忠順堂	二品以上 宗親		觀射
06.09.19임진	忠順堂			觀射
06.11.12갑신	忠順堂			觀射
06.11.27기해	後苑	宗親 宰樞		觀射
06.윤11.07기유	後苑			觀射
06.윤11.09신해	忠順堂			觀射
06.윤11.13을묘	忠順堂			觀射
06.12.02갑술	忠順堂			觀射

연월일	거행장소	대상	施賞	비고
06.12.04병자~ 06.12.06무인	忠順堂			觀射
06.12.08경진	忠順堂			觀射
07.01.05병오	忠順堂			觀射
07.01.18기미	忠順堂			觀射
07.02.02계유	忠順堂	世子 德源君 永順君 承旨		射侯
07.02.19경인	忠順堂			觀射
07.02.22계사	忠順堂			觀射
07.03.16정사	忠順臺	洪允成 野人浪將家老 倭人平茂續	弓矢	射侯
07.04.13계미	忠順堂	平虜衛 破敵衛 正兵	給別仕 賜扇各一	射侯
07.04.15을유	忠順堂	世子		射侯
07.05.05갑진	後苑	宗親 宰樞 諸將 內禁衛		觀射
07.05.11경술	華韡堂			觀射
07.05.29무진	慶會樓 石橋	宗親 宰樞		觀射
07.06.23임진	慶會樓下	諸將 承旨 兼司僕 內禁衛		觀射
07.09.11무신	慕華館			觀射
07.10.08갑술	忠順堂			觀射
07.10.14경진	忠順堂			觀射
07.10.29을미	忠順堂			觀射
07.11.06임인	後苑亭	內宗親		친히 쏨
07.12.20병술	慕華館	武士		射侯
07.12.23기축	序賢亭	武士		射侯
08.01.16신해	後苑	內宗親 宰樞		친히 쏨
08.02.11병자	後苑	司僕官		射侯
08.02.12정축	閱武亭			觀射
08.02.19갑신	後苑	兼司僕	鹿皮	射侯
08.03.18계축	華韡堂			觀射
08.04.04기사	光化門	武士		射侯
08.04.06신미	光化門			觀射
06.04.10병진	忠順堂	都鎭撫 衛將 承旨 兼司僕 壯勇隊		觀射
06.04.14경신	慶會樓下			觀射
06.04.15신유	華韡堂			觀射
06.04.24경오	慕華館			觀射
06.04.26임신	慶會樓下			觀射
06.05.11병술	華韡堂			觀射

연월일	거행장소	대상	施賞	비고
06.05.15경인	華韡堂			觀射
06.05.20을미	華韡堂			觀射
06.06.05경술	華韡堂			觀射
06.06.06신해	慕華館門			觀射
	華韡堂	讓寧大君 知中樞院事朴薑		爭射
06.06.10을묘	慶會樓下	宗親 宰樞 野人		射侯
06.06.13무오	華韡堂			觀射
06.06.21병인	華韡堂			觀射
06.07.17신묘	慶會樓下	洪允成 閔發 新宗尹 孝伯 上護軍李埠等		觀射
06.07.24무술	忠順堂			觀射
06.07.25기해	忠順堂			觀射
06.08.07경술	慶會樓下			觀射
06.08.09임자	忠順堂			觀射
06.08.13병진	忠順堂			觀射
06.08.18신유	忠順堂			觀射
08.04.20을유	華韡堂			觀射
08.07.09임인	忠順堂	下三道所選武才卓異人		觀射
08.09.12계묘	序賢亭	軍士		騎射
08.09.16정미 ~08.09.17무신	序賢亭			觀射
08.10.19경진	序賢亭	臨瀛大君 申叔舟 楊汀 李石亨 宗宰 兼司僕		侍射 친히 쏨 射侯
09.02.03임술	忠順堂	宿衛軍士		射侯
09.02.26을유	序賢亭	宗親 宰樞 諸將 宣傳官 內禁衛		觀射
09.05.11기해	壯義洞 新亭			觀射
09.05.12경자	慕華館			觀射
09.05.19정미	華韡堂	內宗親		친히 쏨
09.05.28병진	華韡堂			친히 쏨
09.06.19정축	序賢亭			觀射
09.06.20무인	序賢亭			친히 쏨
09.07.19병오	序賢亭			觀射
09.07.29병진	序賢亭			觀射
09.08.04경인	序賢亭			觀射
09.12.15기해	序賢亭			觀射

연월일	거행장소	대상	施賞	비고
09.12.16경자	木覓山南	兼司僕 獅子衛		射羽箭
10.05.01계축	序賢亭	武才 90餘人	命各加一資 (最善射)	
10.05.05정사	序賢亭			觀射
10.07.12계해	養心堂	宗宰	鹿皮靴一對	射小的
10.09.30경진	昌德宮 後苑	兼司僕 內禁衛		
10.11.13임술	慶善殿	內禁衛 20餘人		射的
11.06.01정축	忠順堂	兼司僕 內禁衛	馬 蓑衣	射侯
11.06.12무자	慕華館	兼司僕 內禁衛	角弓 獐皮 鞍子 布	試藝
11.06.27계묘	慕華館	兼司僕 內禁衛		甲乙射
11.06.28갑진	華韡堂			觀射
11.07.11병진	慕華館	射宗 衛將		射侯
11.09.08임자	東門外		命王世子觀射于 東門外	觀射
11.10.26경자	序賢亭	內禁衛 兼司僕 部將 鎭撫 宣傳官 射宗 衛將	馬	觀射
11.11.05기유	忠順堂	內禁衛 兼司僕		射侯
11.11.22병인	華韡堂	諸將 司僕 宣傳官 內禁衛		觀射
11.12.06기묘	華韡堂	諸將 軍士	馬	射侯
12.02.01계유	忠順堂	兼司僕 內禁衛	馬	觀射
12.02.23을미	忠順堂	諸將 兼司僕 內禁衛	兒馬	觀射
12.윤03.03갑술 ~12.윤03.04을해	北門	衛士	王世子承命…觀 射	觀射
12.04.18무오	後苑	兼司僕		觀射
12.04.20경신	序賢亭	軍士	兒馬	騎射
12.04.25을축	後苑			觀射
12.05.05을해	序賢亭	兼司僕		射侯
12.06.22신유	華韡堂	兼司僕 內禁衛		射侯
12.08.20기미	忠順堂	入番軍士善射者50餘人		觀射
12.08.21경신	忠順堂			觀射
12.09.25계사	慶會樓下	世子 宗宰	弓矢 馬裝	射侯
12.09.30무술	(忠順堂)	宗親 議政府六曹忠勳府中樞府堂上	鹿皮(勝者)	射小的
12.10.02경자	後苑	登俊衛 海靑衛武士	角弓	射小的
12.10.03신축 ~12.10.04임인	後苑	登俊衛 海靑衛		射的
12.11.02경오		兼司僕 諸將	內廐馬	不親臨

연월일	거행장소	대상	施賞	비고
12.12.26계해	華韡堂	內禁衛 兼司僕 別侍衛 甲士能射者各10人		射侯
13.02.27계해	華韡堂	向化人 司僕	加資 弓矢	射侯
13.04.19갑인	後苑 新茅亭	宗宰		射侯
13.06.01갑오	慶會樓下	射宗 兼司僕 內禁衛 自募扈從賤隷人	獐皮 弓弦 綿布	射侯
13.08.08신축	序賢亭	射宗 武士	"試射新造彭排"	
13.11.25정해	閱武亭			觀射
13.12.09신축	慕華館大門	兼司僕		騎射
14.05.01경신	序賢亭	宗親 宰樞等	弓 內廐馬	射侯
14.06.06갑오	序賢亭	世子 宗親等		觀射
14.06.07을미	慶會樓下	諸將		射侯

비고: 01.12.14을묘는 《세조실록》의 세조 1년 12월 14일 을묘를 의미함.

5. 예종~성종 때의 試射·觀射 거행 내역

연월일	거행장소	대상	施賞	비고
예종 00.12.18갑진	閱武亭	新宗君 孝伯 堤川君 薀 兼 司僕 宣傳官等	加階	侍射蹲甲
예종 01.04.11갑자	序賢亭	武臣40餘人	內廐馬	騎射
01.03.15갑오	後苑	兼司僕內禁衛鷹揚衛族親衛 親軍衛別侍衛等100人		
01.08.20을축	後苑	兼司僕等諸色軍士之能射者 90餘人 宗親新宗君孝伯等6人	弓	武臣觀射 宗親觀射
01.11.19계사	後苑		賜物有差	
02.01.13병술	後苑	文臣 宗親 兼司僕 甲士	弓 大箭 狐皮耳掩	
02.03.04정축	兎院	諸將 衛士 宰樞	虎豹皮 鹿皮弓 馬	
02.04.16무오	七德亭	武臣		閱武병행
02.05.07기묘	慕華館	武士(擊毬三甲射)		閱武병행
02.09.27병신	後苑	宗親 武臣	兒馬 虎皮 弓	
02.윤09.15갑인	後苑		兒馬 弓矢	
02.12.11무인	廣延殿	(武臣 禹貢)	弓箭	
03.01.04신축	後苑			
03.02.02기사	箭串	宗親等	角弓	閱武병행
03.03.02무술	樂天亭			閱武병행
03.09.04정유	後苑	(武臣李陽生)	弓矢	
04.02.02계해	慕華館	武臣(擊毬射侯三甲射等)		閱武병행
04.03.02임진	慕華館	武士(擊毬騎射三甲射)	弓矢	
04.03.20경술	慕華館	宗親 (武臣曹漢臣)	弓	閱武병행
04.04.07정묘	慕華館	武臣	弓	閱武병행
04.04.16병자	慕華館	武臣	賜多中者弓矢有差	閱武병행
04.04.24갑신	後苑		弓矢	
04.05.05을미	壽康宮長春 門樓	武臣	弓	騎射
04.05.11신축	敦化門	武臣	弓矢	射侯
04.05.18무신	慕華館	武臣	內廐馬(魚有沼)	
04.08.02신유	慕華館	(武臣曹漢臣)	弓	
04.09.27을묘	後苑	兼司僕 內禁衛 各 20人	兒馬	
04.10.16갑술	後苑	入直正兵 都摠管 兼司僕 內禁衛	兒馬 鷹	
04.11.03경인	慕華館		賜物有差	
04.11.26계축	後苑	武臣		

연월일	거행장소	대상	施賞	비고
04.12.03기미	後苑			
05.01.21정미	後苑	武臣	弓 箭	
05.04.02병진	慕華館	武臣	弓矢	三甲射
05.04.10갑자	後苑	宗親 武臣	弓矢	
05.07.05무오	後苑	兼司僕	弓	
05.07.07경신	後苑	內禁衛(邊伍千等)	弓箭	
05.07.15무진	後苑	文臣 7人 內禁衛 10人	弓	文武臣 觀射
05.07.21갑술	後苑	武臣堂上官 20人	虎皮 鷹箭	
05.07.24정축	後苑	文臣	虎皮 鹿皮 弓	
05.08.08경인	後苑	正兵	馬 箭	
05.08.22갑진	後苑	正兵 230人		
05.10.29신해	後苑	武臣	鹿皮 弓 箭	
06.01.12임술	後苑			
06.02.05갑신	後苑	武臣(曺漢臣等)	豹皮 虎皮 鹿皮	
06.04.11기축	後苑	兼司僕(任得昌等)		强弓시험
06.04.12경인	後苑	內禁衛 100人	鹿皮 弓矢	講書 (9人)병행
06.04.30무신	後苑	內禁衛 武才徵召者 文臣(楊熙止)	弓錯箭	
06.05.05계축	慕華館	兼司僕 李陽生等 6人	弓	觀放火車 觀射火箭
06.08.09을유	後苑		弓矢	
06.10.26임인	後苑	宗親	鹿皮 弓	宗親觀射
06.11.05경술	後苑	徵召人	鹿皮 角弓	
06.12.02정축	慕華館	宗親 16人 武臣 36人	弓	觀火병행
07.04.16기축	後苑	武臣	弓矢	
07.05.05정미	慕華館	武臣(騎射 三甲射槍等)	弓矢 豹皮	
07.08.12임오	後苑	武臣	弓矢	
08.02.01경오	慕華館	武臣(觀放火 試武士射)	弓	觀火병행
08.윤02.22경신	後苑	宗親 10人	賞賜有差	宗親觀射
08.윤02.26갑자	後苑	摠管 禁軍將 內禁衛	鹿皮 豹皮交子 弓	
08.03.05임신	後苑	堂上堂下文臣 22稱	弓 箭	文臣觀射
08.03.20정해	後苑			
08.04.23경신	後苑	宗親		宗親觀射
08.05.05신미	慕華館	試武臣射		武臣試射
08.06.03무술	後苑	武臣	虎皮	武臣觀射
08.09.27신묘	慕華館	武士(騎射 擊毬)		觀放火砲
09.04.12계묘	慶會樓下	宗親		張樂設宴

연월일	거행장소	대상	施賞	비고
09.04.19경술	後苑	宗親 入侍宰相	油席	宗親觀射
09.04.22계축	後苑	武臣宰相 12人(作耦)	鹿皮 弓	武臣觀射
09.06.17정미	慶會樓下	武臣宰相	賜物(勝者)	武臣觀射
09.10.18병오	後苑	宰相(韓明澮 盧思愼等)	虎皮	
09.11.09병인	後苑	兼司僕(向化人)	別造弓	
09.11.10정묘	後苑	武臣	勝耦賜弓	
09.11.19병자	後苑			
10.01.19병자	後苑	文臣	弓	文臣觀射
10.03.22무인	後苑	宗親 16人 儀賓 1人		宗親觀射
10.03.26임오	後苑	武臣	弓 虎皮 馬粧	武臣觀射
10.03.27계미	後苑	文臣 30人(遠侯近侯別設)	弓	文臣觀射
10.04.20병오	後苑	宗親		宗親觀射
10.04.25신해	後苑	宗親		宗親觀射
10.05.01병진	後苑	武臣	兒馬 鹿皮	武臣觀射
10.06.26신해	慶會樓下	宗親(琉球使臣 設宴後)		宗親觀射
10.07.28임오	後苑	宗親		宗親觀射
10.09.05무오	後苑	宗親		宗親觀射
10.09.13병인	後苑	宗親		宗親觀射
10.09.14정묘	後苑	宗親		宗親觀射
10.10.11계사	觀音山射場	宗宰	毛皮座子 匹段衣	講武中
10.10.12갑오	寶藏山射場	宗宰(射的)	豹皮	講武中
10.10.13을미	王方山射場	宗宰(射的)	鹿皮	講武中
10.10.15정유	注葉山射場	宗宰(射的)	角弓	講武中
10.10.16무술	所林山射場	宗宰(射的)	爐口	講武中
10.10.27기유	後苑	兼司僕 內禁衛 各10人	別造弓	禁軍觀射
10.11.01임오	後苑	宗親		宗親觀射
10.11.07무자	後苑	文臣 各27人	弓	文臣觀射
10.11.08기축	後苑	武臣 各14人	弓	武臣觀射
10.11.09경인	後苑	武臣 各35人	弓	武臣觀射
10.12.24을해	後苑	宗親		宗親觀射
11.02.01신해	後苑	宗親		宗親觀射
11.02.28무인	慶會樓下	宗親(射侯)		宗親觀射
11.03.14갑오	後苑	宗親		宗親觀射
11.03.15을미	分二處 (慕華館,訓鍊院?)	抄武臣能射者 分二處 連三日射侯	兒馬	武臣觀射 三日試射
11.03.16병신	月山大君家	宗親		閱武後
11.03.24갑진	分三處	文臣能射者 連三日射侯	兒馬	文臣試射 三日試射

연월일	거행장소	대상	施賞	비고
11.04.10경신	後苑	宗親		宗親觀射
11.05.05갑신	慕華館	"上幸慕華館　宴兩使…上命 試武士藝"	遊興	
11.06.04계축	後苑	宗親		宗親觀射
11.06.13임술	慶會樓下	宗親(宴琉球使臣後)		宗親觀射
11.06.27병자	慶會樓下	宗親(宴兩使後)		宗親觀射
11.07.21기해	慶會樓下	宗親(宴兩使後)		宗親觀射
11.08.27갑술	後苑	文臣 各11人	弓	文臣觀射
11.10.03기유		弘文館 史官 注書	弓	侍從 文臣觀射
11.10.08갑인	後苑	宗親		宗親觀射
11.10.12무오	後苑	(上進宴于三殿) 命宗親,宰臣,諸將…射侯		射侯
11.10.22무진		承旨,注書,弘文館員分三耦	襦衣 弓	侍從
11.11.23기해	後苑	(武臣)		試射
11.12.01병오	後苑	宗親		宗親觀射
11.12.14기미	後苑	文臣宰相 各10人	弓	文臣觀射
11.12.24기사	後苑 宣政殿	御後苑 觀宗親射 及暮 移御 宣政殿 與宗親射的	宗親觀射	
12.02.12병진	慶會樓下	宗親		宗親觀射
12.02.25기사	後苑	宗親		宗親觀射
12.02.29계유	慶會樓下	宗親(3殿問安後)		宗親觀射
12.03.03정축	慶會樓下	宗親(宗親儀賓進宴)		宗親觀射
12.03.11을유	慶會樓下	宗親(迎勅後)		宗親觀射
12.03.19계사	慶會樓下	宗親(忠翊府進宴後)		宗親觀射
12.06.04정미	慕華館	天使…令頭目習射…使我國 武士 或射侯或騎射	遊興	
12.09.21임진		承旨 經筵官 注書 史官 吏兵曹堂上	段衣 紅錦布衣	
12.10.10신해	慶會樓下	令兵曹 聚武臣于慶會樓下 試 射侯三日	三日試射 對擧	
12.10.16정사		洪應 兵曹都摠府入直堂上 承旨 注書 經筵官	綵緞	
12.11.04갑술		承旨,經筵官,注書,翰林	弓	侍從
12.11.20경인		承旨,入直經筵官	豹皮	侍從
12.12.06병오		宗親(德源君,河城尉)		宗親觀射
13.01.12신사	後苑	武臣 各5人	弓	武臣觀射
13.01.15갑신		進宴于三殿 命諸承旨及入直 諸將司饔院提調射侯	賜酒肴	

연월일	거행장소	대상	施賞	비고
13.02.15갑인	後苑	宗親		宗親觀射
13.02.18정사	慶會樓下	宗親(問安三大妃殿後)		宗親觀射
13.02.24계해	後苑	宗親		宗親觀射
13.02.26을축	後苑	宗親		宗親觀射
13.03.02경오	後苑	武臣		武臣觀射
13.03.11기묘	後苑	文臣 各5人		文臣觀射
13.03.17을유	慕華館	武臣(騎射 擊毬)		觀火병행
13.04.28병인		承旨 弘文館	給自願經史	
13.05.02경오	慶會樓下	宗親(日本國使接見後)		宗親觀射
13.06.26계해	慶會樓下	宗親(大妃殿問安後)		宗親觀射
13.09.03무술	後苑	承政院 弘文館	賜酒	侍從
13.09.09갑진	後苑	經筵堂上 弘文館 承文院 諸將	賜酒	重九日
13.09.16신해	後苑	承政院 弘文館 諸將	分3耦 各7人 兒馬	
13.11.17신해	후원	武臣	虎皮 弓箭	武臣觀射
13.12.13정축	後苑	宗親		講書병행
14.01.01갑오	(慶會樓下)	正2品以上武臣 諸將 兼司僕 內禁衛等		武臣觀射
14.01.15무신	後苑?	承政院 弘文館 大典續錄勘校廳 諸將		
14.01.28신유	後苑	武臣(別侍衛50人)	弓矢	講書병행
14.02.13병자	後苑	宗親(宗親府儀賓府進宴)		宗親觀射
15.02.07갑자	後苑	武臣堂上		武臣觀射
15.07.25기유	分二所	內禁衛 兼司僕	兒馬(國喪久廢觀射)	三日試射
16.04.13갑자	後苑	武臣		武臣觀射
16.05.20기사	後苑 西所	宗親 宰相 都摠管 侍從	白鹿皮	宗親觀射
16.09.13신유	慕華館	武臣(魚有沼等)	弓	武臣觀射
17.01.05임자	後苑	武臣 各5人	鹿皮	武臣觀射
17.01.13경신	後苑	文臣(洪應等)	弓	文臣觀射
17.03.22정묘	後苑	武臣	弓	文臣庭試 對擧
17.05.18임술	慕華館	武臣(騎射 擊毬 三甲射)	弓矢	文臣觀射
17.08.21계사	後苑	宗親		宗親觀射
17.08.23을미	後苑	宗親(宗親儀賓進宴)		宗親觀射
17.09.03을사	後苑	經筵堂上 弘文館 承旨 兵曹都摠府堂上	鹿皮	投壺병행
17.09.12갑인	後苑	宗親 宰相 侍從 諸將	大妃問安後, 賜奏樂	投壺병행
17.09.17기미	環翠亭	宗親(設宴 射小的)		宗親觀射

연월일	거행장소	대상	施賞	비고
17.11.19경신	仁陽殿	宗親(設宴 射的)		宗親觀射
18.01.11임자	後苑	武臣	弓	武臣觀射
18.01.18기미	(後苑)	宗親1品 領敦寧以上 承旨 諸將	觀稼農作後 弓	投壺병행
18.01.24을축	後苑	宗親		宗親觀射
18.04.16을유	慕華館	武臣		武臣觀射
18.08.015임오	北所	宗親1品 領敦寧以上 議政府 判書以上 漢城府堂上 兵曹都摠府 承政院 弘文館 藝文館	鹿皮 角弓 胡椒	秋夕 賜宴 投壺병행
18.08.29병신	後苑	宗親 儀賓	胡椒	宗親觀射
18.09.24경신	後苑	宗親		宗親觀射
18.12.24기축	後苑北所	文武宰相	賜酒樂 弓	
19.01.09갑진	後苑	武臣堂上官 12人	弓	武臣觀射
19.01.20을묘	後苑	宗親		宗親觀射
19.03.25기축	後苑	宗親		投壺병행
19.04.21갑인	後苑	兼司僕等		禁軍觀射
19.05.05무진	西所	宗親1品 領敦寧以上 議政府 六曹參判以上 漢城府堂上 儀賓府 承政院 弘文館	命饋	投壺병행
19.07.30신묘	後苑	領敦寧以上 六曹判書 兵曹 都摠府 諸將 承旨 注書 史官	設宴 兒馬	投壺병행
19.08.20신해	後苑	武臣堂上(射侯三日)		三日試射
20.02.02경인	分二所	內禁衛兼司僕 (作七耦 連二日試射)	兒馬	禁軍試射
20.03.11기사	後苑	文臣(領敦寧以上 議政府 都摠管監射)	文臣試射久廢不行	文臣觀射
20.04.16갑진	慕華館	武臣(騎射 擊毬 三甲射)	弓	武臣觀射
20.05.05임술	曜金門內	宗親2品以上 議政府 儀賓府 六曹 漢城府 政院 弘文館 藝文館 都摠府 諸將	幸後苑 進宴于兩大妃 內外命婦 皆入侍	投壺병행
20.08.21병오		武士	角弓 400張	武士試射
20.08.24기유	北所	宗親1品 領敦寧以上 議政府 六曹參判以上 忠勳府 漢城府 儀賓府 承政院 弘文館 藝文館 都摠管 諸將	(命設龍鳳帳於後苑 進宴兩殿 王世子暨 內外命婦皆與焉) 賜酒樂 內賜珍羞	
21.01.28신사	後苑	(韓明澮妻卒 未親臨)	賜酒御膳	
21.02.29신해	後苑	宗親(宗親儀賓進宴)		宗親觀射
21.03.15정묘	後苑	宗親 儀賓		宗親觀射

연월일	거행장소	대상	施賞	비고
21.03.20임신	後苑	文臣 44人	弓 黃毛 墨 硯	文臣觀射
21.10.23신미	後苑	武臣	兒馬	武臣觀射
22.03.25신축	慕華館	武臣(騎射 擊毬 三甲射)	弓箭	武臣觀射
22.04.18계해	慕華館	武臣	(野人討伐論議)	武臣觀射
22.04.20을축	後苑	自願人 諸色軍士 閑散人 妾子孫五100餘人	各三矢	赴征軍 선발
22.06.09갑인	訓鍊院	赴征京軍士	賜酒 宣醞	赴征軍 선발
22.07.22병신	後苑	武臣(分2所 射三日)	別造弓 大箭	三日試射
22.09.27경자	慕華館	京軍士 下三道徵來有才者 (試騎射 取28人)	內禁衛 兼司僕 除授	赴征軍 훈련
23.04.11신해		文臣宣傳官(六耦 連二日) 武臣(六耦 連三日)	加階 馬 弓	文臣試射 三日試射
23.05.15갑신	慕華館	文臣宣傳官(騎射) 武臣(擊毬)		
23.06.09무신		武臣(五耦 三日試射)	加階	三日試射
23.07.07을해	北所	文臣宣傳官	兒馬 弓	文臣試射
23.10.04신축	後苑	文臣	兒馬	文臣觀射
23.10.10정미	慕華館	文臣能射者 兼司僕 內禁衛 羽林衛等		騎射
24.03.25경인	後苑	宗親	虎皮 鹿皮	宗親觀射
24.04.06경자	慕華館	武臣 文臣宣傳官	弓	騎射
24.09.09경자	北所	承旨 注書 弘文館員 兵曹 都摠府 衛將	毛坐子 大箭 別造弓	重陽節 大妃誕日
24.12.09기사	後苑	武臣能射者(分5耦)	熟馬 阿多介 弓	武臣觀射
25.03.25경술	後苑	武士		武士觀射

비고: 01.03.15갑오는 《성종실록》의 성종 1년 3월 15일 갑오를 의미함.

참고문헌

1. 사료

『三國史記』(대제각, 1988 영인본)
『高麗史』(아세아문화사, 1990 영인본)
『高麗史節要』(아세아문화사, 1973 영인본)
朝鮮王朝實錄(국사편찬위원회, 1955 영인본)
『承政院日記』(국사편찬위원회, 1961 영인본)
『經國大典』(서울대 규장각, 1997 영인본)
『大典續錄』(서울대 규장각, 1997 영인본)
『大典後續錄』(서울대 규장각, 1997 영인본)
『國朝五禮儀』(민창문화사, 1994 영인본)
『兵政』(아세아문화사, 1986 영인본)
『三峰集』(민족문화추진회, 1977 영인본)
『燃藜室記述』(민족문화추진회, 1966 활자본)
『丁茶山全書』(문헌출판위원회, 1961, 홍익인간사)

2. 논저

1) 단행본

국사편찬위원회, 1980『한국사론』7(조선전기 국방체제의 제문제), 국사편찬위원회
국사편찬위원회, 2007『나라를 지켜낸 우리 무기와 무예』, 두산동아
국사편찬위원회, 2009『전쟁의 기원에서 상흔까지』, 두산동아
김성우, 2000『조선중기 국가와 사족』, 역사비평사
김순남, 2007『조선초기 體察使制 연구』, 경인문화사
김종수, 2003『조선후기 중앙군제 연구』, 혜안
민승기, 2004『조선의 무기와 갑옷』, 가람기획
민현구, 1983『조선초기의 군사제도와 정치』, 한국연구원

박원호, 2002『明初 조선관계사 연구』, 일조각
박용운, 1997『고려시대 관계·관직 연구』, 고려대 출판부
박홍갑, 1994『조선시대 문음제도 연구』, 탐구당
서울역사박물관, 2004『도성대지도』, 서울역사박물관
서울특별시 시사편찬위원회, 1977『서울육백년사』1, 서울특별시
연세대 국학연구원 편, 1993『經濟六典輯錄』, 신서원
원영환, 1990『조선시대 한성부 연구』, 강원대 출판부
오종록, 2014a『여말선초 지방군제연구』, 국학자료원
오종록, 2014b『조선초기 양계의 군사제도와 국방』, 국학자료원
육군본부 군사연구소, 2012『한국군사사』5(조선전기 Ⅰ), 경인문화사
육군본부 군사연구소, 2012『한국군사사』6(조선전기 Ⅱ), 경인문화사
육군본부 군사연구소, 2012『한국군사사』(개설), 경인문화사
육군사관학교 한국군사연구실, 1968『한국군제사』(근세조선전기편), 육군본부
윤훈표, 2000『여말선초 군제개혁연구』, 혜안
윤훈표·임용한·김인호, 2007『경제육전과 육전체제의 성립』, 혜안
이기백, 1968『고려 병제사 연구』, 일조각
이근호·조준호·장필기·심승구, 1998『조선후기의 수도방위체제』, 서울학연구소
이성무, 1980『조선초기 양반 연구』, 일조각
이재룡, 1984『조선초기 사회구조 연구』, 일조각
이찬·양보경, 1995『서울의 옛 지도』, 서울학연구소
이태진, 1985『조선후기의 정치와 군영제 변천』, 한국연구원
정해은, 2006『고려시대 군사전략』, 국방부 군사편찬연구소
차문섭, 1973『조선시대 군제 연구』, 단국대 출판부
차문섭, 1996『조선시대 군사관계 연구』, 단국대 출판부
최형국, 2015『조선군 기병 전술 변화와 동아시아 - 조선전기를 중심으로』, 민속원
최승희, 2002『조선초기 정치사 연구』, 지식산업사
천관우, 1979『근세조선사 연구』, 일조각
한국역사연구회 19세기정치사연구반, 1990『조선 정치사 1800~1863』상, 청년사
한영우, 1983『조선전기 사회경제 연구』, 을유문화사
한영우, 1989『개정판 정도전사상의 연구』, 서울대 출판부
허선도, 1994『조선시대 화약병기사 연구』, 일조각

2) 학위논문

권영국, 1995 「고려후기 군사제도 연구」, 서울대 박사학위논문
김순자, 2000 「여말선초 對元明關係 연구」, 연세대 박사학위논문
김일환, 2000 「조선초기 군기감의 무기제조 연구」, 홍익대 박사학위논문
유창규, 1996 「이성계세력과 조선건국」, 서강대 박사학위논문
이선희, 2004 「17~18세기 충청지역 수령의 일상업무 연구」, 중앙대 박사학위논문
이현수, 1997 「조선초기 군역제도 연구」, 한국정신문화연구원 박사학위논문
정경현, 1992 「고려전기 二軍六衛制 연구」, 서울대 박사학위논문
차인배, 2007 「조선시대 포도청 연구」, 동국대 박사학위논문

노영구, 1994 「조선초기 水軍役과 海領職」, 서울대 석사학위논문
이재훈, 2000 「오위도총부의 성립과 그 기능」, 고려대 석사학위논문
정청주, 1983 「조선초기의 별시위」, 전남대 석사학위논문

3) 논문

강은경, 1993 「조선초 無受田牌의 성격」『동방학지』 77·78·79
곽낙현, 2009 「조선전기 습진과 군사훈련」『동양고전연구』 35
곽성훈, 2015 「조선초기 진법서의 편찬 배경과 활용」『역사와 현실』 97
김당택, 2004 「고려 말 대외관계의 격동과 무장 세력의 정치적 지향」『한국사 시
　　　　민강좌』 35, 일조각
김대중, 1990 「고려 공민왕대 京軍의 재건시도」『군사』 21
김　돈, 1997 「고려말 대외관계의 변화와 정치세력의 대응」『한국 고대·중세의
　　　　지배체제와 농민』(김용섭교수 정년기념 한국사학논총 2), 지식산업사
김동경, 2010 「조선초기의 군사전통 변화와 진법훈련」『군사』 74
김동경, 2011 「정도전의 『陣法』과 태조대 군사력 재건」『한국문화』 53
김동경, 2012 「이시애의 난에 나타난 전법과 오위진법의 영향」『역사와 실학』 49
김동진, 2007 「조선초기 강무의 시행과 捕虎政策」『조선시대사학보』 40
김석형, 1941 「조선초기 국역편성의 기저」『진단학보』 14
김성수, 2003 「16·17세기 중앙의료기구의 운영실태」『서울학연구』 20
김웅호, 2004 「조선초기 京軍 재편과 '수도방위'」『서울학연구』 23
김웅호, 2005 「조선후기 도성중심 방위전략의 정착과 한강변 관리」『서울학연구』 24

김웅호, 2013 「중앙군과 수도방위」『서울2천년사』 14(조선시대 한성부의 역할), 서울특별시 시사편찬위원회

김웅호, 2014 「조선전기 군사훈련과 성남」『성남학연구』 21

김인걸, 1997 「1960, 70년대 '내재적 발전론'과 한국사학」『한국사 인식과 역사이론』(김용섭교수 정년기념 한국사학논총 1), 지식산업사

김인걸, 2000 「현대 한국사학의 과제」『20세기 역사학, 21세기 역사학』, 역사비평사

김일환, 1999 「조선초기 軍器監別軍考」『실학사상연구』 12

김일환, 2001 「조선초기 月課軍器制下의 군기제조」『조선시대사학보』 16

김종수, 1992 「16세기 갑사의 소멸과 正兵入役의 변화」『국사관논총』 32

김종수, 1996 「조선초기 甲士의 성립과 변질」『전농사론』 2

김종수, 1999 「고려·조선초기의 府兵」『역사교육』 69

김종수, 2000 「고려시기 府兵制의 운영과 그 원칙」『역사교육』 73

김종수, 2001 「조선초기 府兵制의 개편」『역사교육』 77

김종수, 2002 「조선초기 중앙군제의 정비와 私兵制 개혁」『최승희교수 정년기념 논문집 조선의 정치와 사회』, 집문당

김창수, 1966 「成衆愛馬考 -여말선초 신분계층의 일단면-」『동국사학』 9·10

김태진, 1984 「선초 銃筒衛의 양상」『소헌 남도영박사 화갑기념사학논총』, 태학사

김훈식, 2011 「조선초기의 정치적 변화와 사림파의 성장」『한국학논집』 45

남도영, 1969 「조선초기의 兼司僕에 대하여」『김재원박사 회갑기념논총』, 을유문화사

남도영, 1993 「조선시대 '말' 수급문제 -생산·需要·馬價를 중심으로-」『향토서울』 53

남지대, 1992 「조선초기 散階[官品]의 구조와 기능」『한국문화』 13

노영구, 2003 「조선후기 반차도에 보이는 군사용 깃발」『문헌과해석』 22

노영구, 2004 「조선시대 국왕의 열병 광경과 그 절차 -『肄陣總方』에 나타난 무예별감 훈련장면 1」『문헌과해석』 28, 문헌과해석사

노영구, 2005 「조선시대 군사들의 전투훈련」『문헌과해석』 29

노영구, 2008 「조선후기 한성에서의 열무 시행과 그 의미 -大閱 사례를 중심으로」『서울학연구』 32

노재민, 2011 「인조대 수도방위체제의 성립」『한국군사학논집』 67

민현구, 1984 「조선초기의 사병」『동양학』 14

민현구, 1989 「고려 공민왕의 반원적 개혁정치에 대한 일고찰」『진단학보』 68

민현구, 1992 「고려 공민왕대 반원적 개혁정치의 전개과정」『택와 허선도선생 정년기념 한국사학논총』, 일조각

박도식, 1987「조선초기 講武制에 관한 일고찰」『경희사학』13

박 진, 2007「族親衛의 설치와 성격」『사총』65

박 진, 2009「조선 세조의 종친 양성과 군사적 역할」『군사』72

박평식, 1999「곡물의 교역과 그 양상」『조선전기 상업사 연구』, 지식산업사

박홍갑, 1990「조선초기의 宣傳官」『사학연구』41

박홍갑, 2001「조선시대 군사훈련기구 훈련원의 성립과정과 역할」『軍史』43

박홍갑, 2002「조선초기 훈련원의 위상과 기능 -습독관과 권지를 중심으로-」『사학연구』47

박홍갑, 2003「조선초기 禁軍과 宿衛 체제」『조선시대의 과거와 벼슬』, 집문당

서영교, 2011「「薛氏女傳」嘉實 "防秋"의 시공간」『한국고대사탐구』8

소순규, 2012「조선초 大閱儀의 의례 구조와 정치적 의미」『사총』75

송수환, 1994「조선전기의 과전법체제와 수취제도」『한국사』7(중세사회의 발전 1), 한길사

심승구, 1990「조선초기 都試와 그 성격」『한국학보』60

오종록, 1988「조선후기 수도방위체제에 대한 일고찰」『사총』33

오종록, 1994「조선초기의 국방정책 -양계의 국방을 중심으로-」『역사와 현실』13

오종록, 1996「조선초기 정병의 軍役」『한국사학보』1

오종록, 1998「조선초기의 국방관」『진단학보』86

오종록, 1998「조선전기 軍事史 연구의 현황과 과제」『군사』36

오종록, 2004「조선 초엽 한양 정도 과정과 수도 방위」『한국사연구』127

우인수, 1997「『赴北日記』를 통해 본 17세기 출신군관의 赴防생활」『한국사연구』96

유승원, 1999「조선 건국기 前衛官의 군역」『한국사론』41·42

유승원, 2001「조선 태종대 前衛官의 군역 -受田牌·無受田牌의 설치경위와 京侍衛牌의 실체-」『한국사연구』115

유승원, 2011「조선 태종대 前衛官의 군역: 受田牌·無受田牌의 복역을 중심으로」『역사학보』210

유창규, 1985「조선초 親軍衛의 갑사」『역사학보』106

유창규, 1992「태종대 군지휘체계의 변화와 집권층의 갈등」『수촌 박영석교수 화갑기념 한국사학논총』상, 탐구당

윤훈표, 1993「고려말 조선초기 병기의 제조 및 관리체계에 관한 연구」『동방학지』77·78·79

윤훈표, 1994「조선초기 京軍의 편성에 관한 연구」『서울학연구』2

윤훈표, 1995「조선초기 別侍衛 연구」『국사관논총』43

윤훈표, 1997「조선초기 무기점고체계의 개편과 그 운영」『인문과학연구논총』16

윤훈표, 1999「고려말 국방재원 조달체계의 개편」『실학사상연구』13

윤훈표, 2000「조선초기 갑사의 통솔체계」『실학사상연구』17·18

윤훈표, 2003「여말선초 군법의 운영체계와 개편안」『실학사상연구』21

윤훈표, 2004「여말선초 군사훈련체계의 개편」『군사』53

윤훈표, 2006「조선전기 군법의 적용과 군령의 운용」『군사』61

윤훈표, 2008「조선초기 階級法 운용에 관한 시론적 고찰」『역사와 실학』37

윤훈표, 2009「조선 세조 때 兵政 편찬의 의미와 그 활용」『역사와 실학』40

윤훈표, 2011「조선전기 진법훈련 체계의 변화」『역사와 실학』46

윤훈표, 2012「『병장설』의 체계적 분석과 조선 병학의 새로운 이해」『역사와 실학』48

이영훈, 1995「조선초기 戶의 구조와 성격」『역사의 재조명』, 소화

이재훈, 2003「태종·세종대의 三軍都摠制府」『사학연구』69

이재훈, 2005「조선 태종대 三軍鎭撫所의 성립과 국왕의 병권 장악」『사총』61

이재훈, 2010「태종대 절제사·牌頭와 중앙군의 지휘」『한국사학보』39

이정빈, 2015「신라 중고기의 赴防과 군역」『역사와 현실』97

이존희, 1994「통치구조」『한국사』23(조선초기의 정치구조), 국사편찬위원회

이지우, 1991「조선초기 奉足制의 추이와 실제」『경남사학』5

이지우, 1991「조선초기 保法의 추이와 실제」『경대사론』6

이지우, 1995「조선초기 巡綽의 실태와 추이」『경대사론』8

이태진, 1989「세종대의 농업 기술정책」『조선유교사회사론』, 지식산업사

이태진, 1998「장기적인 자연재해와 전란의 피해」『한국사』30(조선중기의 정치와 경제), 국사편찬위원회

이현수, 2002「조선초기 강무 시행사례와 군사적 기능」『군사』45

이혜옥, 1993「고려전기의 군역제」『국사관논총』46

이호철, 1994「2. 농업과 농업기술」『한국사』24(조선초기의 경제구조), 국사편찬위원회

이홍두, 1999「조선전기의 잡색군」『군사』39

임용한, 2011「오이라트의 위협과 조선의 방어 전략 -진관체제 성립의 역사적 배경-」『역사와 실학』46

정다함, 2006「조선초기 壯勇隊의 설치 배경과 운영 실태」『한국사학보』24

정다함, 2013「정벌이라는 전쟁/정벌이라는 제사」『한국사학보』52

정두희, 1976「조선초기 지리지의 편찬(Ⅰ)」『역사학보』69

정재훈, 2009「조선시대 국왕의례에 관한 연구 -강무를 중심으로-」『한국사상과 문화』 50

정해은, 2008「병정」『한국 전통병서의 이해』 Ⅱ, 국방부 군사편찬연구소

최근성, 1988「고려 萬戶府制에 관한 연구」『관동사학』 3

최효식, 1981「조선시대 우림위의 성립과 그 편제」『동국사학』 15·16

하차대, 1989「조선초기 군사정책과 병법서의 발전」『군사』 19

한충희, 1987「조선초기 승정원 연구」『한국사연구』 59

한희숙, 1986「조선초기의 伴倘」『역사학보』 112

한희숙, 1991「조선초기의 잡색군」『한국학연구』 1

허선도, 1970「'陣法'考」『역사학보』 47

허선도, 1973「「制勝方略」 연구(상)」『진단학보』 36

허선도, 1974「「制勝方略」 연구(하)」『진단학보』 37

허선도, 「「兵政」(영인 및 해제)」『한국사논총』 4, 1982

홍영의, 1996「고려말 신흥사대부의 군제인식 -『고려사』兵志에 보이는 개편안을 중심으로-」『군사』 32

홍영의, 2002「고려말 군제개편안의 기본방향과 성격 -공민왕·우왕대를 중심으로-」『군사』 45

찾아보기

ㄱ

假部將　291

가예차(假預差)　260, 261

假衛將　290

監考　65

監軍　275

監門衛　17, 111

監身試藝　20, 21, 22

갑사(甲士)　4, 24, 27, 28, 29, 34, 39,
40, 46, 48, 60, 79, 88, 138,
139, 142, 149, 157, 158, 160,
161, 162, 163, 167, 172, 176,
180, 187, 188, 190, 200, 205,
210, 211, 215, 230, 232, 238,
256, 257, 259, 261, 269, 272,
301

江界道　177

강무(講武)　9, 11, 71, 125, 127, 134,
143, 144, 201, 223, 225, 229,
233, 235, 242, 245, 246, 247,
256, 313, 314, 320, 321

강무장(講武場)　145, 150, 225, 228,
230, 239, 322

講武支應使　230, 318, 320

開京　3

개인훈련　137, 307

居京城衛王室　31

巨鎭　65, 160, 195

건국세력　3

怯薛　103

겸사복(兼司僕)　5, 35, 91, 138, 164,
166, 185, 190, 242, 253, 256,
257, 258, 261, 291, 296

兼司僕將　164, 165, 253

兼宣傳官　248

경거인(京居人)　268, 270, 271, 272

경국대전　5, 11, 29, 47, 49, 65, 71,
72, 105, 106, 162, 165, 166,
172, 185, 188, 190, 196, 198,
199, 202, 207, 238, 241, 244,
261, 275, 278, 279, 284, 285

京軍　8

경복궁　142

景福宮全圖　199

警守所　68, 232

京侍衛牌　167, 200, 233

庚午倭變　269

경회루　139, 236, 243, 306

계림안동도(鷄林安東道)　85, 86

계축진설(癸丑陣說)　133, 218, 308

高若海　223

高荊山　191, 269

공민왕　9, 18, 98, 100, 103, 129

公兵　57, 58, 62, 130

拱宸衛　261

공현위(控絃衛)　165, 166, 167

科田法　30

觀獵　134

관사(觀射)　11, 136, 137, 139, 214,
　216, 236, 243, 300, 305, 306

觀射儀　243

광주(廣州)　225, 228, 234, 314, 323

驅軍　320

丘史　266

국경 방위　4, 10

국왕 주도의 군사훈련　125, 127

국왕 중심의 군사훈련　128

국왕시위(國王侍衛)　10, 17, 20, 24,
　29, 34, 35, 37, 38, 88, 113,
　161, 162, 167, 173, 231, 248,
　258, 260, 271, 289, 290

국조오례의(國朝五禮儀)　127, 145

軍國 大事　246

軍國 重事　225, 233

軍器監　179, 249

軍器監別軍　5, 38, 158

軍令　117

軍事道　85, 86, 87

군사훈련　4, 9, 11, 120

군액　188, 190, 254

군역(軍役)　73, 160

軍營　86, 87, 109

軍翼道　177

軍裝　73, 79, 173

군적(軍籍)　8, 64, 73, 99, 155, 186,
　191, 265, 274

軍政　117, 141

軍政多門　140

궁궐숙위(宮闕宿衛)　10, 17, 20, 21,
　24, 38, 42, 88, 139, 173, 199,
　253, 271, 275, 277, 284, 288,
　289, 290, 292, 294, 299, 309

弓品　303

權踶　85, 123, 140

權近　25

勸農　65

權移　109, 115

近侍衛　21, 40

勤王兵　104, 203, 321

근장(近仗)　44, 157, 158, 160, 167,
　187, 200, 261

금군(禁軍)　4, 29, 33, 34, 37, 75, 79,
　90, 113, 124, 138, 139, 149,
　150, 160, 161, 162, 171, 173,
　200, 256, 257, 261, 268, 272,
　278, 296, 301

기병　172

騎射　24

기선군(騎船軍)　187, 196, 264

騎正兵　259

金國光　293, 318

金南秀　85, 140

金承霆　85, 137, 178

金汝知　60, 149

金吾衛　17, 111

金宗瑞　160, 309

ㄴ

羅將 276

나하추(納哈出) 101, 177

樂天亭 245, 310

南所 292

남은(南誾) 52, 53, 54, 56, 57, 111, 122

南怡 253

남재(南在) 52, 53, 54, 55, 56, 80, 92

納布制 272

納哈出 100

內甲士 40, 118

내금위(內禁衛) 4, 28, 29, 30, 35, 41, 61, 79, 88, 138, 139, 142, 149, 157, 160, 161, 162, 163, 166, 185, 190, 200, 211, 215, 216, 230, 231, 242, 254, 255, 256, 258, 259, 261, 285, 291, 296

내금위장 254

內兵曹 142

내시위(內侍衛) 28, 29, 30, 36, 41, 61, 139, 149, 162, 163, 167, 179

奴婢辨定都監 47

盧思愼 316

녹사(錄事) 276, 288

綠楊平 147, 249

泥城道 177

ㄷ

대리청정(代理聽政) 120, 158, 200

대립(代立) 8, 258, 264, 265, 267, 272, 274, 278

代立價 267, 268, 272

隊副 39, 42, 204

대열(大閱) 8, 11, 30, 106, 127, 149, 192, 196, 219, 222, 235, 242, 245, 246, 249, 308, 313, 315, 320, 321

대열의주(大閱儀註) 220, 221

大將 248, 249

隊長 39, 42, 204

대장·대부(隊長·隊副) 25, 43, 44, 47, 120, 147, 270, 271

대전속록 大典續錄 257

대전후속록(大典後續錄) 257, 258, 260

隊正 67, 175

대졸(隊卒) 39, 167, 190, 255, 258, 261, 271

도성순작(都城巡綽) 10, 17, 24, 37, 38, 113, 166, 171, 173, 233

都城衛 45, 167, 233

都節制使 86

都點 72, 73

都鎭撫 275, 294

도총관(都摠管) 198, 275, 277, 278, 280, 281, 283, 291, 294

도총부 242, 286

도총부 낭청 283, 284, 285, 286, 289

都摠制府   36, 116, 117

都摠制使   22, 23, 107

都摠中外諸軍事府   26, 110

도통사(都統使)   22, 23, 102, 103

도평의사사(都評議使司)   19, 22, 54,
　　55, 74, 84, 115, 132

동교(東郊)   239, 249, 306, 310, 314,
　　322

동궐도(東闕圖)   199, 292

(童)猛哥帖木兒   181, 182

東北面   177

東西軍營   109

東所   292, 293

頭目   66, 73

ㅁ

馬天牧   140

만강대(彎强隊)   38, 165, 166, 167,
　　261

매사냥   122, 139

명나라   3

命將   120, 125, 126, 152, 217, 244,
　　314

모화관(慕華館)   236, 239, 243, 306,
　　310

몰이꾼   63, 147, 150

武經七書   19, 24

무묘(武廟)   117, 118

무사관사   301

無受田牌   28, 30, 45, 167, 201, 233

武臣試射   303

武藝取才   285

文武交差   286

文武竝用   243

文武不可偏廢   127, 224

문신관사(文臣관사)   301, 302

閔無咎   60, 152

閔無疾   59, 60

ㅂ

朴元宗   280

盤松亭   152, 220, 310

伴人   59

發命權   116, 283

發兵權   55, 56, 116, 283

芳幹   54

芳果   122

芳蕃   122

방패(防牌)   30, 39, 44, 48, 147, 150,
　　157, 158, 160, 167, 182, 187,
　　200

裵克廉   52

번상(番上)   62, 77, 101

번상군(番上軍)   17, 19, 27, 30, 42,
　　44, 66, 70, 77, 91, 92, 93,
　　109, 278, 321

번상시위(番上侍衛)   175, 176, 222,
　　269, 271

번상제(番上制)   4, 8, 10, 28, 30, 32,
　　40, 48, 73, 79, 88, 90, 91, 93,
　　264, 270, 272, 273, 274

番次   82, 83

卞季良 221, 308
별군(別軍) 187, 200, 256, 261
別赴防 260, 269
別司禁 42, 167
별사금제조(別司禁提調) 42
별시위(別侍衛) 5, 28, 29, 30, 35,
        37, 41, 61, 79, 88, 90, 139,
        142, 149, 155, 157, 158, 160,
        161, 162, 167, 172, 176, 179,
        188, 190, 200, 215, 232, 238,
        258, 259, 261, 269
별패(別牌) 30, 45, 61, 76, 77, 97,
        119, 142, 147, 167, 178, 179,
        218, 233
兵馬節度使 70
병정(兵政) 193, 195, 196, 197, 201,
        241, 248
병조(兵曹) 23, 24, 36, 43, 60, 71,
        115, 117, 118, 140, 141, 193,
        199
保擧 22, 23
보법(保法) 8, 186, 188, 265
步射 24
보인(保人) 173, 187, 188, 267, 273,
        317
步正兵 259, 272
보충군(補充軍) 38, 47, 167, 184,
        270, 271
補充隊 38, 47, 261
봉수군(烽燧軍) 187, 196
봉족(奉足) 46, 69, 83, 187, 192

奉足制 5, 186
奉忠衛 167
赴防 63, 178
부병(府兵) 17, 20, 21, 22, 24, 44,
        60, 61, 62, 100, 204, 208,
        211, 271
府兵制 273
부병직(府兵職) 18, 19, 204, 208,
        209
부장(部將) 37, 138, 171, 207, 248,
        277, 284, 285, 289, 291, 294,
        299, 315
部將所 292
부장청(部將廳) 291, 292, 299
부총관(副摠管) 275, 277, 280, 281
北所 292, 293
北青 182
奔競 60
分軍 290
비상대비훈련 11, 240
비상사태 32

ㅅ

사금(司禁) 35, 41, 42, 160, 161,
        163, 231, 255
사금패두 42
사냥 143, 145
射隊將 248
私兵 17, 52, 56, 59, 60, 62, 122, 151
사병 혁파(私兵 혁파) 10, 32, 52,
        56, 57, 58, 59, 60, 61, 62, 84,

107, 108, 114, 151

司僕寺 5, 179, 230, 249

司楯 20

射御 24, 25

사자위(獅子衛) 35, 163, 167, 225,
　　　255, 261

獅子衛將 248

射場 213, 214, 215

射廳 140, 213, 243

三甲射 309

三甲槍 309

三軍近仗 44

삼군도총제부(三軍都摠制府) 52,
　　　111, 112

삼군부(三軍府) 23, 31, 55, 58, 84,
　　　107, 108, 115, 116, 122, 134,
　　　140, 162

삼군진무소(三軍鎭撫所) 115, 117,
　　　198, 199, 220, 275, 284

삼일시사(三日試射) 237, 302, 303,
　　　304

上京 73

上番 64

常所 149, 150, 151, 228

상주병(常駐兵) 17, 19, 26, 27, 30,
　　　31, 32, 34, 44, 68

상주진주도(尙州晉州道) 85, 86

色吏 65

色掌 65

徐居正 283

서리(書吏) 276, 288

서북면 177

西所 292, 293

서얼 254, 257

序賢亭 236, 243, 299

선전관(宣傳官) 6, 198, 241, 248,
　　　279, 282, 283, 284, 285, 315,
　　　322

攝隊副 39, 47

攝隊長 39, 47

攝隊長·攝隊副 150, 157

섭육십(攝六十) 39, 47, 48, 157,
　　　158, 160, 167, 187, 200

成發道 85, 137, 140

成石璘 59

성중애마(成衆愛馬) 24, 26, 27, 28,
　　　35, 39, 40, 88, 114, 130, 133,
　　　139, 208

成希顔 280

세종실록 오례 143

세종실록 지리지 82, 83, 156, 181,
　　　185

小牌 67, 73

小形名 244

速古赤 231

率從 317, 320

送西 297, 299

수군(水軍) 75, 91, 95, 96, 97, 176,
　　　190, 196

守宮 249

수도방위 105, 106, 113, 270

수렴청정 188, 311

守令 66

守門將 249, 297

守相 248

蒐狩圖 136

蒐狩法 144

守將 248

受田牌 28, 30, 76, 167, 200, 233

巡軍萬戶府 208

습사(習射) 11, 136, 137, 138, 140,
        213, 215, 236, 243, 299, 300,
        307

습진(習陣) 11, 149, 152, 179, 201,
        217, 218, 219, 220, 236, 237,
        244, 306, 307

習陣節目 238

승추부(承樞府) 115, 116, 117

試射 137, 216, 244

시위군(侍衛軍) 75, 77, 80, 81, 82,
        83, 84, 85, 95, 96, 97, 99,
        147, 177, 180, 181, 269

시위패(侍衛牌) 19, 23, 27, 30, 42,
        46, 56, 57, 67, 71, 73, 74, 76,
        79, 80, 87, 90, 93, 107, 114,
        147, 150, 160, 161, 167, 174,
        178, 179, 200, 215, 217, 232,
        264, 272

申叔舟 186, 241

神虎衛 17, 111

실전훈련 134, 313

실차(實差) 259, 260, 261

ㅇ

安邊 178, 183

安崇善 157, 222

安州 183

안주도(安州道) 85, 86, 177

야인 216, 221, 243

야인 정벌 256

略抄陣書 238, 244

양계(兩界) 8, 43, 81, 174, 176, 181,
        184, 185, 197, 317

양계감사 184, 190

양성지(梁誠之) 45, 80, 164, 187,
        196, 222

양인 상층(良人 상층) 155, 156,
        157, 173, 258, 274

양주 246, 323

旅帥 67, 175

鍊士卒·備不虞 135, 143, 234

延嗣宗 140, 178

열무(閱武) 11, 126, 144, 243, 286,
        306, 307, 308, 309, 310

열무정(閱武亭) 310, 311

領別軍將 256

領三軍事處 117

영진군(營鎭軍) 43, 84, 91, 97, 175,
        196, 272

예차(預差) 259, 260, 261

預差內禁衛 259, 260, 269

예차제도 259, 260

오위도총부(五衛都摠府) 11, 71,
        109, 198, 275, 277, 278, 280,

282, 283, 284, 287, 288, 290, 294

五衛將   207, 289

오위제(五衛制)   4, 8, 9, 11, 104, 109, 115, 117

오위직(五衛職)   11, 203, 207, 212, 289, 295, 296, 297

五衛職名   294

五衛鎭撫所   198, 284, 294

五衛陣法   309

完山子弟衛   46

완산자제패(完山子弟牌)   38, 46

왕자의 난   57, 58, 59, 62, 89, 114, 128, 131, 151

왜구(倭寇)   3, 98, 101, 105, 158, 260

外甲士   40

外牌   31, 42, 76, 142

요동정벌(遼東征伐)   128, 129

龍奮司   120

龍驤衛   48, 194, 201, 242, 258, 292

龍虎軍   17, 111

右禁衛   162, 167

우림위(羽林衛)   91, 138, 165, 190, 256, 257, 261, 269, 296

羽林衛將   257

羽林衛廳   257

苑囿   150

苑囿別監   319

苑囿司   318

園囿使   322

苑囿提調   230, 319

園囿提調   240

尉·正   43

위령직(衛領職)   11, 20, 21, 22, 24, 25, 28, 32, 43, 88, 89, 119, 156, 203, 205, 208, 209, 210, 211, 212, 295, 298

爲民除害   135, 143, 234

위병(衛兵)   8, 33, 37, 42, 90, 160, 161, 171, 173, 258, 259, 261, 272, 290

威分   109, 115

위장(衛將)   138, 248, 249, 277, 286, 290, 299, 315

衛將所   292

위장청(衛將廳)   290, 299

留防   63, 185

留防軍   43, 91, 92, 93

柳順汀   280

柳子光   253

儒將   302

六十   39, 42, 43, 167

尹弼商   316

鷹師   231

鷹揚軍   17, 111

응양위(鷹揚衛)   28, 35, 41, 61, 88, 139, 162, 167, 179, 253, 254, 261

鷹揚衛將   254

義建府   162

義禁府   179

의빈(儀賓)   279, 289, 301

義勇巡禁司 118, 119, 209

義勇衛 142

의정부(議政府) 23, 115, 116, 117

義州道 177

義興府 29, 60, 81, 89, 117, 141, 142

義興府舍人所 25

의흥삼군부(義興三軍府) 20, 21, 25,
        106, 107, 109, 112, 113, 115,
        121, 122, 133, 135, 198

義興侍衛司 39, 114

義興衛 44, 47, 194, 201, 242

의흥친군위(義興親軍衛) 26, 35, 39,
        110, 122

李克培 319

李滿住 83

이방원 54, 57

이성계 46, 52, 53, 101, 110, 128

李叔琦 311

李叔蕃 61, 85, 140

李順蒙 234

李安愚 96

李原 220

吏才譜鍊 284, 286, 289

李濟 122

李從茂 85, 140

李之蘭 122

이진수(李進修) 102, 103, 104, 106

李天祐 58

李和 46, 54, 111, 122

익군(翼軍) 70, 80, 81, 93, 176

任士洪 317

入番 71

ㅈ

子弟衛 31

雜類將 248

雜色軍 191

長番 29, 31, 34, 43, 48, 90

掌兵權 56, 116, 283

壯勇隊 5, 38, 166, 167, 258, 261,
        271

壯勇隊將 248

壯勇衛 166, 190, 255, 261, 288

장표(章標) 230, 231, 232

箭串 238, 239

箭串坪 147, 306, 310

전국 군사의 5위(衛) 분속 8, 11, 32,
        104, 105, 106, 193, 197, 202,
        203

전국의 3군 분속 108, 193

절도사 56

절제사(節制使) 54, 55, 57, 58, 60,
        84, 86, 100, 108, 109, 114,
        124, 130, 133, 134, 143, 151,
        162, 163

점고 71

正軍 43, 191

定今院 314, 320, 322

鄭金院坪 147

정도전(鄭道傳) 118, 20, 21, 22, 52,
        53, 56, 106, 107, 111, 113,
        121, 123, 128, 129, 130, 131,

134, 136, 151, 204, 308

정로위(定虜衛)   5, 257, 258, 261, 269

정병(正兵)   5, 43, 138, 167, 174, 175, 189, 190, 191, 258, 261, 268, 272, 301

鄭麟趾   309

제장취재(諸將取才)   285, 287, 289, 291

諸鎭   65

조기(趙琦)   49, 111, 112

趙大臨   85, 123, 140, 223

曹司衛將   291

조사의의 난(趙思義의 난)   144, 152

朝鮮經國典   107

趙涓   85, 140, 180

趙英茂   54, 58, 116

趙溫   58

祖宗成憲   128

조준(趙浚)   21, 22, 52, 53, 107, 121

族親衛   5, 38, 167, 261

종친   279, 289, 290, 299

종친관사(宗親관사)   217, 301, 304, 305, 306

左禁衛   162, 167

左右衛   17, 111

좌작진퇴(坐作進退)   133, 134, 149, 219, 307

主鎭   65

中軍軍候所   19, 132

重房   112

中所   163, 292

중앙군   3, 7, 17, 26, 30, 32, 38, 58, 79, 84, 90, 99, 109, 150, 155, 157, 158, 159, 185, 200, 202, 269, 271, 272, 278, 321

중앙군 정책   17, 28, 30, 32

中央分屬論   102

중종반정   259

中樞府   283

지방군(地方軍)   8, 84, 105, 159, 185

織紋旗   141, 142

直所   138

鎭管체제   195

陣圖   20, 152, 217, 307

鎭撫   87, 145

鎭撫所   55, 107, 114

陣法   24

진법훈련(陣法훈련)   114, 121, 128, 130, 133, 134, 149, 151, 217, 237, 307, 308, 309, 310

陣說   238, 308

鎭屬軍   95

陳乙瑞   122

집단훈련   307

徵兵司   319

ㅊ

捉虎甲士   183, 190, 259

捉虎將   248

擲石軍   39, 49, 121

擲石戲   49

薦禽 135, 143, 145, 234

千牛衛 17, 111

鐵嶺衛 129

철원(鐵原) 225, 228

첩고(疊鼓) 11, 164, 241, 242

첩종(疊鐘) 11, 191, 241, 242

淸路隊 191, 255, 256, 261, 271

체아직(遞兒職) 29, 48, 62, 156, 210, 213, 257, 259, 298

肖旗 230, 231, 232

摠制 108, 114, 116, 124, 140, 142

摠制廳 199

총통위(銃筒衛) 38, 158, 160, 167, 200, 238

總牌 174

摠牌 66, 73, 215

최영(崔瑩) 99, 101, 129

추등 강무(秋等 강무) 148, 166, 225, 235, 249, 316, 317, 322

騶虞旗 141

춘등 강무(春等 강무) 148, 225, 322

忠武衛 195, 202, 242, 271, 292

忠順堂 243

충순위(忠順衛) 5, 38, 167, 200, 238, 261

忠勇衛 21, 40, 99

충의위(忠義衛) 5, 38, 160, 161, 167, 200, 231, 261, 297

忠佐侍衛司 39

忠佐衛 195, 202, 242, 257, 292

忠贊衛 5, 38, 167, 200, 261

취각령(吹角令) 11, 48, 127, 140, 141, 142, 240

吹螺赤 39, 48, 161, 167, 183, 232, 261

취라치(吹螺赤) 187, 190, 260

친군위(親軍衛) 20, 21, 25, 26, 28, 29, 38, 39, 46, 163, 167, 185, 188, 190, 261

친림(親臨) 137, 138, 217

친열(親閱) 237, 238, 244, 307, 308, 311

七德亭 306, 310

ㅌ

打獵 235

打圍 134, 320

태평소(太平簫) 39, 48, 161, 167, 187, 190, 260, 261

統將 248

특수군(特殊軍) 33, 38, 261

ㅍ

파적위(破敵衛) 167, 187, 190, 255, 261, 271

破陣軍 38, 191, 261

判義興三軍府事 18

牌記 52, 84, 108

牌頭 66, 73, 179

팽배(彭排) 39, 167, 190, 255, 258, 261, 271

평강(平康) 225, 228, 240

평로위(平虜衛) 167, 187, 261
평양도(平壤道) 85, 86, 177
捕盜將 278
포펌 291
풍양(豊壤) 225, 246, 323

ㅎ

河敬復 137
河敬復 218, 222, 308
하륜(河崙) 31, 59, 60, 140
하번(下番) 64, 71
下鄕 73
韓珪 61, 140
한명회 258
漢城府 8
한양 3
韓長壽 85
咸興 182
行宮支應都差使員 229
行宮支應使 229
行宮察訪 230
行巡 161, 166
향화인(向化人) 161, 165, 209, 213,
      231
許琮 316
虎符 146
虎賁衛 194, 201, 242, 292
戶首 69, 188
虎牙司 120
虎翼衛 167
호적 186

호패법(號牌法) 185, 188
홀치(忽赤) 26, 103
홍건적(紅巾賊) 3, 99, 100, 105
火㷁放射軍 38
黃守身 254
黃喜 222
훈련관(訓鍊觀) 19, 20, 25, 60, 117,
      132, 135, 140, 179, 214, 238,
      243
訓鍊院 6, 286, 300
興威衛 17, 111

10사 50령(10司 50領) 118, 120,
      130, 133
10사(10司) 113, 114, 116, 118, 119,
      204, 205
10위 50령(10衛 50領) 111, 118, 203
10위(10衛) 25, 26, 27, 39, 43, 102,
      106, 109, 111, 113, 204, 212
12사(12司) 34, 37, 161, 193, 200,
      309
2군 6위(2軍 6衛) 17, 112, 204, 208,
      212
3군(3軍) 22, 32, 36, 37, 43, 44, 106,
      108, 113, 123, 140, 142, 150,
      152, 160, 179, 193, 200, 205,
      211
42都府 103, 111
4소(4所) 37, 171, 243, 292, 293,
      299, 300, 315

5司 25領   48, 200

5사(5司)   34, 37, 48, 161, 200

5衛 25領   37

5衛 25部   105

5위(5衛)   5, 11, 37, 48, 105, 109, 171, 193, 199, 221, 241, 242, 257, 275, 278, 286, 309

8위(8衛)   26, 39, 99, 102, 110, 212

김웅호

서울대 국사학과를 졸업하고, 같은 대학원에서 〈조선 초기 중앙군 운용 연구〉로 박사
학위를 받았다. 서울대·서울시립대·서울여대·한림대·명지대 등에서 강의를 했고, 서울
학연구소 수석연구원을 거쳐 현재 서울역사편찬원 전임연구원으로 근무하고 있다.
조선시대 군사 제도뿐 아니라 서울 역사의 연구와 대중화에도 노력하고 있다.
쓴 글로는 〈조선후기 도성중심 방위전략의 정착과 한강변 관리〉,《조선시대 서울의
관청》,《역사 속 행정 개혁과 소통》(공저),《신보수교집록》(공역서) 등이 있다.

조선초기 중앙군 운용 연구

2023년 02월 20일 초판 1쇄 발행
2023년 10월 10일 초판 2쇄 발행

지 은 이   김웅호
발 행 인   한정희
발 행 처   경인문화사
편 집 부   한주연 김지선 유지혜 이다빈 김윤진
마 케 팅   전병관 하재일 유인순
출 판 신 고   제406-1973-000003호
주   소   경기도 파주시 회동길 445-1 경인빌딩 B동 4층
대 표 전 화   031-955-9300   팩 스   031-955-9310
홈 페 이 지   http://www.kyunginp.co.kr
이 메 일   kyungin@kyunginp.co.kr

ISBN 978-89-499-4870-6   93910
값 26,000원